U0326614

"十二五"江苏省高等学校重点教材（编号：2013-2-017）

张謇研究精讲

主　编　王敦琴
副主编　丁富生　陈　炜　张廷栖

苏州大学出版社

图书在版编目(CIP)数据

张謇研究精讲 / 王敦琴主编. —苏州:苏州大学出版社,2013.10(2022.1 重印)
江苏省高等学校重点教材立项建设
ISBN 978-7-5672-0615-1

Ⅰ.①张… Ⅱ.①王… Ⅲ.①张謇(1853~1926)-人物研究 Ⅳ.①K825.38

中国版本图书馆 CIP 数据核字(2013)第 224789 号

张謇研究精讲
主编 王敦琴
责任编辑 李 兵

苏州大学出版社出版发行
(地址:苏州市十梓街1号 邮编:215006)
广东虎彩云印刷有限公司印装
(地址:东莞市虎门镇北栅陈村工业区 邮编:523898)

开本 700×1000 1/16 印张 20.75 字数 362 千
2013 年 10 月第 1 版 2022 年 1 月第 3 次印刷
ISBN 978-7-5672-0615-1 定价:58.00 元

苏州大学版图书若有印装错误,本社负责调换
苏州大学出版社营销部 电话:0512-67481020
苏州大学出版社网址 http://www.sudapress.com

《张謇研究精讲》编委会

主　编　王敦琴

副主编　丁富生　陈　炜　张廷栖

编　委　刘勇兵　马　斌　张荣生

　　　　卫春回　吕安兴　徐晓旭

目 录

- 第一讲 张謇生平及其所处的时代 ·············· 1
  - 一、张謇生平 ·············· 2
  - 二、张謇所处的时代 ·············· 8
- 第二讲 张謇与政治 ·············· 15
  - 一、忧国忧民的爱国主义情怀 ·············· 16
  - 二、以宪政为核心的政治思想 ·············· 18
  - 三、立宪运动的重要组织者 ·············· 27
  - 四、拥护民主共和 ·············· 45
  - 五、崇尚儒学伦理 ·············· 68
- 第三讲 张謇与经济 ·············· 75
  - 一、张謇经济思想 ·············· 75
  - 二、张謇的经济实践 ·············· 99
  - 三、张謇经济思想及实践的影响 ·············· 109
- 第四讲 张謇与教育 ·············· 119
  - 一、张謇兴学的社会历史背景 ·············· 119
  - 二、张謇的教育思想及其实践 ·············· 123
  - 三、张謇教育思想及实践的特点 ·············· 142
- 第五讲 张謇与文学 ·············· 157
  - 一、张謇的文学观 ·············· 158
  - 二、张謇的散文创作 ·············· 161
  - 三、张謇的诗歌创作 ·············· 172
- 第六讲 张謇与盐垦 ·············· 185
  - 一、张謇从事盐垦事业概述 ·············· 185
  - 二、张謇的盐业改良与盐政改革 ·············· 187
  - 三、张謇经营盐地垦殖 ·············· 201

第七讲　张謇与城建 ... 217
一、南通州城原貌 ... 218
二、张謇进行南通城市早期现代化建设 ... 220
三、南通城市的个性特色 ... 226
四、南通城市早期现代化建设的进程 ... 229
五、南通缘何堪称"中国近代第一城" ... 230
六、张謇城市规划思想的发展进程 ... 237

第八讲　张謇与慈善公益 ... 239
一、张謇慈善公益事业的实践活动 ... 240
二、张謇慈善公益事业的思想主张 ... 250

第九讲　张謇的道德伦理思想 ... 262
一、张謇的政治伦理思想 ... 262
二、张謇的经济伦理思想 ... 265
三、张謇的教育伦理思想 ... 271
四、张謇的文化伦理思想 ... 276
五、张謇的道德人格 ... 280
六、张謇的人道主义思想 ... 285
七、张謇的家庭伦理思想 ... 291
八、张謇的传统伦理智慧 ... 295

第十讲　张謇一生评价 ... 302
一、张謇成就事业的主观因素 ... 303
二、张謇成就事业的客观因素 ... 304
三、矛盾的一生 ... 307
四、孤寂的一生 ... 311
五、成败辩证析 ... 312

参考文献 ... 322
后　记 ... 324

第一讲　张謇生平及其所处的时代

教学目的、要求

本讲教学,使学生总体了解张謇的一生——前半生如何发愤读书、后半生如何倾心事业,特别要着重了解其后半生的事业生涯;同时了解张謇所处的清末民初社会大动荡、大转型的历史时代,以及在那样的时代,张謇是如何爱国救国、开创事业、实现价值的,进而理解张謇在那样的社会历史时代开创事业的艰辛与可贵。

张謇言录

天之生人也,与草木无异。若遗留一二有用之事业,与草木同生,即不与草木同腐。

张謇(1853—1926),字季直,号啬庵,江苏南通人,清末状元。中国近代著名的教育家、实业家、社会活动家、文学家、书法家、立宪运动领袖,曾担任过清末民初的多个重要职务。

张謇一生跨越了清末和民初两个时代,这两个时代正是中国社会大动荡大变乱的时代,新旧思想杂糅,外患内忧共存,新陈代谢萌动,社会转型急剧。在这样的时代,他高举"教育救国"、"实业救国"大旗,从家乡南通开始大办实业,大兴教育,开创各项社会事业,以期建设一"新世界雏形"。在短短三十年中,他将近代南通从一个落后的、偏僻的、寂寥无闻的小城带进了中国早期现代化的行列,并成为中国早期现代化的典范。南通事业只是他庞大事业的一部分。他以自己先进的理念、过人的才智、坚定的信念、顽强的毅力、强烈的社会责任感开创了无数新路,引领了中国早期现代化的发展方向。在七十多年的生命航程中,他的思想、事业涉及政治、经济、文化、教育、慈善、城建、社会事业等各个领域,在这些领域都颇有建树,甚至在文学、书法领域也堪称大家。张謇一生做了许多人几生都做不完也做不到的事。毛泽东说他是中国近代民族工业四个不能忘记的人之一,胡适说他独立开辟了无数新路,当了三十年的开路先锋。张謇在清末民初的历史画卷上描绘了浓墨重彩的一笔。

1926年,张謇走完了自己73年的人生旅程。生前他就选定了自己的长眠之地——家乡南通,墓园坐落在主城区的东南方向,南面是葱翠秀丽的五山倩影及奔流不息的浩瀚长江,背面偎依着他魂牵梦萦并为之呕心沥血半生的南通城区。他生前就为自己墓门题字:"即此粗完一生事,会须身伴五山灵。"

一、张謇生平

张謇的一生以状元及第为界,可以分为前、后两个时期。前期是指1894年中状元及其之前,处于清王朝急剧衰退时期,张謇主要是读书写字,参加科考,担任幕僚,从事农桑事务,任职于书院。后期是1894年中状元以后,处于清末与民初的社会大转型时期,张謇主要是创办实业,经营南通,担任各种职务。张謇的一生可以用八个字来概括:半生文章,半生事业。

(一) 半生文章

张謇籍贯为江苏南通。关于祖籍,张孝若曾有过记述:"据通州张氏宗谱上所载,我们张氏,本来是江南常熟县人氏。约在六百余年以前,适当元朝的末代,有一位名建字惟贤的,因躲避兵乱,从常熟名叫土竹山的地方,渡江迁移到通州的金沙场住下来,他就是我们第一世的迁祖。"[①]祖父张朝彦将家迁至通州西亭,父亲彭年又搬至海门居住。

咸丰三年五月二十五日(1853年7月1日),张謇出生在海门常乐的一个农民兼小商人家庭,排行老四。

张謇的父亲彭年稳健持重,乐善好施,办事公道,因此,是远近闻名的纷争仲裁人。彭年儿时酷爱读书写字,但其贫寒的家境迫使他在初步识字后便辍学了。儿时对读书的渴望及不能读书的遗憾在他的心头烙下了深深的印记,读书情绪几乎伴随了他一辈子,他期望自己的夙愿能在子女身上实现。于是,他下决心,无论怎样艰难都要让儿子们读书,出人头地,光宗耀祖。他

---

① 张孝若.南通张季直先生传记.北京:中华书局,1930:3.

将最大的希望寄托在从小聪慧、记忆力强的四子张謇身上。

张謇从3岁开始便在父亲教导下读《千字文》,4岁进入私塾学习。11岁时以"日悬天上"对老师的"月沉海底",以"我踏金鳌海上来"对老师的"人骑白马门前去"。12岁读完《论语》《诗经》《孟子》《尚书》《易经》《尔雅》,开始学习试帖制艺及五言七言诗。13岁读《礼记》,作八韵诗,制艺成篇。14岁读《左传》《周礼》《仪礼》。15岁开始参加科举考试。

张謇的科考之途艰难曲折,刚刚参加科举考试就经历了一场顶籍风波。明清科举制度规定,三代中没有人中过秀才者就叫"冷籍"。为"冷籍"者不能直接参加科举考试,须"认保"(即同族中有生员资格之人承认)、"派保"(由县廪生即生员经岁科两试名列一等前列者,连环出保)。张謇当然是冷籍,必须有"认保"、"派保"方可应试。可是,学官及保人往往串通一气向考生家庭勒索钱财。为免此难,张謇的父亲听从塾师建议,让张謇顶有考试资格的如皋张驹之孙到如皋应试。考试结果还算理想,中了秀才。但是,顶籍考试之事给张謇及其全家带来巨大的灾难。张驹一家对张謇家万般敲诈勒索盘剥,使得张謇家几乎倾家荡产。忍无可忍的张謇便投案自首,决心重考。张謇的遭遇得到方方面面的同情,最后,冒籍案得到了宽大处理,礼部于同治十二年(1873)准予其"改籍归宗"。

21岁起,张謇开始了长达12年的幕僚生涯。

张謇先是跟随孙云锦到江宁。通州知州孙云锦对张謇的才气及为人很是赏识,他在调往江宁发审局任职时便将张謇带去,聘张謇为书记(相当于秘书),管理其两子读书。在孙云锦处当幕僚的两年时间里,张謇不仅出色地完成工作任务,自己还投考了几所书院,如钟山书院、惜阴书院等,取为第一。张謇虚心求教,广结名士,其才华、才识渐得学长们赏识。

两年后,张謇应吴长庆之邀到其军幕作客,担任机要秘书。吴长庆特在后堂建屋五间供张謇办公。吴长庆(1833—1884),字筱轩,安徽庐江人,先后任直隶定海镇总兵、浙江提督、广东水师提督,是淮军中著名的儒将。吴长庆轻财傲物,礼贤下士,深得张謇崇敬。张謇随吴长庆去朝鲜平息"壬午兵变",在平定叛乱中,吴长庆战功卓著,得到朝野称道。其实,这与张謇的出谋划策、扎实工作分不开。吴长庆赏识张謇的才智与笃实,曾想力保他直接入仕以免去科考的艰辛,但张謇婉言谢绝。他决计走科举正途,认为这才是正道。

光绪十年(1884),吴长庆去世,这使张謇深受打击。此时,落寞无奈的张謇只得结束自己的幕僚生涯。

这十二年的幕僚生活对张謇后来的人生道路影响极大。在当幕僚的过程中,他一边勤奋工作,恪尽职守,一边潜心读书写字,积聚能量,时时问津于科举仕途,希望有一天能金榜题名,光宗耀祖,自己也可一展宏图,实现抱负。

然而现实是无情的、残酷的,走投无路的张謇在外打拼12年后又回到了自己的出生地。在家乡,他曾一度从事农桑,更多时间应聘主持、执教于多所书院,主要有赣榆选青书院、太仓娄江书院、崇明瀛洲书院等,他也曾编纂过赣榆、东台等县志。不甘屈服的他仍然利用业余时间发愤读书写字,在通往状元及第的崎岖山路上奋力攀爬。

光绪二十年(1894),慈禧太后六十寿辰特举行恩科会试。在此前二十多年中,张謇的赴考之途极为艰辛,15岁考中秀才,32岁考中举人(第二名),但后来连续4次参加会试都名落孙山。二十几年考途的艰辛、折磨及失意使他身心憔悴,心灰意冷,他感到梦寐以求的那个最高境界似乎遥不可及。因此,当将举行恩科会试的消息传来后,张謇无法再燃赴考的激情。但是,张謇七十六岁的老父亲仍对其寄予厚望,望子成龙之心促使他动员儿子再考一次。父亲劝道:"儿试诚苦,但儿年未老,我老而不耄,可更试一回。儿兄弟亦别久,藉此在京可两三月聚,我心亦慰。"①父亲的心愿与执着使得作为孝子的张謇无法违抗。于是,心灰意懒、遵父命而为的张謇只得强打精神,打点行囊,"迟迟乃行",赴京应考。有道是,有心栽花花不发,无心插柳柳成荫。此次赴考,张謇果然不负重望,一举夺魁,终于如愿以偿。他考中了六十名贡士,复试名列第十,殿试钦点为状元,被授予翰林院修撰之职。状元及第改变了张謇的人生轨迹,从此,他迈向了自己传奇、丰满的后半生。

"半生文章"时期,张謇在赴考、当幕僚、从事农桑、执教书院的过程中,对世情、对社会、对人生有了比较深刻的体验和思考。这四十年的磨炼与曲折、失败与成功为他后来的事业生涯作了深厚的积累与铺垫。

(二)半生事业

1895年至1926年是张謇的半生事业时期。在这一时期,张謇主要是办实业,办教育,办各种社会事业,为立宪运动奔走呼号,担任政府及社会团体的多个职务,他的事业理想几乎都是在这一时期实现的。

张謇历经二十多年科举考试之艰辛,终于戴上了状元的桂冠。正当他春风得意,祈望在仕途上大展抱负之时,两件大事影响了他的人生抉择。一是国家遭到了外敌入侵,中日甲午战争爆发;二是家庭发生了变故,他的父亲病逝。

---

① 张謇.张謇全集:第6卷.南京:江苏古籍出版社,1994:852.以下凡引自《张謇全集》者均省略出处。

光绪二十一年(1895)正月三十日,丁忧在家的张謇接到通州知府的来信,告知他两江总督兼署江宁将军张之洞已奏请任命他总办通海团练。通海地区位于长江入海口,战略地位极为重要。甲午战争使得海防吃紧,张謇深感通海地区确需训练一支强有力的团练来保卫海防前线。于是,处于丧父之痛中的张謇振作起来,他必须在反侵略战争中有所作为。于是,他竭尽全力办团练。没有经费,他当出自己所珍爱的书籍,得银1000两。训练一支得力的海防团练须建章立制,他便自己起草《海防团防营制》《民团续议》。为号召民众,鼓励士气,他作了通俗易懂的《通海劝防歌》。正当张謇竭尽全力创办团练之时,中日甲午战争以中国割地赔款而告终,张謇接到了张之洞关于撤销通海团练的公文。

丧权辱国的《马关条约》使张謇极为愤慨。他奋笔疾书:"和约十款,几罄中国之膏血,国体之得失无论矣。"《马关条约》允许外商在中国投资设厂,这样,大量涌入的外资便会剥夺中国的重要资源及廉价劳动力,然后再向中国倾销商品,这对中国经济的打击和破坏是毋庸置疑的,甚至可以说对处于微弱态势的中国民族工业有致命的伤害。有识之士们深深看到了这一点,张謇大声疾呼"实业救国","教育救国"。

列强的侵略刺激了当时中国的朝野,"设厂自救"的呼声越来越高。国难当头,清政府不得不放宽对民族工业的种种限制,放宽私人办企业的权限,从强调"官办"、"官督商办"变为允许"商办"。当时署理两江总督兼南洋大臣张之洞正式奏请朝廷委派张謇、陆润庠和丁立瀛分别在通州、苏州、镇江创办工厂。

于是,张謇在自己的家乡奉命办厂,他将自己创办的第一座工厂取名为大生纱厂。光绪二十一年(1895)下半年,张謇选取南通唐家闸开始了他的大生纱厂筹办事务。光绪二十五年(1899),大生纱厂在历经四五年的磨难之后终于运行开车了,开车当年就获得了利润。

这时,张謇的想法多了起来,他想开办更多的企业,取得更多的利润,然后将利润再用来投资新的企业及各项事业。因此,在此后的二十多年中,张謇便不断投资,几乎每年都在办企业,在不长的时间内形成了中国近代史上著名的大生资本集团。

光绪二十七年(1901),张謇在广阔的东部海滩上创办通海垦牧公司,其后,他陆续创办了数十个盐垦公司,掀起中国近代史上的第一次沿海大开发浪潮。

光绪二十七年(1901),张謇开始筹办学校。在大生纱厂获利后,张謇便投资教育。他高举"教育救国"旗帜,在此后的二十多年中几乎每年都在办学校。他所办的教育包括普通教育、师范教育、职业教育、特殊教育、社会教育及慈善教育等,各个层次的教育次第展开,逐渐形成了较为完备的近代教育体系。

光绪二十七年(1901),张謇积极响应"新政",写出约两万字的《变法平议》,列出兴变事项四十二条供朝廷作为决策参考。他希望朝廷真正实施变法,不能"不变",不过,他也反对"速变"、"全变",认为那样会造成社会秩序的混乱。张謇主张的改革,其步骤首先是从经济改革入手,其他一切方面的改革,包括政治改革,都须在经济改革之后,并且政治等其它改革要为经济改革服务。在其后的十多年间,他致力于呼吁政治改良,不断地为君主立宪奔走呼号,成为国内立宪派的领袖。立宪运动对清末民初社会转型产生了极为深刻的影响。

光绪二十九年(1903),张謇赴日本参观考察,这对他后来的思想产生了重要的影响。他以大清国商部头等顾问官的身份应邀赴日本参加"劝业博览会"。利用这个时机,他对日本的政治、经济、文化、教育等诸多方面进行了详细的考察和调研,写出了数万字的日记。参观调研使他看到了一个与当时中国完全不同的外部世界,他感到非常吃惊:一个曾经与中国一样落后的日本,是什么原因促使它有了如此大的变化及如此快的发展?这触发他深深的思考。他意识到是明治维新改变了日本,是政体改革给日本带来了翻天覆地的变化。深思之后张謇得出结论:中国必须发展,中国也必须改革。参观、考察及思考使他对社会发展有了更多的认识,对中国的前途命运有了更多的忧虑,对救国强国路径有了更多的思路。他的地方自治思想逐渐形成,宪政意愿更加强烈。于是他利用各种机会采取各种方法来宣传立宪,鼓动立宪,企图劝服清政府实行宪政。

光绪三十一年(1905年),在强烈的呼声中,清政府终于决定派五大臣赴欧美各国考察宪政,一年后宣布筹备预备立宪。这使得张謇本已冷淡的政治热情重又燃烧起来。他一边创办实业,着力南通的地方自治,一边更热衷于立宪事业。他不断发表演讲,起草请愿书,呼吁召开国会,"曰宪政筹备之完全,不可不即开国会也。夫有国会然后可以举行宪政,无国会则所谓筹备皆空言",并说,"若不开国会,即人民程度永无增进之日"。张謇对立宪寄予厚望,热切盼望政府能顺应民意,开国会,组内阁,实行宪政。张謇的见识、影响及威望使他成为立宪派的领军人物。此后,张謇领导了中国近代史上著名的三次请开国会大请愿运动,在民主宪政史上留下了浓墨重彩的一笔。

宣统三年(1911)武昌起义后,张謇从主张君主立宪转向了主张民主共和。于是,他又为民主共和奔波忙碌。他在力促南北调和、清帝退位、地方脱离清政府统治等方面具有重要的作为和影响。

1912年中华民国临时政府成立后,张謇又有了许多庞大的实业设想。他更为关注经济环境,认为要成就经济大业,首要条件必须是政局稳定、政通人和,这是事业兴旺的先决条件。民初政坛纷乱复杂,为了争得有利经济社会发展的和平环境,张謇不惜耗费大量的心血与精力去争和平、争利权、争改革。他四方奔走,要求停止纷争和混战,甚至殚精竭虑也不放弃。这期间,他担任过中华民国临时政府实业总长,为新政权的稳定、新政府经费的筹措等作出了努力。张謇后又担任北洋政府的农商总长,在体制改革、建章立制、制度管理等方面迈出了重要的步伐。

1918年前后,国内战争不断。张謇强烈呼吁停战,他说:"同胞相杀,战祸绵延。商业凋零,生灵涂炭。凡有血气者,谁不渴望和平!"他还说:"謇村落支离,骎骎老矣。被发缨冠,不忍同室之斗;举弓射敌,愧无解战之能。敢掬血诚,为民请命。幸共致力,以救颠危。""五四"运动中,他充分肯定学生的爱国激情,但反对学生的罢课行为。他认为误学就是误国,要使国家富强,在世界竞争中获胜,学生必须发愤读书。

1920年,军阀混战,张謇深感动乱对国家的危害,于是他发表主和通电:"但野老之愚,唯知'和平'两字为神圣。"这当然仅是张謇的一厢情愿。外敌虎视眈眈,处处掠夺利权;内部政局动荡,军阀混战不堪。他的声音虽高亢激越却淹没在波涛汹涌的政治浪潮中。单枪匹马的他,左冲右突,却怎么也挣不脱罗网。

1922年前后,张謇的大生资本集团主干企业在其垂暮之年由辉煌转入衰退。

1926年,在他去世之前,大生资本集团在国际国内大背景下难以独善其身,主要纱厂被银团接管,这给张謇留下了永远无法弥补的遗憾。

张謇的文学造诣深厚。在那个时代,他的文章入编《当代八家文钞》《续古文观止》等。

张謇还是诗人,存诗近2000首。与他同时代的韩国著名汉学家、诗人金沧江介绍张謇的诗:"啬翁二十成文章,丽词字字生风霜。谓我赏音笑相示,读过三日牙犹香。"

张謇还是著名的书法家,楷、行、草、隶、篆等都见长,时人评论他的字是"同、光第一"。在那个时代,他的书法被印刷成各种字帖,畅销到全国各地甚至国外。

张謇在经济领域、政治领域、教育领域、文化领域等多个领域都有重大建树,成为中国近代史上少有的博学家、实干家。

半生事业时期,张謇干成了众多事业,也曾担任过多种职务,有过各种头衔。晚清时期他担任过翰林院修撰、大清国商部头等顾问官、学部咨议官、中央教育会会长、中国图书公司总理、江苏学务总会会长、江苏教育总会会长、江苏咨议局议长、江苏商务局总理、江苏铁路公司协理、宁属教育学会会长,以及多所书院院长及学校校长。民国时期他还担任过临时政府实业部长兼江苏两淮盐政总理、导淮督办、北洋政府农商总长兼全国水利总裁、国际税法平等会会长、远东运动会名誉会长、中国银行股东联会会长、中华农学会会长、中国矿学会、中国工程师学会会长、江苏教育会会长以及多所学校校长等。同时,他一直是大生系统的灵魂,并亲自担任多个企业的总经理。张謇活跃在清末民初的政治、经济、教育、文化的舞台上,成功地扮演了那个时代的重要角色,用他的才智、热血和生命谱写了一曲催人奋进、感人至深的辉煌乐章。

二、张謇所处的时代

19世纪末20世纪初的中国是大动荡大变乱的时代。一方面,处于风雨飘摇中的清王朝已经走到了历史的尽头,另一方面,初生的民国政权纷乱不堪。更为重要的是外国列强凭借其先发展起来的优势,通过各种手段侵略中国,掠夺财富。内忧外患使得中国的仁人志士们纷纷起而抗争,在国家生死存亡的紧急关头,他们通过各种方法来探寻国家出路,挽救民族危亡,在此过程中施展着自己的才华,实现着自己的抱负。

(一) 西方列强侵略掠夺,中国各阶层起而抗争,清王朝走到历史尽头

自英国于1840年用大炮轰开中国国门之后,西方列强便摩肩接踵、纷至沓来。他们或是通过战争逼迫清政府签订不平等条约,或是直接威逼利诱,迫使清政府签订不平等条约。这样,从1840年至1911年,列强与中国政府签订的不平等条约有数百个。通过这些不平等条约,列强们获取了中国的大片土地、巨额赔款及多种特权,甚至在中国的战略要地驻军。由此可见,晚清中国的弱者地位决定其必定受制于人。晚清政府虽时有抗争,但效果甚微。在外敌入侵面前,中国各个阶级阶层纷纷起而抗争。

鸦片战争时期,地主阶级改革派起而抗争。代表人物林则徐、龚自珍、魏源等倡兴"经世之学",呼吁变革,他们主张"师夷长技以制夷"。龚自珍认为"一

祖之法无不敝,千夫之议无不靡"①,因而必须实行改革。地主阶级改革派的思想主张虽未能立即引起共鸣,却为后来的中国人学习西方提示了努力方向。

天灾人祸,民不聊生,这些使得以洪秀全为代表的农民阶级奋起抗争。洪秀全领导的太平天国以清政府为打击的主要目标。他们以"上帝面前人人平等"相号召。在不长的时间内,太平军便从两广地区一鼓作气打到南京,建立政权,先后颁布了《天朝田亩制度》和《资政新篇》。这两个文献对社会改革、人权、地权等问题提出了一系列的主张,特别难能可贵的是提出了学习西方科学技术和文化、效仿西方政治制度等具有历史进步意义的主张。气势磅礴的太平天国最终虽然失败了,其所建立的政权也没有突破封建性的束缚,但是,他们的部分思想和主张无疑是具有进步意义的,社会影响也极为深远。

列强侵略的不断加深,引起一些官僚士大夫的深深忧虑,他们认为必须自强求富方能御侮,于是,掀起了轰轰烈烈的洋务运动。曾国藩、李鸿章、左宗棠、沈葆桢、张之洞等纷纷创办近代军事工业及近代民用工业。李鸿章认为:"中国欲自强,则莫如学习外国利器,欲学外国利器,则莫如觅制器之器,师其法而不必尽用其人。"②他们先是创办近代军事工业,模仿制造洋枪洋炮,如创办了江南制造总局、金陵制造局、福州船政局、天津机器局等。他们请英法军官训练枪炮队,编练新式海军。其后,他们又创办了一些近代民用工业,这些民用工业对争取利权、改善民众生活或多或少起到了作用。当然,就总体而言,洋务派所搞的近代工业并没有能达到预想的目的,北洋水师的全军覆灭充分说明了这一点。不过,他们对于中国国防和中国近代工业建立所作的有益探索是具有积极意义的,同时,也积累了近代企业的技术力量和管理方面的经验教训。其经验教训还为后来的富国强兵提供了历史的借鉴。

在器物层面的模仿未能取得应有的效果之后,一种更高层面的学习西方的主张流行起来。资产阶级改良派康有为、梁启超、严复、谭嗣同等吹响维新变法的嘹亮号角,他们通过光绪皇帝来实行变法。这场自上而下的变法维新运动最终也未能取得应有的成效,但是,其社会影响是存在的。这场运动表明了资产阶级要求维护国家主权和民族独立的要求,反映了新兴阶级的政治理想和政治追求。同时,在维新运动的鼓吹呐喊声中,自强求富思想得到越来越多的呼应。

社会底层的民众也奋起抗争。《马关条约》签订后,帝国主义掀起瓜分中国的狂潮。在这样的历史危急关头,不仅官僚、地主、商人纷纷起而抗争,生

---

① 龚自珍.龚自珍全集.上海:上海人民出版社,1975:6.
② 李鸿章.筹议海防折//中国史学会.洋务运动(一).上海:上海人民出版社,1961:53.

活在社会底层的广大民众也纷纷揭竿而起,他们掀起一浪又一浪的抵抗运动,直接对抗列强。三元里抗英、义和团运动等就是典型。特别是义和团运动,给了敌人沉重打击,显示了中国人民抵御外侮的决心和斗志。

列强侵略掠夺,政府腐败无能,内忧外患,使得以张謇为代表的资产阶级立宪派奋起抗争。身为状元的张謇毅然放弃自己曾苦苦追寻半生的仕途,立志救亡图强。他深感政治改良的重要性与迫切性,采取各种方法宣传"立宪救亡",成为国内立宪派领袖。1901年,他撰写了长文《变法平议》,提出对中国社会变革的设想和主张,其后的十多年间即为此不断地奔走呼号。在清政府下令筹设咨议局后,张謇即筹办江苏咨议局并被选为议长。1908年,当清政府宣布9年后召开国会实行宪政后,张謇等立宪派深为失望。他便以江苏咨议局为依托,联合各省咨议局,发动了中国近代史上著名的三次国会大请愿运动,迫使清政府不得不作出让步,将开国会的时间提前了3年。迫于形势及各方面的压力,清政府顽固派也不得不顺应时势,做出姿态,颁布新政措施,并实行一些奖励实业的措施,宣布预备立宪。

然而,清政府迫于压力所采取的权宜之计已不能满足新兴资产阶级要求民主、要求大力发展资本主义的强烈愿望。民主革命风起云涌,以孙中山为首的革命党人频繁发动武装起义。各省民众纷纷为收回矿权、路权而斗争。就连立宪派人物也对清政府十分不满。这个曾经辉煌过的王朝经历了大起大落,从前期的强盛转向衰败直至最终被推翻。前期它曾有过辉煌荣耀,出现过令人惊叹的"康乾盛世",以"中央王国"称雄于世。然而,到了中后期,这个东方巨国渐渐落伍了。政治上固步自封,不思进取,腐败愚昧。朝廷上下,腐败成风,奢靡盛行。从朝廷大臣到地方官吏,无不纷纷结党营私,贪赃枉法,巧取豪夺,中饱私囊。军事上,军备废弛,军纪松懈,军心涣散,军威不再。武器装备原始落后,不堪一击,枪炮弹药低劣粗糙,常常打不响,破船薄板,经不起风浪,更别说是遇上鱼雷了。经济上,晚清时期虽然有所发展,但是由于战争及巨额赔款,赤字年年增加,政府只能靠借债度日。自然灾害不断,人祸天灾并行。民不聊生,饿殍遍地,社会矛盾重重,危机四伏。

最终,帝国落日不得不在革命的声浪里,在各省纷纷宣布独立的风暴中收起最后一抹残阳,腐败沉沦的清政府走到了历史的尽头,最后在全国的独立声浪中土崩瓦解。

(二)民初政坛纷乱不堪,政要似走马灯川流不息,可谓你方唱罢我登场

在辛亥革命的波涛声中,在各省此起彼伏的独立声中,成立新政府,众望所归,势在必行。1912年1月1日,中华民国临时政府宣布成立,孙中山宣誓就任中华民国临时大总统,承诺要颠覆"专制政府,巩固中华民国,图谋民生幸福"①。但此时的国际国内环境极为复杂,南京临时政府内部亦分崩离析,孙中山不得不辞职交出政权。

  袁世凯终于如愿以偿当上了中华民国临时大总统。但袁世凯的欲望远不止于此,当皇帝的欲火不断在他心底燃烧。他要铺设通往皇帝宝座的三级台阶,即由临时大总统到正式大总统,由正式大总统到终身大总统,再由终身大总统到洪宪皇帝。当袁世凯的皇帝美梦正酣之时,全国讨袁之声不绝于耳。以孙中山为首的革命党人更是勇往直前,发动了二次革命、护国运动,梁启超、蔡锷、张謇等人也坚决反对袁世凯称帝,全国一片反袁之声。张謇一再规劝袁世凯悬崖勒马。但袁世凯仍一意孤行,想一条黑路走到底,不达目的不罢休。袁世凯的倒行逆施终使自己众叛亲离,真正成了孤家寡人,将自己逼到绝境的袁世凯不得不宣布取消帝制,最终在全国的反袁声浪中走完了自己的悲剧人生。

  在袁世凯身后,北洋军阀直系分裂成以段祺瑞为首的皖系和以冯国璋为首的直系。此外,东北有以张作霖为首的奉系,西南有以陆荣廷为首的桂系,南方有以唐继尧为首的滇系,山西还有以阎锡山为首的晋系,等等,各路军阀拥兵自重,独霸一方,混乱不堪。黎元洪代理总统,段祺瑞担任国务总理操持着实权。黎、段之间矛盾重重,上演了一场府院之争,在是否对德宣战问题上争论不休,最终段祺瑞被罢免国务院总理之职。不久张勋又演出了一场复辟闹剧。黎元洪就职后,先后任命过6名总理,最短者仅在位10天。冯国璋继任总统,而"新国会"又将他赶下了台,徐世昌取而代之。国会选举,曹锟贿选,以5000至1万的价格收买议员。冯玉祥发动"北京政变",软禁了曹锟,曹锟宣布辞职。最后,奉系操纵了北京国民政府。

  民初政权如此纷乱,频繁更迭,政要似走马灯,真可谓你方唱罢我登场。人们不难想象,从上到下各级官员能有多少精力去思考国家独立、民族富强、国民生计等问题,又怎么可能为此而努力奋斗。各路军阀忙于争权夺利,彼此混战。这一切,致使社会无序,生灵涂炭。战争之重负又转嫁到民众头上,苛捐杂税,巧取豪夺,再加上自然灾害频仍,这一切,更导致了社会矛盾的不断激化,民众暴动、抢米、抗捐、抗税、罢工、罢市、罢课此起彼伏,社会动荡不安,人民家破人亡,流离失所。

---

  ① 孙中山.临时大总统誓词//中国第二历史档案馆.中华民国史档案资料汇编:第2辑.南京:江苏古籍出版社,1991:1.

(三) 外国货物涌入中国,棉制品进口直线上升,中国利权遭受严重侵害

英国于 1840 年用大炮轰开了中国的大门后,各主要资本主义国家都来啃中国这块肥肉。表现在经济上就是纷纷利用中国的原材料及廉价劳动力,向中国倾销商品。"中国手工棉纺织业首当其冲。这一时期外国机制棉纱如狂潮一般,从各个通商口岸滚滚涌入中国。"①19 世纪 60 年代之后,价格低廉的洋纱、洋布纷纷涌入中国,增加的数量之大和速度之快令人十分震惊。

从 1874 年到 1893 年的 20 年中,一方面,洋货进口总值大幅度上升,而棉制品进口值也呈直线上升的趋势,棉制品占进口总值之比也在节节攀升。根据严中平先生的分类统计,中国开关后四十多年中消费洋货之最大宗首推鸦片,其次是棉制品。棉制品中,棉纱进口的增长最为神速。1842 年,中国常年的输入物品约值 25000 万两,其中,鸦片占 55.2%,棉花占 20%,棉制品居第三位,为 8.4%。而到了 1867 年,全国进口总值 69300 万两中,鸦片占 46%,棉制品已居第二位。而到 1885 年,中国进口净值 8820 万关两,鸦片占 28.8%,棉制品占 35.7%。可见,到 1885 年时,中国的进口贸易中,棉制品的进口跃居第一。1885 年之后,棉制品进口呈快速飙升之势。西方国家对中国棉纱棉布市场的冲击之烈,可谓是来势凶猛。在中国这样一个农业大国,这不能不说是一种悲哀,中国的利权遭受着严重的侵害。

"世界各主要资本主义国家的工业革命几乎都是从纺织业,特别是棉纺织业起步的,棉纺织业成为 19 世纪资本主义工业生产的主要产业,棉纺织品也就成为西方资本主义国家占领海外市场的主要商品,资本主义列强在中国棉纺织品市场上的争夺也尤为突出。"②在对中国的棉货输出中,英国为最早。1840 年—1890 年间,英国在中国的棉货市场独占鳌头。就拿江苏来说,由开始对洋纱的抵制到后来的被广泛接受有一个过程。开始时,这里的老百姓并不喜欢洋纱,但后来由于洋纱细洁、价格便宜,于是便逐渐接受了。洋纱一旦被接受后便如洪水势不可挡了,"不仅上海邻近地区如此,全中国也都如此。在每一个村庄里都有英国棉线出售,每一个商店的货架上都可看到英国棉线"。③与此同时,美国棉货在中国市场也逐渐增多,主要是以粗布打开中国的东部各省。日俄战争之后,美国布匹在东北三省也有很好的销路。当

---

① 陈争平,龙登高. 中国近代经济史教程. 北京:清华大学出版社,2002:88.
② 汪敬虞. 中国近代经济史(1895—1927):上册. 北京:人民出版社,2000:155—156.
③ 李文治. 中国近代农业史资料:第 1 辑. 北京:生活·读书·新知三联书店,1957:497.

然，英国、美国占领中国市场尽管来势凶猛，但毕竟山高水远，而中国的近邻印度和日本则是近水楼台，后来居上。

印度棉纱输华数量激增，在二十多年时间中增长了近150倍。印度的机纺棉纱细洁光滑，织出来的布较为平整、光洁、柔软。中国人一旦接受了这种机纱，国内的手工棉纱就黯然失色了。由于运费成本低，价格自然较低，这就更易于打开销路。印度棉纱主要以十支、十二支、十四支为大宗。

在印度向中国倾销棉纱之时，日本更不甘示弱。日本研究了中国市场，深知中国对棉纱的需求状况。于是，针对中国棉纱市场的需求情况，日本实行主纺二十支以下的粗纱以打开中国市场的策略，主要生产最受中国欢迎的十六支纱、二十支纱。日本机纱因此也颇受中国市场欢迎，在不长的时间内销路大增。1894年，日本输华棉纱量为一万包，到1899年便增加到25万包。在短短五年中，日本对中国的棉纱输出量增加了24倍。《马关条约》签订后，日本对华进行资本输出的同时，仍加紧对华倾销商品，纺织品最为突出，"日纺织品的市场十九实仰赖中国，日纱输华，当全盛时期，常占棉纱总输出80%以上"①。日本对华的纺织品输出不仅量大，而且扩展迅速，对中国的棉纺织市场形成了巨大的冲击。

"早就蓄意进入中国的外国纱厂，在《马关条约》签订不久，争先恐后地涌入中国"。② 中国棉纺织市场面临着极为严重的挑战。如何与外人争得棉纺织业的利权，这个问题困扰着当时的有识之士。虽然中国人从19世纪80年代后期起就开始自办纱厂，但是直至《马关条约》签订，中国人自办的纱厂仍寥寥无几，且成绩平平。至1895年年底，全国总共才有纺纱机17.5万锭，织布机1800台。

如何利用通海地区的有利条件设立纱厂？盛宣怀曾经动过脑筋，但未能办成。时任两江总督的张之洞别有一番见识。他约请张謇在此办厂，并上奏朝廷："兹查通州、海门为产棉最盛之区，西人考究植物，推为中国之冠，各处纱厂无不资之。近日洋纱内灌，通海乡人利其匀细，转相购买，参织土布，每年消耗四十余万金。若不亟就该处兴办纱厂，则民间此项漏卮无从而塞……查通州在籍绅士、前翰林院修撰张謇，向来讲求时务，情形较熟，当经函商，力筹护持小民生计，杜塞外洋漏卮之策，嘱其邀集绅商，剀切劝导，厚集股本，就

---

① 千家驹.鸦片战争后的国民生计问题//中国人民大学国民经济史教研室.中国近代国民经济史参考资料（一）.北京：中国人民大学出版社，1962：50—51.
② 汪敬虞.外国资本在近代中国的金融活动.北京：人民出版社，1999：217.

地设立纱丝厂,以副朝廷自保利权之至计。"①

国难当头,张謇欣然应允。表面看,张謇办厂似乎只是奉命行事,其实,他并不是完全被动的。大办工厂,与外人争利权,张謇早就想过。"早在1886年左右,他就有了中国需要'振兴实业'的想法"②,只是对于如何振兴还未找到一条合适的路径。现在,国难至此,容不得他有什么犹豫。其实张之洞让其办厂也暗合了张謇通过振兴实业争利权来救国救时的意愿。

在中国历史上,状元办厂经商并不多见。作为状元的张謇没有经商的经验,也没有雄厚的资本,除了状元头衔及与外人争利权的决心外,他什么都没有,可是他决计走这条道。这条道路上会有多少的艰难、曲折、困苦、险阻是可想而知的。在国难当头的非常时期,张謇就这样选择了一条为传统文人所不为也不屑为的办厂经商之路,在没有充分准备的情况下张謇义无反顾地走上了这条不归路。

有了尚方宝剑,张謇办厂就很理直气壮了。于是,他放弃了自己曾苦苦追求半生的科举仕途,放弃了荣华富贵享乐,在家乡南通兴办起实业来。起初,他办厂是为了"保利权"、"开风气"、"塞漏卮"、"兴商务"、"为民生计"。后来,随着经营的成功,他有了更多的想法,更多地将其利润用来投资教育、文化、慈善、公益及各项社会事业。他办企业、搞公司,有自己独特的一套办法。他特别强调奖励民营,强烈呼吁新兴的民族资本主义在中国应有充分的发展。他认为,只有民族工业发展壮大了,国家的实力才能增强,也才能够有条件、有力量去跟列强抗衡。张謇还特别强调产业成链,环环相扣,既节省人力物力,降低成本,也不易受外界控制。他的产业链实践其实就是今天所讲的循环经济,可以说,张謇开了中国近代循环经济之先河。

总之,在近代中国那样的变乱时代,为救亡图强,张謇使出浑身解数,左冲右突,用生命奏响了时代之强音。

思考题:

1. 从张謇前半生的读书写字、科举考试生涯中,我们可以感悟到些什么?

2. 张謇后半生主要成就了哪些事业?

3. 张謇所处的是怎样的时代?

---

① 张季直先生事业史编纂处.大生纺织公司年鉴(1895—1947).南京:江苏人民出版社,1998:6.
② 包村.张謇.北京:中华书局,1965:5.

第二讲　张謇与政治

教学目的、要求

本讲教学,使学生了解张謇一生特别是后半生与当时中国政治大事件之间的关系,了解张謇在清末民初社会大动荡、大转型的时代背景下如何想远离政治但又不得不投身政治的情形,了解他的政治抱负、政治参与及其在特殊背景下的政治作为。

张謇言录

政治能趋于轨道,则百事可为;不入正轨,则自今以后,可忧方大。

近代中国特殊的国情,使得政治无处不在。张謇总想远离政治,却不时或主动或被动地处于政治漩涡。爱国主义是张謇政治思想的根本特征。由于有着强烈的匹夫意识及政治追求,张謇成为近代中国社会政坛上的风云人物。就政治目标及政治理想而言,张謇祈求变革弊政以自强。在这样的思想驱使下,他为立宪呼号并身体力行,他拥护共和并认同革命,他当官并多有建树。他不仅是位政治思想家,更是一位政治实践家。当然,张謇心灵深处对支撑现代民主体制的一系列价值观念无法真正接受,他热情接纳西方政治文明的前提是不可动摇的儒学根基,他对于传统儒学的深厚情结,使得他在倡导西方政治民主时带有深深的中国传统文化烙印。纵观张謇一生政治思想的发展历程,我们可以深刻体会到其政治追求与文化传统之间难以割断的关联。

一、忧国忧民的爱国主义情怀

1840年以来，中国内忧外患不断加剧，日益严重的局势迫使中国不得不追赶和迎合世界潮流。如果说外来侵略是引发近代中国发生变化的重要动因，那么，中国社会中某些固有因素在新形势下的变通和发展也不应低估；特别是忧患意识在近代中国特定条件下得到了强化甚至激化，这种忧患意识蕴涵于深厚的时代使命感和责任感之中。无论个人的境遇如何，或穷或达、或微或显、在野在朝、为民为官，其忧国忧民之思挥之不去。

对于国家的危难、民众的疾苦，作为近代士人群体中的先进人士，张謇更是忧患切切。早年的游幕生涯已使张謇对朝政国运深为担忧，尤其是甲午战争，新科及第的张謇虽与帝党人士积极主战，但终不能阻止主和势力，结果清政府败于一向被中国人视为"蕞尔小国"的日本，并被迫签订丧权辱国的《马关条约》。亡国灭种的严峻形势，使张謇的忧愤之情达到惶悚痛愤、寝食难安的程度，"此次和约，其割地驻兵之事，如猛虎在门，动思吞噬；赔款之害，如人受重伤，气血大损；通商之害，如鸩酒止渴，毒在脏腑。及今日力图补救，应以夜继日，犹恐失之。若再因循游移，以后大局，何堪设想？"他对《马关条约》签订的后果有极为深刻的认识，对如何一雪国耻也有深入的思考。

（一）呼吁并投身于政治改良及政体改革

从1901年写《变法平议》起，张謇便为宪政奔走呼号。他鼓吹"君主立宪"是迫切的，他拥护"民主共和"也是真诚的。作为立宪运动的重要领袖，他深刻认识到："今全球完全专制之国谁乎？一专制当众立宪尚可幸乎。"①因此，他认为一定要变更政体："朝廷变法自强，屡下明诏，凡百新政，未尝不渐次设施。然政体不变，则虽枝枝节节而为之，终属补苴之一端，无当安危之大计。"②武昌起义发生后，张謇再次追随时代潮流，公开拥护和支持民主共和，为辛亥革命终成定局立下功劳。这表明在张謇心目中传统忧患意识强调的君主社稷已被国家民族的兴亡所超越。

他在担任北洋政府农商总长期间，大力推行政治改革，上任伊始就精简机构，裁减人员。这种注定要让一些既得利益者受影响的改革，张謇是从自己所辖的工商、农林两部开始的。他大刀阔斧，将工商、农林两个部合并为一

---

① 沈祖宪,吴闿生.容庵弟子记,1913.
② 章开沅.开拓者的足迹——张謇传稿.北京：中华书局,1986：167.

个部；大量精简人员，力图减少人力资源的浪费。他大力推行改制，将本部所属的多个官办企业转为民营。他还主持制定了一系列经济法规，来规范政府及商民的行为。

（二）鼓吹并践行实业救国、教育救国

张謇高举"实业救国"大旗，他认为"国非富不强，富非实业不张"。从现代意义的事业概念中，张謇引申出"棉铁主义"的经济主张。他呼吁中国社会的精英们需把目光投向实业，"中国须兴实业，其责任须士大夫先之"。他自己身体力行，以身作则，大办企业，在短短二十几年中创办了众多的企业，并形成中国近代史上著名的大生资本集团，用自己的实际行动走出了一条"实业救国"的道路。

张謇高举"教育救国"的大旗，他认为"非普及教育不足以救危亡"，因为"国待人而治，人待学而成。必无人不学而后有可用之人，必无学不专而后有可用之学"。在企业取得利润后，张謇便大张旗鼓地创办教育，在二十多年中创办的学校有数百所，包括普通教育、师范教育、职业教育、特殊教育等，普通教育中，涵盖了小学、中学、大学等，他的教育理论及教育实践构筑了完整的近代教育体系。

张謇还将教育与实业紧密联系在一起，他认为实业和教育两者都极为重要，缺一不可，密不可分，相辅相成，提出了著名的"父教育母实业"、"实业教育迭相为用"的思想，使教育与实业的关系形象、生动地表达出来，让人们所理解。同时，他遵循着这样的思想创办企业与教育，取得了令世界瞩目的成就。

（三）以地方自治推进社会改造

张謇将传统文化与资本主义西方文明相结合，创造性地提出了别具特色的社会改造方案——南通式地方自治。在南通自治进程中，张謇力求实现以实业求经济富足，以教育提高民众素质，以慈善和公益事业缓解社会矛盾，以文化礼乐移风易俗的全方位社会建设。这一系列"新世界雏形"的实践使南通呈现出前所未有的时代新风貌。

在实行地方自治二十多年后，当时的南通以"新"、"模范"、"现代"闻名于世。当时的报纸、杂志纷纷登载文章、游记等，介绍"新南通"，包括南通的教育、实业、文化、慈善及其他各项社会事业，介绍南通的风情、文明程度及人们的精神风貌。各方人士纷纷前来参观学习，一些学社、文化团体也纷纷来南通开会。英国人戈登在《海关十年报告》中专列一章介绍与上海毗邻的南

通,最后还特别强调,一切愿公正对待中国的人士都应到南通参观游览。张謇的地方自治在近代南通的成功实践,无不凝聚了张謇心中无比深厚的爱国救民之情。

(四)在维护国家主权的原则下融通世界科技文化

张謇的眼界和胸襟颇具全球观念和世界意识,这大大超越了古代士人"华夷之辨"的封闭式思维局限。在对待中外关系上,张謇既坚持国家主权的立场,又以开放的心态迎接世界潮流的到来。他对经济领域的交流融合最具敏感:"世界经济之潮流喷涌而至,同则存、独则亡、通则胜、塞则败。"因此建立与世界经济发展趋势相一致的国内资本主义经济体系,借鉴发达国家经济调控的手段,引进外资,发展对外贸易,等等,都显得尤为重要,而政治体制与经济发展相应配套的观点显然也是世界目光的产物。

他是当时少有的敢于向敌对国家学习的士绅。他不仅一向呼吁学习西方的管理经验,吸纳外国人才,而且在自己的企业里就是这么做的。他的企业聘请了多名外国工程师,水利专家亦从国外聘请。他将学习西方与抵御西方区分开来。早在跟随吴长庆军队赴朝鲜平息"壬午兵变"时他就与日本人打过交道,他对日本人的精明、野心很是知晓,但他认为明治维新后的日本,很值得中国去仿效。中国要自强,必须学西方,要学西方,必须先学日本。这是张謇在了解了日本的发展道路之后所得出的结论,在当时的中国有如此眼界的人并不多见。

总体而言,张謇秉承传统士大夫的若干精神潜质,在中西文化的碰撞融合中获得了创造性的发展,由一名传统的士绅转变为具有现代精神的爱国主义者。可以说,张謇一生开拓性事业的内核支柱正是源自于深厚的爱国主义情怀和由此产生的变法自强的信念,正是这样的情怀和信念写就了张謇绚丽而丰实的人生。

二、以宪政为核心的政治思想

基于以爱国主义为出发点的政治理想,张謇对君主立宪政体竭力倡导,并对民主共和体制真诚拥护。大致来说,张謇对政体改革的认识和理解经历了体制内的温和改革、君主立宪及民主共和三个层面。

(一)温和的政体改革思想

在国家灾难渐重、政府专制日剧的情形下,张謇逐步萌生了政体改革思想。温和改革,这是张謇对国家政体改革的最初思想。

在清政府"新政"的号召下,张謇赶写出二万余字的《变法平议》。该长文全面叙述了政治改革方案。在酝酿过程中,他曾反复与有关名士及好友汤寿潜、何嗣焜、沈子培等商议,并采纳了他们的若干建议,因此,可以说,《变法平议》代表着相当一部分温和改革者的共同主张。

《变法平议》的中心思想是在维护现有统治的前提下实行各种变革。对于变革的方法、步骤、内容,张謇提出一整套办法。他认为戊戌变法以来的活动均未获得满意结果,要想变革取得成功,最好的办法是根据中国的实际情况,斟酌弊政标本,考察人民风俗、士人性情,分轻重缓急逐步加以实施。

根据这一思想原则,张謇将变革内容按照吏、户、礼、兵、刑、工六部顺序列出,共计42项,其中最要紧的25项优先按需要分阶段逐步实施。第一阶段,设议政院,各府州县设中学堂,各省设局编小学堂、中学堂各种教科书,户部及各省布政使、各府、州、县行预计表。第二阶段,分职省官定俸,各府州县实行测绘、警察、定税目、增法律章程、罢厘金、停捐纳、变科举行决算法。第三阶段,合各府州县分设各乡小学堂、兴农工商业、抽练营兵、减官府仪位。其他未被列入三个阶段的还有"议府县议会"、"立银行用钞币"等17项内容。

这些变革主张虽绝大部分集中于"变事"的范畴,但其中"设议政院"、"设府县议会"两项内容已温和地涉及政体改革。按张謇的说法,议政院是仿照日本明治维新时期集议院、元老院的做法:"凡制定新法,改正旧章,上有所建,交院议行,下有所陈,由院议达,故下无不通之情,上无不行之法。"根据中国的情况,议政院应由京外四五大臣做领导人,由他们自行选举议员构成。其任务是"采辑古今中外政治法之切于济变者,厘定章程,分别付行法、司法之官次第举行,随时斟酌损益,不必专事督促,复蹈操切之辄"。当然,这种议政院与西方政体中的议院相去甚远。首先,议员并非民选而是由几位官员指定产生;其次,厘定的章程虽然要付行政、司法部门次第举行,却不必专门加以监督,议政院对上述两部门并无约束力。因此,议政院实际上是一个上传下达的咨询机构,远不具备三权分立中独立立法机构的地位和作用。"设府县议会"也以日本的府县议会作样板。国家的各项兴革措施要让百姓接受,"权衡枢纽,必在议会"。具体来说,府县议会视地方大小定议员多少,最多不超过5人,选举、被选举者都必须是有家资或有名望的人,符合这一条件的只有当地的士绅。每两年要有一半的名额改选,常会三个月开一次,有事可召集临时议会。比之于议政院,地方议会的议决权力有所增加,不过,民众参与的程度仍较有限,仅有的5位议员均是地方士绅,这与真正的地方议会政治亦不完全等同。

《变法平议》虽是突击写成的,但很多问题是张謇反复思考的结果,这些成为他后来竭力奋斗的目标。值得注意的是,"设议政院"、"设府县议会"是张謇首次提出的政治改革主张,大致仿照日本明治维新的办法,扩大上层士绅参政议政的权力,这种初步的立宪意识标志着张謇开始将政体改革列入重要议程,这对受传统教育半辈子的状元而言是非常难能可贵的。

遗憾的是,凝聚张謇心血的改革方案并未受到清廷的重视,就连身边的封疆大吏刘坤一也对此缺乏兴趣。写成《变法平议》的当天,张謇便送交刘坤一,三天后再见面时,刘只谈到"第论州县以下官改职及学堂事,理财则赞改盐法"。这使张謇"意绪为之顿索"。

(二)君主立宪思想

东游日本的所见所闻加上由日俄战争引发的深刻反思,使张謇的立宪思想渐趋成熟。

从光绪三十年(1904)到辛亥(1911)年间,张謇积极投身全国性的立宪运动,并成为立宪运动的著名领袖。这期间他写成的奏稿、书序、请愿书及信函,较为充分地体现了立宪思想的主要内容。

就世界范围看,君主立宪政体有两种范本——英国模式和日本模式。那么采用何种立宪模式更为适合中国呢?从采用君主立宪政体的世界各国情况看,以英国为代表的"协定立宪政体"和以德、日为代表的"钦定立宪政体"有很大区别。英国的立宪政体是英国社会内部新兴的布尔乔亚和市民阶级与以国君为代表的旧贵族之间实力均衡所形成的历史结果。双方通过宪法的政治契约,形成一种相互制衡的关系。这种典型的立宪政治,具体表现为"分权政治",即通过地方自治、自主性的市民社会与议会来限制君权,并制约国家自上而下的权力,因此立宪政府乃是"有限政府"。而明治维新后的日本与1918年以前的德国则属于另一种"非典型的立宪政体"。在这种体制下,立宪作为一种现代形式的政治符号,并不具有真正限制君权的实质意义,换言之,立宪政治的形式并不妨碍权力的集中运作。就日本情形看,明治政府是在结束了长期幕府割据分裂状况后建立的全国统一政权,在推行君主立宪的过程中皇权不仅没有被削弱反而得到加强。根据明治二十二年(1889)颁布的宪法,天皇享有立法、司法裁决、军队统帅、议会的召集与解散、法令的颁布、官员任免等巨大的权限,正如日本学者信夫清三郎指出:"天皇制把近代立宪主义嫁接在源自古代世界的神权的、家长式的观念上了。然而这种立宪主义是形式上具有'束缚议会权力'的伪装立宪主义。伊藤博文的'立宪君治'是用立宪主义来伪装神权的家长式本质。"这种"钦定立宪"政体是在日本特定的历史条件下产生的,对于日本和德国两个相对落后国家的早期现代化而言,它恰恰起到了加强国家权威,并运用其威慑力量调集各种资源以推进现代化的作用。日本人甚至感到"能够有明治天皇这样一位杰出的君主,对日本来说,这是比什么都幸运的事"。

那么,新政时期的中国立宪派是怎样选择理想的立宪模式的呢?大体上可以分为三种观点。一是主张效仿日、德模式,清政府及其权势派官僚大多倾向于此,无论是从既得利益还是从日本立宪中所获得的经验,这一主张都是十分自然的事情,"日本宪法,其宏纲要旨,无非上保皇室之尊荣,下予人民以幸福,施之我国,至为合宜"。按照日本钦定立宪蓝图,实现所谓开明专制政体,即立宪后的内阁、议会在法律上仍从属于君主,并尽可能地抑制社会各阶层自下而上的政治参与。二是效法英国模式,即宪法出于君主与议会的协议,则立宪权由君主与议会共有,议会有相当权力以节制君权的滥用。这一派人士以梁启超、杨度、熊范舆等在野绅士为代表。他们主张扩大民众自下而上的参政权利与地方自治,认为只有充分调动民权,才能团结人心,改变"政府孤立于上,人民漠视于下"的弊政,促使君民"同德一心,合力御外"。三是多数立宪派人士向往的立宪仅为一种笼统的概念,英国、法国、德国、日本的例证常常被反复运用,以笼而统之地说明立宪比专制要优越。确实,大多数立宪人士还远没有达到对两种立宪政体透彻理解,并作出明确划分的认识水平。在他们心目中,立宪是与专制相对立的于国家有诸多好处的政体,没有立宪的专制国家,必定会产生一系列弊端。就张謇早期宣传立宪的言论与行为看,他也常把日、德、英、法混为一谈。张謇组织出版的宪政著作,除上文提到的《日本议会史》《英国国会史》外,还有《日本宪法》以及伊藤博文编写的《宪法义解》。

尽管在张謇混为一谈的介绍中有关日本的立宪著作居多数,但我们仍可分辨出,张謇实际上倾向于更具民权的英国式宪政,也就是说,张謇力主效仿以民众参与为基础的英国式君主立宪。他在为《日本议会史》撰写的序言中称:"要之立宪之始有事在,不立宪法,遂无望立法、行政、司法之实行也。西方之人有言:不知政治之组织,而妄求政治之权利,是妄想也。此非过论。"这里注重的是政治权利和政治组织的配套建设。他还非常详细地叙述日本立宪政体的建立过程:从大定国是、政分三部到设议院、开地方官方会议、开府县会议,直到召开国会,此后伊藤博文主持研究欧洲宪法、设制度调查局、改行内阁制、宣布宪法、成立国会,立宪政体终于完备,前后历时20年。"嗟乎!施政之秩序有缓急,国民之智力无强弱。是不难于发端,亦贵有以先之耳。"显然,张謇希望中国学习和效仿的是日本逐渐完备的立宪政体,并非日益加强的日本皇权。这一思路体现在以后立宪进程中,充分体现于他对国会、责任内阁及地方咨议局等事关民权的立宪机构的高度重视。因此,无论张謇在介绍讲述立宪政体时多么含混不清,事实上,他心目中所向往的是更接近于立宪本质的英国式立宪政体,这也代表了持第三种观点人中大多数人的实际倾向。

张謇力促实行国会制度,建立责任内阁。在典型的立宪政体中,国会和与之相对应的责任内阁是限制君权、扩大民权的实质性机构,因而备受立宪人士重视。特别是在立宪运动后期(1909—1910),争取速开国会及成立责任内阁这成为立宪派最具号召力的政治目标。这与明治维新时期"没有把观念上的设立国会放在重要地位"很不相同,此间张謇参与起草的数份请愿书和文稿,集中反映了他对国会和责任内阁的基本认识。

张謇认为国会有三个功能:其一,国会为内政改革的枢纽机构,一切未来之计划设置均须由国会进行统一指导和安排;其二,国会是由民选议员构成的民众参政议政机构,人民对国家事务的参与通过国会才能实现,目前各省咨议局,范围只限于一方,应该集"各省咨议局之计虑于国会,而精神贯及于全国",针对新政推行期间财政困难的状况,他特别强调国会对政府财政的筹划和监督作用,并以此保证新政的全面推行;其三,国会还是一个对内上传下达,对外树立文明与强大形象的机关,"苟有国会,则国际交涉无论如何困难,政府既有不得已之衷,不能直达于政府者,国会亦可与代陈"。这与君主专制时期的君民相隔大不相同。因此"有国会则对于全国,为政府交通之邮;对于列邦,为政府文明之帜。上下相通,猜疑自泯;邦交既正,民气自和。非独证世界公理之同,且可保东亚和平之局"。可见,国会不论是对民众的参政,还是新政的推行,抑或是对外的文明形象宣传,都是不可或缺的。

与国会相对应的是责任内阁。作为国会责权的延伸,责任内阁是国会议定主张的贯彻执行机构,张謇认为君主应体现在"日临而监察之",责任内阁理当是内政外交的全权负责机构。

为了强调尽快建立国会和责任内阁的必要性,张謇等立宪派还批驳了清政府拖延召开国会的三个主要借口:一是宪政筹备不全,二是国民程度不一,三是资政院可代国会。关于宪政筹备,张謇认为政府各部及各省筹备工作多流于敷衍,原因是没有国会监督且疏通于旁,人民与政府声气隔阂。考查各国宪政历史,也无所谓筹备时期,进一步说,即使需要筹备事务,最紧迫的只是定议院法和选举法两项,其他各事,都应由国会成立后进行。有关国民程度问题,张謇认为:"夫国会者,所以演进国民之程度,若不开国会,即人民程度永无增进之日。"要求多数国民知识程度划一,这是一项至少需 20 年教育普及的工程。而对少数程度较高的国民来说,参政便是当前迫切的需求。至于资政院和国会的性质不同也是显而易见的。资政院与大臣有争执时,要恭候圣裁,而大臣则逃逸于责任之外,这违背了君主不负责任的立宪原则;资政院的议员同时充当各部院司员,违背了行政立法相分离、行政官不兼议员的立宪原则。因此,资政院的组织与权限不相融洽,于官于民均不利,"故朝廷既欲实行立宪,必自罢资政院而开国会始"。

张謇等立宪人士衷心向往的国会和责任内阁显然具有"分权政治"的特点,尽管他们讲了很多维护君主尊严和皇家权益的话,但真实意愿是要求由民选代表组成的国会拥有立法权和对政府的监督权,责任内阁应对国会而不是君主负责,这些均符合现代议会政治的基本原则。

咨议局是清政府预备立宪过程中在各省施行的一项立宪措施。依照章程,其功能是作为各省采取舆论、筹划地方治安的一个议政机构。清廷还特地警告各地咨议局"决议时间不得逾越权限,违背法律",并规定督抚向咨议局发文用"札行",咨议局向督抚发文用"呈请"、"呈报",咨议局处于行政长官的辅助地位。然而立宪派们却决不愿受这些规定的束缚。

作为江苏咨议局议长,张謇对参政议政抱有极大热情,他虽也说咨议局为"辅助官长之行政而已",但实际上在咨议局成立后的参政议政过程中,其独立的立法倾向越来越明显。在江苏咨议局第一届常会期间,张謇提出议案《本省单行章程规则截清已行未行界限,分别交存交议案》,其主旨在于认为根据咨议局章程规定,咨议局有权议决本省单行章程规则之增删修改及本省权利之存废事件。另一项确保咨议局法律地位的立法是《江苏咨议局关于本局议决权内之本省行政命令施行法》,此法共五条,均是针对督抚可能妨碍咨议局履行其职务权限的情况而制定,以保护咨议局议决权的贯彻实施。

为了保持咨议局相对于督抚独立和对等的地位,张謇曾与两江总督张人骏就违法行事展开过数次交锋,尤其是宣统三年(1911)五月为宁属预算案未能批准实施,张謇率副议长、常驻议员全体辞职,以示抗议,并愤而指责:"謇等不足惜,其如国家宪政何?其如本省行政何?"直到奕劻下令张人骏公布预算案,张謇等人才发表复职公电。这场持续数月之久的政治风波,终于取得了有象征意义的胜利。对清政府关于督抚与咨议局之间的行文规定,浙江咨议局首先提出反对,指斥其违背咨议局章程,张謇领导下的江苏咨议局也继起响应:"立宪政体、议政、行政互相维系,义无轩轾","若督抚对于咨议局概用札行,是议局法团几等诸下级行政官厅,殊非宪政所宜"。[①] 这再次体现出

---

① 时报,1910-11-04.

对咨议局权限和独立地位的捍卫。

张謇很注重咨议局自身的制度化建设。他主持制定了议事细则、选举细则、提议细则、办事处事细则等，以此构成一套比较完备、固定和规范化的操作程序，防止内部议员的任意行为，保证按大多数人的意志行事。事实上，张謇是将咨议局视为"地方议会"基础，并力图按照议会政治的操作方式使其切实起到参政乃至立法的作用。

20世纪初期立宪思潮的勃兴，既是民族危机进一步加深的产物，也是中国社会精英阶层现代意义的自觉意识走向高涨的表现。就改革政治学和现代化理论而言，后发式的现代化国家，在其初始推行改革举措时本应极需强有力的国家权威，以集中调动分配资源，应付现代化发展和因列强挑战而引起的各种社会问题，如日本明治政府所做的那样。然而中国的情况却异常复杂，传统的专制王朝在面对西方列强挑战的相当长时期内，没能运用曾经较为充沛的权威力量来解决内外危机，也没有对传统的权威政体进行符合现代潮流的合理转化，极端无能下一系列的丧权辱国行径，使清王朝的合法性权威随着信任危机而急剧流失，全国上下对集权专制的政治模式产生了强烈的排斥与拒绝。因此，和日本不同的是，中国立宪派人士表现出一种更加紧迫和激进的态度，他们更多地欣赏和赞许以民权参与为基础的英国式立宪政体，并希望以群策群力的方式改变传统政体"上下相睽，内外隔阂"的困境，救国救民于水火之中。立宪人士的这种政治取向和清政府推行新政时所抱有的"钦定立宪"初衷产生严重的分歧，随着立宪运动的不断发展，清政府必然地陷入极为被动的进退维谷之中。因此立宪人士与更加激进的革命派基于摆脱君主专制这一共同渴望上的联合便不难理解，正是这种联合使清王朝走向了最后的崩溃。

从制度层面说，张謇对立宪政体的认识和理解已经达到了立宪人士所能达到的前沿水准。追求宪政显然是他政治思想中最为突出和最具代表性的部分。正如他自己的评述："一生之忧患、学问、出处，亦尝记其大者，而莫大于立宪之成毁。"直到晚年张謇仍对立宪政体未能实现极为遗憾："自清光绪之季，革命风炽，而立宪之说以起。立宪所以持私与公之平，纳君与民于轨，而安中国亿兆人民于故有，而不至颠覆眩乱者也。主革命者目为助清，清又上疑而下沮，甲唯而乙否，阳是而阴非，徘徊迁延而濒于澌尽。前此迁延徘徊之故，虽下愚亦能窥其微，虽上圣不能警之寤。"可见，他深信不疑的最佳政治选择是纳君民一轨的君主立宪制。必须指出的是，包括张謇在内的立宪人士，他们在竭力鼓吹立宪政体时，均没有将立宪所必需的社会经济条件、阶级力量、思想文化观念等重要的实质性因素列入考虑范围。

(三) 民主共和思想

从力倡君主立宪到认同民主共和，张謇的宪政思想得到了进一步的发展。

与君主立宪一样，民主共和是资产阶级政治制度的另一种政体形式。就其本质而言，民主共和与典型的君主立宪具有极为相同的国家理念，即建立于个人自由、利益与社会正义及安全之间的宪法契约，以法治原则限制国家权力。体现在国家组织中，便是分权学说。洛克是最早讨论分权的理论家，在此基础上孟德斯鸠系统阐释了三权分立、制约均衡的思想，奠定了现代宪政理论的基石。从实践看，英国资产阶级革命可以被视为立宪政府的开端，而美国的《独立宣言》及随后的宪法，则是最早将洛克与孟德斯鸠关于宪政的一系列观念融入实际政治并形成民主共和制的典范。弗里德里希曾对近代西方的宪政理论与实践作出相当深刻的分析，他认为，分权是文明政府的基础，宪政的含义正在于此。宪政可能是君主制的，也可能是民主制的，而且，它也确实在两种制度中都出现过。也就是说，不论是君主立宪，还是民主共和，它们均体现着依法治国、权力制约、民主参与、政治公开等共同要素。正是这两种政体本身所含有的摆脱专制的共通性，成为大多数立宪人士能在时局变化中转而拥护民主共和的内在原因。恰如张謇所言："是故国民未能脱离君主政府，只有立宪，请求共和不可得；既脱离君主政府，只有共和，号召君主立宪不可得；亦国势事实为之也。"对于本来就渴望英国式立宪的社会精英来说，拥护共和是在新形势下十分自然和合理的政治选择。

在对君主立宪和民主共和政体具有共通性的前提确认下，张謇也通过对两种政体的比较，获得了更为具体的认识。

一是国土"寥廓、种族不一"的国家最宜于实行联邦共和制。根据当时流行的卢梭的《民约论》的说法，国土过大的国家宜共和分治，而国土小、血统纯一的国家适合采用君主立宪。就世界各国情况看，日本、英国这种民族单一、国土不大的国家采用了君主立宪，而种族繁杂如瑞士，国土广阔如美国均实行民主共和。中国种族既多，国土又大，当学习和效仿瑞士和美国，尤其是美国联邦分治的办法，这与张謇一贯主张的地方自治理想较为切合。

二是共和体制的建立与否并不受国民程度高下的制约。张謇联系君主立宪政体，说明两种政体的实现均与国民程度无关，是当时阶级力量的对比和国势决定的，英国贵族势力是君主立宪的基础，日本的尊王倒幕是国势所致。而在中国已经发生革命的情况下，民主共和是符合时势的选择。

三是民主政体并非种族革命。他指出民主共和绝非单纯反满人，因此建立共和民主的政治革命,不是种族革命,其实质是反对专制统治,建立符合世界潮流的新型政治体制。

1913年,张謇写成《尧舜论》(上、中、下)长文,借尧舜禅让之事进一步阐发对共和体制的若干看法。他以美国总统华盛顿"三任既终,决然远引"与尧舜禅让相比拟,认为华盛顿的引退固然有其优秀个人品质的因素,但更重要的是"时乎不得不退",即为美国时势和体制所决定。而尧舜之禅让却是"时乎可以不让",完全出于个人的英明与高尚。因此,华盛顿可谓"贤",而尧舜则达到"圣"的高度。问题的关键是,在当时的社会中"贤可能而圣不可能也",试想在中国封建专制体制中,皇帝世袭而延,如果禅让,必由皇帝推举以为替代者,而替代者的贤否皇帝是很难确认的,这便无异于"以神器为赠与之资","以美锦为学制之具",拿国家政权让某个人去做试验,岂不是不负责任的冒险? 尧舜素以能够举贤成功是,"思而求,求而得,得而试,试而授,尧遂得舜,舜遂得禹,是则亦有天焉"。这种天意,带有太大的偶然性,现实生活中几乎是不存在的。由是观之,华盛顿创建的美国政体倒是现代社会可以把握的一种做法,当时合十三州之人,"大开国会、规定宪法、定统领任期三年","大统领之举,出于国会。大统领贤否之责,国之人尸之,而受代者无与焉"。由国会推举总统,总统的好坏由全国人民共同承担,总统期满职退足以谢全国,这便是美利坚"国为民主、体为共和"的政体。不过,这种制度也无法保证每届总统都很称职,他们中大多是"录录中才",而且"违道干誉,以口舌金钱酒食博选举者,且习之惯而不为怪也"。议会政治也有弊端,因而在当今中国,共和政体需要效法,尧舜精神也应提倡,尤其要谨防那些"伪尧舜"的出现。《尧舜论》对共和机制本身的合理性和进步性作了进一步的分析探讨,是对国土辽阔、种族不一共和理论的补充深化。

总体看来,张謇对民主共和的理解和确认,局限于制度层面即国家组织结构和操作程序,对支撑共和体制的社会历史条件、阶级基础,尤其是自由民主精神等最本质的问题仍然极少触及,这和他理解君主立宪时缺乏对立宪内在社会文化动因的思考完全相同。就当时的历史情况而言,中国社会的精英阶层还很难从更深的社会文化角度去理解和认识制度变更的本质意义。他们看重的是制度更新所带来的效能,而非产生这种制度所必需的社会内在因素。换言之,社会精英阶层钟情共和民主制带来的结果——民族独立和国家富强,而不是共和民主制的核心内涵——自由民主精神。

张謇虽由衷地拥护民主共和体制,但对革命派宣扬的革命式实现手段持怀疑和审视的态度。1912年,张謇发表极有针对性的《革命论》一文,充分表露了这一倾向。与许多传统人士一样,他采用托古言今的惯用思维方式,在对革命进行一番字义考证后,提出揖让与征诛两种历史现象,即禅让和革命都能够使天下局势得到控制和稳定。不过尧舜禅让盛举已不复存在,自汤武以来革命却接二连三。他将历史上各种"革命"分为"圣贤、豪杰、权奸、盗贼"四个层次,并指出只有远古的汤武革命是"圣贤革命",其余的农民起义或王朝更迭,"假汤武者豪杰或庶几?其次类皆出入于权奸盗贼之间"。汤武革命不仅是时势所需,而且做了非常周密细致的准备,从革命过程看,顺应民心,掌握时机,慎重举事是革命成功的关键,更具体说,上有圣贤明君的领导,下有志士仁人的辅佐是实现革命不可缺少的条件。仓促鲁莽地强行革命,虽然破坏了旧秩序,却无力营造新局面,这样的革命比起不革命来,又能强到哪里?很明显,张謇是针对现实中的辛亥革命,表现出对制约社会变革的某些复杂因素一定程度的洞察,即认为在不成熟的条件下进行革命,很可能出现新旧交替失衡,结果是新的社会秩序建立速度赶不上旧社会秩序崩溃的速度,从而导致社会秩序的失范,因此,革命并不能解决所有的问题。尽管张謇对制约社会变革因素的认识还很模糊和表象,但这种思考仍具有不可忽视的启发作用。

三、立宪运动的重要组织者

(一)同情维新变法

在张謇筹办大生纱厂试图以实业拯救中国的时候,以康梁为首的维新志士们掀起了一场以政体改革为核心的变法维新运动。

维新派为了扩大声势,积极寻找政治上的同盟者。帝党成为维新派首选的联合势力绝非偶然,由于帝党在与外争端中反对主和、主张有限度的变革及拥戴皇帝等方面和维新派存在着一定程度的共鸣,因而其结合的政治基础初步具备。从实际的权力斗争看,彼此的需要更显迫切,维新派渴望通过帝党的协助进入中央政权中枢,而帝党则想利用维新派的舆论声势进一步扩大自身实力,达到与后党分庭抗礼并真正执掌国柄的目的。北京强学会的建立,充分表现了两派势力的结合,在参加强学会的有据可考的43人中,多数是任职翰林院、都察院及各部衙门的帝党官员。其中首要的赞助者便是时任户部尚书的翁同龢,一些与帝党关系密切的洋务派官僚及非淮系地方实力派如张之洞、刘坤一、王文诏、袁世凯、宋庆、聂士成等都捐钱资助强学会。张謇的至交好友如文廷式、沈曾植、沈曾桐、丁立均等也都列名于此会。

北京的政治热情很快波及江浙。这年九月,康有为先抵上海,后赴江宁游说张之洞资助上海强学分会的创建。在此情形下,张謇于十月十日深夜收到来自江宁的电报:"张状元:现与中弢、长素诸君子在沪开强学会,讲中国自强之学,南皮主之,刊布公启,必欲得大名共办此事,以雪国耻,望速复。"梁鼎芬是张之洞的亲信幕僚,又是张謇的好友之一,其电文特意强调南皮(张之洞)主之,以增加张謇的信任感。若干年后,张謇在自订年谱中宣称强学会"中国士大夫之日言集会自此始"。

列名上海强学分会的成员有包括张謇在内的24人,分别是:康有为、张之洞、黄遵宪、陈宝琛、黄体芳、黄绍箕、黄绍第、梁鼎芬、蒯光典、汪康年、邹代钧、屠仁守、沈愉庆、岑春煊、志钧、章炳麟、龙泽厚、乔树枬、陈三立、左孝同、邹凌瀚、顾潢、黎庶昌、张謇。其成员构成和北京强学会十分相似,全部为官绅,尤以帝党人士居多。值得注意的是,所有成员对这一组织的性质均不甚了解,正如梁启超事后所回忆,彼时同人固不知各国有所谓政党,但知欲改良国政,不可无此种团体耳。在张謇看来,强学会不仅是爱国救亡社团,也是推动经济变革的组织。他把张之洞谕令他创办纱厂也看作是强学会的活动内容之一:"此殆南皮于学会求实地进行之法。"强学会的存在引起后党极大不满,李鸿章唆使其亲戚杨崇伊以朋党营私等罪名奉命纠劾。光绪二十一年十二月八日(1895年1月22日),强学会被封禁。北京的《中外纪文》和上海的《强学报》也都因此停刊。

光绪二十二年(1896)到二十四年(1898)三月,张謇的主要精力花在纱厂的筹建事宜上,为此奔波于南通、上海、江宁之间。同时他还受聘于张之洞,执掌江宁文正书院。繁忙的纱厂筹建工作与平静的书院生活并没有使张謇游离于政局之外。在两江总督兼南洋大臣所在地的江宁,常常可以得到来自各方的信息。张謇最为关注的自然是和他有深厚关系的帝党的情况。光绪二十二年(1896)二月,他得到有关帝党的两个坏消息,其日记记载,不允许翁同龢与光绪单独见面,将帝党要员文廷式革职回籍,这些显然是后党抑制帝党活动的措施。远在江宁的张謇对帝党的前景极为担忧。

光绪二十三年(1897)十一月,德国强占胶州湾,国人激愤。同年十二月,康有为第五次向皇帝上书,次年一月二十九日再上《应诏统筹全局折》进一步规劝光绪厉行变法,建议大誓群臣以定国是;立对策所以征贤才;开制度局而立宪法。这封上书集中反映了维新派参与政权的强烈愿望和改革现状的全面要求。变法开始进入高潮。

在此关键时刻,张謇于闰三月四日起程进京。不过从日记和各方面材料看,张謇此次入京与京城的变法并无直接关系。守制在籍三年的张謇此时丁忧期满,按照循例需赴翰林院销假,并补散馆考试。张謇先至上海短暂停留后于三月十六日抵京。他并未立即见到翁同龢，十天后才有一信笺与翁，谈及他很关心的缓办间架税事，数日后面见翁同龢，讨论的仍然是取消间架税事宜。间架税是按铺面大小额外征收的一种商业税，由黑龙江副都统景祺提出，在户部议准实施时，翁同龢便担心其侵扰民间，果然该税遭到地方上强烈反对。张謇作为一个正在积极筹办地方实业的人士，对此税有切身的感受，因而反复强调取消此税之必要。在翁、张的努力下，此项扰民税收得以取消。此后，张謇还接连向翁同龢呈上《农工商标本急策》《留昭信股票于各省办农工商务奏》《农会议》《海门社仓滋事略》等，都是敦促清廷对政策做某些调整与改革，以促进民间工商业的发展。这些看法和翁同龢十分合拍，翁在日记上盛赞张謇之"霸才"。

在京城，张謇对派系斗争的激烈及维新派的政治热情有了更多的了解和感受。他首先听到的是安徽布政使于荫霖在数日前弹劾李鸿章、翁同龢"误国无状"。不久他又听到御史王鹏运弹劾张萌桓纳贿，"语侵虞山（翁氏）甚"。他已深知翁同龢之处境。在变法的前一天，张謇亲见翁同龢所拟的变法谕旨，并在数日后帮助翁拟定大学堂办法，这是他唯一的一份有关变法维新的条陈。就在这一天，张謇与翁同龢有一次长谈，两人的日记对此均有记载。翁氏言："张季直来谈至暮，盖无所不谈矣。"张謇也说"虞山谈至苦"。谈话的内容我们不得而知，但根据当时的形势分析，会谈后仅两日，后党便采取了强硬措施，翁同龢被开缺回籍。张謇心头布上了重重阴霾，而集中于城南的清流士大夫们和张謇同样"人心皇皇（惶惶）"。二十九日，张謇奉旨于乾清宫引见，"瞻仰圣颜，神采凋索，退出宫门潸焉欲泣"。变法刚刚开始数日，悲观的情绪已笼罩京城。见过皇帝后，张謇赶往翁府为其送行，翁同龢为不致牵累同仁已治装谢客。不过翁、张之间的关系毕竟非同一般，第二日，张謇呈上《奉送松禅老人归虞山》送行诗：

兰陵旧望汉廷尊，保傅艰危海内论。
潜绝孤怀成众谤，去将微罪报殊恩。
青山居士初裁服，白发中书未有园。
烟水江南好相见，七年前约故应温。

江南相见与七年旧约①已透露出张謇意欲离京的念头，他同时"引朱子答廖子晦语，劝公速行"，以免遭不测。

翁同龢的开缺回籍对帝党和维新人士无疑是一个不小的打击。维新志

---

① 《日记》于诗末有注，壬辰（1892）会试报罢辞公，因劝公退，公曰："吾方念之。若圣恩放归，秋冬之际，当相见于江南烟水之间。"

士们在艰难的环境下仍在努力推进改革,一系列奏章谕旨上下交迭,一日数起,而多数帝党人士则渐趋消极。政治斗争的残酷,张謇早有领略。五月二十四日一场大雨后,张謇借雨抒发道:"未测天情性,朝来乍雨晴,稍当被尘土,一笑看风霆。"不几日,张謇便以"通州纱厂系奏办经手未完"为由,匆匆离开了随时可能风雨骤变的京城,暂时避开了政治漩涡。张謇此次在京时间前后不过两个多月。

回到家乡的张謇还是时刻关注着事态发展,八月的日记频繁记录着有关变法维新的各种不幸消息,并时有评论。

张謇在维新变法中的主张和态度,正如他晚年所言:"余与康梁是群非党,康梁计划举动,无一毫相干者。"作为同样由封建士绅向资产阶级转化的开明人士,他和康梁有若干共同之处。康梁变法所强调的经济和教育方面的改革举措,与张謇标榜的"实业教育救国"主张有相当大的一致性,更何况康梁改革寄希望于光绪帝的亲政,这也很符合张謇的固有观念,变法前在给友人信函中谈到:"请上亲政为第一义,三尺童子知之矣。"不过,在他看来,变法一定要循序渐进,万不可一蹴而就。张謇虽然提到刑法、立法之权,但实际上,他对康梁向往的立宪政体理解不多,曾一再劝其勿轻举妄动,否则后果难以预料。

变法失败后,张謇对遭受迫害的维新人士表示出同情,当年八月二十四日为刘坤一拟呈太后疏:"大意请曲赦康梁,示官庭之本无疑贰,此南皮所不能言。"刘坤一在疏尾又自加二语:"伏愿皇太后皇上慈孝相孚,以慰天下臣民尊亲共戴之忱。"以隐喻的笔法指出皇上应有的地位,深得张謇赞赏和钦佩。与帝党有牵连的相关人士,张謇也关注有加。恩师翁同龢沦为罪臣,最令其痛心,他不仅寄诗暗示翁公静观事变,而且日记中常有打抱不平之语。帝党另一要员文廷式的状况也常见于其笔端。其他帝党人士或被遣戍新疆,或被革职,都被张謇一一记录。此次事变,张謇又一次感到政界翻云覆雨的险恶。政变后的第二年(1899),他便将更多的精力投入到大生纱厂的筹款和开车生产的各项工作中,极少谈及政事。

(二)力促"东南互保"

19世纪与20世纪之交的中国极不平静。北方爆发了以反洋教为主要目标的义和团运动,与此对应的是长江流域封疆大吏们策划的"东南互保"。埋头于纱厂的张謇又一次感受到小纱厂与大社会之间的密切关联。

主要策划"东南互保"者为湖广总督张之洞和两江总督刘坤一,这一局面的出现有非常复杂的历史背景。义和团运动在京津地区的迅速发展,使列强各国尤其是英国在长江流域的势力面临严重威胁,当时英国驻上海代总领事霍必澜致电英政府外交大臣说中国北方局势"愈来愈坏",如果祸及长江流域"将会造成巨大损失",为了保住既得利益,他建议,"应当立即与汉口及南京的总督达成一项谅解",如湖广总督张之洞与两江总督刘坤一得到英国的"有效支持,他们将在所辖地区内尽力维护和平"。① 英国外交大臣复电同意建议并授权霍必澜与张之洞、刘坤一进行交涉。

一贯持主战态度的张之洞、刘坤一却未遵"宣战"上谕,转而主和。他们认为,论国力,中国绝无与七八国同时开战的实力,不仅"从古无一国与各强国开衅之理",且甲午战争后,"中国实力甚弱",断不能迅即敌各国。"即合各省兵力,饷缺械少,岂能抵御群强?"②特别是长江流域,我国防御尤弱,而这一地区正有利于列强用兵,而且英舰最多,一旦开战,各国利用海军优势,"必封我海口,置我于困境"。③ 因此不如利用各列强国在长江流域的明争暗斗,以达到"以夷制夷",确保东南的目的。英国方面提出的建议方案很适合双方的共同利益。于是,光绪二十六年(1900)五月三十日,在张之洞与刘坤一的授意下,上海道台余联沅会同穿针引线的盛宣怀与列强驻沪总领事举行会议,提出事先草拟好的《东南保护约款》9条和《保护上海租界城厢内外章程》10款,以此保证双方互不干扰。随后,山东、广东、广西、浙江、福建等省的督抚,先后宣布参加"东南互保"。

在酝酿"东南互保"的过程中,张、刘未尝没有顾虑,尤其是抗旨行事的后果更是自不待言。东南地区绅商的坚决支持,对他们痛下决心起了重要作用。张謇对刘坤一就颇有影响。从张謇的日记可看出,北方的动荡使他对东南的稳定很为忧虑。张謇拜见刘坤一,欲请刘坤一迅速招抚长江下游绰号为徐老虎的盐枭徐宝山。此人拥有相当数量的私人武装,以劫掠性质的走私食盐为生,是东南地区安定的一大隐患,张謇担心北方义和团的激烈行动波及这支队伍,有可能引起江南骚乱,甚至会成为外国进一步武装干涉的借口。因此,保持东南的稳定,需先收编招抚徐宝山。刘坤一很快采纳了张謇的建议。为使招抚工作顺利进行,张謇继续进言献策:"论招抚宜开诚布公,昭示威信,不可使疑,不可使玩。"尤其是对徐宝山本人的安排要妥当。

按张謇的设想,"抚徐之说,荷赐施行,内患苟弭可专意外应矣"。徐宝山的招抚成功消除了内部的不稳定因素,这样方可以专意和列强们商讨保护东

---

① 中国史学会. 义和团(三). 上海:上海人民出版社,1951:517.
② 张之洞. 张文襄公全集. 刻本. 北京文华斋,1928,卷一百六十,电牍三十九.
③ 张之洞. 张文襄公全集. 刻本. 北京文华斋,1928,卷一百六十,电牍三十九.

南之事。张謇与东南名士何嗣焜、沈瑜庆、汤寿潜等已略有商议。已在参加"东南互保"策划的沈瑜庆(霭苍)由上海来南京与张謇讨论"东南互保"事宜,并叮嘱刘坤一的亲信幕僚施炳燮(理卿)共同督促刘坤一速下决心。张謇《啬翁自订年谱》将这一历史过程描述得较为详尽。张謇很是得意的"虽西北不足以存东南、虽东南不足以存西北"之决断的确有助于解除刘坤一抗旨行事的道德困扰,既然东南与西北具有同样重要的地位,保住东南实际上也是在维护朝廷的继续存在,刘坤一的决心由是而下。就中国当时的处境而言,在富庶的东南地区避免一场可能发生的战祸,不失为一种必要的妥协。

张謇之所以竭力促使刘坤一下决心实现"东南互保",确有保护其企业利益的考虑。此时大生纱厂的营业方有起色,但"北方兵衅忽起,警及东南,商贾缩手,积纱盈栈,无人过问,虽广筹销路,而折阅已多"。从中不难想象张謇渴望稳定的迫切心愿,"东南互保"正为这种需求提供了保障。

渴求安定的心态在当时社会地位不断上升的东南工商业界具有相当的普遍性,九江、汉口等地的瓷商、茶商曾致函刘坤一、张之洞,要求加强长江的"安全"。上海地区的民族资本家祝大椿、叶澄衷等多次要求地方官电请刘坤一出告示"安抚民心",旅居美、日的华侨商人也多次致电刘、张"请保护各国洋人,以免报复,情词极为迫切"。① 另外,属于康梁派的唐才常和革命派的孙中山、陈少白等也对东南督抚寄予厚望,试图诱导张之洞与李鸿章分别搞东南独立和粤省独立。尽管各种势力集团的目的、动机各异,但暂保中外和局的意愿是相同的。从这个意义上说,东南互保具有广泛的社会基础。

从形式上看,"东南互保"直接违背了朝廷"宣战"的旨意,罪无可赦,但主持互保的核心人物张之洞和刘坤一非但未获罪谴,反而受到朝廷的褒奖。刘坤一赏加太子太保衔,张之洞赏加太子少保衔。如此不合常情的结果正透露出,互保的本义和实质绝非真正脱离清政府,恰恰是为了保住东南最富庶的半壁江山,再图恢复。张之洞和刘坤一在订立《东南互保约款》的同一天的上奏中说得十分明白:"就目前计,北事已决裂至此,东南各省若再遭蹂躏,无一片干净土,饷源立绝,全局瓦解,不可收拾矣。惟有稳住各国,或可保存疆土。"②慈禧也深明此意,所以称张刘之举为"老成谋国之道"③。在维护清廷统治这一点上,他们和慈禧是完全一致的,这正是问题的根本。

积极支持互保的张謇也未曾一日忘怀于朝廷,在议保东南的同时,他已

---

① 张之洞.张文襄公全集.刻本.北京文华斋,1928,卷八十,电奏.
② 张之洞.张文襄公全集.刻本.北京文华斋,1928,卷八十,电奏.
③ 故宫博物院.义和团档案史料:上册.北京:中华书局,1959:187.

和陈三立等商讨"迎銮南下",希望将朝廷的真正代表光绪营救到南方。六月八日,他上奏刘坤一,劝其推举李鸿章北上勤王。七月北京失陷后慈禧挟光绪逃往西安,张謇又提出"退敌迎銮",意先请侵略军退出北京,将慈禧和光绪迎至汉口或南京,并罢斥"主战"的顽固势力端、刚(载漪、刚毅)"以谢天下",为最终还政于光绪作准备。张謇的建议均得到刘坤一的赞同。由于慈禧集团最终镇压义和团且进一步出卖国家主权屈服于列强,当初主张宣战的载漪、刚毅也被处以极刑,统治集团中内外政策的分歧迅速趋于弥合,所谓的"迎銮南下"方案自然不再被提起。

(三)全面考察日本

光绪二十九年(1903),张謇作出了东游日本的重要决定。对于一衣带水的邻邦日本,张謇一直予以高度关注,在谴责其侵略行为的同时,也不断研究探索日本明治维新后发生的巨大变化。《变法平议》中许多改革内容,是在吸收和借鉴日本的经验基础上写成的。清政府开始"新政"以后,东游日本成为一种社会风尚,不仅留日的青年学生开始增多,各种访问考察团体亦频频赴日。光绪二十八年(1902)九月,张謇得知吴挚父(吴汝纶)访日归国,他亲到上海拜望,并阅读了吴汝纶的《东游丛录》。次年正月,日本驻江宁领事通过徐乃昌邀请张謇及一些东南名流参加日本第五次国内劝业博览会,张謇欣然应允。

东游日本,前后约70天时间,这是张謇一生中唯一一次以考察为目的的出国。他将这次考察目的确定为以教育和实业为主:"先幼稚园、次寻常高等小学、次中学、次高等,徐及工厂。"约70天时间里,他先后参观访问了神户、大阪、长崎、札幌、东京等处的35个教育文化机构和30多个农工商企业单位,每处都详细询问、查看、记录,尤其对各类学校的考察细微之至。

在日本考察的两个多月中,他处处从中国实际出发,切实考虑那些可以为中国所用的经验与办法。有一位日本教育专家询问张謇出访宗旨,他回答:"学校形式不请观大者,请观小者;教科书不请观新者,请观旧者;学风不请问都城者,请问市町村者;经验不请问已完全时者,请问未完全时者;经济不请问政府及地方官优给补助者,请问地方人民拮据自立者。"这种似乎有保守之嫌的态度正反映出张謇扎实务实,毫不虚浮,一切从实际出发的个性。他参观了日本的单级小学校及授课方法,认为"此于中国今日最宜"。在参观大阪的一所农学校后,张謇记录:"校有体操而无音乐,学生习农者一百三人,习兽医者七十人,学成不入高等,听其散而归,各治其乡。若入陆军或他校,或别治生业亦听,此我通州所最宜法者。"博览会上看到水产馆,认为"通州可参酌仿行者,唯十胜川之鱼簖"。诸如此类还可举出许多。张謇通过中日比较,感慨常常油然而生。他发现日本人非常实在和节俭,一所农校学生平时的膳食仅一碟鱼片咸菜,日本教育家的观点是"当使学生知为学不求饱而敏于所事,不可使饱食而无所用心,可谓知本。中国学校以饮食滋讼者多矣,惜不令一游其校以参观之也"。在大阪,他参观了一家能造汽船和浚渫机船的私人铁工厂,并由此想到上海的江南制造局:"我思上海制造局规模之大,经费之宏,几几十倍于此,曾未为农工实业造一船,制一械,以市于民而收其利,以助农工商之业而分人以利。彼此相较何如也?"日本人求实奋进,勇于创新的精神也令张謇深有感触,他说中国的政治家有一大毛病:"则将举一事,先自纠缠于防弊,不知虫生于木,弊生于法。天下则无无虫之木,亦无无弊之法,见有虫则去之,见有弊则易之。为木计,为法计,虽圣人不过如此。"他认为,重要的是在学习和实践的过程中不断纠正错误,如果总是因噎废食,中国怎能进步? 日本人团结一致齐心协力的集体主义使张謇更加钦佩:"自维新变法三十余年,教育、实业、政治、法律、军政一意规访欧美,朝野上下,孜孜矻矻,心摹力追,其用意最当处在上定方针,下明大义"。"其命脉在政府有知识能定趣向,士大夫能担任赞成,故上下同心以有今日。不似一室之中胡越异怀,一日之中朝暮异趣者,徒误国民有为之时日也"。

当然,张謇也不放过弊端。特别是对于日本某些不法商人在中国行骗的败坏道德行径在访问中被揭穿①,张謇很是感慨:"嗟乎! 日人谋教育三十年,春间教科书狱发,牵连校长、教谕等近百人。今察其工商业中私德之腐溃又如此,以是见教育其实普及之难,而人民性质迁贸拴于开通,有不期然而然之势。然以不信不义之国人,而冀商业前途之发达,是则大车无輗,小车无軏之行矣。闻半年来,中人受诳于日人者,复有数事,其甚细者,值仅五元。"可见,真正地普及教育、普遍提高国民素质实在不是件容易的事情。

约70天的考察,张謇得出结论,"就所知者评其次第:则教育第一、工第二、兵第三、农第四,商最下"。他进一步分析以上四项都与政、学、业密不可分的关系,张謇深刻感到政治不可低估的作用及士大夫不能推卸的历史责任。张謇还领悟到以法治国、认法不认人的重要性,这正是立宪政体的本质特征。

东游日本,张謇收获甚多,对他以后进一步从事教育、实业及政治运动都产生了重要影响,同时,对几年后他主持南洋劝业会亦产生直接的影响。

---

① 在东京,经多方调查,发现曾在中国推销过凿井图纸并打算为大生纱厂凿井的所谓日本工程师竟是一个骗子,日本驻沪领事与此事亦有牵连。

（四）力推立宪进程

如果说戊戌变法揭开了中国改行立宪的序幕，那么，发生在20世纪初期的立宪思潮及运动则标志着包括新兴资产阶层在内的社会精英群体对宪政的高度认同与拥护，充分表露出他们要求改变政治环境的强烈需求，与数年前人们几乎未对戊戌变法给予关注相比，情况已发生了巨大变化。

所谓立宪，其本质就是用宪法和法律来限制政府专横的权力，保障公民的基本权利。对此感触最深的是已经成长起来的新兴资产阶级，他们与官府之间的紧张关系在日益加剧，张謇常有"商之视官，政猛于虎"，"但有征商之政，少有护商之法"的感慨。绝对的君权，使商民感到参政和限政的重要性，而参政与限政的根本途径则舍立宪无它。张謇从作《变法平议》到考察君主立宪制的日本国，其立宪意识不断增强，光绪二十九年十二月十八日（1904年2月13日）发生在中国的日俄战争终使他高擎立宪旗帜。

张謇是从《中外日报》得知日俄两国开战的消息的，日本的小胜，被张謇视为君主立宪制对俄国专制制度的胜利。由此可以确认，立宪制在中国的建立也刻不容缓。对日俄胜负的这种判断已成为当时普遍性共识，清政府一些驻外使节如孙宝琦、胡维德、张德彝、梁诚则等和国内若干督抚均提出类似看法。因此，以日俄战争为契机，一场要求变更国体、实行立宪的运动逐渐酝酿开来。

从光绪三十年（1904）到三十二年（1906）清政府颁布立宪上谕的三余年时间中，张謇为促宪，开展了大量活动，主要可归结为以下三个方面。

一是与志同者商讨立宪事宜，并为张之洞、魏光焘起草立宪奏稿。光绪三十年（1904）三月，张謇应张之洞和一年前刘坤一去世后接任两江总督职位的魏光焘之邀，二十二日赴江宁商讨立宪事宜，在这里，他与好友蒯礼卿（光典）"说立宪事，谈甚久"。两天后，魏光焘转来一份滇督丁振铎、黔抚林绍年要求变法的电奏，张謇阅后的感觉是"敢言之气当为本朝第一"，接着，张之洞前来"复谈立宪，其论亦明，其气殊怯"。作为"新政"主角的张之洞对立宪事持有限的支持态度，其口气之怯，令并不激进的张謇亦感到不满。四月初开始，张謇与蒯礼卿、刘世珩、赵凤昌、汤寿潜等友人反复磨勘斟酌，七易其稿，为两督写成立宪奏稿，其中心内容是请求"仿照日本明治变法之誓，先行颁布天下,定为大清宪法帝国,一面派亲信有声望之大臣游历各国,考察宪法"①。多年以后他在自订年谱中对此奏稿评价道:"为南皮、魏都拟'请立宪奏稿',经七易磨堪经四五人,语婉甚而气也怯,不逮林也。"显然张謇及其周围的立宪主义者们是一个主张温和的政治群体。

二是宣传并普及立宪知识。光绪三十年(1904),张謇先后组织编辑出版了《日本宪法义解》《日本议会史》等宣传立宪的著作,并为之写序,鼓吹立宪政治。其急切的心情在他对付印工作的关心中表露无遗。这年七月到八月,张謇与上海的赵凤昌频繁通信,催问《义解》一书的刊印情况:"《义解》印成否?应早成矣"。"印书必望速成、速布、速进,并望以百本即见寄"。"尊处尚有前印《宪法义解》否?有则请分十六七本,以便寄京"。著作出版后张謇分送各方人士,他特别注重对皇宫上层人物的争取,比如送《宪法义解》给时任兵部侍郎的铁良,还由赵凤昌托人送入内宫十余本,"此书入览后,孝钦太后于召见枢臣时谕曰:'日本有宪法,于国家甚好。'枢臣相顾,不知所对,唯唯而已"。太后的态度令枢臣震动,军机瞿鸿禨赶快派人赴沪选购宪法书籍。

三是主动恢复与袁世凯绝交20年的关系以获得其对立宪的支持。握有八九万新军,身居直隶总督兼北洋大臣的袁世凯,深得慈禧信赖,是当时权倾朝野的最重要的实力人物。袁世凯的开明倾向也十分引人注目,他是清政府"新政"的积极倡行者,曾提出以护练新军、广兴学堂、派遣留学为内容的新政要点十条,"自此改行新政,多由直隶一省先行试办"。这位今非昔比的新显要,在政治舞台上的作用实在未可等闲。此时的张謇同样拥有20年前不能比拟的社会地位及影响力,风风雨雨的经历使他在政治上成熟了许多,他不再像当年仅仅恪守于人伦道义,出于立宪大局的需要,张謇主动摒弃前嫌,希望与袁世凯能携手共谋立宪。在张袁复交问题上,张之洞和张謇的一些好友也起到了重要的敦促作用。精于政治的张之洞很明确地劝告张謇,立宪之事当"先商于北洋",汤寿潜也劝说与袁世凯恢复关系。

当然,20年隔阂的消除需要一个过程,张謇的做法显得十分小心,光绪三十年(1904)四月,张謇在上海特地与袁世凯的机要谋臣杨士琦(杏城)交谈,了解袁世凯的政治动向。五月十三日,张謇发出了20余年来第一封致袁函,在信中希望袁世凯能体察世界大势,效法日本明治维新时重臣伊藤、板垣等人,主持立宪,"成尊主庇民之大绩",还动之以情地说:"论公之才,岂必在

---

① 侯宜杰.立宪运动中的张謇//严学熙.近代改革家张謇——第二届张謇国际学术研讨会论文集:上册.南京:江苏古籍出版社,1996:73.以下简称《近代改革家张謇——第二届张謇国际学术研讨会论文集》为《近代改革家张謇》。

彼诸人下？既下走自问志气，亦不在诸人下也。"①尚未看准风向的袁世凯很快复信称"尚须缓以俟时"。尽管袁没有立即表示赞同，但复信本身已表明两人间持续20多年的僵局被打破，新的交往开始。

光绪三十一年（1905）五月，日俄战争终以日本在海陆两个战场的胜利而告终，一年来人们对这场战争的分析似乎得到了印证。特别是日俄战争加速了俄国资产阶级革命的到来，1905年，沙皇被迫宣布立宪，这对清朝统治集团无疑是一个不小的刺激，使他们深切体会到专制体制再无法存在下去了。载泽认为，立宪制度"滥觞于英伦，踵行于法美，近百年间，环球诸君主国无不次第举行"，唯"俄罗斯处负偶之势，兵力素强，得以安常习故，不与风会为转移，乃近以辽沈战争（指日俄战争）水陆交困，国中有识之士，聚众请求，今亦宣布宪法矣"②。内阁中书刘垣在条陈预备立宪折中也说以专制著称的沙俄"近亦颁布宪法，是居今日而谓必当立宪，殆众所同，且终不能不立宪，乃势所必至"③。地方督抚的态度更加明确，继张之洞、林绍年之后，两广总督岑春煊上书请求立宪："窃观今日殆无立宪之国，无论何种政体，变迁沿革，百折不回，必归于立宪而后底定。"④一年前向张謇宣称等待时机的袁世凯这时收到张謇的第二封敦促其支持立宪的来函。紧接着，张謇表明现在立宪时机已成熟，当尽快变法以免坐失良机："且公但执牛耳一呼，各省殆无不响应者，安上全下，不朽盛业，公独无意乎？及时不图，他日他人，构此伟业，公不自惜乎？"此种喻以利害的说服充分利用了袁世凯具有极强权力欲的心态。七月，袁世凯的态度趋于明朗，他与张之洞、周馥（两江总督）联衔上奏请派大臣出洋考察政治，以为立宪预备。清廷在巨大的压力下，很快诏命载泽、端方、戴鸿慈等五人为考察政治大臣，分赴东西洋各国考察政治。

就在立宪人士积极推进立宪进程时，激进的革命潮流使立宪派们感到另一种威胁。八月二十六日，五大臣临将出访时革命党吴樾制造的爆炸事件⑤，使张謇确认"此必反对立宪人所为也，如此则立宪尤不可缓"。他马上拟与端方电报"并请奏布明诏以消异志"。张謇以为消弭革命者口实的最好办法是早日实行立宪。十一月底，拖延三月之久的五大臣出国考察终于成行，张謇又看到新的希望。二十九日的日记中他详细记载了立宪情况，他寄望五大臣

---

① 沈祖宪,吴闿生.容庵弟子记,1913:18.转见李宗一.袁世凯传.北京:中华书局,1980:130.
② 中国史学会.辛亥革命(四).上海:上海人民出版社,1957年版:24.
③ 故宫博物院.清末筹备立宪档案史料:上册.北京:中华书局,1979:110.
④ 故宫博物院.清末筹备立宪档案史料:上册.北京:中华书局,1979:0.
⑤ 张謇日记载:"夜十时后,楚卿(狄葆贤)来告五大臣临发都门,炸药忽发,泽公、绍商丞微伤,送行者毙二人,伤十数人。"

考察回归后政府的决策。

光绪三十二年(1906)六月,五大臣先后回国。张謇专程谒见回到上海的端方、戴鸿慈,"诣端谈宪事,意尚不衰"。两位大臣支持立宪的决心使张謇深感欣慰。为表欢迎,张謇联合商界、学界人士"公宴二使于洋务局,众心希望立宪也"。数日后,他又为端、戴两使草拟致督抚电,以加强立宪的声势。

几位考察大臣一致以"皇位永固"、"外患渐轻"、"内乱可弭"的理由入奏立宪,经过与守旧派的激烈论争,七月十三日(1906年9月1日),清廷终于颁发仿行宪政"上谕",宣布预备立宪。时人就此评论:"苟非考察大臣不惜以身府怨,排击俗论,则吾国之得由专制而进于立宪与否未有知也,故说者谓此次宣布立宪,当以泽公等为首功,而庆王、袁制军等实左右之。"①

张謇对袁世凯在推动清政府预备立宪中所起的作用大加赞赏,致袁函中称:"自七月十三日朝廷宣布立宪之诏流闻海内外,公之公烈,昭然如揭日月而行。而十三日以前,与十三日以后,公之苦心毅力,如水之归壑,万折而必东,下走独心喻之。亿万年宗社之福,四百兆人民之命,系公是赖。小小波折,乃事理所应有。以公忠贞不贰之心,因应无方之智,知必有屈信尽力者。伟哉足以伯仲大久矣!"根据袁世凯幕僚张一麐回忆,张謇将袁世凯比作日本赞助立宪有功的大久保,而自居为另一位有功者小室信夫。② 可见他对自己在推动立宪中的角色也颇为自得。

客观地说,清末预备立宪是中国现代化进程深入到制度层面的一次重大变革。按照清政府的设想,立宪进程不能操之过急,其步骤是先改革官制,再厘定法律,再广兴教育,清理财政,整顿武备,待若干年后查看情形,方能"妥议立宪实行期限"。对那些急切渴望以立宪制摆脱危机、富国强兵的立宪派而言,这样一个遥不可及的立宪远景实在是过于漫长,他们按捺不住地急切要求尽快立宪,尤其是民族资产阶级最为集中的江浙地区呼声尤为强烈。

张謇自"预备立宪"上谕颁行后更是为立宪之事而奔忙,一个重要的成果是与郑孝胥等反复商议,于十一月一日在上海正式成立"预备立宪公会"。与在此之前上海成立的学术性质的"宪政研究会"不同,预备立宪公会是国内第一个具有政治结社性质的立宪政团。经选举,郑孝胥为会长,张謇、汤寿潜为副会长。以后张謇连任四届副会长,宣统三年(1911)第五届当选为会长。该会会员主要来自江苏、浙江、福建、广东各省,总计270余人。其主要人物大多是宪政研究会的成员,他们或是上层绅商,或是文士名流,在江浙地区极为

---

① 中国史学会.辛亥革命(三).上海:上海人民出版社,1957:15.
② 张一麐.心太平室集.卷八,1947:37—38.

活跃。①

围绕着立宪预备事宜,预备立宪公会在数年间做了若干卓有成效的具体工作。

一是领导各政团请愿,要求速开国会,这是预备立宪公会的中心工作。

二是出版刊物,宣传宪政。光绪三十四年(1908)十一月,该会刊印《预备立宪公会报》半月刊,宣统二年(1910),移至北京,改名《宪志》月刊,还将《城镇乡地方自治宣讲书》印送各省,以备参考。

三是编纂商法,以促商法尽早颁发。该会建立后,积极联络邀请各商会人士,共同研讨编纂保护工商业发展之商法,宣统元年(1909)十一月完成公司法及总则两部。此草案成为后来张謇担任农商总长期间颁布公司法和商法的基础。

四是开办法政讲习所,训练立宪人才。讲习所分一年班及半年班两种,一年班注重法律,造就司法人才;半年班注重教授地方自治所需财政、预算、决算等知识。

继"预备立宪公会"成立后,其他各地也先后建立了类似的组织,如湖南的"宪政公会"、贵州的"宪政预备会"、广东的"粤商自治会"、湖北的"宪政筹备会"等。海外的康梁也积极响应立宪,光绪三十三年(1907)九月,在东京成立政闻社,次年年初其本部迁至上海,很快和"预备立宪公会"建立起密切联系。光绪三十四年(1908)七月,立宪公会发起的大规模签名请愿速开国会,虽在清政府的压制下被迫停止,但它成为此后一系列请愿活动的开端。

面对舆论的强大压力,清政府进一步做出预备立宪的姿态。光绪三十三年(1907)、三十四年(1908)连续颁行若干仿行立宪谕旨,并表明九年预备立宪期限,还开列了一份九年待做事项的清单。在一系列谕旨中,北京设立的资政院及各省设立的咨议局格外引人注目,这两个新式议政机构将越来越多无法进入旧体制的士绅和新兴阶层动员到体制内的政治舞台,使其有更大的政治独立性。

光绪三十三年(1907),预备立宪公会等 11 个团体即在上海集议筹办咨议局有关事宜。次年六月,张謇奉旨负责在南京筹建咨议局。十月十一日筹办处正式成立时,张謇发表演说,表明筹务处的中心工作是对选民造册登记,并实行普遍民选,以确定咨议局议员。以苏省的历史习惯,当时分别设有宁

---

① 预备立宪公会的主要人物有朱福诜、孟昭常、许鼎霖、雷奋、陶葆廉、周廷弼、赵凤昌、温宗光、陈宝琛、瑞澄、谢远涵、庆山、张元济、伍光建、高而谦、沈林、沈懋昭、章宗元、刘厚生等。

属、苏属两个咨议局筹办处①,但两处的立宪活动常在一起,张謇等立宪骨干赞同两处合二为一,这也符合《咨议局章程》的规定。宣统元年(1909)三月十八日,宪政编查馆允准合并设立咨议局。

根据张謇的设想,咨议局作为新的民意机构需要有新的外貌。这年二月,他与总督端方等共同确立鼓楼东北处为咨议局局址,并派人赴日参观日本议院建筑,搜集有关图纸,建设咨议局办公楼。四月二十六日咨议局辅助机构——咨议局研究会正式成立,张謇当选为会长,并主持制定了详细的研究会章程。八月一日,筹办处主要人员集会决定,在隔日召开咨议局议长及议员会议。八月三日下午咨议局开会,到会者95人,张謇以51票当选议长,仇徕之(仇继恒)、蒋季和(姜炳章)为副议长。江苏咨议局在张謇的苦心经营下终于正式建立。

江苏咨议局成立半年后,各省咨议局纷纷诞生。咨议局的议员们均根据初选、复选的程序由民选产生,任期三年。选民的资格以受教育程度和资产为主要限制条件,显然这很符合以新式绅商为主体的新生资产阶级的需求。根据选出的议员分析得知,士绅所占数额最多,新生工商业者和新式学校的毕业生也占相当的比例。各省咨议局的议长几乎是清一色的立宪派头面人物,除张謇外,浙江咨议局议长汤寿潜、湖北咨议局议长汤化龙、湖南咨议局议长谭延闿、四川咨议局议长蒲殿俊都是知名的立宪派首领。

比之西方的议会政体,咨议局只是一个议政机构,清廷颁布的《咨议局章程》明确规定:"咨议局亲遵谕旨,为各省采取舆论之地,以指陈通省利病,筹计地方治安为宗旨。"②显然它并不具备独立立法资格,但毕竟是立宪派法定的集议机构,立宪派参政议政的程度因而大大加强,并开始凭借咨议局力争立法权。张謇在江苏首届咨议局闭幕式上评说咨议局"举数千年未有之创局,竟能和平正大,卓然成一届议会,官长与人民毫无龃龉痕迹,上下尽交,谁谓吾国人程度不及,此为各省所略同"③。议员们的积极性是空前的。至于讨论的内容,"或为本省谋永远之利益,或为人民除非常之弊害,要皆不谬与应兴应革之旨"。在张謇的领导下,江苏咨议局先后决议了"联合各省请速开国会组织责任内阁案"、"预计地方自治经费厘定地方税限请由资政院议决案"、"弹劾总督违法案"、"全省预算案"等百余件提案,在一定限度内体现出

---

① 江苏之所以宁、苏两属分立,与总督、巡抚所在地不同城有很大关系,总督衙署在宁(南京),巡抚衙署在苏(苏州)。可以推想,总督端方应是倾向合并的。
② 仇继恒,原为宁属筹办处的协理,蒋炳章,原为苏属筹办处的协理,两位都是名重一方的绅士。
③ 故宫博物院.清末筹备立宪档案史料.下册.北京:中华书局,1979:670.

议会政治的立法色彩。当然,事实上咨议局的许多议案由于督抚的阻扰而未予以实施,《申报》评论说:"决议案件大都虽经公布,而不见实行。试以江苏言之,其应行不行者盖多矣。若整顿征收丁漕积弊案,若实行禁烟案,若永远禁止彩票案,皆去年所决议,而今尤未能实行也。"①张謇将之归咎于:"官民隔阂已久,有时在议会为和平立论,而行政官已觉其拂逆难堪,此一难也。"尽管如此,督抚们受到更多的监督和评议也是事实,《时报》"时评"曾以"苦恼"为题讽刺清廷官员"去年设咨议局,而督抚多苦恼。自今年设资政院,而督抚又多苦恼。敬告督抚,勿以为苦,勿以为恼,百姓之苦恼,甚于汝万倍也"②。江苏咨议局便和当时的两江总督张人骏就其违法行事展开数次交锋,以至于张謇、副议长及常驻议员全体辞职,以示抗议。就立宪进程而言,咨议局的建立无疑是立宪运动所获取的一项重要成果。

(五) 组织国会请愿

咨议局建立后,不仅力争立法权力,而且有组织有计划地积极推进立宪步伐,其标志性事件便是接连数次以设立责任内阁及早开国会为号召的国会请愿活动,它使立宪活动进入了高潮。江苏咨议局是前期请愿活动的发起单位,议长张謇的倡议领导之功乃众所公认。

宣统元年(1909)八月三十日,也就是江苏咨议局正式成立后的第27天,张謇日记有如下记载:"与端中函(端澂)及雷继兴(雷奋)、杨翼之(杨廷栋)、孟庸生(孟昭常)、许久香(许鼎霖)诸君议,由中丞联合督、抚请速组织责任内阁;由咨议局联合奉、黑、吉、直、东、浙、闽、粤、桂、皖、赣、湘、鄂十四省咨议局请速开国会。议定翼之(杨廷栋)、唯一(方远)、庸生(孟昭常)三人行。联合督抚,端任之,联合各咨议局,余任之。"由于两江总督张人骏对咨议局持对立态度,张謇转而与较为开明的江苏巡抚端澂联合,商议分别负责联合各省咨议局和督抚共请组织责任内阁和召开国会。居间联络游说者则是杨廷栋、方远和孟昭常三人。一场有组织的联合行动就此展开。

九月一日到十月十九日,江苏咨议局召开例会年会,频频讨论立宪事宜。会议期间,应浙江咨议局议长汤寿潜之约,张謇于九月二十一日赶赴杭州,当晚与浙江巡抚增韫讨论"为陈国会及内阁之要",增韫表示完全同意瑞澂的意见,这样江浙两省在立宪问题上已达成一致。与此同时,三位联络员的四处奔波也颇具成效,各地约定推举代表于十一月齐集上海,共商进行之策。十

---

① 申报,1910-09-06.
② 时报,1910-10-01.

一月十五日,奉、吉、直、陕、晋、鲁、豫、湘、鄂、苏、赣、皖、浙、闽、粤、桂共50余人,在沪召开各省咨议局联合大会,决定数日后将联合赴京请愿。当夜,张謇将联合咨议局书记林长民将所拟《请开国会公呈》重新修改订稿。十七日再开会推举各省进京代表33人。接连数天,预备立宪公会和咨议局等为北上代表们设宴饯行,张謇特作《送十六省议员诣阙上书序》以鼓励:"闻诸立宪国之得有国会也,人民或以身命相搏,事虽过激,而其意则诚。我中国神明之胄,而士大夫习于礼教之风,但深明乎匹夫有责之言,而鉴于亡国无形之祸,秩然秉礼,输诚而请;得请则国家之福,设不得请而至于三至于四至于无尽,诚不已,则请亦不已,未见朝廷之必忍负我人民也。即使诚终不达,不得请而至于不忍言之一日,亦足使天下后世知此时代人民固无负于国家,而传此意于将来,或尚有绝而复苏之一日。"

张謇本着精诚所至、金石为开的精神鼓励各位代表,希望他们能调整心态:"得请且不足荣,则不得请之不得为辱,可以释然矣。"这与湖南徐特立等人"断指血书"请开国会的激进作法显然大有不同。张謇实际上已做好了继续请愿的准备。月前他与浙江立宪人士谈论立宪时也明确表示了这种态度:"挹之言:'以政府社会各方面之现象观之,国不亡无天理。'余言:'我辈尚在,而不为设一策,至坐视其亡,无人理。'"所设之策便是通过请愿既实现立宪又保全政府。如若终有"不忍言之"清廷覆灭一日,也可于心无愧。

为配合请愿活动,张謇还赶写了一份《请速开国会建设责任内阁以图补救意见书》,就召开临时国会、正式国会、成立责任内阁、选择内阁人选等问题对皇室进行又一次规劝,特别对年轻的摄政王载沣晓以利害,告诫其内外交困之际,政府之前途实在不堪设想,因此"即以许开临时国会、建设责任内阁,特降明诏,宣示中外。譬诸水也,相其壅塞之无益,而为之川以导其流;譬诸屋也,知其罅漏之可虞,而增之墙以厚其辅。此立宪之通例,而国家之大利"。

各省请愿代表于十二月初先后抵京。经多方努力,十四日请愿书始行入奏。这期间,地方督抚的态度与立宪人士颇为一致,直隶总督陈夔龙,粤督袁树勋,奉天、吉林、山东诸巡抚及出使各国大臣均致电政府,请速开国会。处在被动中的王公大臣们仍顽固守己。二十日朝廷下谕,先是对民众的爱国热情加以赞扬,但终不允所请:"夫行远者,必求稳步,图大者不争近功……俟将来几年预备业已完全,国民教育普及,届时朕必毅然降旨,定期召集议院。"① 二十四日张謇日记载:"上谕国会不得请,世、鹿两相阻之云。"世续和鹿传霖均为军机大臣,但事情绝不如张謇归咎的如此简单,朝廷阻力之大,其后的请

---

① 谕旨. 东方杂志,1910(1).

愿一再证明。

初次请愿的失败并未使请愿代表们气馁,他们马不停蹄地投入到二度请愿的准备中,一方面继续扩大组织力量,要求各地均设立"请愿速开国会同志会",并游说其他民间团体加入请愿行列;一方面加强舆论宣传,被立宪派控制的上海《时报》等大报,时评不断,大讲政治改革的必要。一系列准备后,宣统二年(1910)五月十日,包括江苏6位代表①在内的二次请愿代表80余人齐集都察院,将请愿书10封依次呈递,分别代表了各省咨议局、学界、商界、绅界、以预备立宪公会为首的各政团、华侨及旗人。代表们还分别拜见枢府要员,游说鼓吹。五月二十一日,王公大臣预备召见,但谕旨降下,仍维持九年预备立宪,并令不得再行续请。

再一次的碰壁似乎在立宪人士的意料之中,他们不气馁,又投入下一轮的请愿准备。仅隔两天,代表们就集会商讨对策,决定下年二月进行更大规模的第三次请愿,签名需普及于农工商各界,人数每省至少百万以上,请愿时府厅县州各须派一二到京,近省至少需百人以上,远者至少需50人以上。还商定二月正式请愿前,分散的间接请愿也不能停止,可采取代表团对资政院上书请愿,各省咨议局及各团体同时对资政院上书请愿,各省咨议局及各团体呈请督抚代奏三种形式。请愿的声势经过前两次的积累正在达于顶峰。

各省咨议局联合会经过数月筹备,七月六日终于在北京正式成立,并成为领导全国立宪运动的统一机构。湖北咨议局议长汤化龙当选为主席,四川咨议局议长蒲殿俊为副主席,江苏咨议局的杨廷栋、雷奋、孟森为审查员。七月八日的第二次会议中,提出了议案16条②,其中安徽咨议局提出的最多(7项),江苏咨议局次之(3项)。张謇尽管没有直接参加咨议局联合会,但他领导的江苏咨议局在与联合会相呼应的请愿活动中表现相当突出。八月,他以具有全国影响的威望致函各省咨议局:"国会请愿两次无效,群望三请,近日

---

① 江苏6位代表是:苏州商会总代表杭祖良,上海商会总代表沈懋昭、孟昭常,江苏教育总会代表姚文枏、雷奋,江宁商务总会代表张诩庭。见张玉法《清季的立宪团体》,第404页。
② 议案16条:一、预计地方自治经费,厘订地方税界限及请开国会提议案(江苏咨议局提出)。二、变更盐法提案(江苏咨议局)。三、改订全国盐法提议案(四川咨议局)。四、照约速定裁厘加税提议案(江苏咨议局)。五、改定管制提案(安徽咨议局)。六、税法改革提案(安徽咨议局)。七、修改度支部酌加契税试办章程提议案(安徽咨议局)。八、盐法改良提案(安徽咨议局)。九、新币制办法改正案(安徽咨议局)。十、请停止学堂奖励明定学位以正教育宗旨提案(福建咨议局)。十一、请速开国会提议案(该会委任起草员张国溶提出)。十二、请速定管制提前施行提议案(起草员孟昭常、杨廷栋提出)。十三、请开国会公呈(安徽咨议局)。十四、请按新币制速定丁酒划一征收方法提案(安徽咨议局)。十五、咨议局章程变通谅解提案(会员高炳麟提出)。十六、请变通咨议局章程提案(会员张光炜提出)。

敝省公论,以为前次谕旨既断再请之路。现资政院开,专达民隐,自不能援他奏事官为例不为上达。此次请愿,拟向资政院陈请建议,以期必达,此为第一步也。请愿之人,就苏言,拟推謇以议长名义北上,此第二步也。请愿之期,以十月底成行,十一月到院陈请,适已毕本局之事,而尚在资政院开院之期,此第三步也。以议长名义北上,各省能否赞同?或不尽能去,亦当转托他省能去之议长为代表,合成一议长之请愿团,以结前二次代表团之局,而别开第三次请愿之新面目,此第四步也。"这四个步骤显然经过了精心策划,为了符合道义,请愿书向资政院提交,不违谕旨;张謇本人亲自出马北上,以示事情之至关重要;请愿日期选择在资政院开院期间,比之次年三月更为适当和有利;最厉害的是组成各省咨议局议长请愿团赴京,对清廷的巨大压力不言而喻。若能形成此种局面,无疑会开"请愿之新面目"。

江苏的活动绝非孤立,湖北和福建在策动请愿方面很积极,康梁策划的海外请愿亦颇引人注目。特别是由咨议局联合会选出的,以孙洪伊为首的请愿团表现最为强烈,他们以"抵死请愿,无论如何危险,皆所不计"①相号召,并指出上书内容不可似过去温和,要增加不开国会不纳税、开国会前不承认新租税等制裁手段,加强威摄力。

在声势浩大的呼声中,九月五日,国会请愿代表团第三次上书正式开始,各省咨议局和人民团体纷纷分别上奏,以做后援。九月二十日,资政院讨论速开国会案,诸议员慷慨陈词,最后全体表决通过。各省抚于九月二十三日联合电奏②,要求内阁国会同时设立。张謇后来曾对电奏分别予以评价:"大较锡良、瑞澂、李经羲、袁树勋、程德全、丁振铎为切要,赵尔巽、孙宝琦、增蕴、陈夔龙、周树模次之。"驻外使节也先后发电力争,各地报刊舆论对清廷给予无情的抨击。情形所逼,大势所趋,清廷于十月三日下诏缩短立宪预备期,由九年预备立宪改为三年,即宣统五年(1913)实行开设议院,在国会开前先将官制厘定,并预行组织内阁。三次请愿,得一纸缩短年限谕旨,立宪人士中的激进分子感到很不满意,"昨奉上谕,已宣示臣民,千气万力,得国会期限缩短三年,心长力短,言之痛心"。"且国会未开,先设内阁,监督无人,有无滥用权

---

① "要件". 中外日报,1910 - 10 - 09,转见张朋园. 立宪派与辛亥革命. (台北)中国学术著作奖助委员会,1969:69.

② 二十三日督抚联名电奏:东三省总督锡良、湖广总督瑞澂、两广总督袁树勋、云贵总督李经羲、伊犁将军广富、察哈尔都统溥良、吉林巡抚陈昭常、黑龙江巡抚周树模、江苏巡抚程德全、安徽巡抚朱家宝、山东巡抚孙宝琦、山西巡抚丁宝铨、河南巡抚宝棻、新疆巡抚联魁、江西巡抚冯汝骙、湖南巡抚杨文鼎、广西巡抚张鸣歧、贵州巡抚庞鸿书等联名上奏。李守孔. 各省咨议局联合会与辛亥革命//中国近现代史论集:第十七编. 台湾:商务印书馆 1986:782.

力与否"？① 于是,河南、湖北、江西、福建、陕西、直隶、四川、奉天等咨议局电请代表团继续请愿。东北三省派出10余人的第四次请愿代表再次赴京上书,各地学生亦有示威罢课活动,清廷采取进一步的武力弹压措施。

与激进人士不同,以江浙两省为代表的温和立宪派则对这一结果作出欢庆之举。张謇在上海听到消息,释然宣称:"北行可免矣"。他以咨议局名义致电资政院:"请愿有效,天恩高厚,感激涕零。均院大力维持,谨代表大江南北,泥首叩谢。"张謇又电谢江苏巡抚程德全支援请愿,电告全省咨议局和本省各团体速向资政院致谢。② 这引起全国大多数请愿者的不满,即使是江苏咨议局,一些议员阅电后也纷纷诘责,当张謇提议十五日为欢庆日时,赞同者仅三人,"以为十五日庆祝国会之说可行也,至则知众见多歧","遂决然罢议"③。较之那些激进的立宪者,张謇不仅有耐心等待,而且对清廷的立宪诚意抱有颇为乐观的估计。

真诚渴望立宪的张謇等待到了什么呢？历史很快作出了回答。宣统三年(1911)四月十日,清廷宣布第一届责任内阁正式成立,13位内阁成员中皇族超过半数,这个无异于军机处的"皇族内阁"使立宪新政顿成泡影,张謇的失望溢于言表:"政府以海陆军政权及各部主要,均任亲贵,非祖制也；复不更事,举措乖张,全国为之解体……是时举国骚然,朝野上下,不啻加离心力百倍,可惧也！"他已预感到更大的动荡将要来临,清政府处在朝不保夕的危险境地。

以国会请愿为高潮的立宪运动,终因不能见容于清朝当局而未能达到真正的目的。就张謇个人而言,这段追求宪政的经历刻骨铭心,晚年他总结一生诸多大事"莫大于立宪之成毁",足见其对立宪至殷至诚之期望。深厚的立宪情怀充分表明张謇作为新兴阶层的代表人物在政治上已具有可贵的独立与自觉意识。

四、拥护民主共和

(一) 忠告清末朝廷

宣统三年(1911)四月皇族内阁成立后,张謇尽管失望万分,但传统的君

---

① 中国大事记. 东方杂志,1910－11.
② 申报,1910－11－09.
③ 申报,1910－10－10.

臣观念仍促使他对清室做挽救性劝言,他先是到上海,与汤寿潜、沈曾植、赵凤昌联合写信给摄政王,"切箴之,更引咸、同间故事,当重用汉大臣之有学问阅历者"。张謇又委托由沪至京的摄政王之宠臣赵庆亮,"属其痛切密陈,勿以国为孤注"。

与此同时,有某省咨议局派两代表访问张謇,以国事蜩螗不可终日,请求张謇亲赴北京,了解朝廷虚实,以决定各咨议局对国事应持的态度。为立宪事,张謇在三次国会请愿时便有亲赴京城的想法,这时听到劝说,很是心动:"电邀雷奋、杨廷栋至通,与两代表共同会商……会谈终了后,张謇遂决定至北京之行。"①恰好上海、广东、天津、汉口四商会因年前南京博览会时美商有约华商赴美表示,正在组织一个报聘美团(访问团),公推张謇进京与政府接洽。于是,张謇身兼双重使命,踏上北去的行程。

张謇与江谦、孟森、刘厚生等一行人于四月二十七日先由上海沿江而至武汉,"议租办纱布丝麻四厂事",通过瑞澂的帮助,很快便签约承租,由刘伯森具体负责当时已濒临破产的湖北四厂事。五月十日,张謇等乘专列由京汉路北上,十一日午后五时到达彰德,特地拜访了去职归乡的袁世凯,这是他们自光绪九年(1883)分手后的第一次会晤。

袁世凯在立宪运动中的表现颇得张謇等立宪派的赞赏,慈禧去世后,袁世凯失去了庇护者,摄政王载沣为将军政大权迅速集中在自己手中,于光绪三十四年十二月十一日(1909年1月2日)下发上谕,以"足疾"为由,勒令袁"开缺回籍养疴"。而袁世凯并没有回到交通闭塞的区域,却迁居彰德北门外洹上村自建的别墅中,表面作出不问政事的模样,实际上他园内设有"电报房",与各地心腹常通消息,密切注视朝廷中枢举动,伺机东山再起。

对这样一位极有政治潜力的下野人物,张謇当然明白其分量,只是多年的隔膜,虽因立宪时期的通信联络有所松动,但对亲自访袁仍有顾虑。在同行人员的劝说下,张謇终下访袁决心,进而与随行人员仔细商讨会晤细节:"在火车中,又共同讨论謇晤世凯如何措词,如何与世凯交换意见,如何说明时局之危机,如何商量安定时局之方法。并请謇以诚恳坦白之态度,要求世凯吐露之真意。"②这可见重视之程度。这次会面从下午五时一直进行到深夜十二时,随行者刘厚生回忆说:"我们同车的人一觉醒来,见张謇登车含笑对我们说,'慰亭毕竟不错,不枉老夫此行也'。"③张謇在当天的日记中记录:

---

① 刘厚生.张謇传记.上海:龙门联合书局,1958:178—179.
② 刘厚生.张謇传记.上海:龙门联合书局,1958:180.
③ 刘厚生.张謇传记.上海:龙门联合书局,1958:180.

"午后五时至彰德,访袁慰亭于洹上村,道故论时,觉其意度视廿八年前大进,远在碌碌诸公之上。其论淮水事,谓不自治则人将以是为问罪之词。又云此等事,乃国家应做之事,不当问有利无利,人民能安业,即国家之利,尤令人心目一开。"数小时的"道故论时"内容应当颇为广泛,交换对时局的看法想必是最重要的内容,张謇感觉袁的见识非同一般,袁世凯对张謇关注的导淮事业给予高度评价,并以人民利益相标榜,获得张謇的极大好感。刘厚生记述,两人分别时,袁世凯表示如有出山之日,当一定遵从民意,希望张謇给予多方合作。张謇抵京后对此次会晤仍意犹未尽,十四日致电袁世凯:"日昨谒奉光尘,感卅载之沧桑,快一夕之情话,夜分遽别,慨系横生,积悰离惊,仍兹轸结",并寄去他于年前编写的《光绪朝海关贸易册比较表》。袁世凯阅后手批如下:"富强之基,系于实业,公家多不留意,士庶又鲜新识。惟我公先觉,历经困难,坚忍经营,开各省之风气。进出货列表考校,附以注说,精详中肯,又为人所不及察,不肯为。钦佩!须以文行之。"洹上会谈,使袁张多年的芥蒂进一步弥消,为日后张謇的拥袁作了极为重要的铺垫。

告别洹上,张謇继续北上,于十二日抵京。与若干年前的赴京赶考和北上销假大不相同,这位东南巨子受到京城各方人士的热烈欢迎。接连几日,张謇忙于拜谒京城要人,并分别接受阿王、孟森、雷奋公请,唐绍仪私宴,并出席咨议局联合会的欢迎大会。端方还积极推荐他任"宾师之位",这有违张謇入京本意,他急忙谒见载沣、载洵、载涛,"力陈不可以公推而来,得官而去之意"。在拜见徐世昌时,张謇再次申明无意做官。十五日,张謇得知两日后摄政王召见,这是他迫切等待的和最高当权者面谈进言的机会。

张謇在日记中详尽记述了十七日的召见。这是被史家们称为"最后之忠告"①的主要内容。张謇谈到外交三大危险期和内政三大重要事。外交三大危险期:关于伊犁条约为夏秋的改订,需警惕俄国人提出不利中国的条件,借机寻衅;英日同盟在期满后若仍然接续,于中国非常危险,必须先布置设法疏散英日邦交;宣统七年(1915)巴拿马运河开通前,日本很可能要竭力扩张在中国的势力,亟宜预备防范。"总之,中国国势在此四五年内,日日皆系危机,刻刻皆需防备,尤须望中国太平无事,方免外人乘机生衅。切求朝廷不为大拂人心之举动。"内政三大重要事:首先需注重民生,特别是影响安徽、江苏、河南、山东四省的淮水泛滥一定要加以治理;咨议局是通达民隐之地,应该充分发挥其作用。其次,农工商业要善加保护,由农工商部通盘筹划分年进行,尤其是对漏厄最大的棉铁两业需格外提倡。再次,"联合美国为外交最要之

---

① 章开沅.开拓者的足迹——张謇传稿.北京:中华书局,1986:225.

策",但应由民间团体出面,既"灵活稳便",又可避免其他列强干涉。以上的忠告与敬言,避开了立宪人士要求召开国会,成立完全责任内阁等最敏感的体制改革要求,只是提到加强咨议局的作用,这和此前不久在北京成立的以各省咨议局联合会为基础的宪政会力主请愿国会有很大不同。张謇将重心放在自己关心的导淮、发展工商业以及与美国开展国民外交等方面,这些内容对岌岌可危的清朝皇室显然不是起死回生的灵丹妙药,因而载沣的回应多少有些应付,但他虚心请教的态度使张謇感到几分鼓舞。

这里需要补充追述一下与美国开展国民外交问题。出于对英、日、俄等国的警惕,张謇对美国始终抱有好感和兴趣。早在大生纱厂初创时,张謇便曾设想过寻找美援。直接和美国商人打交道,是在宣统二年(1910)南京举行南洋劝业会期间,当时美国赴华商团有23名正式团员,核心人物是大赉轮船公司的社长罗伯特·大赉(Robert Dollar)①。这个公司10年前便已开始对华贸易,在上海与天津设有分公司,为了进一步扩大在华市场,急于与中国方面合作,他们不仅希望插手于中国金融与海洋航运,还谋求对富饶辽阔的东北三省开发。这与致力于发展对外贸易并也有意于东北开发的东南资产阶级颇为相投。因而作为该地区资产阶级头面人物的张謇对此很是热心,经过八月到十月之间的频繁商谈,双方终于在赵凤昌家一次家宴中拟定了合作的初步方案。两天以后,上海商务总会出面,邀请津、汉、穗等地商会代表,与大赉正式讨论了中美合办实业的问题。张謇进言所谈的加强中美合作主要由此而言。

继十七日会见后,到次年四月赴东北考察前,张謇与皇室贵族继续进行广泛的交流和接触,交谈内容除以上要点外,还包括对清廷"皇族内阁"颁布的"铁路国有"政策的看法。修建铁路是当时新兴民族资产阶级最为关心的问题之一,从光绪三十一年(1905)开始,各地收回路权的斗争便轰轰烈烈,主持者主要是立宪派人士。江苏商办铁路公司成立于光绪三十二年(1906)四月,张謇任总协理,计划修筑南线(沪嘉线)和北线(由海州经徐州入河南)两条铁路。光绪三十四年(1908)六月,张謇辞协理职务,专营北线事务。苏路公司和浙路公司密切配合,抵制清政府借款修筑"苏杭甬铁路",宣统三年(1911)春,清政府和英国协议,将苏杭甬铁路借款移作开封徐州铁路借款,苏

---

① 罗伯特·大赉(Robert Dollar),1844年出生于苏格兰,13岁赴美,次年在森林木板厂做工。20岁升为划木工头。30岁任木板厂经理。35岁在密圣根州自办木板厂。44岁移居旧金山,经营木材业与航运业。1900年开始对华贸易,曾与汉阳铁厂签订15年合同,运送生铁给美国埃宴地钢厂,每年不得超过20万吨。大赉总公司设在旧金山,并在西雅图、上海、天津设有分公司。

浙争路风潮告一段落。最为激烈的路权运动发生在粤汉和川汉铁路问题上，尤其是"皇族内阁"宣布"铁路国有"政策，使湖北、湖南、广东、四川四省的保路风潮蓬勃兴起。

对于四川保路风潮，张謇表示同情，而同情之中又隐含着对动乱的担忧。六月，他在咨议局联合会就借款政策呈都察院的代表稿中对是否必须借外债修路、路款预算、路材取给、路师分配等问题提出一系列质疑，并指出若不对这些问题加以认真考虑，不对国民有明确的交代，必使"薄海士庶，危疑交并"。其后果不堪设想。

开发东北三省亦是张謇关注的一个重要事项。在京谒见皇族内阁首领庆亲王奕劻时，张謇"极陈东三省之重要危迫，函宜强力自营，不当听人久久酣睡"。六月四日至十九日，张謇与随行人员刘厚生、江谦、孟森、许振、王敬等对东北三省进行了半个月的考察，并与赵尔巽商谈垦务，这是他寄望于中美合力开发东北的摸底准备。

作为刚刚当选的中央教育会会长，张謇从东北回京后连续主持中央教育会的数次会议。闰六月十日，张謇离开北京，经由天津，乘轮船南返。在天津，张謇参观罪犯游民工厂，周览马路，观看图书馆，深感袁世凯任总督时业绩："慰亭要是不凡，但气稍粗犷耳，举世督抚，谁能及之？"，张謇又至烟台参观，在上海、苏州商议相关事宜后，于二十四日夜返回家中，结束了两个月繁忙的出访游说活动。对这次离京14年后的长途跋涉，张謇在日记中特别记载："此次由沪而鄂而京而奉而吉而黑而营而京而津最多时上下十四人，凡用三千七百余元。"

张謇南归后仍心系朝廷，七月又上《请新内阁发表政见书》，在认同现内阁的前提下，提出三点修补意见：第一，速发表内阁新政见以刷新中外耳目；第二，实行阁部会议加强部门之间的联络沟通；第三，与国务大臣并开幕府，选择优秀人才议政，这是延用古已有之的征辟办法；最后他不无诚意地表示："发表政见，为沟通政府与人民计也；实行阁部会议，为沟通政府计也；广开幕府，为政府与人民及政府与政府沟通之补助计也。謇十四年来，不履朝籍，与人民之心理、社会之情状，知之较悉；深愿居于政府与人民之间，沟通而融合之。但必政府先自沟通，先自融合，乃不为人民所借口。愿我公忠体国之王爷与协理大臣，深思而善处之。山野之人，能言之而不能为力；区区为国之私，既有所见，不敢不言，言不敢不尽。"以沟通政府与人民为己任的张謇实在够得上苦口婆心，其良苦用心明月可鉴。

（二）转向民主共和

令人们失望的"皇族内阁"及雪上加霜的"铁路国有"政策使革命洪流有喷薄爆发之势。十月三日傍晚，张謇一行抵达革命空气弥漫的武汉，准备主持大维纱厂的开机仪式。对大生资本集团来说，这无疑是一件大喜事，它意味着张謇的经济势力开始扩展到长江中游。

正当张謇忙于普宴武昌诸官绅欢庆事业发展之时，十九日得到革命党人活动的消息："知昨夜十时半汉口获革命党人二，因大索，续获宪兵彭楚藩与刘汝奎及杨洪胜（开杂货铺），晨六七时事讫。各城俱闭，十时方开。"从捕获的两位革命者手中获得名册，于是全城搜捕，结果张謇提到的三位革命人士当天英勇就义。晚八时，登上"襄阳丸"号轮船等候东归，对暴力革命一贯抱有成见的张謇竟目睹了武昌起义的发生。冲天的火光当源自楚望台的军械库，新军工程第八营的首义人员首先冲到这里夺取弹药，各营的革命士兵闻风响应，一夜间便占了武昌城，湖广总督瑞澂仓皇中逃上兵舰。次日，汉阳、汉口的新军也相继起义，二十一日（1911 年 10 月 12 日），武汉三镇宣告光复。

顺江东行的张謇一路都在感受着革命的浪潮。二十日达安庆，原计划与巡抚朱家安商讨导淮事，但安庆局势箭在弦上，"势处大难，无暇更说导淮事矣"。当夜张謇便登上"江宽"号，二十二日船泊南京，张謇近乎本能地立即劝说江宁将军铁良合力援鄂平乱，并借此事请政府速定宪法，认为改组内阁，双管齐下，或可使革命平息。关于出兵事，铁良推诿，劝他与两江总督张人骏协商。二十四日，张謇见张人骏，仍劝说无效。二十五日，他又匆忙赶往苏州与巡抚程德全协商清廷速布宪法开国会事宜，得到程德全赞同后，与雷奋、杨廷栋在旅馆中连夜拟就《代鲁抚孙宝琦苏抚程德全奏请改组内阁宣布立宪疏》。疏稿中指出："论者佥谓缓急之图，必须标本兼治。治标之法，曰剿曰抚，治本之法，不外同民好恶，实行宪政。"当务之急是要做好三件事：一解散"皇族内阁"，另行组织一个完全责任新内阁，"代君上确负责任"；二对酿乱首祸之人（指盛宣怀）明降谕旨，予以处分以谢天下；三"定期告庙誓民，提前宣布宪法，与天下更始"。八月三十日，他又以咨议局的名义，去电北京，表示了同样的看法。张謇在武昌起义发生后最初一段时间内十分自然地延续着已往的处事态度，尽管此时的张謇已对清廷怀有"知其不可为而为之"的绝望心情，但出于对革命的恐惧及反对，他对清廷做出了最后的立宪挽救。

革命形势发展之速超出人们的预料。九月二日，张謇在家中听说"长沙、宜昌失守"，九日到上海，又"闻湘、晋、陕失"（江西、云南亦已独立），十一日，

"各处兵变之讯日紧,滦州、保定、天津皆有所闻"。返回南通后,十六日,"知上海为国民军所据,苏州宣布独立,浙江同",张謇有些坐立不安了,尤其是与他有密切联系的上海、苏州以及浙江的独立,不能不对他产生极大的震动。上海光复后,同盟会成员陈其美任都督,立宪派领袖李平书任民政长,还有若干立宪人士及上层绅商均被吸引到新组建的沪军督府中,社会秩序基本未乱。苏州的"和平光复"更加平稳,原巡抚程德全只是换了一块招牌便摇身一变而为江苏军政府都督,张謇亲信沈恩孚、黄炎培均在其中任职。在苏州前一天光复的浙江省的都督是著名的立宪派人物汤寿潜,汤是张謇的好友。的确,革命并不都是如武昌起义时张謇所见四处燃起熊熊烈火,平稳的"和平光复"不仅使张謇对动乱的恐惧得到些许消弭,而且给了他崭新的启迪。既然革命已成趋势,何必要抱残守缺？事实表明立宪人士完全可能与革命者联合一气,发挥重要的甚至是控制局势走向的作用,稳健又不乏灵活的张謇其思想开始了明显转变,他频繁地促进共和的活动便由此展开。九月十八日,张謇分别给驻守南京的铁良将军及两江总督张人骏致函,要求他们在动乱之时,勿使满汉战士兵戎相见,应在共和主义的旗帜下和平共处:"毋宁纳全族于共和主义之中"。这是我们看到的张謇拥护共和的最早的文字之一。他竭力将平稳过渡的方式向各地推广。

张謇事业的根据地南通这时也被革命的声浪席卷。在他听到上海等地独立消息的第二天,沪督府"国民军有令许游击带'策电'来通之说"。十八日,张謇去上海前已与他的哥哥张詧协商顺应潮流和平光复。当天下午七时,国民军在张詧率领的各界人士的欢迎下和平光复南通。在上海的张謇触感良深地记下:"计自八月十九日至今三十二日,独立之省已十有四,何其速耶？"短短的一个月内,民主共和已如火如荼,清政府危在旦夕。

局势已经很明朗。二十三日,张謇会同汤寿潜、熊希龄、赵凤昌等合电张家口商会转内外蒙古赞同共和。接着他与伍廷芳、唐文治等联名致电摄政王,再进最后忠言:"大势所在,非共和无以免生灵之涂炭,保汉满之和平。国民心理既同,外人之有识者议论亦无异致,是君主立宪政体断难相容于此后之中国。为皇上、殿下计,正宜以尧舜自侍,为天下得人。倘行幡然改悟,共赞共和,以世界文明公认之道待国民,国民必能以安富尊荣之礼报皇室,不特为安全满旗而已。"数日后,在致袁内阁电中,张謇又进最后之忠告:"与其珍生灵以锋镝交争之惨,毋宁纳民族于共和主义之中,必如是乃稍为皇室留百世禋之爱根,乃不为人民遗二次革命之种子。"这两次忠告一改过去对清廷的恳求态度,转用警告的语气,敦促清政府以明智的态度顺应民意,体面地让位于民主共和体制。

旧的权力中心眼看将不复存在,取而代之的新权力中心归属何人？张謇首先想到的便是袁世凯。当时,处在四面楚歌之中的清政府一方面于九月五日下诏"罪己诏",特赦国事犯,解除党禁;另一方面不得不求助于袁世凯再度出山。袁世凯在获得湖北前线的全部军权后于九日南下镇压革命。十一日,北洋军攻入汉口,清廷非请其组织内阁不可。当天,清廷宣告解散"皇族内阁",授袁世凯为内阁总理大臣。十八日,资政院根据新颁布的宪法信条十九条,再举袁世凯为总理。就在这一天,张謇致电袁世凯,劝其赞成共和。由于驻扎在石家庄的第六镇统制张绍曾与第二混成协协统蓝天蔚共捣北京,京城传说纷纭,一片恐慌,官吏眷属纷纷迁避天津,隆裕太后也预备携带小皇帝溥仪逃往承德避暑。因此,张謇在电文中还力促袁世凯即刻回京,阻止朝廷外出,以确立共和政体。

善于玩弄权术的袁世凯在接到朝廷的任命上谕后,故作姿态,电辞不就,经朝廷再三电催,方于二十三日到达北京。次日,袁世凯谒见隆裕太后,誓言效忠清室。这时,张謇与程德全嘱咐江苏咨议局议员杨廷栋再次面陈袁世凯:"其必趋于共和者,盖势使然矣,分崩离析之余,必求统一维持之法",希望他能成为中国的华盛顿,救民于二千年专制统治的水火之中。二十五日,张謇又致函二十镇统制张绍曾,述说形势,请其拥袁以定大局:"外人起而干涉,瓜分之祸,即在当前。"二十六日,袁世凯公布新内阁名单,阁员大多是他的党羽或老友,同时请张謇担任农工商大臣,梁启超担任司法副大臣,以表示愿意与立宪派合作。张謇对这一新任命以及前几日被派的江苏宣慰使两职坚辞不就。二十五日的辞电中称目前此种状况"尚有何情可慰？尚有何词可宣？使犹可以宣慰释之,则圣贤亡国败家之诫,尽属欺人；史氏覆宗绝祀之纪,不足为鉴矣"。"至于政体未改,大信已漓,人民托庇无方,实业何从兴起？农工商大臣之命,并不敢拜"。已站在共和一边的张謇对于仍属清廷的袁氏内阁不予理睬,既表明了自己拥护共和的决心,也是敦促袁世凯转向共和的一种方式。

对袁世凯的争取尚无结果,江苏的和平光复又遇到了障碍,江苏南京仍在顽固抵抗的江南提督张勋的控制下,刚刚光复的苏、浙、沪三地的都督决定组织江浙联军攻取南京。对这一被迫为之的军事行动,张謇积极予以支援和配合。九月二十七日,得知张勋被军民赶至龙潭,特去信给赵凤昌报喜:"此贼出,则我军可以兜剿,南京之下不远矣。宜预备公推程都督移驻南京,趁此并宁苏为一。"当时在江苏各地宣布独立者甚多,各不相统,张謇竭力支持程德全进驻南京,取得统领全省的最高地位,他还告诉赵凤昌将和沈恩孚、杨廷栋、雷奋、黄炎培、史量才等一同前往苏州,"以议会襄助"这一计划。九月三十日,张謇赶到苏州,十月一日,在由咨议局改称的省临时议会上当选为议长,他表示要积极致力于地方秩序的维护。在和平稳定的气氛中转向共和,是张謇力争的理想方式。张謇坐镇苏州后,程德全即赴前线督师。七日听到前锋已到孝陵,他致函程德全,希望能一鼓作气进南京,并告袁世凯来电,无反对之意,不必有顾虑。十一日夜,南京城终于攻下,刚刚于十二日到上海的张謇马上又和各方人士商谈巩固程德全地位事宜,二十五日,汤寿潜、陈其美陪同程德全一同到南京,"调和诸军,组临时政府",两日后张謇赶到协助。程德全终在东南实力人物的拥护下以江苏都督身份移师南京。

这次军事行动中,张謇不仅为程德全出谋划策,还提供了不少实际的物质援助。南京激战前夜,镇江都督、师长林述庆请求支援,张謇即派轮船专程送款五千元[①]。联军攻克南京后,张謇又以江苏省议会和通海实业公司的名义送"牛五十头,酒千瓶"和"面千袋、布千匹"犒劳捷军。为解决城内驻军过多侵扰居民这一问题,十一月一日,张謇又嘱商会先筹20万元,发给军队以做遣散费用。凡是有利于政局稳定的事情,张謇总是尽心尽力。

从目睹武昌起义到实现江苏光复,不到两个月时间,张謇不仅快速完成了由立宪到共和的转变,而且还在江苏的光复活动中发挥了重要作用。这种反映和表现似乎与一向以持重见长的张謇有所不符,其实稍加分析,疑惑便迎刃而解。除去对清廷的失望不言外,张謇转向共和与以下的认识和判断密不可分。第一,在张謇看来,不论是立宪还是共和,在结束封建专制制度这一点上是相同的,两者绝没有不可逾越的鸿沟,当立宪已在中国绝望之时,转向共和成为顺理成章的事情。关于这一点,他在《论建立共和政体理由书》中解释得非常明确,在该文中,他首先肯定了民主共和与君主立宪两种政体形式共同的国体性质,认为选择其中的何种政体需要根据不同国家的国情国势相机而定,当时的中国,只能选择民主共和。这种颇具弹性的社会理想在立宪人士中很具有普遍性,是他们能够很快转向共和的重要思想基础之一。第二,张謇认为以争取民主共和为目标的革命已发展成全国性趋势,在这种情况下,只有顺应这一潮流,才能使民族免于战火涂炭,在共和旗帜下获得新的和平与统一。可见,张謇对形势有相当明智的判断,他明白背离潮流会引起更大的动乱和分裂,甚而导致列强的武装干涉,这是他极不愿意看到的情形。

张謇审时度势的转变是真诚、自然的,绝不同于包含个人政治野心的投机行为。这一顺应历史潮流的明智决断,进一步提高了张謇的社会声望和影

[①] 严学熙.张謇与辛亥革命//严学熙.近代改革家张謇(上册).南京:江苏古籍出版社,1996:243.

响力,是他政治生涯中又一重大而成功的选择。以张謇为代表的立宪派人士在社会动荡中的转变,直接导致了立宪派和革命派的联合,对辛亥革命的发展起了十分积极的促进作用。

(三) 就职临时政府

革命形势迅速发展,迫切需要组建一个能够统领全局的政治权力机构。以黎元洪为首的武汉军政府与实力雄厚的江浙资产阶级为筹建新政权展开了激烈的竞争。十月十二日,江浙联军攻克南京,其主动权很快转到江浙沪一方。当日,在光复过程中发挥过重要作用的张謇便由苏州赶赴上海,与章太炎、宋教仁、黄兴、于右任等会晤,这是他首次与革命党高层领导人直接接触,谈话内容没有记载,但必定与组建政府有关。经各省代表反复协商,终于决定推选黎元洪为大元帅、黄兴为副元帅,虚总统之位待袁世凯反正。但黎元洪尚在武昌,黄兴也未表就职。正在为难之际,孙中山于十一月初六(12月25日)从海外回到上海,革命势力有了众望所归的中心人物。十日,在南京各省(17省)代表会议上孙中山被选举为临时总统。三天后,中华民国临时政府正式在南京建立。与清王朝相对立的南京临时政府及临时总统孙中山从一开始就具有明显的过渡性质,尽管孙中山享有崇高的声望,但不论是旧官僚,还是立宪派乃至于革命党人自身,都不认为手中无兵无将的孙中山具有在共和旗帜下统一全国的能量,他们仍寄望于袁世凯的反正。张謇便是怀着此种心态加入政府的。

临时政府建立之初,面临严峻的财政危机,张謇曾为此忙碌奔波。先是以大生公司担保向日本三井洋行借款30万元以资政府[①],接着他又穿梭于宁沪通三地,"筹建五十万成"。然而这些款项对临时政府而言仍是杯水车薪,按照张謇的初步估算至少需一万万两以上方能缓解财政危机,因此,当临时政府请其出任财政总长时他甚感无力,推辞不就,同时呈上一份《对于新政府财政之意见书》,提出请各省分头担任及孙先生海外募集两项建议。为避虚就实,张謇同意出任实业总长,其真实想法如日记所叙:"时局未定,秩序未复,无从言实业也。"显然他对这个职位的难有作为十分清楚。

对于新的领导者孙中山,张謇刚刚开始接触了解,1月3日[②],"与孙中山谈政策,未知涯畔"。具体内容虽未记载,但总的感觉似乎有些虚无缥缈。很快,在以汉冶萍公司与日本合资问题上,张謇与孙、黄之间产生了直接的冲

---

① 张孝若.南通张季直先生传记.北京:中华书局,1930:170.

② 民国元年(1912)以后,除特别注明外,月、日均用阳历,下同。

突。鉴于山穷水尽无法维持的财政状况,孙、黄被迫拟将汉冶萍公司中日合办,增资3000万,从中借用500万救政府之急。张謇在上海反对已久,一直未能如愿。盛宣怀借机提出此种筹款方法实不可信,这于国防外交均有严重后患。在建议未被采纳的情况下,张謇于2月12日通电辞职:"汉冶萍事,曾一再渎陈,未蒙采纳,在大总统自有为难。惟謇身任实业部长,事前不能参预,事后不能补救,实属尸位溺职,大负委任。民国成立,岂容有溺职之人,滥于国务?谨自劾辞职,本日即归乡里,特此驰陈。"孙中山一再解释挽留,张謇却义无反顾。当然,张謇的离去,并不仅为汉冶萍,他在给实业部次长马君武的信函中表露:"下走被任实业之始,即与中山先生面订短期,受状之日,复具书坚约。至清帝逊位,大局将定,而短期之暑线已届,故于第二次致总统书中表明不独为汉冶萍事也。"在短短不足两月的任职中,张謇表现出对新政府既支持又有所保留的复杂心态,这同他心中早已盘算好的拥袁计划有密切关系。

(四)调和南北关系

与孙中山相比,袁世凯更容易被张謇所接纳,这不仅因为他们有过相似的经历,更重要的是袁世凯有丰富的政治经验,且手中有一支强有力的军队,又得到列强的支持。尽管袁世凯在人品方面有许多缺陷,但面对激烈的政治斗争及分裂局面,这已经算不得什么。在张謇看来,南北对峙绝不可持续太久,真正能够结束这种局面,使全国在共和旗帜下重获统一与和平的实力人物非袁世凯莫属。这期间张袁之间的函电往来空前频繁,还辅之专人面交的密信与密陈,商讨的内容在袁世凯透露出赞同共和意见后,主要是围绕着南北议和的诸多实质性问题。

南北方面的公开谈判开始于辛亥年间的十月下旬,在东南人士的积极活动下,谈判地点很快由汉口转移到上海。十月二十八日(12月18日),上海的和谈正式揭幕,张謇与好友赵凤昌在此后的过程中起了十分重要的作用。还在和谈代表唐绍仪南下前,袁世凯便特地叮嘱他到上海后先会见张謇,听取意见,并告"我必尊重他的意见而行事"。① 而实际的和谈也如事前的设想,表面上南方革命军全权代表伍廷芳与唐绍仪在英租界议事厅谈判,而赵凤昌的惜阴堂则成了幕后最重要的议事场所,不仅伍廷芳每晚都去赵宅,黄兴与唐面议也在此处,和谈基本达成"国民会议"议决政体形式,逼清帝退位,同时革命党人推袁世凯为总统的协议。孙中山的海外归来并就任临时大总

---

① 刘厚生.张謇传记.上海:龙门联合书局,1958:182.

统令袁世凯大为不满,他不仅推翻前议,还唆使冯国璋、张勋等北洋将领15人联名致电内阁力主君主立宪,反对共和,同时呼吁王公贵族出钱做军费,继续与南作战。

袁世凯接连虚张声势,无非是想恫吓革命党人,以取得对自己更有利的条件。这却让张謇等人极感不安,他连续去电向袁解释南方各派的政治动向以及拥袁的诚意,袁世凯则回电表示相当为难。这位精通权术的政客感到公开表态的时机还不够成熟。1912年1月10日,张謇在另一函电中再次表明南方的态度:"南方先后独立,事权不统一,秩序不安宁,暂设临时政府,转为对待独立各省,揆情度势,良非得已。孙中山亦已宣言:大局一定,即当退位。北方军队,因此怀疑,实未深悉苦衷。若不推诚布公,急于融洽之方,恐南北对峙,将兆分裂,大非汉族之福,心窃痛之。"同时他还向袁世凯提出请段祺瑞等参与逼宫及举行国民会议的若干办法:"现以纱厂事,拟亲自赴鄂,借与段芝泉密商,一则表示南方设立政府,绝无拥护权力之思;一则酌拟国民会议办法数条,请其与黎元洪双方结约,作为南北军人之公意,各自电请政府照办。意既出于军人,设南北政府得以军人为借口,可免许多为难。"上述内容是他在1月5日和6日两天与袁世凯为南方宣抚大臣的二十镇统制张绍曾会晤面谈的结果。从张謇的日记及年谱看,他并没有亲到武汉与统领前敌各军的段祺瑞会面,不过同一内容的敦促电报却接二连三地送与袁世凯。

张謇的这般点拨,其实袁世凯早已成竹在胸。当接到南方政府否认参与1月16日暗杀袁世凯并保举他为大总统的电报后,即刻率全体阁员及北洋集团"请愿"逼宫。隆裕太后无可奈何,只得于2月3日授全权于袁世凯,与南京临时政府磋商退位条件,张謇当天日记载:"闻慰亭以是日入宫,陈说逊位及优待条件。"2月11日,张謇又记录:"闻清帝已定逊位而中尼。"12日,清帝正式宣布接受优待条件,下诏退位,统治中国268年的清王朝宣告垮台。三天后张謇看到逊位诏书时,并不轻松地写下:"此一节大局定矣,来日正难。"

孙中山很快履行诺言,但辞职时向参议院提出并通过建都南京、新总统赴南京就职及遵守临时约法三项对袁的约束条件。袁世凯则为达到留居京城的目的,开始了一系列策划活动,他一边密派代表请求各列强国驻京公使的支持,一边密电张謇等向革命党人"疏通"。出于迅速结束南北对峙的考虑,张謇站在袁世凯一方,他不仅通过老同盟会员陈陶遗等来影响黄兴,而且积极为袁世凯出谋划策。

计谋多端的袁世凯在孙中山派专使去京迎候时制造"兵变"闹剧①,各列强国纷纷调军入京以保卫"使馆",一时间北京的形势颇为紧张,仿佛塌天之祸就在眼前。在南方,反对南下的鼓噪之声不绝于耳,黎元洪通电说:"舍南京不至乱,舍北京必至亡。"②在巨大的压力下,孙中山不得不屈从反对意见。3月6日,参议院通过袁世凯在北京就职的决议,10日,袁世凯在北京正式宣誓就职。9日,张謇见到部分南归代表,即致电袁世凯以示祝贺:"代表南回,北事当已大定,甚慰。"紧接着,按照《中华民国临时约法》,第一届"责任内阁"开始组建,张謇继续施加其影响。在清帝逊位前张謇便对袁政府的主要人事安排提出过建议:"陆军宜段(祺瑞)正黄(黄兴)副;财政必熊(希龄),熊有远略,有成绩;实业周缉之(周学熙)亦可;保皇党人若梁启超亦可择用,南方现已疏通。"当然,同盟会方面也不乏想法,因此袁就职后第一届内阁人选,成为南北双方争议的焦点,尤其是内阁总理,袁世凯推荐其私人谈判代表唐绍仪担任,而孙中山则坚持内阁总理需由同盟会会员出任,与张謇一直互通声气的赵凤昌在互不相让的争执中调和,提出唐绍仪先加入同盟会,再担任内阁总理以兼顾双方,"凤昌这话刚说完,孙文、黄兴同时拍掌,表示欢迎绍仪入党,同时即决定请绍仪入党,同时即决定请绍仪为国务总理"③,就这样,内阁总理人选竟在惜阴堂中确定。至于其他内阁各部人选,张謇与赵凤昌也参加过幕后拟定。

在酝酿内阁过程中袁世凯曾多次邀请张謇加入,但张謇一再推辞。清帝逊位之初袁世凯电邀北上,张謇解释说刚刚辞去南京政府实业总长之职:"今若忽焉而北,则浅见者必以为有轻重向背于其间,而无识者可造为种种荒诞离奇之语。"除此顾虑外,更重要的是张謇认为在野身份更有利于其在南北都发挥作用:"以生平所知,拾遗补缺,自问尚有一日之长。若一处行政地位,侪于国务,则言论转难发挥,而与社会亦易隔阂,故窃以为不可。"他认为效力实业的时机未到,不如以在野身份,继续充当南北调节的使者。

袁世凯的反复邀请使得张謇决心北上京城,9月3日成行。关于此次北上,张謇在早些时候给临时众议院副议长共和党人汤化龙的信函中如此表示:"日前黎宋卿有电,促謇入都,而党中诸人,亦有电来。謇本有意行,必先与彼党南中重要人物联络,表明此行专为调和党见,与扶助现在内阁之意,使

---

① 2月底至3月初,袁世凯指使其北洋嫡系第三镇在北京、天津、保定、通州等处突然大肆劫掠,以此证明无法离京。
② 《黎副总统书牍汇编》,卷一,第8页,转见李宗一. 袁世凯传. 北京:国际文化出版公司,1980:206.
③ 刘厚生. 张謇传记. 上海:上海书店,1985:197.

之不疑。到京后亦必与彼党款洽,并切嘱吾党,勿再有攻击政府举动。果能稍稍融洽,或于大借进行,免生障碍。但能否尽如吾意,殊不可知。"张謇提到的借款事,是指唐绍仪内阁成立之初奉袁世凯之命向六国银行团洽谈借款,由于条件苛刻,唐绍仪拒绝,同盟会也一致反对,为此引起六国银行团的不满,与袁世凯也发生了激烈矛盾。组织内阁事则是指唐绍仪 6 月 15 日辞职后新内阁的组建。张謇不愿在过于敏感的时候北上,加之江苏局势还不甚稳定,因而拖至 9 月成行,按照他已有的想法,调和共和党与国民党之间的关系,以保证袁政权的稳定,是他北上的重要目的。在共和党本部天津,张謇逗留数日,与共和党人广泛交谈,并在欢迎他的集会上致词,强调党争当以国家利益为前提。在北京,又为迟他数日如京的黄兴、宋教仁、陈其美等国民党人举办欢宴会,不无诚意地表示希望两党能和平相处,共扶袁氏政权。张謇进京的另一项重要内容,是向袁世凯面陈有关盐政改革的若干想法,张謇对盐政一向关注,被临时政府委任为两淮盐政总理后,更是悉心研究,此次入京便带有上万言的《改革全国盐政计划书》以及意见书,根据其日记载,他先后 6 次与袁世凯会晤,以谈盐事居多。

张謇于 10 月 8 日离开北京,绕道汉口,与黎元洪会晤交谈后,于 15 日抵上海。去年张謇去武汉,恰值辛亥烽火正起,经过一年来波澜曲折的斗争,张謇竭力扶助的袁氏政权趋于稳定,国家在共和的旗帜下重获和平统一,频繁的政治活动可以告一段落。返回江苏的张謇陆续辞去各种行政职务,渴望专心经营自己理想的"村落主义",在他看来,新的民国政府有可能比前清给他带来更多的事业发展机会。早在 2 月,他便在致袁世凯函中表明这一愿望:"謇自前清即矢志为民,以一地自效。苏人士哓为村落主义,牵率而预一省之事,非素志也"。"抑謇之所以辞国、省会,而终以村落主义自享也"。立志不做官却要做事的张謇,10 月收到袁世凯的受勋电后再次表示,在他所关心的民生疾苦未有较大的改善之前,不可享此荣誉,"民国成立以来,垂及一载,民生痛苦,倍于昔时"。因此,共和建设理当责无旁贷,"惟国方新造,人未敉宁,謇既为国民之一,年力虽衰,终当于有益民生之事,以一端自效,稍分大总统万一之忧劳。至于前令,仍不敢受;此非虚让,亦非矫情。窃以为共和之民,皆宜各识所分,而謇尤不敢不为秕糠之在前也"。这是张謇由衷的心声,他不遗余力地扶袁立国,正是想营造一片能够"各识所分"的理想乐土。

(五) 调停宋案前后

具有极强权力欲的袁世凯面对国民党十分活跃的议会竞争坐立不安,为了除去权力道路上的羁绊,在其精心策划下,1913 年 3 月 20 日,震动全国的暗杀宋教仁案件发生。张謇听到消息,一方面对国民党领导人宋教仁被害深表惋惜,另一方面又极担心因此而加重南北失和。按照张謇的判断,宋案系由破坏南北关系的小人为之。但案情侦破表明,袁政府与之牵连甚多,这使张謇深感不安。3月31日,张謇致袁世凯函建议:为了表示光明磊落和公正无偏,第一,对洪祖述万不可袒护,应归案处理,内阁其他涉嫌者也应解职受审;第二,法庭应设在上海,不必到北京,如此可"万疑尽释"。

关于宋案,国民党人内部意见极不统一,孙中山坚决主张即刻兴师讨袁。但黄兴等人深知国民党的涣散状况,对武装讨袁缺乏信心,极力主张以"法律解决"。张謇很关心国民党的动向,对黄兴提出的以法律解决的主张甚表赞同,他首先选中对国民党已经发出劝告的袁世凯"公府顾问"孙毓筠和归附革命的旧官僚王芝祥作为应和对象,在《调和南北致孙少侯、王铁珊函》中张謇用相当多的文字叙述革命对建设的损害,并得出结论:"稍能看报识时务者,则皆鉴于前辙,惴惴焉怀生命财产之忧,孰肯以汗血所得之金钱,供二次、三次革命不已之挥霍,自买今年、明年纠缠不了之苦痛?人心如此,钱从何来?无所得钱,凭何革命?"因此宋案理应付诸法律手段。同时他还特别提出对国民党人士应区别对待,黄兴就可以积极争取。张謇对宋案的态度代表了资产阶级尤其是江浙绅商的看法,全国商会联合会给孙黄的信件以及江宁农会致袁世凯函电等所表露的内容情绪与张謇同出一辙。

正当国民党内部争论不休之际,袁世凯未经国会同意,于4月23日与五国银行团(英、法、德、日、俄)签订2500万英镑的"善后借款"。同时,程德全迫于压力,将查获的宋案证据公布于全国。宋案的真相大白及"善后借款"使南北争执愈演愈烈。面对此种局势,袁世凯一手准备武力,一手利用资产阶级各党派及国民党内的妥协者以调停暂作周旋。

自5月底东南的上层绅商们一再敦促张謇到上海加入调停,张謇在收到赵凤昌等人的催促电后回复:"三五日后可往沪晤商一切……调停诚亦其时矣。"不过,他并没有很快赶往上海,而是于6月4日先到南京与程德全等商议民政长应德闳、杨廷栋北上见袁世凯应议之事,包括与全局及江苏省有关的财政、军事、民生、商业等。回到南通后,6月9日,张謇又写一封长信给袁世凯,仔细分析了近几个月来的时局,他将宋案发生前后划分为三个不同的时期:"未有宋案以前,人人希望正式政府早日成立,民国早日安稳,此为平流。宋案证据未布,据所传闻,政府与有牵涉,则以为此等行动,非政府所应为;又以为政府何取而为之,或者疑,或者叹,或者恨,此为漩流。案证即布,讨论峰起,政府乃可与此暴行相隔,疑者明,恨者释,叹者辍声,国民党犹喧闹不已,而舆论倾向之易,始此矣,此为改道之流。"在张謇的眼中,宋案证据的公布可表明政府与此事无涉,可对疑者、恨者、叹者有交代。他还特别指出大借款成,军饷便有了着落。而且美国先予以承认,国势将渐顺,民众也有业可安。为了政局的稳定,以张謇为代表的一批有实力的资产阶级绅商宁愿相信袁世凯有关宋案主犯是"假托政府"的狡辩。最后他表示希望政府、军队及国民党人士"但求人人知觉中有'国计民生'四字,彼此相谅,各让一步,使正式政府早日成立,国会渐次宁静"。

汪精卫、蔡元培提出三项妥协条件:第一,国民党保证举袁世凯为正式总统;第二,袁世凯在临时大总统任内暂不撤换江西、安徽、广东、湖南四省国民党都督;第三,宋案仅追究到应桂馨、洪祖述,不传讯赵秉钧。国民党人的妥协让步,令袁世凯气焰更加嚣张,继9日罢免江西都督李烈钧后,14日又撤换广东都督胡汉民,国民党和张謇对袁世凯唯一的调解条件也被破坏,这表明袁世凯战前的准备已经就绪,袁世凯在16日给张謇的复电中显露出一副咄咄逼人的架势:"种种奇闻,限于沪上,调人络绎,名曰维持,而暴烈分子仍不住手,无非甘心鄙人,破坏民国。即不为一身计,宁不为一国计?为公为私,退无余地,唯有行吾心所安而已。倘伟人果真肯真心息兵,我又何求不得,如佯谋下台,实则猛进,人非至愚,谁肯受此?"①张謇接到这封蓄意挑衅的电函后,很快抄寄赵凤昌,请他抄一份给陈陶遗、刘厚生以备讨论,另一份转给汪精卫、蔡元培,要求他们作出答复。张謇认为这其中的误会是没有及时将"黄孙正当之宣布"(即不搞武装起义,作者注)告之袁世凯,致使其"不能放心处甚多,非将孙黄必有正当之宣布告之不可,但不知日内孙黄之观念又何如也"。其实袁世凯正是想用此种手段,逼迫革命党人作出讨袁的选择,以授袁武装剿灭的口实。而张謇则仍不放弃通过和平途径解决的努力。

以讨袁为目标,从江西、江苏开始波及安徽、广东、上海、福建、湖南、四川等省市的"二次革命"迅速蔓延。张謇致赵凤昌去信:"吾两人为人利用,信用失矣。实业生计大受损害,外交亦恐生危阻,殊可痛也。"张謇自感被利用,此后拒绝再做调停。但对战争进程,张謇很为关注,特别是上海与南京。他在给赵凤昌的另一信中指责国民党:"沪上罔死之民之众,损失产业之巨,彼作难者何词以对吾民?则通实业之受损亦数十万矣。可恨!"对革命造成的伤亡及实业损失,张謇深感痛惜。

"二次革命"不及两月,便以失败告终,除若干具体原因外,从整体看,双方实力的悬殊不能不说是一个决定性因素。袁世凯手中不仅掌有占优势的北洋军,而且具有实力的工商业资产阶级几乎都站在现政权一方,他们始终

---

① 袁世凯.袁世凯致张謇函//近代史料书札:第一函,第一册.北京图书馆藏.

将袁世凯视为稳定的中心,而稳定与统一又是他们渴望发展产业的必需条件。各起义省份的商会、商团均抵制"二次革命",黎元洪在《致政府国会请褒嘉商会》一函中谈道:"各省商会,预烛其奸,动色相戒。沪粤两埠,通海最早,程度较优,故抗拒残暴力亦最力。赣浔宁皖,商力较薄,曲从不甘,显拒不纳,卒因不获商会之赞同,故宣布最迟,取消亦最速。"①而武汉商会"前年鄂军起义,武汉商会首表欢迎。此次历阶潜生,各属商会,全体反对,在该党翼援昔以例今,乃商民忽转向而为背"。② 基于利益的取舍,曾经携手推翻清王朝的立宪派与革命派再度走向公开的分裂。

与革命派的分歧并不影响张謇拥护共和体制的坚定信念。对于在南京极尽扰乱社会秩序之能事并想借机复辟的"辫帅"张勋,张謇毫不留情地予以谴责。他认为平息"二次革命"后的稳定局势被张勋搅得一塌糊涂,于是,他急忙向政府各方执政者进言献计。9月10日、12日、14日,张謇分别致电函于钟陵、江苏民政长韩国钧及袁世凯,表明对张勋一事的态度。归结起来主要有以下几点:第一,张勋在南京的淫掠,使百姓四处逃亡,怨声大沸;第二,张勋在南京有许多复清的举动,这种复辟苗头不可不提防;第三,张勋行为不仅引起国内人民不满,而且各列强反映也极为强烈。他还特别指出日本人正在借机寻衅,一贯以长江流域为势力范围的英国人也难以忍受,张勋恶行实在是"亏辱国望,遗祸外交"。上述情况足以说明,为了权宜之计(指利用其力助剿革命军)起用张勋,使全局受到如此掣动,的确得不偿失。他对韩国钧说:"为用一张勋,毁江苏、毁国民、毁洹上,真不值得。"在给袁世凯电中更明白指出:"以公殉张,即是以国殉张。"因此张勋的问题应该从速解决。

为了促使袁世凯尽早撤换张勋,张謇甚至改变不愿入阁的初衷,提出以自己入阁作为调离张勋的交换条件。这年7月30日的日记,张謇有心地记录:"补录庚戌旧稿,从书箧中得者,逢官便劝休四首。"不做官是张謇一生的处世原则,尽管他竭力扶助袁氏政权,但无意谋得一官半职,当8月28日熊希龄电邀其出任工商农林总长时,张謇毫不犹豫地婉辞谢绝。31日,熊希龄第二次来电邀请,9月1日,袁世凯又亲自发电劝说。此时张謇正集中注意于张勋进入南京后肆意无度的行为,事件的巧合使他很快将入阁与去张勋联系起来。4日,张謇回熊希龄和袁世凯的电文表现出其对入阁态度开始有所变化,"复秉三洹上电,未辞亦未允"。这种不再坚辞不就的姿态已经透露着某种信息,果然,在12日致韩国钧函中张謇明确表示:"苏人之见,对于中央非

---

① 黎大总统文牍类编. 上海会文堂印,1923:150—151.
② 黎大总统文牍类编. 上海会文堂印,1923:151.

宁张先去，通张不来，必须留为保卫乡里。此江苏人民真正舆论，中央若再徇感情，坚持到底，则后患无穷，亦不必北行矣。"以如此强烈的口气商谈"宁张不去，通张不来"，可见其非去张勋不可之决心。16日袁世凯复电中则告知，不可操之过急，应逐渐收束。根据已颁布的军权不得侵越民权的都督府条例，韩国钧作民政长已是对张勋的约束，更彻底的解决办法则是派冯国璋再回南京任江苏都督，最终取而代之。张謇在得到袁世凯颇有诚意的许诺后，认真考虑北上任职问题，并与友人"来商进止"。应该说，抵制张勋绝非他北上的唯一原因，利用任职时机一展其发展实业利国富民的宏大抱负恐怕是更重要的内在动力，为做事而去做官，这并不违背其处世原则。

（六）出任农商总长

1913年10月16日，年逾花甲的张謇抵达北京，加入被时人称为"第一流人才"、"第一流经验"的"名流内阁"。这个以名流号称的内阁，其要害由袁党把持，只是几经协商，财政、工商农林、司法、教育等部分别由进步党人和社会名流担任，组阁的熊希龄自兼财政总长，梁启超任司法总长，汪大燮为教育总长，张謇为工商农林总长。张謇到京的第二天便与熊希龄、梁启超诸人同至总统府，"订大政方针"。梁启超当时很是积极，他拟定了许多政治改革条例，企图在袁手下实现宪政宿愿。张謇也以同样的心境上任于工商农林部，他渴望将自己多年来企业实践的机会及对中国经济发展的思考付诸实际，任职之初便明确表示："余本无仕宦之志，此来不为总理，不为总统，为自己志愿。志愿为何？即欲本平昔所读之书、与向来究讨之事，试效于政事。志能达则达，不能达即止，不因人也。"

20世纪初，中国正经历着由传统经济向现代经济转型的初始阶段，有十几年企业实践的张謇初步认识了若干现代经济的运营规律，并迫切地感受到改善经济环境的必要。作为工商农林管理的最高行政机构，该部责无旁贷地将扶持新式工商企业、规划经济发展的整体战略放在首位。张謇到任后立即着手改革，将工商、农林两部并为一部，合并机构，裁简冗员。同时，连续发表《对于工商部务的政见》《实业政见宣言说》《宣布就任时之政策》等重要的施政宣言，充分体现着张謇的改革思路及经济政见。概括起来主要有以下三项内容。

第一，鼓励私人资本主义发展，搞好宏观经济调控。张謇认为中国实业振兴的关键在于私人资本主义的大力发展，国家只需经营一些有关国计民生而私人又无力承担的"一二大宗实业，如丝、茶、改良制造之类"，其余均应放手让民间自办。由于民间资本尚显幼稚，国家急需采取保护、鼓励、规范等措施,具体说当是"乞灵于法律"、"求助于金融"、"注意于税则"、"致力于奖助",他敏锐地意识到法律、金融、税则、奖助四种重要手段对现代经济发展不可或缺的规范、调节作用,这代表着20世纪初期人们对新式经济的较高认识水准。

第二,贯彻"棉铁主义"的一贯主张。张謇以为,在庞大的经济系统中,首先要优先发展与国计民生关系最为密切同时又是漏卮最大的两个龙头产业——轻工业中的棉纺业和重工业中的钢铁业。鉴于当时中国的基本情况,投资少、见效快、需求广的棉纺业更应成为重中之重。

第三,开放市场,引进外资。中国实业发展遇到的巨大问题是资金匮乏,这使许多设想计划流于空谈,无法付诸实施。为此,张謇主张只要条约正当,权限分明,便可大胆地引进外资,解决国内资金、设备、技术诸方面短缺的问题。

本着这样的总体指导思想,工商农林部工作很快展开,成果最为显著的首推各种经济法规的编制,如同他在《实业政见宣言书》中宣称:"农林工商部第一计划,即在立法。"对一些重要法律的讨论和议定,张謇均载于日记,11月25日的"定保息案"是一项具有首创性质的国家资助私人资本主义企业发展的重要法案。1914年1月8日,"通过公司条例"将资本主义经营主体——公司的各个环节予以法律化、规范化,比之前清颁行的商律增多300多条,从立法角度而言,这是近代中国第一部颇具分量的公司法。此外,张謇日记中还记录了《国币法》《矿业条例》《矿区税则》《商人通例施行细则》《公司条例施行细则》《商业注册规则》《公司注册规则》《劝业银行草约》《狩猎法》《商会法》《垦荒暂行条例》等。张謇任职期间公布的法律总计有20余种,涉及工矿业、商业、银行金融、农林牧副渔等各个实业领域,它将立宪运动中资产阶级逐渐强烈的立法需求变成现实,尽管许多法令在当时历史条件下难以贯彻执行,但该阶段经济立法的若干开创性工作,填补了农工商业立法空白,为今后中国市场经济逐步走向法治化提供了良好的基础,亦可视为开以法治国之先河。

为了实践其"棉业优先"及对基础产业高度重视的经济策略,张謇还主持拟定了一系列发展棉、糖、林、牧的实业计划和方案。关于解决制约棉花业发展的棉植地问题,张謇提出一个全国每年递增棉植地550万亩,10年后扩充为5500万亩的庞大计划;与植棉一样,中国的制糖原料也有一个10年递增至1320万亩的规划;应加强对于林木的培植保护,尤其是在黄河、长江、珠江流域广植保安林,防止水土流失,也需特别注意和投入;至于牧业,当把广牧优质牛羊提上议事日程。总之,这四项实业内容都是当务之急,国家农商部积极提倡和鼓励各种团体与个人加入开发,并拟定出十分具体详细的奖励措施。

与上述计划相配套的一项重要举措是在国内最为适宜的地方延聘专家开辟专门的棉糖林牧试验场，向全国推广成功经验。张謇当时计划在直隶、湖北、江苏设三所棉业试验场；在福建、江西设三所糖业试验场；分别在黄河、扬子江（长江）、珠江三大水系地带设三所树艺试验场；在北京附近设两种畜牧试验场。为此他编造了详细的开办费、经常费预算表，呈请拨款兴办。这些计划得到部分落实。①

　　引进外资是张謇在任内不遗余力开展的又一重要工作。他对利用外资提出了合资、借款、代办三种具体形式，并以农商部名义正式颁布，使引进外资活动有法可依。紧接着张謇主持商谈了若干项引进外资项目，1914年1月31日，他以农商总长兼全国水利局总裁②身份，代表中国政府与美国红十字会、美国驻京公使签订导淮借款草约，借款额为2000万美元，年息5厘。2月12日，张謇又以农商总长名义与美孚石油公司组织中美合资公司，其股权为美方55%，中方45%。不久，张謇又借美国为纪念巴拿马运河通航在旧金山组织博览会之机，组织国内各方人士成立游美报聘实业团，通过交流，进一步发展与美国的关系。对于东北的荒地开发，他十分赞同有人提出的与美国东益公司实行代垦制的做法，这可充分利用美方的资金技术，达到化荒为熟的效果。他还希望能够继续四年前开始的中美国民外交，在合资兴办银行及航行两方面有新的突破。在张謇眼中，这个逐渐强大且距离遥远的国家似乎更可亲近，因此他具有十分明显的联美倾向。

　　这里还应该提到这年夏秋之际张謇日记中多次记录的中法劝业银行成立的事件。根据章开沅先生得到的法国方面的档案得知，张謇早在1908年便参与中法银行筹建事宜，种种因素特别是"辛亥革命"这一非常事件使原有的合同意向均告失效。民国成立以后，法方旧事重提，张謇的态度也相当积极，他寄望劝业银行对中国工农业发展给予资金上的援助。7月15日，法方代表卜夏、萨科孟到京，张謇盛情款待，经双方商议，起草劝业银行草约及办法六条，27日呈送中方政府，及至10月9日，卜夏与中国农商部正式签订劝业银行合同，合同文本目前尚未见到，但张謇在一份函件中对中法劝业银行有如下简略说明："近法人有与中国合资建劝业银行之议，订限六个月成立，谛合之法，为不动产抵押长期借款。"另据法国外交部档案中1908年起草的合同文稿和1912年1月《在中国建立银行的计划》看，该行的重要宗旨之一

---

① 1915年，3所棉业试验场在直隶正定、江苏南通、湖北武昌相继设立。树艺试验场在北京和山东清县建立两所，畜牧试验场在北京西山开设建立。
② 1913年12月22日，张謇被委任为全国水利局总裁。

是为中国政府、各种集团乃至个人提供贷款,并保证中国与外国金融界尤其是巴黎金融界的接触。我们从这些前期的酝酿和铺垫性条款中当可约略了解正式合约的大致内容。

当然,一系列引进外资的前提是不损及国家和民族利益。借款抵押只能是机器、厂房之类,而不能有任何政治条件。对于那些有损于国家利益的借款,张謇坚决反对。比如对于汉冶萍公司擅借日资的经营方法,张謇很不赞同。自1913年年底始,张謇作为农商总长与汉冶萍公司的新任总经理多次参加政府有关汉冶萍事务的讨论,1914年拟写了若干篇汉冶萍经营管理办法的公呈,他认为汉冶萍公司不仅是国内最大的一家企业,而且其所属行业是与国家命脉有极密切关系的矿冶业,无论是借款或合办都不甚妥当,就当时已成被日人控制的局面言,国家应采取果断措施由官商合办逐渐过渡到国有,以保证国家民族利益不受侵犯。

张謇曾自己总结担任农商总长的业绩:"首订法律,次事查勘,次设劝业银行"。又说,"默计部绩,内不过条例,外不过验场"。这些工作应该说仅仅是张謇施展宏图的开端,他绝不满足停留在纸端的法律、计划及试验性质的棉糖林牧场。然而当时中国的客观环境,实在无法令张謇充分实现它的理想,袁氏政权正在为集权而全力以赴,根本无暇顾及张謇的所思所想。

张謇进入内阁不及一月,便已察觉袁世凯走向独裁的迹象。11月4日,袁下令解散国民党,结果170余人被逐出国会,致使国会不足法定人数而无法继续开会。当天和次日晚,梁启超急忙与张謇商讨对策,7日他们共同谒见袁世凯,"筹论维持国会之法"。袁世凯以整顿内乱作搪塞并说"已电各省速集候补议员云"。但次年1月10日,袁世凯竟公然下令停止全体国会议员职务,不久又下令停办各地方自治会和各省议会,并以所谓"盗宝"事①迫使内阁总理熊希龄及梁启超、汪大燮不得不连带辞职。不到半年,所谓的"一流人才"内阁便宣告解体。张謇没有即刻辞职,他对前来询问进退的杨士琦以就职时的表白予以回答,即进退以能否实现志愿为原则,在志愿还未施展之时,张謇不愿撒手而去,这是他做事的一贯风格。

对袁世凯深厚的寄望,使他仍存规劝之心。1月23日,张謇致袁世凯电中称:"然则改总统之当极慎,若以三五年内不遽改者,即当明白宣布以释群疑。祀天祭服似可用弁,而以梁之数为等差,衣亦不必名衮。东坡云'操网而临渊,自明为不取鱼,不如释网而人自明也'。"袁世凯并非如张謇设想的操网

---

① "盗宝"事,指熊氏担任热河都统时,曾私取承德行宫宝物多件。民国后,每一都统到承德,都以检查为名,私取宝物,据为己有,这本是公开的秘密。袁世凯指令御用报纸大肆渲染,其用意自然明白。

而不取鱼，5月1日，袁世凯匆忙制定出的《中华民国约法》出台，同时宣布废除《临时约法》，新的约法规定取消内阁改行总统制，将总统的权力扩大到极限，复辟阴谋已昭然若揭。

张謇的失望与不满越来越强烈。9月中旬，张謇在致老友赵凤昌的信函中表露："世事政局，无可复言……人莫哀于心死，国莫哀于民亡。今有亡理二：一道德堕落，一生计困穷。穷在无实业，堕落在无教育。其责在政府，今惟言理财、练兵而已，无实业，理财何从理？无教育，兵何从练？"在这样的政权之下，实现实业教育理想的愿望实在是视若渺渺，张謇退意渐生。9月30日，张謇呈书袁世凯要求请假两月，探视淮灾，在获准后的另一封呈书中建议在周学熙代理总长未到之时，由次长周学彦暂理公务，可见其心情之急切。① 待10月9日中法劝业银行合同签订后，次日张謇便启程南下。此次离京考察淮灾固然不虚，但想借机逐渐脱离袁政权也是用意所在。回到南通的张謇将内心衷曲告知赵凤昌："欧事未定，一切无可言。走以假回旋，暂离烦恼，竟能脱否，尚不可知。然终拟任居而辞谢部也。"很清楚，他离京时辞谢农商部的决心已定。11月5日，张謇将《请解农商部长职专任水利局务呈》辞职书正式由人代呈北京政府，"于国民实业前途，茫无方向"。

至于仍留任水利局，张謇主要是心系与他关注至殷的导淮事业。作为水利局总裁，张謇上任伊始便主持制订了全国水利计划，将导淮列为首要任务，并向社会各界发表《导淮计划宣告书》，介绍导淮计划概要。尤其是这年5月，他曾特意与荷兰工程师详细复勘淮河，时间长达一月有余，如果2月签订的导淮借款能够落实，其愿望还有付诸实际的可能，因而张謇对水利局仍抱有一丝能做点实事的希望。张謇或许还有另一方面的考虑，想有所过渡地离开北京政权，同时辞去两份任职似乎过于显眼。

由于辞职未获批准，12月底，张謇返抵京城，这时袁氏正与日本密商"二十一条"，以换取日本对帝制的支持。一向对日本抱有警惕的张謇在处理了一些行政事务后，于1915年3月3日以查勘鲁、豫、皖林牧场为由，再呈具请假。袁世凯很快命亲日的周自齐署理农商总长，张謇南归后于4月21日又一次向袁世凯提出辞职请求，29日袁批复准允。担任了一年零七个月的农商总长职务至此正式结束，此后张謇与袁世凯的政见分歧和分离倾向更是与日俱增。

为水利局事，张謇于7月16日再度来到北京。自6月始，中外到处传播

---

① 《张謇全集》一卷第307页和308页收两篇上呈，根据其内容和日记所载时间判断，当在他10月10日南下之前。《为驰勘淮北水灾请派员代理部务呈》（书中记为10月），据日记载上呈时间当在9月30日。而另一篇《呈大总统》（书中记为10月17日），恐也在10月10日之前。

即将改行帝制的消息,北京则更盛,张謇耳闻颇多,8月12日,他记录:"杨、孙、刘、胡、严、李诸人设'筹安会',进行颇急。"14日,杨度、孙毓筠、刘师培、胡瑛、严复、李燮和正式公布筹安会宣言,公开为复辟帝制捧场,张謇在年谱中回忆当时情形时说,"自有此会,而帝制之谣日盛"。张謇早已视民主共和为不可抗拒之潮流,故一再称复辟帝制为谣言。但他也意识到所谓"谣言"并非完全无中生有,是非之地不可久留。恰逢美国将于9月29日召开万国水利会议,请中国派员参加,8月11日,张謇以水利总裁身份请赴美国,14日,袁以其年老为由未允。两天后,张謇又一次请假离京,借辞行之机,张謇与袁世凯恳谈两小时,劝其悬崖勒马,放弃帝制,"陈是非,说利害,反复更端至二小时之久,而蓄豁未竟"。南回后,张謇便接二连三地提出辞去水利局总裁及参政职务。1916年1月2日,"得政事堂电,许解局职并参政,可喜也"。终于摆脱了和袁氏政权的一切关系,张謇感到一身轻松。

袁世凯的倒行逆施最终导致全国规模的反袁护国运动的兴起,张謇在日记中记录了云南、广西、贵州、广东、浙江接连独立的消息。四面楚歌的袁世凯在4月11日曾请徐世昌函邀张謇北上,张謇在13日的回复中明确予以拒绝,并劝不肯辞去总统职位的袁世凯急流勇退:"自帝制告成,而洹上之信用落;帝制取消,而洹上之威望坠。无威无信,凭何自立?"如今还想重演四年前"南北议和"来结束独立各省的反抗已没有可能,"武力与调和皆不易解决"。唯一的办法是主动宣布退位,"为国计,免外人之干涉;为民计,免军人之荼毒;为洹上计,不失为日月更食之君子,次不失为与时屈伸之英雄"。袁世凯若仍想依靠手中的部分军队"延长战祸,使民生糜烂而无遗,外交危迫而更酷,此则益非下走所敢知"。总之,袁世凯早一日下台,国内的局势早一日安定,这是张謇对袁世凯的最后忠告。

不久,在举国一致的反袁声浪中,袁世凯一命呜呼。张謇得知消息的当天不无感慨地记下:"三十更年之才,三千年未有之会,可以成第一流人,而卒败于群小之手。谓天之训迪吾民乎,抑人之自为而已。"对袁世凯的过高寄望使他颇带惋惜之情。随着时间的推移,张謇对袁世凯的败亡有进一步的认识:"袁氏失德,亡也忽焉。彼其罪过,已随生命俱尽,所留与吾人以最真确之发明者,则权术不可以为国,专欲必至于亡身。"以权术而行专制,逆历史潮流而动,必当自取灭亡。

在给新总统黎元洪的信中张謇警告说:"今试思洹上何以致死?南北之军,川湘之人民,何以丧生而覆产?举国之农商,何以陷于困厄?谁阶斯厉?天下知之。"当国务总理段祺瑞邀其北上时,张謇断然拒绝:"謇体力日益衰薄,困于里闬,势尚不给,殆不复能远行,亦愿公见谅勿强也。"张謇决意回归乡里,专心于他的"村落主义",再不涉足政坛。与袁世凯的决裂,标志着张謇全国范围内的政治参与的结束。

五、崇尚儒学伦理

与张謇的预感相同,孙中山等革命派在推翻旧王朝后,吸引其他社会集团支持自己继续革命的能力明显不足,其现代化纲领也与中国的现实存在着物质和心理上的断层,辛亥革命的成果必然地被军阀、官僚、政客等"伪尧舜"们攘夺,张謇的失望与不满无以言述,"村落主义"成了他无奈中的唯一选择。

(一) 坚守孔孟之道

对现实的不满使得一批较多接受西洋教育的新型知识精英对中国现代化主题进行更深刻的思考,他们将学习的目光由政治制度进一步延伸至思想文化。1915年《青年杂志》的创办,标志着有深远影响的新文化运动拉开了帷幕,陈独秀非常明确地指出:"所谓立宪政体,所谓国民政治,果能实现与否,纯然以多数国民能否对于政治自觉其居于主人的主动的地位为唯一根本之条件……倘立宪政治之主动地位属于政府,而不属于人民,不独宪法乃一纸空文,无永久厉行之保障,且宪法之自由权利,人民将视之为无足轻重之物,而不以生命拥护之,则立宪政治之精神已完全丧失矣。"这就是说,要真正实现民主政治,必须以国民的民主觉悟为先决条件,只有开展一场启发国人脱离封建专制主义的文化启蒙运动,方能奠定民主共和制度的思想基础,并永保这一制度不受践踏。应该说这是极具启迪意义的真知灼见。

新文化运动倡导者用以启蒙的思想武器是从西方文明中借用的民主与科学两面大旗,其内涵是梳理人本主义与个性解放的思想基石。他们向民众灌输:一个文明合理的社会应当是法律面前人人平等,权利和义务相结合的社会。每个人都应珍视自己的个人权利和幸福,真正确立以人为核心的社会价值新准则。显然,新文化运动所力倡的人本主义价值观与儒学意识形态产生严重的冲突,因而批判、攻击儒学传统尤其是纲常礼教便成为新文化运动的突出特征:"儒者三纲之说,为一切道德政治之大原","主张尊孔,势必立君","欧洲法制之精神,无不以平等人权为基础,民国宪法百余条,无不与孔子之道理抵触,将何以并存?"[①]正因为"名教之所重,无以不与社会现实生活

---

① 陈独秀.宪法与孔教.新青年,1916-11-01,2(3).

背道而驰"①,因此孔教偶像非打倒不可。如果说维新派人士开中国思想文化启蒙之先河,那么新文化运动则将启蒙原则更加明晰和大众化,他们极大地凸显了中国文化和道德重建的历史主题,并强调重建的关键在人本体意义上的独立和解放。此处无意对新文化运动的得失进行全面评价,但可以肯定的是,新文化运动所蕴涵的深刻的批判精神,表征中国文化迈向形态霸权,实现现代公民社会价值系统的更新转化具有划时代的重要意义。

张謇几乎完全不能接受这场触及灵魂深处的反传统运动。前文曾述,张謇在对革命方式进行批评时,已经涉及社会变革的制约因素,但他远没有深入到思想文化的层面。在张謇看来,孔孟之道,尤其是三纲五常的道德伦理具有永恒的价值,不可有丝毫的动摇。而新文化运动矛头指向中国核心文化,只能是乱上加乱。鉴于此,张謇则自然会站在新文化运动的对立面,不仅在南通组织发起尊孔会,而且在许多场合对以三纲五常为核心的孔孟之道大加赞赏,以回应来自各方的攻击。

张謇强调孔子学说乃做人之道:"我孔子则中庸主义,不偏不倚,纯为人道",而且"足以包括佛老耶回诸教而熔冶于一炉者也"。创办尊孔会的目的就是弘扬孔孟之道,抵制反孔思潮。"本县发起尊孔会之意,诚欲人人知人道之所在,而为有理性之人类。试问今日社会觍然为人者,其人道何如?"而为人之道,首先必须确认三纲所规定的君臣、父子、夫妇的人伦关系,"人各有伦,各安其生,乃各有其性情之位"。正是因为有了圣人所定之人伦,人类才开始由蒙昧走向秩序,这不能不说是儒学的重要贡献。因此维护君、父、夫固有地位是十分必要的。由此可见,新文化运动倡导自由、民主、人权、平等观念实在是毁坏人伦、"毁弃道义",对青年学生的影响尤为恶劣:"一若非尧舜而薄汤武,犹不足以为雄,非至灭天理而绝人伦,必不足以逞快。于是提倡男女平权不已、又提倡男女同学、提倡男女学生自由、提倡父子平权、提倡共产、提倡公妻;左提右挈,此唱彼和,必使人非人,国不国"。"必男女有别,而后人禽有别也"。就男女有别而言,中国传统的夫妇关系也至为合理:"不知经传所云伦理皆兼两义,如夫夫妇妇云者,夫有所以为夫,妇有所以为妇。夫,扶也,妇,服也。义至平允。"他以自己的家庭生活为例,说明夫人一心主内,不仅妻妾可以相安无事,而且夫人用积蓄赞助办学,成绩不小:"不知男子治外,女子治内,权未尝不平;父母并号严君,权未尝不平。"比较先秦诸种学说,儒学伦理的高明也是显而易见的。张謇指出,孔孟之道主五伦,"有伦,故有君臣父子",杨氏(道家创始人之一)之学主人人自了,不靠人管,虽有可取的一

---

① 陈独秀.敬告青年.青年杂志,1915-09-15,1(1).

面,但人人自管的结果必然是没有人来统治,"充其说可至无君",这是要不得的。而墨家主张兼爱,与佛教、耶教中的平等观念相通,很有道理,但"充其说,则看得父亦路人,可至无父",是不成体统。如此看来,"循杨子之说而过,则必至于无君","循墨子之说而过,则必至于无父",唯有孔孟之说,"有杨墨之偏好处,而无其弊",无弊的缘由是因为强调了君臣、父子的合理秩序,因而是最完善的圣人学说。

与坚守三纲一样,张謇也笃信并推崇包括"五常"在内的一系列儒家道德准则。在他的言论中,"儒者立身大本,曰'智仁勇'","以礼义信之功效进之","成己之大要,曰忠曰孝","温良恭俭让","处处要以仁、礼、忠三字为准则的"等说法实非鲜见。在这些相互关联、融为一体的道德品质中,"仁"处于重要的地位,张謇说:"人之心,仁是也。原一己之仁,而施及人人,是之谓人之仁;反是者,虽即耄老而期颐百年也,何多焉"。"广施与众,可谓有仁聚财散财,是曰能仁","贫其始而不恤人之贫,是为尤不仁"。可见,具有博爱意义的"仁"是一种最基本的品质。

与"仁"同样重要的是"礼",世风日下、混乱不堪的社会秩序,使张謇更突出地强调"礼"的作用,先秦诸子有关"礼"的言论被他不断地引用发挥,"孟子之言曰:'上无礼,下无学,贼民兴,丧无日。乌乎!何其言之痛而迫也'。管子说:"礼义廉耻、国之四维,四维不张,国乃灭亡"。张謇认为《易传》的表述更切中要害:"礼者,人之大防。《传》亦有言,人有礼则安,无礼则危,为一人言之耳。一人且不可无礼,而况于十人、百人、千人、万人之众欤"?"盖一人无礼则身危,千万人无礼则国危"。可见礼是规范个人和维系社会的重要规则,不仅如此,人之有礼,乃是区别于禽兽的标志:"禽兽犹有仁者,礼则止于人。故谓之不仁,无宁谓之不礼。"做不到有礼的人,根本谈不上有仁。

如何能够做到"礼"? 张謇引用孔子对子贡的话:"礼所以制中","舜用中,孔子时中,中之施于事于物,礼义之制裁也。中而时,则用力一直权度也。语曰:'礼者,履也,义者,宜也。'"这就是说为人处事一定要以把握适当的礼义为尺度。忠与孝是礼义的最基本原则,"夫君子之道,始于成己,而终于成物。成己之大要曰忠曰孝"。正如孔子所言:"'出则事公卿,入则事父兄'。言出仕朝廷,则尽忠顺于公卿;入居私门,则尽孝悌于父兄"。为国尽忠,在家尽孝是君子的必备品格,以忠孝为核心的其他品质,张謇总结为"子臣弟友忠信笃敬"八字:"子为孝亲,臣为卫国,弟为敬长,友为爱人,此属于分际也。忠则不贰,信则不欺,笃则不妄、敬则不偷,此属于行为也。人能明分际而谨行为,斯尽人道矣"。由此可见,要完善为人之道,需要加强自重、自律和自我反省,即使遇到不公之事,首先要追问自己是否做到了无违于仁,无违于礼,无违于忠:"不是教人做缩手缩脚没气性的人,只是要人将外来横逆当作红火熔淬金铁,借以熔淬我继承君子之资格"。他以自己的经历现身说法,说自己自弱冠以来的三十余年中"受人轻辱之事何止于千百",自己却"未尝一动色发声,以修报复",而是"受人轻辱一次,则努力自克一次",权作鞭策自己发愤前进的动力。因而竭力约束和克制自己,"不竞意气、好小勇","处竞争之地,而于己能自见,与人能自克"。自见自克到了极致,便是自觉服从,"且服从者,公理之事,礼法之事,弟之于师、子之于父、军事之于将帅、国民之于国君,能服从,然后能团结,费时则角立而离矣"。

总之,张謇认为,仁义礼智信、温良恭俭让诸品质均是为人之道所不可或缺的,他不仅将其视为自己立身处世的信条,也一再规劝学生和家人都须切实遵行。张謇坚信,社会无论如何发展进化,儒学的纲常伦理以及由此衍生的一系列道德规范乃如"日月经天、江河行地",是永久的哲理。所谓"孔子之道,顺时而适中,费一世一时一事之言","所谓《论语》《孟子》信得一二语,便终身受用不尽也",可见张謇对儒学的坚守。

(二)理性维扬佛学

张謇对以人本主义为核心的新思潮的激烈反对和抵触,实质上与他未曾动摇的儒学根基息息相关。平心而论,张謇对儒学乃做人之学的理解,单纯地看起来很有道理,儒学所倡导的一系列劝人为善的行为规范从道德角度讲也颇具价值。问题是,中国传统社会的特殊在于政治统治与伦理文化高度合一,也就是说,高度发达的伦理文化具有高度政治化的特点,因而无论是强调等级的"三纲",还是讲求服从的"五常",均与封建的专制体制有着巨大的"亲和力",封建政治统治正是通过思想层面的伦理教化而变得天经地义。新文化运动将攻击矛头直指孔孟儒学的核心内容,其深意便在于从根本上动摇专制统治得以根植的思想伦理的合法性基础。张謇显然无法从这样的角度去理解问题,他承袭着的绵延数千年并潜移默化于内心的士大夫性格,使他很难将物质、制度与思想文化联系起来认识现代文明,儒学传统依然是他安身立命的核心精神支柱。正因为张謇精神文化中基本保持封闭保守的价值取向,因此他反封建的要求更多地局限在实力和效能的层面,一旦进入到思想观念的深刻变革,其政治取向只能远离时代。由此可见,潜含于灵魂深处的"中体西用"情结是他反对和抵触新文化运动的深层思想文化根源。张謇这种具有明显过渡色彩的思想特征从一个侧面反映了当时以绅商为重要构成的资产阶级革命群体在传统文化惯性重压下现代民主观念的缺乏,他们还无力从社会机体内层真正领悟资产阶级所应赋有的历史使命。

无论是新文化运动还是社会主义思潮,都将传统儒学推向日益窘迫的困境。传统被毁,儒学遭唾,痛心疾首的张謇在无奈中想到了佛教。张謇注重佛教,与近代以来佛教地位在社会剧变中的凸显有很大关系。在传统社会崩解、西学冲击下,社会原有道德、价值系统的失范,使佛教处境变得微妙起来。其固有的丰富性、兼容性及被广泛接受的可取性,吸引了许多像梁启超、杨文会、章炳麟以及欧阳竟无、梁漱溟、熊十力等人士的关注和重新挖掘。与此同时,佛教界借此时机,力倡追随时代潮流的佛教改革及复兴运动,使佛教界气象日新,著名的佛教改革领袖太虚法师(1889—1947)提出教理革命、教制革命、教产革命三大内容,深得新兴市民阶层及青年佛教徒的拥护,在国内产生重要影响,而且太虚力图与新兴工商业阶层取得联系,1918年新的佛教团体觉社和上海佛教居士林的成立,标志着佛教改革的实质性推进。

张謇晚年对佛教的维扬正是这一社会背景下的产物。他与佛教界的许多僧人保持着友谊和交往,尤其是太虚、印光、谛闲、冶开、弘一等。从文字资料看,张謇对佛教最早的议论是在辛亥前夕所作的《叶氏刻翁书金刚经塔拓本跋》:"若论导扬佛教,则须人人心中有一佛,佛自充满与天人一切世界",即认为学佛必须本于信仰,在"渐修顿悟二宗说法上注意",否则一切行为都将枉然,这是张謇认为学佛信佛之人所应具备的最基本的心态。不过,张謇自己却从未打算进入这样一种境界,他曾对佛界人士说:"惟愚兄弟于佛祖视为古代方外有道德人,一切敬礼,而无福田利益之想。正《传灯录》所谓'我不礼佛,亦不轻漫、心无所希,名之曰道意'也"。又说:"余于佛素敬而不欲为佞"。这两处张謇对佛教所表现出的尊敬态度与虔诚的信仰当然有很大的程度差别。

张謇对佛教自民国以来越来越多的热心举动,主要出于实用的目的。如前所述,佛教在民间有比较广泛的基础,在儒学日趋衰弱、许多人精神无所归依的时刻,提倡佛学可以起到特殊的填补真空、稳定人心的作用:"孔子之道,费而隐易而难,世人披猖无度之时,无法施救。不若救以佛之虚、老之玄、耶之浅。"比之于老、耶之教,佛教可能更具有救世作用,尤其是佛教劝人从善的教义很可约束一下当时礼义混乱不堪的社会,"故释氏者言,可以辅今日圣道国法之穷,使人由祸福趋避之念,去不善而即于善,以入觉路而证正果,其诱掖裁成之功,为不可思议尔"。所以"世变愈亟,佛教愈昌,因果循环,殆亦非偶"。

由于张謇看重的是佛教救世拯民的作用,因而他特别注意选择大众最容易接受的佛教内容。比如佛教诸菩萨中对中国人影响最大的无过于观世音,因果报应说也早已融入民间信仰,于是张謇便有扩建观音院、讲经和提倡持戒等举动。张謇在《狼山观音院后记》中说,观世音有普度众生的意愿,被大众崇拜是自然的事情。"我敬观音者,观音主现在。其与儒不同者,观音必言报,儒者不言报,我意正与此证合。以为上智则宜儒,下愚则意观音。"张謇曾希望延请弘一和太虚高僧来主持狼山观音院,未获得结果。但观音院特辟之讲经室,确有名僧光临,最为著名的是刘录华居士和太虚法师。据称,刘录华所讲为《报父母经》之"法华之部",即《无量义经》《妙法莲华经》《观普贤菩萨刑法经》,太虚则专讲《妙法莲华经》中的《观世音普门品》,此种由浅入深的讲法显然是经过精心安排的。张謇本人亲自聆听治佛颇有新意的太虚讲经,并赋诗云:"爱俗应尊佛,饭僧为讲经。坛边休聚石,我老当能听。"张謇还积极支持南通法轮寺的持戒活动。所谓持戒是佛教最基本的修行方法之一,其目的在于防止恶行,修善积德。佛教戒律由粗之五戒(不杀生、不偷盗、不淫、不妄语、不饮酒)到最细的三百四十八戒层层递进。以世俗的眼光看,有一定的戒律,对社会的安定是有益的:"夫人只能如所谓十戒五戒者,不必为非常之人也。而人与人处,则能五戒,已无害于人。今亦但求人人无害人之心耳,而已难之又难,则夫佛之戒岂得已乎!"张謇这些话不仅仅是说给佛门之人的,它带有更加普遍的意义。

佛门净土宗,因其简便易行,容易普及,被佛界人士大力推广,张謇亦极为赞同。净土宗号称无需通达佛经,只要一心念佛,辅以平时广行众善,便能往生净土。这种贴近百姓生活状态的劝善宗教,当具有更大的号召力。在张謇看来,佛教与世俗是很可通融的,当时海门长兴镇创建净土宗无量寺时,专辟一室祀奉乡里节孝。有人以为节孝入佛寺是不伦不类,张謇却认为此种融合可取,节孝之人与佛之相通不言而喻,何必非受戒菩萨,方可入佛门?

张謇始终认为孔孟之道是最为完善、最为尊贵的学说,绝非其他宗教所能比拟。他认为孔子之道是囊括各种宗教的经典学说,其地位自然是无可替代的。不过从救世的角度看,儒佛之间似乎比其他宗教有更多的关联,互为辅助的可能性也比较大:"世变未有艾矣。儒言佛言,共相维救,本末缓急上下深浅,或各有取也乎。"从所追求的人性目标看,儒佛之间颇有相通与暗合之处。张謇还说:"若说道理,则佛所谓圆通,于孔子所谓中,诚无不合。"然而,儒佛在处世态度上存有巨大差异,佛教去人去事、"五蕴皆空"的出世观,张謇绝不赞同。他曾对居士的门人江易园(江谦)提出有关佛学的若干疑问,特别指出:"而最与孔子之道不合,与仆人平日所见不安者,即是教人废人事,猎乎生而崇死,利乎实而言虚也。"并请转告太虚法师反对三位居士来南通无所事事、闭关修行,"一活人入木龛三年,与死何异?亦惰之至,垢之治,不能自治自了之至矣"。他也劝说江易园万不可对佛学之空过于入迷。在为另一位居士沙炳元六十所写寿序中,张謇通过儒佛形成之历史比较,指出佛"乃欲举一切人事而空之,而还于空虚浑穆之世"的人生态度与儒学"因人而然,因事而然"所制定的德政礼刑是不可同日而语的,张謇曾劝朋僚如顾公毅、吴寄尘等读一点佛经,这绝非希望他们由此遁入空门,而是在积极入世的前提下,能"别有安置身心之处",即遇到困扰时可以从佛教中得到一些遁脱对待的办法。

总体看来,张謇晚年维扬佛教,实乃儒学日遭贬斥的一种无奈之举。他力图挖掘佛教中积极于人事的有关内容,借此端正世道,稳定人心,对已经衰微的儒学起到某种程度的辅助和补充作用,如其所言以佛教"济孔孟之教之术之穷"。然而,在欧风东渐,人们"醉心欧美卢孟诸人之学说"的时代,张謇很清楚佛教所能起到的作用也是微乎其微:"今世且非观音所能救,故不得不崇敬观音,其奈虽观音亦无法何!"五卅运动后,张謇看到太虚法师以佛法批评社会主义的演说录,很快写出相应的文章公诸报端,尽管他表示太虚此文可谓"清夜钟声",其补救方法"但以望人能持五戒、行十善为说,自是革心要义",但同时指出:"空言劝戒"难有实效,因为一般人尤其是青年学生是不会听信"五戒十善之说"的。张謇在此文最后声称,儒学是他立身处世的根基,他从未因接纳和吸收其他学说而有过任何的动摇。

从文化思想的角度考察张謇,我们不难看出,与许多身处变革时代的人物一样,张謇的文化取向具有明显的双重特点:一方面,他在积极吸收和接纳从物质文化到制度文化的一系列西学成果;另一方面,他又坚守着精神领域中传统文化的根基。这种亦西亦中、亦新亦旧的思维模式必定使张謇呈现出社会转型期人物特有的矛盾与复杂。客观地讲,传统士大夫的精神潜质在与西方文明的碰撞中获得了若干创造性的转化,这对他接受世界文明的洗礼以及人生新事业的启动都曾有过颇为积极有效的推动作用。但与此同时,传统潜质的负面作用也随时代的前行愈显突出。尤其是张謇在精神文化领域所持有的封闭心态,在很大程度上制约了他对现代文明深层内涵的理解和接受,突出表现在他始终无法从人本主义角度理解自由民主观念及与之相匹配的政治体制。就张謇一生的政治追求而言,对实用与效能的渴望远远大于对实质与内涵的追求。这种无法摆脱的"中体西用"情结事实成为贯穿张謇政治思想与行为的主流思维路向。

思考题:

1. 张謇的爱国主义精神体现在哪些方面?
2. 试述以张謇为代表的立宪派在辛亥革命中的作用。
3. 张謇在担任农商总长期间有哪些建树?

第三讲　张謇与经济

教学目的、要求

本讲教学,使学生了解张謇的经济思想及其经济实践,了解张謇在担任政府要职时主持制定的经济政策,理解其经济政策、经济思想、经济实践等在当时的效应及对后来中国社会的影响。

张謇言录

振兴实业,为救国急务,诚为至论。

在经济方面,张謇有丰富的思想及大量的实践。张謇的经济思想主要包括:发展棉铁以振兴实业,实行股份制、奖掖民营、大力发展民营经济,利用外资、引进人才,中国要主动适应并融入世界一体化经济,统一货币、发展银行业,等等。张謇的经济思想,一方面通过他主持制定的经济政策、经济法规得到体现,另一方面通过他在创办企业过程中所制定的管理制度、各类章程得以体现。同时,他的信函、演说、起草的各类文牍之中也都包含有重要的经济思想内容。张謇的经济活动、经济实践可以说是他经济思想的最好诠释。张謇的经济活动、经济实践为中国经济走向近代化作出了重要的探索。

一、张謇经济思想

(一)"振兴实业"论

洋务运动之后,"实业"一词流传开来,它是人们对新的生产方式诸如工业、工艺、商务等的一种概括。张謇说:"实业者,西人赅农工商之名,义兼本末,较中国汉以后儒者重农抑商之说为完善。"张謇赞同西方的实业包括农工商,但他认为还应更宽泛一些:"实业在农工商,在大农大工大商。"就是说,农业工业商业不纯粹是狭义的,应是一种广义的农工商。

1. "棉铁主义"

面对外国资本的大量涌入及外国商品的大量倾销,张謇深感忧虑。他认为要振兴实业、富国强国、挽回利权,最重要的是要发展棉铁。于是,他将棉和铁并提,称为"棉铁主义"。棉关系到人民生活,铁关系国家生存,棉铁事业是张謇一生的追求。

张謇的棉铁思想大体酝酿产生于 19 世纪 80 年代中期。1884 年,张謇从吴长庆军幕落寞回乡后,一度关注且从事农桑,此时的他对现实有了更多的认识,军营生活的体验及用兵打仗的经验更使他对社会有了更多的思考。从此,张謇在潜意识里发展棉铁的思想在觉醒。在三十多年后,他为《棉业季刊》作序说:"余持棉铁为中国近世要务之说,几三十年,先我后我,事乎此者,亦肩背相望矣。"可见他早在 19 世纪 80 年代就对中国求强求富的路径开始了思考。当然,这种思考主要还是建立在对洋务运动反思的基础上的,后来,当他有了发言权的时候,他大声疾呼,当他有能力作为的时候便付诸实践。

就棉铁概念而言,在张謇这里,既有广义的也有狭义的甚至还有中义的。从狭义方面看,棉铁指棉业、铁业本身。棉业主要指棉花、棉田、棉种,也指棉纺业;铁业主要是指轮轨机械枪炮之制造。他曾说,"农工商业之至大者,曰棉铁,次则日用之百物,又次消耗品、奢侈品","现时吾人所用之棉铁,皆来自外洋,今后正宜努力使此二者皆可由本国供给"。从中义方面看,张謇所言的棉铁,又不限于棉和铁本身。棉,还可以理解为含有整个农业的意思。铁,也可理解为含有整个工业的意思。从广义方面看,张謇的棉铁思想还具有一种象征意义,即代表了农工商。他曾说过:"棉铁为国家基本工商业,十年前,以国人留心者鲜,謇与前农商次长刘垣讨论有年,曾著《棉铁世界》一书,冀唤起国民之注意。"张謇要求发展"棉铁",主要是要大力发展棉业和铁业,与外人争利权,并以棉铁来带动农工商其他各行业的全面发展,使国家真正走上富裕、独立、强大之路。可见,在张謇这里,棉铁、实业、农工商几乎成了同义语。在不同的场合,根据不同的需要,张謇进行不同的表述。不过,在大多数情况下,张謇取的是狭义。一般情况下,他视其需要而进行定位。

棉铁主义是张謇长期的主张。他的棉铁思想萌芽于 1884 年前后,至 1895 年之后才真正付诸实践。他创办大生纱厂、垦牧公司、资生铁厂等都是棉铁思想的具体实践。他在将其棉铁思想付诸实施之时,亦仍然不断倡导、呼吁。在南洋劝业会上,他大声疾呼中国实业须用棉铁政策,必须奖励棉业。他也曾上书政府,陈述此观点。然而,政府对此却无动于衷。张謇在1919年回忆:"鄙人所持棉铁主义,倡之于二十年前,尝未果。用吾言必能杜绝他邦宰割之谋,乃不能见用,夫复何咎。"他为自己合理建议未能被政府所采纳而深感遗憾。不过他并未气馁,仍然鼓励学生"将来毕业后,为农者必蕲为良农,为工者必蕲为良工,为商者必蕲为良商,以今日之联合集会之精神,贯注于永久"。无论事农事工还是事商,每个人在各自的领域都应该努力工作,做出成绩,成为本行业的佼佼者,这是中国的希望所在。

在担任农商总长终于有了发展棉铁发言权的时候,张謇便将其化为制度安排并推向全国。他在施政演说中就很明确地表明了发展棉铁的主张,用令人信服的翔实数据论证了发展棉铁事业的重要性。张謇在担任农商总长期间,大力倡导棉铁业的同时,还制定了一系列法规政策,对棉铁业进行保护和鼓励。"本部对于工商政策,多取保育主义,故有公司保息条例之设。然农产品为各种制造品之原料,不有以增殖之,则工商业之发展永无可望。故保育主义又当移之于农业。今吾国输入品之最巨者,莫如棉织物"。他还认为:"吾国现时所最可希望者无过乎实业。惟此事须吾国政府与人民上下一心,通力合作,而后能见效。余从事于实业一途已阅半世,今则愈知欲富强吾国,舍实业无由也。就各项实业而言,最为吾所主张者为棉铁二项,以其于近世界中为必不可少之物也。"要发展棉铁,必须全国上下戮力同心,方能见实效。他所主持制定的一系列法律法规中,大多与棉铁事业有着直接或间接的关系,如奖励垦荒、奖励植棉等。在张謇的棉业政策中,一个重要主张就是加强植棉、改良棉种。他在担任农商总长期间,"设法奖励植棉,于民国四年(1915)特聘美人周伯逊氏(H·H·Johson)为顾问,设立试验场于正定、南通、武昌等处。民国五年(1916)更设立试验场于北京,同年又颁布美棉奖励细则"①。在张謇的提倡、鼓励、示范下,各地纷纷设立棉场,如江苏、山东、浙江、山西等地,这些对推动棉业的发展无疑发挥了重要作用。《远东时报》1923年8月号刊载《中国棉业情况》:"棉产地之区域,分布全省各地,其中以通州、太仓、嘉定、常熟、上海与江阴六大区为最有名。先从通州一区而论,该区植产之地,占全州地亩总数十分之六、七,包括南通、崇明、海门等区,合计东西三百里,南北一百五十里,幅员极广,故该地区不但为江苏一省出棉之要地,即综全中国产棉之区域计之,亦当首屈一指矣。该区平均产棉之额,约有一百五十万担之多,就中产额之大部,皆为崇明与南通之大生纱厂所吸收,其

---

① 章有义.中国近代农业史资料:第2辑.北京:生活·读书·新知三联书店,1957:175.

余则概运至上海销售焉。"①

张謇孜孜不倦地呼吁并身体力行棉铁主义,到晚年他在总结自己所兴之棉铁事业时说:"铁,吾猝未能业之也;业棉则逾二十年。"因为制铁事业关系国家生存,所以张謇不断鼓与呼,但他也承认自己对此没能有大的实际作为,未能达到自己的预期目标。于是,他将发展铁业寄希望于后辈诸生:"今此铁业,尤愿从诸君后稍效愚诚,以完棉铁并峙之希望。"对于棉业,张謇呼吁、扶持、创办二十多年,取得了重要的成效,为中国农业现代化作了艰辛而有成效的探索。

2. 实业在农工商

农工商关系问题历来被人们所关注。古代中国往往将农之外的行业统称为商。到了近代,工与商常常也不加区分,有时甚至互相替代。

张謇对农工商问题的理解既有借鉴、吸收和传承,又有发展和超越。

一是张謇区分了什么是农、什么是工、什么是商。在张謇看来,"农"不仅指农业、农作物,而且包括土地、农民和农村;"工"不仅指手工业,更主要的是指机器工业;"商"不仅指商业、商人,而且包括商资。张謇认为:"初苦农无大地,商无大资。"可见,他所指的农工商比古代所指的农工商外延更广、内涵更丰富。不仅如此,张謇将其看作一个整体,隶属于实业的范畴。

二是张謇将农工商进行排序。张謇对农工商重要性的认识较之前人更为进步。他认为三者都很重要,在此前提下,又应有次序的先后。"然工商之本在农,农困则工商之本先拨。亦有为田赋附加税之谋者,是又直取于农矣","农为立国之本","惟是实业以农为本,农以垦荒为先","简言之,则衣食所需为重,棉、稻、麦于衣食所需尤重也。既为人生所需之至重,即为世界实业之至大"。不仅如此,张謇在总结了中国及世界历史之后说:"臣窃上溯三代,旁考四洲,凡有国家者,立国之本不在兵也,立国之本不在商也,在乎工与农,而农为尤要。"张謇认为三者都重要,在此前提下,将"农"排在第一位。从张謇就任工商农林总长后的机构合并名称,我们亦能体会到三者的排位。当时,袁世凯任命张謇为"工商总长兼农林总长",张謇就任后,将工商、农林两个部合并为一个部,称为"农商部"。可见,在张謇的心目中,农是排第一位的。排在第二位的是"工","世人皆言外洋以商务立国,此皮毛之论也。不知外洋富民强国之本实在于工。讲格致,通化学,用机器,精制造,化粗为精,化少为多,化贱为贵,而后商贾有懋迁之资,有倍蓰之利"。有时,张謇将农工连在一起说,但也是有次序先后的,"要之国以农工为本",在农与工同时出现

---

① 章有义.中国近代农业史资料:第2辑.北京:生活·读书·新知三联书店,1957:221.

时,张謇全是将农排在首位的。排在第三位的是"商"。他曾解释道:"民生之业农为本,殖生货者也;工次之,资生以成熟者也;商为之绾毂,而以人之利为利,末也。汉人重农谓为本富,商末富,亮哉!"他曾满腔热情倡导"棉铁事业",在棉铁同时出现时,他永远都是将棉放在第一位的。

三是张謇认为农工商的关系是一种辩证关系。张謇将农工商三者看作一个整体,并且是一个有机的统一体。不仅如此,张謇还论述了三者的辩证关系。他特别赞同司马迁对农、虞、工、商关系的揭示,"《史记·货殖列传》:'故待农而食,虞而出之,工而成之,商而通之。'工固农商之枢纽矣。故工有子有母,有子之子,有母之母"。张謇对《史记》中农工商的关系进行了恰如其分的解释。不仅如此,张謇还有更胜之一等的地方,他看出"工"作为枢纽及其向两头延伸的意义。张謇对农工商辩证关系的认识与张之洞的认识有相通的地方。张之洞用"体用"关系对工商关系进行诠释:"工者,农商之枢纽也,内兴农利,外增商业,皆非工不为功……外国工商两业相因而成,工有成器,然后商有贩运,是工为体、商为用也……大抵农工商三事,工钝则病商,工商聋瞽则病农,三者交病,不可为国矣。"[1]张之洞与张謇都看出了农工商之间的辩证关系。

四是张謇呼吁农工商应共同发展。张謇不断呼吁发展农工商,并且身体力行,主要是基于两方面的考虑。一是基于对当时国际国内社会发展情形的思考。当时,世界上英国、美国等先发展起来的国家民富国强,而中国的情形正相反,民穷国弱。而摆在人们面前的事实是,民富则国强,民穷则国弱,国弱则受侮。因此,中国的当务之急就是要大力发展实业,农工商协调发展,使国力快速增强,使人民的物质财富快速增长。而"富民之术,惟农工商通之",这是张謇在观察了当时的世界大势及中国当时的情形之后所得出的结论。二是基于对世界未来发展大势的理解。张謇认为:"夫世界今日之竞争,农工商业之竞争也。农工商业之竞争,学问之竞争,实践责任合群阅历能力之竞争也。"正是基于这样的认识,张謇在大兴实业之时,又大兴教育。农业方面,1896年,他与朱祖荣、徐树兰、罗振玉等在上海创立务农会,该会的宗旨充分表达了农业现代化的理想。务农会创立之初,计划在江、浙两省购田,采用新法试办农业,计划仿造西式农具,实验种植中外植物,发展牧畜,殖养鱼类,选择优良品种,办农产品加工厂,办农学报,办农学堂,开办农业展览会(当时谓之赛会)。该务农会类似今日世界粮食农业组织(F.A.O)活动之大部分项

---

[1] 张之洞.张文襄公全集·劝学篇(下).台北:文海出版社,1963:581—582.

目。① 1901年,他又创建了通海垦牧公司。对于垦牧公司,他原本准备办成新式农场,大规模实行机械作业,但由于客观条件的限制而未能实现。不过,垦牧公司也部分地实现着务农会的宗旨,诸如办垦牧学堂,选择优良品种,等等。张謇对农工商协调发展的理解及作为具有重要的现实意义,也具有深远的历史意义。

(二)"奖励民营"

在那个民营经济萧条的时代,张謇却对民营经济情有独钟。这不仅表现在他自己率先创办了中国最早的民营股份制企业上,而且还集中表现于他出任农商总长期间所发表的经济主张及其所主持制定的各项经济政策。张謇在到任农商总长时发表的农林工商政策通告中,就很鲜明地表达了发展民营经济的主张。这个通告开篇即说:"农林工商部者,为人民生利供政府分利之地也。世不思治,治无可图,分利过当,生亦不及。"②在张謇看来,发展民营经济就是为民生利,而农林工商部的主要职责应该是制定相关政策法规,在政府与人民分利问题上取得平衡,既让政府有利可图,又让商民生存发展。他在国务会议上发表的实业政见通告书,也可视为他的关于扶持奖励发展民营企业的宣言书。在这份政见通告书中,他充分表达了大力发展民营企业的强烈愿望及坚强决心。

1. 转制思想

20世纪初的中国,要强大就必须独立发展资本主义,这是当时的处境使然。"在甲午战争的时代,无论从国际或国内条件来说,欲谋中国独立自强、挽救危亡,只能是发展资本主义。而就当时的情况来说,发展资本主义最好的办法是任民间自营,走自由资本主义的道路。"③在发展初期,让民营企业自由发展符合当时的实际,只有这样,才能调动企业主的积极性,日本明治维新初期亦然。

张謇在就任农商总长时,耳闻目睹官营企业的混乱情景。当时的官营企业管理混乱,责、权、利不清,经营不善,人人只想分利,却不愿为企业出力,这就导致许多企业严重亏损,国家背负的包袱沉重,赤字庞大。张謇认为主要症结还是体制问题,于是,他决心要理顺关系,实施改革,停罢官营,将当时官营企业进行转制,招商民营。

---

① 王尔敏.中国近代思想史论.北京:社会科学文献出版社,2003:442—451.
② 沈家五.张謇农商总长任期经济资料选编.南京:南京大学出版社,1987:8.
③ 吴承明.中国资本主义与国内市场.北京:中国社会科学出版社,1985:122—123.

担任农商总长后,张謇大刀阔斧地进行转制改革,力图将原有的大部分官营企业转为民营企业。他在就任农商总长时发表的关于农林工商政策通告中,为了给自己的转制改革寻找依据,用大量历史事实来说明:我国古代除盐、铁、铸币、屯田外一向并没有什么官营企业,政府也没有真正的利民兴业之心。到了清朝,国力日渐衰弱,于是在"生利"口号下,官营企业、官商合营"纷纷出现"。这些企业,"排调恢张,员司充斥,视为大众分利之薮,全无专勤负责之人,卒之靡费不赀,考成不及,于财政上有徒然增豫计溢出之嫌,于实业上不能收商贾同等之利,名为提倡,实则沮之"。张謇认为,企业的机构臃肿,人浮于事,人人只图分利,缺少全心全意办企业之人,这既不利于国家,也不利于商人。张謇从历史和现状出发,经过分析得出结论:中国必须实行转制,应将官营转为民营。

张謇真诚地实施转制改革。他率先垂范,从自己任职的两部开始,将凡是属于两部的官营企业,除了一二大宗实业私人或一个公司不能承办而又是国民经济命脉的以外,其余官营全部停止。即使这一二大宗实业为官办,也是为了"引起人民之兴趣"。为转制所采用的方式是招商顶办。当时属于农商部系统的矿业共12家,改革后停办7家,改制商办5家。农商部的改制可谓是干脆利索、完全彻底,这就为其他各部的改革做出了表率和示范。

张謇倡导并实施的这种改革,注定要使得一大批既得利益者利益受损,因而阻力极大。张謇手中没有大权,身后又缺少坚强后盾,因此,这场改革注定不可能最终取得真正的成功。除了张謇自己所辖两部进行了真正意义上的改革之外,北洋政府直属工厂全都无动于衷,无一响应。当时北洋政府直属企业共有69家:国务院印铸局2家,内务部慈善教导局等15家,财政部造币总厂、分厂、印刷局、造纸厂6家,陆军部兵工厂、制革厂等8家,海军部造船厂3家,交通部各铁路机修制造等厂35家,这69家无一家实施改革。当然,这其中有些企业张謇认为是必须官营的,如印铸局、造币厂、兵工厂等,但69家企业中有相当一部分并不在此列。由此可见,要改革成制,改变人们固有的观念,让既得利益者放弃既得利益是何等的艰难,即使这种改革是顺时势、得民心的,但如果没有制度层面的制约,没有国家层面的支持,都是注定要失败的。

2. 股份制思想

股份制来自西方。一方面,西方列强在中国开矿设厂,带来了股份制;另一方面,近代中国人在学西方、模仿洋枪洋炮之时,亦模仿了其企业组织形式。官督商办的一些企业已开始引进了股份制,不过洋务派对西方企业制度的模仿明显烙有中国特色的烙印,就是说这些企业的股份制真正意义上的

"模仿",尤其是形式的模仿。看上去,这些企业是按照西方公司股份制形式进行组织的,但实际上与西方企业在组织管理方面大相径庭。企业的总办由官任命,而不是按照股份制规则由股东推举。在此情形下,总办对上听命于官府,对下则具有至高权力,根本不受董事会的约束与牵制。例如,上海机器织布局,就是典型的官督商办企业,企业总办由李鸿章委派并对李负责,同时,企业用人、招股、财政开支及经营方针等重要事项,李鸿章全都要过问,只有他认可了才可以施行,企业有盈余则当然要报效于官,但如遇亏损则与官无关。

官督商办企业的这种状况,张謇当然是了如指掌。不过,他并不因此而排斥股份制,相反,他认为股份制是一种筹措资金的好方法。大生纱厂是他创办的第一家股份制企业。在大生纱厂开车并营利后,张謇又进行新的投资,创办了通海垦牧公司。该公司除吸纳大生纱厂的部分资金外,其余大多采取的是集资的方法,是股份制形式。张謇在创办大生纱厂及通海垦牧公司后,又陆续创办了数十家企业,这些企业大多属于股份制企业。

在从事实业的过程中,张謇除用自己所办企业的利润进行投资兴办企业外,民间集资成为其极为重要的资金来源。他所倡导的集资方式多种多样,如直接投资入股,这是最普通也是张謇用得最多的集资方法。再如,劝募公债,为集资金,让人们心甘情愿地购买公债,他常常亲作动员:"募公债,非募捐,捐是人分我之利,公债是人为我生利。"他号召人们将钱进行投资,劝大家说,如将钱藏在家里还需要防盗,放私债也时而讨不还,而公债不仅有厚利,偿还没问题,而且还为有利之事业出了一份力。他以欧美人士为例,说欧美人以公债为财产,因为公债信用好,保管方便,转动灵活,所以欧美人士多乐意购买公债,他鼓动说买公债是大家发财的好机会。

张謇所集资的对象主要是商人及城乡居民。那个年代,股份制并不为人们所普遍认同,因此,每办一项工程或事业,张謇都要耗费很多时间和精力亲自写启事,亲自动员。1920年,他出任江苏运河工程局督办,该局设于扬州。张謇在就职时就安民告示,说运河工程"不依赖政府可,不集合同人不可"。他号召南通地方人民积极募捐,因为这是出少数之代价、得多数之收成之大好事。如果水利事业搞不好,那么就不可能造就地方,人民生活也不会得到改善。为了成就水利事业,他以身作则,做出表率,将每月薪水按中央所发的标准只领一半,还有一半就存于运河工程局,用于补助各位工作人员,以安抚、激励其全心全意地工作。张謇在总结自己二十年办交通水利事业之经验时说:"走在南通二十年,注重交通及水利,而筹款之法,用诸地方者,仍取诸地方,未尝依赖政府之维持。"

张謇甚至还号召学生进行集资。他在《敬告全国学生》演讲词中设想,学生也能够对棉铁事业做出较大贡献。他认为全国中等以上学生,如果以五十万人计算,每人在一年中集资一百元或五十元,就能集得五千万元或二千五百万元。然后再折合成整股或零股,将集资款项存于银行或钱庄或典铺或殷实之户,投资于农工之事,他说这也是学生真爱国的表现。当然,张謇让学生参与集资的思想是比较复杂的,固然有筹集资金的用意,同时也有培养学生关注实业、献身实业的用意。在"五四"运动正如火如荼之时,张謇反对学生放弃读书的大好光阴,扔下课本去罢课、绝食、抗议等,他认为这些应由政府去做,学生首要的任务是学习。因此,他号召学生为实业集资,也许还有转移学生注意力、以求国内稳定、让学生为国家做些实事的用意。尽管如此,张謇这种广开集资渠道、采取多种方式招募资金的方法是很有见地的,也是开风气之先的。

3. 奖掖民营思想

张謇关于奖掖民营的思想内容很丰富,其中,最主要的就是要对民营进行提倡、扶持、保护、奖励和补助。这些思想在他担任农商总长期间所制定的各项政策法规及各类演说中得到充分的体现。

在张謇经营乡里的20多年中,他几乎年年都在创办新企业,为官时期也不例外。他所办的企业基本属于民营企业。对于中国民营企业的困境,张謇感受颇深。他深深体会到,民营企业如果得不到国家政策的扶持、保护、奖励和补助的话,那么其艰难困苦可以想见,一定是举步维艰。张謇之所以能在较短的时间内成就那么多的事业,一个很重要的外因就是他善于利用种种资源,包括来自官方的资源。如果换成另外一个人,这个人没有张謇的社会关系及通天本领,不要说成就这么多事业,就是成就一件也绝非易事。张謇半生拼搏获得的状元头衔以及他的才识、学识、眼光等,都是他拥有这些资源的资本。张謇虽有这样的头衔、社会关系、雄才大略及奉旨办厂的桂冠,但在办实业及其各项事业的道路上仍步履维艰、跌跌爬爬,可想而知,一个普通商人在那样的时代要成就一番事业会是何等的艰难。由此可以想见,近代中国民族资产阶级生存发展的环境是何等的恶劣,其要求发展资本主义愿望的实现又会遇到多么大的阻力。

基于对自己艰难创业的体验,也基于官府对民营企业态度的反思,张謇得出的结论是,国家和政府对民营经济必须"提倡保护奖励补助"。张謇在就任农商总长时发表的通告中就旗帜鲜明地表达了"提倡保护奖励补助"的主张。他认为,值此中国民营经济所处的幼稚时期,除了扶持之外,别无他法。要提倡民营,就必须设立银行、改良币制、协商关税、裁减厘税。要保护民营,就要制定商法,使人人有法可依,官府、官员都不能例外。政府各部需加强配合,通力合作,而农商部当然会尽力助之为之。要奖励补助民营,必定要牵涉到财政问题,这就不仅仅是农商部就能解决得了的。张謇认为,要对民营"提倡保护奖励补助",必须靠国家的支持和各部的合作。张謇分析情形,明确责任,认为"补助"问题,农商部不能解决,"保护奖励",农商部可解决一半,而"提倡"一事,农商部可担全部责任。同时,农商部还要很好地施行监督,规定章程。张謇在发表的通告中说:"二十世纪之经济问题,实有左右全球之价值,吾国叠经兵乱,国力益形疲敝,已陷入经济之漩涡,设再玩愒数年,则有此广土众民,已无复自营之余地。"张謇道出了利用现有条件,加快民营经济发展的必要性和紧迫性。总之,这篇通告,对如何"提倡保护奖励补助"民营经济问题作了透彻的阐述,既可视作张謇农商部实业政策的宣言书,同时也是他要大力发展民营经济的真情表白。

张謇关于对民营实行"提倡保护奖励补助"的策略主要体现在下列几方面。

一是倡议实行"保息法"。"保息法"是张謇为扶持民营经济发展所持的主要措施之一。他在担任农商总长时说:"本部行政方针,奖励民营业一项,业经国务会议决定,应即筹施行之法。奖励之道,盖有种种应时势之要求,而又为中央政府财力所能及者,莫如保息。"张謇还详述了保息的具体做法。所谓保息,就是由政府拨存公债票2千万元作为保息金,每年用其利息资助民营公司,使各公司在投产之前或之初就能获得一定的利息,而保息金并不是无偿的,到第六年开始,每年按保息金的1/24逐年摊还。被保息公司按其行业及资本分为甲、乙两种。甲种保息6厘,乙种保息5厘。因为民国初年的市场利率高,银行、钱庄的定期贷款利息有时高达9厘至1分以上,一般民营企业难以负担,而有保息法,可有助于被保息公司募集资金以减轻负担,真正起到了保护幼稚民族工商业的作用。① 保息法不仅对民营企业的创办起到扶持作用,而且还有利于调动民营企业积极性。张謇算了一笔账,假设平均以四厘为民营业资本担保,那么,每年所出费用仅为40万,而被保息的资本却达到1千万。这种保息可以三年为限。三年之内,每年保息费40万,三年共120万,而被保息的资本却可达到3千万。从第三年开始,每年保息费都是120万,而每年增加的民营资本有1千万。营业资本1千万,那么其贸易额必定在3千万以上,营业资本3千万,那么贸易额一定在1亿以上。这种保息的优点在于所需费用不多,收效却很巨大,对国家经济的发展的益处显而易

---

① 史全生.中华民国经济史.南京:江苏人民出版社,1989:68.

见。张謇视这种方法为奖励民营业的最佳办法。张謇的保息方案,经院议通过后,呈请大总统公布在案。后来,具体的实施方案根据具体情况有过一些调整,该法对提倡保护奖励补助民营确实是有百利而无一害的。

二是宽免一定期限的税厘。张謇对此有深切的体会,他在唐家闸附近创办大兴磨面公司时,就曾申请过宽免五年的税厘。同时,他认为,贫穷偏僻地区,更要注意扶持。要发展商业,就必须减轻工商业主的负担。张謇关于宽免一定期限税厘的主张是有针对性的,当时,清政府一方面宣布"奖励工艺",另一方面又对其课以苛捐杂税,使其透不过气来。《中外日报》社论:"平时厘税之苛,既已层层盘剥,节节留难,使工商人等坐失供求之时机,而损失其利益。近与西国订立商约,受彼挟持,虽允我增加进口税,然迫我免去厘金。夫厘金者,为地方行政费之大宗,一旦除去则费无所出,官吏乃只立统捐诸种名色,肆其搜括。彼此因缘为奸,上下其手……加以各省不肖奸吏,借名理财,争铸铜元,互限出口,以致币价大落,百物腾贵,除一二鼓铸之官吏,坐饱盈余之外,其余官商士民,无不交相坐困。"①当时,对工商业盘剥最苛刻的是厘卡。例如,江西省当时的厘卡,名为值百抽十,而各卡陆续增抽,由赣州府运货至别处须经好多关卡,而其完厘之数却又不是按实计算的,如果运100担货,最轻也要按120担捐厘。该卡这样,以下各卡都是这样。张謇在1906年致书张之洞:"士大夫习闻人言厘捐病民也,时而相语,亦曰厘捐病民也,而不若民之病于厘捐者怨毒之深也。"由此观之,"奖励工艺",名不副实。张謇曾担任中华民国第一任实业部长兼江苏两淮盐政总理,他曾为"淮南商乙和祥盐旗被各地军队强取盐款之事"给陆军总长黄兴撰文反映情况,一再要求"曲体艰商,情势迫切"、"俯念商情困苦",并且表明"咨请贵部,按照该商原禀所指各节,彻查究办,并请给示,发交该盐旗严禁,以后军人不得擅自强取商人财产,以维秩序而恤商艰"②。可见张謇要求发展工商业的良苦用心。

三是中国商民应与外商平等对待。欧战爆发后,张謇敏锐地看到,欧洲各国忙于战事,各种洋布输入大减,正是销售土布的极好机会。因此,他请求政府免土布税厘,所有常关、海关、厘金、落地捐等各项税厘一律免除。这不仅是为振兴实业,也是为改善老百姓的生活。张謇一方面不断上书,制定有关政策,另一方面也针对自办企业情况为企业利益而据理力争。例如,针对国内关卡林立,阻滞可虞的情况,他咨呈商督,要求给予所办阜生蚕桑公司以

---

① 中外时报,1906-03-29.
② 张謇.张謇为乙和祥盐旗被各地军队强取盐款情形咨//中国第二历史档案馆.中华民国史档案资料汇编:第2辑.南京:江苏人民出版社,1981:365—366.

正常的商税。1906年,张謇所拟《为商航复商部文》中说:"查中国江海河面,失主权而丧民心,无过洋商领单运货内地、华船愿持洋旗一事。华民畏官,官虐船户,盖数百年积成之习俗。自外势日张,关卡官吏,慨中媚外。于是同一民船也,此受雇于华商,则刁难而索,节节阻滞,彼受雇于洋商则否。今日受雇于洋商,则理直气壮,处处畅行;明日受雇于华商则否。趋利避害,人之常情。迹象既已悬殊,心志安得不易?⋯⋯故谓外人所索加税免厘,仅为其畅通商市计,犹利用之一方面也。而我之官吏利厘卡为生活者,虐待商船如故,一若明知厘之将免,利之将失,而为是得寸则寸之计。一遇邻府州县彼此交通之土货,不能挂洋旗者,则尤专以需索刁难为事。"张謇对当时中外商民遭遇到的不公现象深为了解,也极为不满。他深深感到对于国货运输及厘税设法减免的必要性与迫切性,当时,我国内地交通梗阻,运输机构一直不完备,这就阻滞了国货的流通与生产,而厘税的阻碍尤为厉害。所以,即使国货土货用最廉价之人工、最多之原料、最轻之成本,加上运费与税厘计算,怎么也难以与外货竞争抗衡。因而减收运费,酌情减免税厘,实乃当务之急。他主张奖励的范围应宽泛一些,甚至可以包括有作为之侨商。"至于奖进办法,本部以为此时实际上之补助未易实行,名誉上之奖借诚不容缓。故此次请奖工厂一案,即择成效卓著之厂,由大总统特给匾额,以示优异;次者由部酌给褒状;其在外侨商有热心倡办工厂者,由领事查明,汇报核奖,俾资鼓励;此外如发明、改良工艺品,业经订有奖章,予以特许之权,借以督促国民技术之增进"。张謇的设想和办法如此具体,易于施行。

"提倡保护奖励补助"民营思想,在张謇所主持制定的各项法律法规中得到体现。这主要包括:一是专门制定奖励政策;二是在有关法律法规中列出奖励条款;三是体现在相关法律法规的字里行间。张謇专门制定的奖励政策主要有《公司保息条例》《造林奖励条例》《植棉制糖牧羊奖励条例》《渔轮护洋缉盗奖励条例》《公海渔业奖励条例》等。在法律法规中列有奖励条款的主要有《国有荒地承垦条例》《边荒承垦条例》《森林法》《渔轮护洋缉盗奖励条例》。有些条例和法规虽然没有列上奖励的条款,却能从字里行间体现保护和奖励民营的倾向性,特别是一些注册规则和条例,如《公司注册规则》《矿业注册条例》《商业注册规则》等。这些规则和条例都有一个共同的特征,那就是具体规定了管理机构给予的注册时间和方法,这就给民营企业登记注册提供了方便和快捷。张謇主持制定的这些条例、法规基本都有施行细则,对怎么做及做不到怎么办都作了具体的规定。

除上述所论及的提倡对民营给予"提倡保护奖励补助"外,张謇还起草了大量的呈文、通告、法案、说明书、公示、咨文、密呈、办法、训令、意见、提案、理由书等,这些文牍系统而直接地表达了张謇对民营"提倡保护奖励补助"之主张,归纳起来主要有:向部员宣布农林工商政策的通告、在国务会议上发表实业政见宣言书、与财政部会拟保息条例给大总统呈文、向国务会议提议保息法案、向国务院提议奖励工商业法案、关于筹借公司保息基金给大总统呈文、关于利用外资振兴实业办法给大总统呈文、矿税未便变更给大总统密呈、请减矿区税给大总统呈文、请免土布税厘给大总统呈文、请减茶叶税率与制定茶叶检查条例给大总统呈文、关于减免七种自制工业品税厘给各省区咨文、关于拟订劝业银行条例理由给大总统呈文、规划全国山林办法给大总统呈文、为联络绅商余鹤松等筹划振兴糖业给江西民政长训令、奖励植棉制糖牧羊提案、筹借奖励植棉制糖牧羊基金给大总统呈文、奖励扩充制糖原料耕地理由书、请批准筹办棉糖林牧等试验场给大总统呈文、修正公海渔业奖励条例施行细则与公海渔船检查规则给大总统呈文、修订渔轮护洋缉盗奖励条例施行细则给大总统呈文。

当然,张謇"提倡保护奖励补助"民营,并不是说不要官营,他认为有关国家经济命脉的必须官营,其余则可民营。他在拟具官营矿业办法给大总统呈文和拟具官办商办矿业办法给大总统呈文中说,英国政策是纯粹的开放主义,但金银两品,不经皇家特别许可,不得开采。张謇拟将军需的铁铝两个品种和制币用之金银铜镍四种共六个品种定为官营。张謇还表示,尽管这些为官营,但仍不禁止民间开采,民营可视作一种补充。

奖励民营目的何在?张謇表达得很清楚,他说,保护民营的目的是为了振兴实业。张謇常常以自己所办实业为例来提请政府对实业予以保护和提倡。1905年,他要求保护提倡实业,叙述自己创办实业之缘由,并且指出振兴实业的办法,"区区之见,私以为中国今日振兴实业,要在标本兼顾","而非得在上之保护提倡,则幸而成者,在一人有事倍功半之艰;不成而败者,在当世且有惩羹吹齑之患。一切细目,姑不暇论。即如各工厂制造之货,非减轻成本,不足敌外国进口之货;而非援各国税生不税熟,或税熟不税生之例,不能减轻成本,此大要也"。他请求对微弱的民族企业进行保护提倡,只有这样,十分弱小的民族工商业才有可能得到发展,才有可能有所建树。民营企业发展壮大了,中国的实业加强了,中国的利权才有可能得到保障。因此,他呼吁政府,对民族工业"保护提倡为最要之事,此外,如各省府州县绅民,有能兴一公司者,必应许其随时自陈利病,为之提倡保护,予以实验,庶民间之风气易开,中国之利权能保。现在先请就通州始"。保住利权,这也正是当时保护奖励民营企业最现实的意义所在,否则,与外人争利权就成了一句空话。

作为曾饱受商人辛酸,在夹缝中求生存的民族资本家代表,张謇对官府亦时有抱怨:"但有征商之政,而少护商之法。"在担任农商总长后,张謇在自己终于对鼓励民族资本家发展有发言权的时候,便不失时机地抓住了它。特别是他对于自己半生所倡导的棉铁事业,更是倾注了满腔热情。他所制定的奖励垦荒、奖励植树造林、奖励植棉制糖牧羊、奖励渔业等,无一不是其提倡保护奖励补助民营的具体体现。他多次书呈大总统,为请减矿税、请免土布税厘、请减茶叶税率、请减免多种自制工业品关税等而苦苦努力,可见他振兴民族资本主义之情真意切。

张謇关于奖励民营的政策主张收到好的效果,《中华实业界》报道:"民国政府厉行保护奖励之策,颁布商业注册条例、公司注册条例,凡公司、商店、工厂之注册者,均妥为保护,许各专利。一时工商界踊跃欢忻,咸谓振兴实业在此一举,不几年而大公司大工厂接踵而起。"①

(三)经济开放观

经济开放、搞活这一概念是中国20世纪七八十年代逐渐流行起来的,在这之后中国经济逐渐开放、搞活。然而,在一百年前,张謇对此就有独到的见解及思路。他认为中国的经济应该开放,必须走向世界,要主动融入世界,而不应固步自封、孤芳自赏。他在担任农商总长时致函给商会联合会说:"商业衰弊至于北极,而世界经济之潮流喷涌而至,同则存,独则亡,通则胜,塞则败。昔之为商,用吾习惯,可以闭门而自活。今门不可闭也,闭门则不可以自活。然欲开门以求活,则人且鄙我蔑我,谓我人民无知识,国家无法律,虽欲与世界共经济,而世界不吾与。"在那样的时代,张謇就认为中国要发展壮大就必须主动与世界融通,经济必须开放,中国必须建设完整的法律体系,要创造条件与先发展起来的国家平等对话。

1. 利用外资思想

19世纪末20世纪初的中国,各种思想、思潮渐次激荡。维新派志士仁人纷纷创办报纸、开办学会、鼓吹"通下情尤以通外情"②,张謇同情维新派,认同他们的某些理论观点,"通外情"就是张謇所赞赏的。张謇不仅从理论上阐述中国应如何"通外情",而且用他的智慧开启了实践的探索之门。

利用外资,这是张謇开放性经济观的一个重要方面。他在《筹划利用外资振兴实业办法呈》中,特别重申袁世凯就职宣言中的承诺,以此来强调引进外资原本就是既定国策。张謇说:"我大总统就职宣言,以振兴实业为挽救贫

---

① 中华实业界,2(5).
② 严复.国闻报缘起.国闻报,1897-10-01.

弱之方,又以开放门户,利用外资为振兴实业之计。睿谟远识,中外同钦。謇诚无似,窃谓救国方策,无逾于此,亟愿勉竭愚忱,奉行明命。"张謇赞赏袁世凯关于利用外资振兴实业的思想,敦促袁世凯践行就职时的诺言,强调利用外资振兴实业是救国之良方。在那个谈外资色变的时代,张謇却对利用外资如此重视,可见他确有高人一筹之处。

张謇关于利用外资的思想的确与众不同,且有自己独特的理论。他认为对于外国资本既要充分利用,又要制定相应的法律进行规范和限制,这是张謇的一贯主张。当时的中国国门已被大炮轰开,中国已被迫对外开放,在这样一个无序开放的国度里,其实外资是无处不在的,对其堵肯定行不通。这些思想在张謇主持制定的法律法规中得到充分的体现。例如,矿业在国民经济中占有重要的地位,我国矿藏丰富,但开采利用不够,资金短缺,技术陈旧。外人涉足该矿业极为踊跃,这就面临着极大的问题。于是,张謇主持制定并颁行了《矿业条例》,在条例中有这样的条款:"凡与中华民国有约之外国人民,得与中华民国人民合股取得矿业权,但须遵守本条例及其他关系诸法律。外国人民所占股份不得逾全股十分之五。"[1]很明显,该条例对外资既强调利用,又强调对其进行限制。张謇还曾具体参加制定《中日实业有限公司章程》,该章程对中日实业有限公司各重要事项作了明确的规定,《章程》分为六章四十条,处处体现着张謇利用、限制的思想。张謇深谙外资之利弊,"利之所在,害亦因之"[2],利与害是相伴相因的,因而对于外资进行一定的限制十分必要。张謇认为,不仅要在政策上对外资有限制,而且借外债须签订合同,合同不能附带任何政治条件,甚至于连聘用工程师也不应在借款未定之时先进行。可见张謇对利用外资开放的态度及谨慎的行为。

那么如何利用外资以振兴实业呢? 张謇认为主要办法有三个:一是合资,这是利用外资最普通的办法,用于利害参半之事业,利与外资共享,亏损亦然;二是借款,用于有确实把握之事业,但此法运用要谨慎,特别要重视借款的担保品及契约条件,如果不是有特别的把握不宜批准商民借款,如借款须用厂房机器担保,不可附带任何政治条件;三是代办,适用于先难后易、可永久获利之事业,如大资金购置机器、开垦荒地、荒地垦熟后继续耕种等。有了这些办法,对于外资的利用就有了依据。张謇关于利用外资振兴实业的办法在当时中国的国势下是一种谨慎、稳健、可行的办法。

与外国合资办实业是张謇的重要主张。他曾利用自己的各种关系资源

---

[1] 沈家五.张謇农商总长任期经济资料选编.南京:南京大学出版社,1987:90.
[2] 沈家五.张謇农商总长任期经济资料选编.南京:南京大学出版社,1987:140.

为此作过不懈的努力,曾想与美国、英国、日本、比利时等国家合资办企业,力图为中外合资当开路先锋,作出榜样。他在相当长的时间中一直想促成中美联合兴业之事。早在1910年,当美国实业团因南洋劝业会来华时,张謇就与该团商谈以中美实业之组合,为国民外交之前提,并且拟合资创办银行、航业等事务。当时,张謇还具体设计了双方所出资金比例,此后仍念念不忘要促成此事。张謇还了解到法国、英国、日本等国都有合作之意。他认为这是一种非常好的合资方式。1919年,他在给美国友人的回信中仍进行游说并表达合作诚意,他说:"顷者赫绥君来,述公垂念之隆,已足增在远不遗之感,其说公与赫绥君,将纠美实业资本团,与中国人士合组发展中美工商业之议,此亦公与鄙人在北京所尝计论之事。謇尝谓太平洋两岸大陆中美若兄弟,而共和之辈分中美若师弟,以其关系之切,自应有提挈之亲。公与赫绥君及贵国诸君子,若更以感情及地位,进而谋两国实际上之互助,其大有利于两国,行卜如旭日之方升也……謇虽薄劣,但如可谋中美两国之亲善,及实际上之扶持者,亦必竭区区绵力,随公之后,左右周旋,观成一二也。"美国友人芮恩施博士,曾在北京与张謇有过接触,并一起宴谈。宴谈中,双方谈论合作发展中美工商业之事,相谈甚为投机。后来,美国议员团来中国访问,张謇亦与之商谈,只因美国总统大选在即,议员团匆匆回国。不久,赫绥前来与张謇会晤,传达芮恩施对张謇的问候,并叙说准备组织美国实业资本团之事,这使得张謇倍感兴奋,于是立即给芮恩施复信,盼其速来商谈。张謇还曾为中比合办公司倾心努力过。1920年,他为中国与比利时的航运之事给大生纱厂董事会写了一封信,信中说:"查吾国自海通至今,垂六十年,从无与海外直接贸易之事。清宣统初,有中美合营航业之议,而无贸易,复以革命中辍。近年有人倡议,亦以航路、银行,皆不属我,兼者尤难,遂觉困难,未能实行。而我国今日之商业,决非可以闭关自了之时。"在给大生董事会成员的信中,张謇还谈了详细的计划,准备就两个方面开展与比利时的合作,一是中比合办航业公司,二是中比合办贸易公司。张謇从这两件大事当中看到了彼此的联系,认为两者是相辅相成的。张謇还设计了双方的股本比例。就中比航业公司而言,拟定1亿法郎,比国占55份,计5500万法郎,中国占45份,计4500万法郎。中比贸易公司股本是中比投资各半。这两公司股本中,中方合计任股资5千万法郎,按当时的汇价,需250万至300万两。那么,这么一笔巨款,张謇也作了较为实际的安排与分工。徐新六方面,愿意投资的,大约有70万两至100万两,张謇与其兄自任股25万两,大生董事会成员及张謇友人可认股20万两,不足之数约70至80万两,拟由两厂(通厂、崇厂)积存余利万两,一并拨入中比合办的航业和贸易两公司作为股本。这样,中比合办的这两个公司,中方就不需花时间和精力另行集资，公司即时就可成立。在他看来，这两个公司的成立，其意义远不是两公司之事，而是关系到中外贸易问题。如果不抓住机遇，恐怕很难再谈中外贸易之事了。于是他不遗余力，把中比这两个公司视作当时的切要。不过，对于合资之外商，张謇认为要特别注意，他们必须尊重中国，包括中国的主权、法律、政策条文、风俗习惯和风土人情等，这是张謇特别强调的。

借外债以振兴实业，这是近代中国有识之士的共识，也是张謇关于利用外资的又一重要主张。中日甲午战争之后，清政府为支付巨额赔款而内外交困，于是，掀起了"实业救国"的热潮。在这股热潮中，对借债修路、招引洋股、合办企业等问题的讨论，大大发展了洋务派官僚的利用外资思想。[①] 伴随着列强入侵的加深、国力的不断衰弱，近代一些思想家、政府官员的外债思想亦逐渐形成。面对政府的巨额赔款、民间集资的重重困难，为"自强"、"求富"，张之洞提出"借洋债"主张。他认为："今日赔款所借洋债已多，不若再多借十之一二，及此创巨痛深之际，一举行之，负累虽深，而国势仍有蒸蒸日上之象，此举所借之款，设可从容分年筹补。果从此有自强之机，自不患无还债之法。"[②]在他看来，政府为了赔款，已借债甚多，不如索性再多借一些，借债巨痛还可以激发国人发奋的力量，所借之款可以分年偿还，如果国家从此有自强的机会及有振兴的希望，那么就不愁还不了外债。早期资产阶级改良志士马建忠认为借外债有利于兴商务、筑铁路，是很可取的："用洋人之本，谋华民之生，取日增之利，偿岁减之息。"[③]就借外债以振兴实业方面，张謇与张之洞、马建忠的主张有相通之处。张謇对"借债亡国论"持有异议。1923年，他为治淮问题致函给当时的江苏督军齐燮元说："今之社会，动曰借债亡国……亡不亡，视用债与还债之属于生利抑消耗，而不在借不借也。"这里，张謇明确表示，亡国不亡国不在于借不借外债，而在于借款用途是不是用于生利、是用来发展生产还是消费、能不能还债、有没有还债实力，在于所订合同是否合理公平。张謇总结了世界一些国家举外债而得以建设发展的成功经验后认为，中国要振兴而财力不够，不得不借助于外债。张謇比一般人高明之处就是不把西方绝对化，既不是盲目崇拜，认为西方发展早，一切都可以拿来；也不排斥一切，认为西方侵略我们，便仇视其一切。对待外资也一样，张謇认为既要利用它，也要规范它，要用立法的手段对其进行规范和约束。

---

① 吴申元.中国近代经济史.上海：上海人民出版社，2003：331.
② 张之洞.张文襄公全集·吁请修备储才折.台北：文海出版社，1963.
③ 马建忠.适可斋纪言纪行.台北：文海出版社，1968：18.

张謇的外债思想具有其鲜明的时代性和进步性。时代性体现在：他对借债的必要性有足够的认识，当时不借外债就难有巨款，没有巨款难成就宏大的工程，而不成就大的事业国力就难以增强，基于这些认识，张謇试图在举债方面竭力促成一种良性循环。进步性体现在：张謇坚持举债的原则性，他坚决反对有奶便是娘，反对无条件借债，认为凡举外债必须有严格的条件。当然，张謇的外债思想在那个时代很难行得通。因为凭中国彼时的国力及所处的弱者地位，要想取得平等外交和形成平等的债务关系是不现实的。从当时情形看，借债不仅是一种经济行为，某种意义上说也是一种政治行为。弱国无外交，这是铁律。更何况，张謇借外债所拟定的政策条款比较强硬，在一定程度上更偏向于中国一方。因此张謇虽曾耗费大量的时间和精力试图探寻一条利用外资之路，然而终究没能如愿。

张謇的举债经营思想还体现在借内债方面。在借内债方面，他甚至更为主动积极。他动员人民购买公债，甚至常常发表演讲亲自劝募："公债是合众人之力，营极有利之业。"与借外债不同的是，张謇并不在意借内债的条件，只要能借，只要有来路，张謇基本是毫不犹豫全盘接纳。为募得资金干成事业，他不惜给公众很多承诺，甚至苦口婆心不惜说尽好话："募公债非募捐……不但有利，且有厚利。并且分年当众抽签还本。大众想想，用地方公债，为地方大家发财，好不好？欧美人多以公债为财产，公债信用富，收藏便、转动活故也。我营实业二十四五年矣……我想南通往后有大家发财之兆，故敢劝大家应公债，买公债票。我从来不骗人，大家该可以相信。"如果说，张謇对利用外资的条件较为苛刻，态度亦颇为强硬的话，那么，他对内发动民众集资的态度则近乎是一种乞求了。这也正是张謇性格的体现，宁为玉碎，不为瓦全。强烈的民族自尊心驱使他对外展示了强硬的一面。其实，张謇个人自尊心极强，只是为了成就一番事业，在国人面前，他常常不得不屈尊自己，甚至低声下气。

2. 人才开放思想

具有世界眼光，这是张謇超越前人及同时代人的地方。过去眼光、未来眼光及世界眼光协调地组合在张謇的视野里。他能站在时代的制高点来看待过去、放眼世界、瞩目未来。很显然地，当时的"中国要实现近代化，首先是怎样认识世界、走向世界、走出中世纪的问题"[①]。对于世界各主要先发展起来的国家，张謇有过相当多的考察与思考，对于欧、美、日历史亦作过仔细的

---

① 陈旭麓.李鸿章：向中国近代化迈出第一步的代表人物//周军，杨雨润.李鸿章与中国近代化.合肥：安徽人民出版社，1989：1.

研究,对国家如何发展起来的历史有着自己的洞察和理解。他得出的结论是,西方国家有许多东西值得中国人去学习、借鉴甚至是仿效,经济要开放,首先是人才要开放,以开放的方式培养人才、选拔人才。

第一,中国要重视人才培养的开放性。

科举制度下的人才培养难言开放性,而科举既废,国门早已洞开,在这样的情势下,人才培养不能关门造车,要将有培养前途者送到国外,让他们去专门学习,哪怕是走出国门参观游历一番都会有收获,中国需要见多识广之才。中国人要努力学习西方的有益知识及管理方法,特别是在制造、工艺等方面尤要好好学习外洋,至于学习的方法,则可以灵活多样。

一是派员出国专门学习。"并分遣多员,率领工匠赴西洋各大厂学习。一切种植、制器、纺织、炼冶、造船、造炮、修路、开矿、化学等事,皆肄习之。回华日即充办理工政之官",对于所派之员,要有所分工,各得其所,"委员以求其法通其精者,工匠以习其艺得其粗者"。这些人学成回国后,可即大兴中国的工艺制造化工等事务,"此则养民之大经,富国之妙术;不仅为御侮计,而御侮自在其中矣"。

二是多派懂外语、有才识之士外出参观。"百闻不如一见",洋务已兴数十年,而罕有洞悉中外形势者,就是因为没有出国看一看,"不知外洋各国之所长,遂不知外洋各国之所短。拘执者狃于成见,昏庸者乐于因循;致国事阽危,凡难补救;延误至此,实可痛心。今欲破此沉迷,挽此积习,惟有多派文武员弁出洋游历一策。查外洋各国开疆拓土,行教通商,皆以游历为先导"。出国不出国、视野开阔不开阔、是不是因循守旧关系到能不能兴国之大事。他认为,过去派出的游历人员,由于不懂外语,所以"仅观粗浅,莫探精微",有的是因为游览资金不够,使得收获不大。"今宜多选才俊之士,分派游历各国;丰其经资,宽其岁月,随带翻译,比价令深加考究。举凡工商务、水陆兵事、炮台、战舰、学校、律例,随其性之所近,用心考求"。这些人归国后,根据其具体情况,分派到各有关部门,"知己知彼,乃可谋国,转移鼓舞之机,无捷于此者矣"。这样做的目的,就是开阔他们的视野,因为"国家取士用人,首重科目,公卿大吏皆出于其中。而科目出身者,毕生困于考试,见闻狭隘,精力销磨,以致未能尽娴经济,若洋务、军务,更难语此"。而这些正途出身之人,"平日诵法圣贤,讲明义理,本源固已清明,不过见闻未广,世事未练。若令遍游海外,加意阅历,自能增长才识"。从这一系列的论述中,可以看到张謇对派员外出游历的态度及主张。

当然,采取什么模式派员出国取决于经费的许可,无论是派员出国学习,还是派员参观考察都得有大量的经费投入。对于这样的投入,张謇认为很值得,投入和产出是成正比的。他说:"拔十得五,即不为少;岁费不过十万金,但能得十数有益大局之人,所获不已多乎?"近代中国学西方可归纳为三个阶段,即"经历了科技—政治—文化三个阶段,亦即洋务运动—戊戌、辛亥—五四三个时期。由船坚炮利、振兴实业以富国强兵,到维新、革命不改变政体,到文化、心理的中西比较来要求改造国民素质,人们今天认为这是历史和思想史层层深入的过程"。[①] 细析张謇在戊戌、辛亥时期关于学西方的主张,我们可以看出,张謇的主张里其实包含了学习西方的科技、政治、文化这三个层面,只是在不同的时期他所呼吁的学习重点不同而已。

第二,直接聘请西方人才。

张謇将西方的管理方法、人才优势与西方的对外侵略扩张区别开来,利用一切可能的机会,通过各种方法寻求、聘用西方的管理人才和技术人才。

他的人才观内涵丰富而别具一格,主要体现在四个方面:一是国家要广揽人才,在此基础上储材;二是要将人才放到艰难困苦中磨炼,使其百炼成钢;三是对人才要充分信任,用人不疑;四是人才不应分国界,关键在于是否有真才实学。关于人才与国界问题,他曾有过较多论述,他认为,对于用人之事,无论教育还是实业,不仅应打破地方观念,还应打破国家界限,不应有人我之别,只要有才华、本领,无论是中国人还是外国人都行,都可为我所用。

张謇在他创办的企业、学校及其他各类事业中,聘请、任用过各种各样的技术人才和管理人才。他特别重视利用外国技术人才。他认为,对于水利工程来说,必须用外国人,可让中国曾学过河海工科之人跟随左右,因为欧美人士对于水利工程重视资料保存,重视理论联系实际,还重视团队精神和前仆后继。将我国关于水利工程的传统与欧美新的方法及管理经验相结合,这样的中西方结合将更有成效,固守成法者不可取。张謇极为注重引进西方的专业技术人才。他先后聘请了多名外国技术工作者。大生纱厂机器安装聘请的是英国工程技术人员汤姆斯、忒特和冯特;水利方面聘请荷兰水利专家奈格、贝龙猛、特莱克,瑞典施美德,英国葛雷夫,比利时平爵内,等等;勘探方面,聘用过法国梭尔格博士、瑞典安特森博士;医学方面,聘请德国医学博士;教育方面,曾聘请多名日本教师;盐业方面,聘过日本技师等。这些外聘人才在他的企事业中发挥了重要的作用。例如,在水利方面,南通位于江海交汇处,每到汛期,江岸时时会发生严重崩坍,每逢大暴雨更是洪涝成灾,历史上被洪水淹死者难以统计,南通人民的生命财产时时受到威胁。面对如此祸患,当时的地方政府或者是无能为力,或者是无所作为。张謇曾自己垫巨资

[①] 李泽厚.中国现代思想史论.天津:天津社会科学院出版社,2003:310.

聘请外国技术人员,先后聘请的有荷兰工程师奈格及其子特莱克、荷兰工程师贝龙猛,瑞典工程师海德生,英国工程师葛雷夫、平爵内等近10人,并就有争议的重大问题召开专家学术研讨会。对于南通江岸的保护,英国工程师葛雷夫考察过长江水势后认为需要建4闸来控制水位,而荷兰工程师奈格主张沿江筑楗,英国工程师平爵内又主张建水泥巨石护坡,瑞典工程师认为需要修堤,在此情况下,张謇又请中国河海总工程师贝龙猛一起到南通召开水利学术讨论会,反复讨论、论证甚至争论,经过讨论,最后确定了较为合理的方案,将奈格和平爵内的方案进行综合,并加以修改,贝龙猛为此提出了颇为合理的修改意见。荷兰著名水利工程师奈格,受聘日本治水30年,他不仅严谨敬业,而且经验丰富,被张謇请到南通,对南通水利进行了5次勘察,写出了《通州建筑沿江水楗保护坍田说明书》,提出在南通修筑9条水楗的建议。[①]其子特莱克,毕业于荷兰工程专门学校,1916年受张謇之聘,为南通保坍会驻会工程师,直至因病去世,在南通3年的工作时间内,勤勤恳恳,十分敬业,"成江楗十,大闸一,常闸二,桥一;计划具备之闸五,涵六七,路三"。当时,特莱克病逝后,南通对其进行了公葬,张謇亲撰墓表。当年外国工程师在南通设计建筑的楗、闸、桥、涵在今天仍依稀可辨,近百年来,南通这样的滨江临海城市基本未遭遇大的水患,在很大程度上不能不归功于当年完备的水利工程。

3. 经济一体思想

张謇曾多次阐释过"大同"概念。他认为,世界最终会走向大同:"欧战告终,华府会议之后,世界未来大势,骎骎趋于大同。而就实业论,亦有不得不趋向大同之势,此察究世变者类能道之。"世界大同是不以人的意志为转移的,这是张謇也是很多观察研究世界未来走向者都坚信的道理。他认为,既然世界未来趋向大同,眼下中国人就应有世界观念、世界眼光,就应审时度势,实业上首先要顺应世界大势,不仅中国应这样,世界各国都应这样,要在全世界范围内进行供求统计。但是,就当时的情形看,这方面做得很不够,"世界于衣食大计,非独中国懵,各国亦懵",为什么这样说呢?就拿纺织方面来说,不能从源头上及发展大势上来把握,"知布出于纱,纱出于棉,斤斤事纺,斤斤事织,而不审棉之出于地而事地"。中国与欧美人士一样,在这个问题上总是就事论事,不能从源头上、根本上、未来发展方向上来把握,"就织言织,就纺言纺,就棉言棉,其智者知审度于产棉之量,而不知审度于植棉之地,是各国人但知自为计,而不知合世界以为计"。张謇观察到,世界上先发展起

---

① 陈卫东.特莱克在南通.南京:河海大学出版社,1993:19.

来的国家,虽然不知道从世界角度审时度势,但知道从本国立场考虑问题,而中国人非但没有世界眼光,就连以自身发展的眼光来考虑问题都没做到,可见中国人认识之肤浅,眼界之狭隘。

张謇认为世界实业宜供求统计,中国实业宜应供求之趋势。他说:"若更以中国经传之训征之,则所谓大道之行,天下为公。所谓天下一家,中国一人,所谓货恶其弃于地也,不必藏于己,力恶其不出于己也,不必为己。其道正合于大同之原理。"张謇在谈到实业之道时,自然联想到儒家的大同境界,几乎是信手拈来,可见儒家大同思想在张謇这里是如何地烂熟于心。当然,随着历史的演进、时代的发展,张謇的大同思想已注入了新的内容,有了新的发展。

经济一体、世界大同也吻合了今人话语语系中出现频率很高的概念——全球化(Globalization)。"全球化是指当代人类社会生活跨越国家和地区界限,在全球范围内展现的全方位的沟通、联系、相互影响的客观进程和趋势。"[①]1951年,荷兰经济学家丁伯根(J. Tinbergen)提出"经济一体化"(Economy integration)思想。其后,此概念才在经济学界流传开来,并成为其核心思想,张謇的经济一体思想比此早了三四十年。

需要说明的是,张謇认为的世界经济大同的实现路径与后人的有所不同。张謇认为世界经济大同不是通过竞争的手段达到的,而应是通过和平共处的方式来实现。他说:"鄙人之为此书,为世界民生大计,无国界。"张謇反对竞争,渴望和谐共处共谋发展,他说要防止经济上的无序竞争,就要掌握总供给和总需求。张謇认为中国工商业向来缺少统计,从事工商业的人士也常常不能明白供求相济的原理。张謇认为需求和供给关系把握得当,就能避免企业间的盲目竞争,盲目竞争近乎是自相残杀,要解决这个问题就需要人们眼光远大,不仅有企业眼光、地区眼光,而且要有全国眼光、世界眼光,但时下的中国人缺乏这样的眼光,就植棉而言,"中国人非独不知合世界以为计,并不知自为计,是则不悟世界趋于大同之势,而成此大惑"。不仅中国人这样,就连欧美工商人士竟然也不很明白个中道理,令人深感遗憾。

张謇的世界视野不仅体现在经济上,且体现在文化上。他主张不同文化传统国家之间要互相了解,互相沟通,互相学习。如前所述,他曾主张国家应出资让有培养发展前途之人出国学习、考察、游历。张謇的用意不仅是派员去学习西方的科学技术、管理经验,也有让国人去亲身感受别国文化和文明之意。一方面,张謇呼吁国人需要走出国门,去亲历一下别国别样的文化,这

---

① 蔡拓. 全球化与当代国际关系//俞可平. 全球化悖论. 北京:中央编译出版社,1998:75.

个理念与半个世纪后汤因比的观点极其相似,汤因比在分析研究了人类历史后,得出一个看似平常却深奥的道理:"不同文明之间的接触十分重要"①,张謇在那个时代已经自觉地意识到了这个问题。另一方面,张謇在放眼世界的同时,更加专心致志于地方自治,脚踏实地地经营着自治事业。他深刻感受到日本之所以在明治维新后得到较快的发展,除了国家的政策外,重要的是国人的实干精神,中国需要这样的实干精神,中国需要实干家。他认为,将开阔的视野同实干精神结合起来,中国的强大将指日可待。

张謇的世界视野还体现在教育方面。张謇曾于1911年在中央教育会致辞说:"今日我国处列强竞争之时代,无论何种政策,皆须有观察世界之眼光,旗鼓相当之手段,然后得与于竞争之会,而教育尤为各种政策之根本。故但有本国古代历史之观念者,不足以语今日之教育,以其不足与于列国竞争之会,即不足救我国时局之危。今日最亟之教育,即救亡图强之教育也。非有观察世界之眼光,则救亡图强之教育政策无自而出。"在列强逞强的世界,中国制定各种政策时须知己知彼,而教育政策关系国家的未来,是各项政策之根本,因此,制定教育政策不能仅有中国的历史眼光,还要放眼世界。张謇在这里提出了一个概念——"救亡图强",而当时流行的口号是"救亡图存","图强"与"图存"仅一字之差,却体现了张謇更为开阔的视野及更为具有远见的视线。"图存"毕竟多少带有被动的成分,而"图强"却体现了一种积极主动的精神,体现了一种为活着生存下去的决心并且为富强拼搏抗争的勇气。

在教育方面张謇不仅具有世界眼光,还具有未来眼光。他在中央教育会上说:"教育费之必当竭力筹措,各种人才之必当亟亟养成,智识、经费之必当日异月新,为积极之进步,以应国家、社会之需求,而为世界之比较。"张謇认为制定教育政策不能鼠目寸光,不能仅见眼前情景或本校、本省之情形,而应兼顾到全国,要用发展眼光、未来眼光来看问题,来对待教育,这样,中国的教育才能与世界各国平等对话。张謇分析了眼下中国存在的弊病,认为其主要在两个方面:"其中于心理曰私心,而其中于生理者曰惰力。二者之病不去,救亡图强之教育不可得而言也,教育之精神不可得而言也。"未来之教育眼光体现于教育之精神,去私心,就是要心胸开阔,要有国家主义精神;去惰力,就是要克服惰性,提倡军国民教育。"至于提倡国家主义之方法,于伦理、修身、历史、国文教科之编辑,当极注意;提倡军国民教育方法,则于体操、兵操、拳法、刀法、枪法,及游泳、竞漕种种游戏之法,与夫旅行远足之习劳,居处服食

---

① [英]阿诺德·汤因比.历史研究.刘北成,郭小凌,译.上海:上海人民出版社,2000:345.

之简质,须极注意。"简言之,去私心去惰力就是要尚公尚武,讲究此二者,才能去除心理之病、精神之病。当代学者论道:"人类文化发展的近现代形态,具有传统化与现代化、民族化与世界化相统一的明显特征。"①张謇在他的时代其实已预示了世界未来文化教育的发展大趋势,他将文化传播与发展的传统性与现代化、民族性与世界化在一定程度上进行了融通,提示了文化教育的发展大势。

(四) 货币观

尽管中国儒者自古忌讳谈钱,但货币思想古已有之。中国古代货币思想的形成发展有一个过程,较为成体系的货币思想发轫于管子,"在中国货币史上,其理论所涉及的范围最广泛者莫如管子"②。管子较为清晰地认识到货币作为流通手段的作用,并对货币的铸造权、货币本位制等都明确地提出了自己的主张。自管子之后,直到清末,历朝历代都有各自的货币主张,但从总体上讲,货币思想理论都较为陈旧,对货币的价值尺度并没有清晰的认识,币制也较为混乱。

1. 货币思想

相比于张謇在金融货币方面的实践,张謇对货币直接论述的文字并不算多,而他在担任农商总长期间所制定的经济法规文件以及他在近代中国所进行的金融改革较好地诠释了他的货币思想。

张謇在制定金融政策、实施货币改革方面多有建树。民国之初,黎元洪及财政部曾为统一币制作过努力,颁发过相关筹议统一币制的文件,但这些文件并未能真正实施,其努力亦未能真正见效。当时,货币流通领域杂乱无章,各种货币均在市场上流通,银两(为主)、银元、铜元、制钱,各种各样的外国银元,各银行发行的不同纸币,各钱庄和商会发行的各种兑换券、流通券,等等,庞杂混乱。币值波动幅度很大,滥铸铜元情况严重。在张謇担任农商总长前,北洋政府曾力图整顿币制,1912年制定了《币制纲要》,提出了用金汇兑的问题;1913年2月,针对滥发纸币的情形,财政部制定《整理各省官发纸币案》。尽管出台过这些规章,但都未能起到作用。张謇担任农商总长后即会同国务总理兼财政总长熊希龄制定公布了《国币条例》和《国币条例施行细则》,正式实行币制改革,发行"袁大头"银元,规定国币的铸发权专属政府,以库平纯银六钱四分八厘为价格单位,名称为"圆",并确立十进制的主辅

---

① 何建明. 佛法观念的近代调适. 广州:广东人民出版社,1998:454.
② 胡寄窗. 中国经济思想史(上). 上海:上海财经大学出版社,1998:335.

币关系,统一了主辅币的种类、重量、成色,同时规定公款出入须用国币,对市面通用的旧银元、旧银角、旧铜元、旧制钱,政府以国币收回改铸。在实施货币改革、理顺关系方面,张謇可谓是快刀斩乱麻。

这些条例及实施细则在当时具有开拓性意义,特别是对统一币制、规范市场起了一定的积极作用。从条例及实施细则中,我们不难感悟到张謇的货币思想主要体现在四个方面:一是币制须统一,二是国币铸造权应由政府垄断,三是采取银本位制,四是采用十进位制。这些思想在当时无疑是前瞻的,进步的,不仅在当时产生了重要的作用,而且对今天仍具有重要的影响,从现在所通行的人民币面值、元角分之名称、十进位制等方面,我们仍能清晰地感受到张謇当年货币思想的精华。

2. 银行思想

张謇的银行思想既开阔又前瞻。他曾引用西方人士的话说:"各国商民但能以货赚钱,独有中国商民能以钱赚钱。"以钱赚钱,这是张謇银行思想的基点。张謇的银行思想萌发较早,1902 年他就向张之洞建议过开设银行之事,他也曾试图在其事业的发祥地通州开办劝业银行,但限于方方面面的原因,有议无果。张謇 1905 年就在大生纱厂设汇兑账房,1906 年在厂内设工资储蓄处,并于同年筹办南通储蓄银行。1920 年,张謇正式开设银行,当时开设了淮海实业银行,由其子张孝若负责,总行设在南通濠阳路,分行遍于各地,主要有上海、南京、苏州、扬州、唐闸、海门、东坎等地。1921 年,总行分行又在南通设总管理处。银行业务范围也较广,涉及诸如汇兑、贴现、押款、存款、放款、投资、发行地方公债等。

张謇设银行,在其创办营业的过程中并不很顺利,特别是一些分行效益不佳,不过,银行业对实业的开办与发展,对地方自治事业的起步与扩大等所起的作用是显而易见的。从中我们亦可感受到张謇金融思想的前瞻性及务实性。

二、张謇的经济实践

张謇不仅具有丰富的经济思想,而且具有丰富的经济实践。他的经济实践是以近代南通为基地并由此向外辐射的,在短短三十年中,他白手起家,创办并形成了中国近代史上著名的大生资本集团,给后人留下宝贵的物质及精神财富。

(一)塑造产业树

张謇在艰难困苦中创办了大生纱厂,在大生纱厂不断走向兴盛并且连续获得利润之后,他更加雄心勃勃,不断进行新的投资。他陆陆续续创办了各类企业,形成了当时全国屈指可数的庞大资本集团。

大生资本集团各企业的关系,从总体上看像一棵产业树。大生纱厂(后来称为一厂)是这棵产业树的主干,为其他企业提供、输送养料。大生其他纱厂、通海垦牧公司是这棵产业树的副干支干,大生系统其他各企业往往是在吸吮了大生纱厂养料的基础上产生并成长的,因此是大生这棵产业树的枝枝叶叶。大生纱厂似乎成了其他各企业的重要投资者甚至是保护神。

大生系统所办的各类企业,大多数是股份制企业。这些企业股本,部分是大生纱厂从利润中拨出进行投资的,也就是说,大生纱厂是这些企业的重要投资者。不少企业的创办和运行都动用了大生纱厂的公积金,大生纱厂开车后六年对这些新办企业"投资(包括往来)总数已达60万两"①。

在1908年召开的实业公司股东会议上,张謇将其所办企业向大会作了报告。在1907年以前,大生纱厂或独资或合资创办的企业计有通海垦牧公司、广生油厂、大兴面厂、阜生蚕桑公司、翰墨林印书局、同仁泰盐业公司、大达内河小轮公司、大隆皂厂、泽生水利公司、懋生房地产公司、颐生罐诘公司、染织考工所、颐生酿造公司、大中公行、资生铁厂、资生冶厂、大达轮步公司、大生小轮公司等。② 大生纱厂对这些企业,有的是正式投资,有的则是借贷关系,还有一部分是先借贷而后转为正式投资的。大生资本集团内部的关系比较复杂,彼此之间有着千丝万缕的联系,因此会一荣俱荣,一损俱损。

大生系统各企业组成一棵生机勃勃的产业树,大生纱厂是这棵产业树的主干,张謇是这棵产业树的灵魂。

(二)建构产业链

大生纱厂创办成功之后,张謇又陆续创办了其他多个企业。他创办这些企业的初衷,是想让大生纱厂从原料到废料再到运输、销售等一条龙式运行,使南通工农商等自成体系,对外地亦不形成依赖。后来所办的这些企业多服务于大生纱厂,围绕大生纱厂的运行而运行。这是张謇的企业经营理念,也是近代南通模式的一个重要特点。

张謇在南通地区创办大生纱厂,其本身固然是充分利用了本地得天独厚的自然条件,然而,随着大生纱厂的顺利营运,一个很重要的问题摆在张謇的面前,那就是作为纱厂原料的棉花供不应求的问题。同时,更深入一层的问

---

① 《大生系统企业史》编写组.大生系统企业史.南京:江苏古籍出版社,1990:101.
② 通海实业公司∥通州兴办实业章程(上册):167.

题是大生纱厂在某种程度上讲是依赖大自然的恩赐,如果风调雨顺,那么纱厂原料定会丰足,但如果遇上灾年,原料就没有了保障,棉花自然会物以稀为贵,这样大生纱厂的成本就会水涨船高。因此,随着大生纱厂的发展壮大,张謇便开始了更深层次的思考,即如何确保大生纱厂的原料不受制于天,以保持低成本运营,低价收花,高价出纱。但是,通海地区土地有限,人民食不果腹,现有土地不可能大幅度增加用来植棉。如何利用现有条件来扩大种棉面积?张謇想到了开垦土地。

于是,在大生纱厂有些盈利后,张謇便决定创建垦牧公司。在经过仔细的实地考察和测算后,张謇于1901年正式创办了通海垦牧公司。早在1895年他回家乡办通海团练之时,为规划沿海防务,他就曾目睹了通海沿海广袤而荒芜的沙滩,当时就萌生过开发利用的念头,只是那时并没有将开垦与种棉联系起来罢了。在经营大生纱厂后,张謇将自己的开垦种棉计划与天时地利结合起来。因为通海一带,本来就是冲积平原,由长江泥沙冲积沉淀而成。这样的冲积地,土质较为特殊,沙地疏松,透气性好,特别适合植棉。尽管如此,垦荒种棉,特别是开垦海滩种棉还是一项费力大而见效慢的工程,"垦无捷利",人人都明白这一点,张謇当然也深刻地意识到这个问题。况且当时的南通地偏一隅,民风未开。人们对开垦荒滩并无信心,深知这绝非短期所能获利的,因而集资仍很艰难。更有甚者,这样的广阔荒滩,看似无主,其实不然,"按地求之,有官、有营、有民、有灶、又有坍户、酬户、批户,官又有为民买含糊之地,营又有苏狼纠葛之地,民有违章占买灶业之地,灶有照案未分给之地,甚至民业错介于兵田之内,海民报地于通界之中,几无一寸无主,亦无一丝不纷,非本地人无由知其披却导豢之处"。事实上,后来因土地纠纷,官司打了八年之久。在垦牧公司成立十周年召开的第一次股东会议上,张謇陈述了自己办垦牧的宗旨:"因念纱厂,工商之事也。不兼事农,本末不备,辄毅然担任期辟此地,广植棉产,以厚纱厂自助之力。"通海垦牧公司围垦造田近10万亩用来种植棉花,为大生纱厂棉花原料的提供发挥了重要的作用。不仅如此,开垦后的沙滩还宜于种麦子、豆类等粮食作物,不仅种粮食,还实施了放牧。在开垦后的十多年间,特别辟出1300余亩用于放牧,主要有绵羊、山羊、牛、猪等。通海垦牧公司还养活了很多人。佃农们在此安家立业,结婚生子。开垦十年的时候,垦牧公司就能有两万担皮棉的收获了。张謇目睹垦区一片兴旺、繁忙之景后动情地说:"今各股东所见各堤之内,栖人有屋,待客有堂,储物有仓,种蔬有圃,佃有庐舍,商有廛市,行有涂梁,若成一小世界矣;而十年以前,地或并草不生,人亦鸡栖蜷息,种种艰苦之状,未之见也。"前后对比令张謇十分欣慰而感动,张謇心目中一直有一个关于新世界的理想,垦区或许是他新世界理想的一个雏形。

张謇在创办通海垦牧公司之后一发不可收拾,先后创办了数十家垦殖公司。从 1913 年到 1926 年,他主要创办的垦殖公司有大有晋盐垦公司、大赉盐垦公司、大纲盐垦公司、大豫盐垦公司、大丰盐垦公司、阜余垦牧公司、华成盐垦公司、大祐盐垦公司、新通垦殖公司、通遂盐垦公司、泰和盐垦公司、合德垦殖公司、耦耕垦殖公司、泰源垦殖公司、遂济盐垦公司、合顺垦殖公司、新南垦殖公司、中孚盐垦公司、裕华垦殖公司等,在江苏沿海形成了一条气势磅礴的垦殖公司长龙。这条垦殖长龙从某种意义上说成了通海一带的摇钱树。这些垦殖公司不仅是大生的原棉供应地,而且还实行多种经营,例如大豫公司,籽棉年产量 16 万担,豆、麦、玉米年产量 2.2 万担,盐年产量 20 万担,织布机 1400 台,蜂群 60 箱,猪 500 头,羊 600 只,鸡鸭 1 万只。① 多种经营、农林牧副渔共同发展,其意义已远远超出为大生纱厂提供棉源的初衷,通海百姓及广大移民亦由此拓展了生存发展的机遇和空间。张謇在近代掀起的沿海大开发亦为今天国家策略中的沿海大开发提供了良多的借鉴和经验。

在大兴垦殖公司的过程中,张謇又对盐法进行了改良。吕四是淮南盐业重要的生产之地,该地一直采用传统的生产方法即以草煎卤为盐,此法费工费草,效率低,成本高,利少弊多。针对这样的情况,张謇设法对盐法进行改革,同时,张謇感到盐经营销售制度也很不合理,盐民所得甚少,亦需进行改良。张謇便在通州吕四创办了同仁泰盐业公司。公司的宗旨就是整顿和改良:一是整修生产设备,改革规章制度;二是改进生产技术;三是进行雇佣劳动集中生产的试验。② 同仁泰盐业公司曾试验过各种方式的出盐方法,如淮北和山东的场晒法、板晒法,浙东的括土淋卤法,日本法,松江的板晒法,等等。经过试验和比较,发现日本法和板晒法比较适合吕四盐场,于是推行此二法,产量和盐质都有较大的提高和改善。这两种方法都不用草,因而还能使更多的草荡被开垦殖棉。张謇所施行的盐业改革不仅提高了盐产量,而且还将更多的草地用来植棉种粮,可谓一举几得。

盐垦事业要取得顺利发展,交通水利是关键。对于这一点,张謇体会很深刻,他在《致各盐垦公司论水利函》中开篇即说:"交通水利,为盐垦生存之命脉,自助之纲维。"可当时的情况是"水利不利,交通不通",此为妨垦之大苦,因而必须治水。对于治水,小则与盐垦事业紧密相连,大则与人民的生活息息相关。基于这样的认识,张謇不仅为垦区的治水工程亲自规划、测量,提

---

① 陈有清.张謇.南京:江苏古籍出版社,1988:34—35.
② 《大生系统企业史》编写组.大生系统企业史.南京:江苏古籍出版社,1990:83.

出具体办法,早在1909年就积极筹建水利公司,还正式登报筹兴江淮水利公司①,并为之奔走呼吁。

  垦牧公司开垦的土地,起初较适宜种植大麦、高粱等,通过种植使土地逐渐变熟。同时,种棉之地,一般分为两季,秋季用来种棉,春季常种些麦类、豆类。大麦、高粱等是酿酒的好原料,于是,张謇因地制宜创办了颐生酿酒公司。

  棉花经轧花厂加工后轧出的棉籽甚多,如何处理棉籽成了张謇所思考且急需解决的问题。大生纱厂起初将这些棉籽外销至上海,但棉籽外销,既要承担运输成本,价格往往也由对方操纵。于是,张謇决定在大生纱厂附近办一油厂,一免肥水外流,二利解决通海之食油,三是油饼可用作肥料。于是,张謇就在大生纱厂附近兴办了榨油厂。广生油厂创建于1901年,工厂的主要原料为大生纱厂的废料即棉籽。这些棉籽经过油厂的加工制作就成了深受人们喜爱的食用油,通海人称之为"花油"。籽壳又被制成棉饼,是很好的饲料和肥料。据考证,"植物油最有益于人者,西国首推橄榄油,棉亦古来有之。子压为油可食,较橄榄油更有益于人。美国棉子油厂始于1847年","棉子油为一切蔬菜油果实油之最,英国取用此油始于1852年"②。广生油厂设于大生纱厂附近,运输方便,成本低廉。大生纱厂废料成为广生油厂的原料,再生产出新的产品,让通海之人获益。这样就形成了一种良性循环。

  广生油厂又有大量的下脚油脂、油渣,下脚油脂、油渣的去处又成了问题。此前的处理办法或者是将其抛掉,或是以极廉的价格卖给农民。如将其抛掉既污染环境,又不能产生经济价值,卖给农民也产生不了多少收益。其实,这些油脂、油渣还可以被再利用,可以用来制造肥皂、蜡烛等。于是,张謇便倡议创办了大隆皂厂。大隆皂厂利用广生油厂的下脚油脂,制造肥皂、蜡烛,这就既解决了废料问题,又开辟了新的生产领域,变废为宝,获得了经济效益,也有利于人们的生活。

  大生纱厂、广生油厂及面厂等各工厂的机器设备大多是从国外进口的,存在着维修难、机器零配件增添难的问题。为解决好被损坏机件设备的维修问题,张謇又倡议创办了资生铁冶厂,铁冶厂主要从事机车的维修与制造。1907年,张謇在《为通埠及铁冶厂事致江督函》中,道出建厂缘由:"初拟欲兴实业,而无制造农工器之铁,则凡营一事,无一不须购之外洋,殊非本计。故拟设厂仿造,而以纱、油、面各厂之修机机器作为股本,合设一厂,另行购地建厂,增购机器,规模初备。此厂可造二十四五丈之轮船。其购地、建厂、增机

---

 ① 张謇.筹兴江淮水利公司案.申报.1909-11-10.
 ② 通州兴办实业章程.翰墨林编译印书局,1910:19.

之资,亦调大生公积,约计二十万。现已承造苏省铁路、桥、车各工,及内河小轮,亦渐仿造纺织机。"在实际创办中,铁厂和冶厂是分别创设的。铁厂主要造食锅,冶厂主要制造农工器械。冶厂为修理各厂机器设备,以解决各厂机械维修之苦。1905年,张謇筹银30万两,在唐闸西洋桥东首创办资生冶厂。工厂占地面积20亩,拥有200多名工人,设立的主要车间有工、翻砂、化铁、锻打、模型等。主要生产设备有钻床12台、化铁炉12座、钳床20台、辊床1台、刨床1台、翻砂铁箱220只等。工厂主要是以大生纱厂的机械维修为主,同时,制造人力轧花车及内河小轮船。冶厂为大生纱厂及其他各厂机车的正常运转提供了保证和便利,也为其他各厂机件的维修与更新创造了条件。

为使大生纱厂及其他企业所用账簿、账册、章程等方便印刷,也为师范学校课本、作业本的印刷,张謇又创办了翰墨林印书局。该印书局创办后,其功能已远远超出了印刷纸张、簿本的范畴,印刷了大量的书籍、报纸、杂志等,成为近代著名的印书局。

各企业发展起来后,运输就成了重要的问题。为使大生各企业的原料、成品便于运输、销售,张謇着手筹建以通州为枢纽的交通运输业。大生纱厂创办之初,运输方面主要是靠租船行驶于通州、上海等地。1900年起,张謇便陆续创建了经营内河航运的各类公司,主要有大达小轮公司(即大达内河轮船公司),经营码头业务及长江航运的大生轮船公司、通州大达轮步公司、上海大达轮步公司,经营长江木船运输的达通航业转运公司,建立了管理运河和船闸的泽生水利公司、船闸公司,还在通吕串场河与通江大港交会点通州四扬坝建立了经营过载和内河木船运输的大中通运公行,还兴办了其他仓储企业。张謇先后开辟了数条航线,不仅便利了运货,也发展了客运。这一切不仅使得大生系统的货流物流变得通畅起来,而且使南通对外联系与交往更密切、更便利。

这样,大生企业系统构成了一条完整的产业链。架构产业链,不仅可以降低成本,利用现有资源和原料,进行资源循环利用,变废为宝,减少污染,而且也使集团各企业减轻对外依赖,能更从容地应对自然灾害,同时受时局的影响也相对小一些,特别是在那个动荡年代,受外界影响这一点更显重要。张謇的产业链思想,是一种自助行为,也是一种自卫行为,在当时的国际国内环境下不失为一种行之有效的办法。

总之,为使大生系统更好地运转,在二十多年的时间中,张謇构建起了较为完整的环环相扣的产业链,各链相接,彼此关联,可以不依赖外界而独立生存、运转。企业与企业之间常为因果关系,互为市场,互为贸易伙伴,在数十个企业中形成一种循环系统,自成体系,自行运转,自负盈亏。从这里,我们似可看出中国现代循环工业的雏形,甚或可以说,张謇开了近代中国循环经济的先河。当然,张謇当年可能并不知道"循环经济"这一概念,在他的潜意识里,企业循环的目的可能也比我们今天要单纯得多,但是,他创办企业的设想、理念和方式方法又确实很具前瞻性,为我们今天所提倡的循环工业或多或少提供了借鉴意义。

(三)门类多角化

大生系统部分企业构成一颗产业树,形成一条产业链,那些生长于产业树而不属于产业链的企业,它们或是与大生纱厂没有关联,或是有一些辅助性关系,甚或没有任何联系。这些企业的创办正体现了张謇关于企业门类多角化的经营理念。

为发挥大生纱厂机器余力的作用,张謇创办了大兴面厂及大达公电机碾米公司。大生纱厂开业之初,纱锭数并未能全部开足,机器尚有余力可供利用。创办面厂是轻而易举之事,只需在大生机器上加上皮带,以带动石磨磨制面粉即可。大达公电机碾米公司的创立亦是如此,既充分利用了大生纱厂机器的多余动力,也为通海居民加工稻米提供了便利。

懋生房地公司和闸北房地公司是为提供出租用房而创办的。这些房地公司与大生纱厂并不产生经营上的关联,但与大生纱厂有一种辅助性关系。唐家闸地本荒寂,自兴办大生纱厂之后便开始兴旺起来,外地商旅纷至沓来,但苦于无处落脚。为解决此问题,张謇着手创办了懋生房地公司。该公司主要是在唐家闸一带购地建房,供出租或出售,以解决商旅之苦,当然也能生利。此外,还创立了闸北房地公司,该公司所建舍主要是出租给各厂职工及附近居民居住的。

资生铁厂主要是张謇为打造民用铁锅而创办的。该厂的创设不仅方便了居民生活,还弥补了张謇发展棉铁事业却无铁厂之遗憾,它也可视作是张謇棉铁思想的一个组成部分。

张謇在创办纱厂的同时又创办了丝织厂。张謇一直想创设丝织厂,只因当时条件不成熟而未能如愿。在创办纱厂之后,张謇仍念念不忘创立丝织厂之初衷。于是,阜生蚕桑公司与染织考工所由此诞生。它们与大生纱厂虽没有直接关系,但阜生蚕桑公司与染织考工所的创立,填补了南通没有丝织和染织的空白,使南通纺织工业门类趋于齐全。

通燧火柴公司是张謇为与日本、德国等列强争夺国内市场特别是争夺南通本土市场而创设的。该公司的生产品种有一个不断变更的过程。公司开始时是定制盒片,利用南通江岸线长的优势,种植白杨树,这些白杨树是制造火柴盒片极好的原料。后来,公司又创立通燧火柴梗片公司,生产火柴梗,再后来改制安全火柴。通燧火柴公司对占领南通火柴市场起到了一定的作用,也方便了通海居民的生活。

旅馆业的创立亦是张謇企业多角化的一大体现。随着大生企业的发展及业务范围的扩大,各地来联系业务、洽谈生意的人也日渐增多。为招待各地客商,让他们方便住宿、办事、生活,张謇于1914年创建了有斐旅馆。该旅馆不仅可供旅客住宿,而且设有餐室、浴室、弹子房等。桃之华旅馆亦是多功能型的。南通俱乐部,用来接待贵宾之用。张謇创办的这些旅馆一开始就集住宿、吃饭、休闲、娱乐于一体,是南通历史上的服务业革命,对南通服务业的发展起到了很好的引领和推动作用。

(四) 功能立体式

大生企业系统具有立体式功能。在工业企业自成体系的基础上,交通、运输、水利、金融、贸易、通讯、电力乃至武装等形成一种立体交互网,各行各业之间互相联系,互相影响,互相支持,相得益彰。

1. 交通运输方面

如前所述,张謇充分利用南通滨江临海的优势,构筑了一张水上交通运输网。

内河航运方面,1903年之后,张謇陆续创办大达内河小轮公司、大达轮步公司和天生港轮步公司,购买轮船经营通吕运河、通扬运河、长江等航线。现以大达内河小轮公司为例,立表说明民国初年大达内河轮船公司航线具体情形(表3-1)。

表3-1 民国初年大达内河轮船公司航线表

航线	经过站点
南通—镇江	如皋、泰县、仙女庙、扬州、瓜州
镇江—清江浦	扬州、高邮、宝应、淮安
泰州—益林	兴化、沙沟
泰州—盐城	溱潼、东台、白驹、刘庄
泰县—盐城	兴化、冈门
邵伯—盐城	兴化、秦南仓、冈门
盐城—阜宁	新兴场、上冈、草堰口、沟墩
海安—大中集	东台、西团
南通—吕四	西亭、金沙、四扬坝、包场
南通—掘港	石港、马塘

资料来源:南通市地方志编纂委员会编:《南通市志》上册,第十一卷,上海社会科学院出版社2000年版,第387页。

该轮船公司设立后就承担着苏北一带内河轮船运输业务。货运主要以棉花、盐以及土特产为主。随着大生资本集团的不断发展,所运货物更为丰富,棉、盐、土布、农副产品等各类物品的运输量快速增大。至公司成立10年时的1912年,大达内河小轮公司已经拥有小轮10艘、拖船8艘,经营航线10条,成为专营苏北航线的江苏第一家规模最大的公司。① 不仅货运,该公司还开通客运,服务项目也多种多样,如代售客票、代客保管现金等。

长江航运方面,为了运输大生纱厂所需物资,张謇于1900年创办了大生轮船公司,租用货轮1艘,开通通州至上海的专线。1904年,张謇创办了天生港大达轮步公司,该公司在天生港建有石驳岸码头3座、木质栈桥及仓库等港口附属设施,主要办理货运、代客过载、报关、出租堆栈及押汇等业务,是江苏省第一家专营码头及仓库运输业务的民间航运企业,所建的码头亦是中国民族资本创建的第一个近代长江港口码头。1905年,张謇又在上海十六铺建立大达轮步公司。1906年,达通航业转运公司成立。该公司利用天生港码头主要承运南京、镇江、苏州、上海一带的货物,50艘驳船主要承担城区内工厂燃料、粮食和日用品的运输,到1911年,公司拥有驳船70余艘、江船30余艘。客运方面,大达轮步公司于1912年在任港设立分局,办理客运业务,上海至南通的班轮到港时,港口备有接客的舢舨19艘,能一次载客685人。

陆路运输方面,泽生水利公司对唐闸至天生港进行浚河的同时再进行筑路,用浚河泥土修筑了长6千米,宽近8米的港闸公路,该公路于1905年3月竣工。这是南通的第一条公路,也是江苏省的第一条公路。1909年绘制了南通第一张交通图——通州水陆道里详图。1912年修筑了城区至狼山的公路,次年,又集资修筑了长9.32千米城区至天生港的城港公路,形成了一城三镇的公路网络。这期间,南通还在沿海各垦区、垦牧公司修筑了"井"字形公路。民国前南通陆路客运工具主要是独轮车、马车、轿子。1913年,大生纱厂警卫团在南通地区率先购置了小汽车。从此,陆路客运货运在南通快速发展起来。

2. 水利方面

1905年设立专门负责疏浚、管理运河的泽生水利公司,其业务包括测量长江与内河水位,浚深、拓宽天生港内港及唐闸以北水道,兴建船闸与涵洞,对通过的船只收取过闸、过河费等。

南通长江护岸治圩,有悠久传统,早在北宋宝元年间(1038—1039),通州

---

① 南通市地方志编纂委员会.南通市志:上册,第11卷.上海:上海社会科学院出版社,2000:388.

即开始建长度约为1万米的任公堤,进行城市防洪。元明清各朝在沿江及内河多处修建涵闸堤堰,这些虽起了一定的护堤防洪作用,然年久失修,灾害频发。1886年以后,通州姚港至天生港十几千米的江岸发生大面积坍塌。

1907年,张謇出私资请上海浚浦局派员来通勘察水势,绘制地形图,编写说明书。1911年3月及1912年3月先后两次成立保坍会,张謇亲任会长,保坍会组织在沿江筑楗修堤。1916年,张謇聘请荷兰工程师特莱克前来规划设计筑楗保坍工程。到1917年,市区沿江筑楗达18座。张謇邀请荷兰、瑞典、英国、美国等国的水利专家共同商讨规划沿江保坍方案,并付诸实施,南通的江岸趋于稳定。通扬运河古称运盐河,1910年、1914年曾分段疏浚,使其能更好地服务于南通与扬州的水上运输。

张謇后半生醉心于水利建设,他积极呼吁并实施围垦、筑堤、建闸、保坍、筑楗,使南通的水利事业不仅在当时得到快速发展,而且对后来的社会经济建设亦具有深刻的影响。

3. 金融、贸易方面

在银行方面,1920年,张謇在南通城南濠南路设立淮海实业银行,并设立多个分行分布在各地,主要包括上海分行、东坎分号、扬州分号、唐闸分理处,后来又增设了多处,主要有苏州分行、南京分行、汉口分行、海门分号、镇江分理处等。注册资本500万元。主要业务为存款、放款、贴现、汇划、受抵有价证券、代理南通地方公债等。营业额年平均400~500万元。在当时的中国极为引人注目,也极具领先意义。

1921年秋,在南通成立了棉、纱、证券、杂粮联合交易所,这在当时亦是新生事物。

对外贸易方面,大生纱厂建厂时所使用的机器是南通最早的进口设备,该厂投产时聘请外国工程师进行技术服务,开了南通及全省对外技术合作之先河。20世纪初,南通又相继开发羽毛、皮张、鸡蛋、棉籽饼、棉籽油、面粉、火腿、风肉、勾针衣和绣品等商品通过上海进行出口。1910年,大生纱厂依托上海与外商合作开设对外贸易公司,从事进口业务。1920年,成立绣品局,从事绣织工艺,同时,在上海设南通绣品公司,并在美国纽约独资开设分公司。

4. 电力方面

南通电业始于1899年,这年大生纱厂安装了1台50千瓦发电机发电,以供应工厂内部的电力和照明。1916年,张謇等集资在唐闸镇建成通明电气股份有限公司,该公司开始时通过购买大生纱厂多余电力而得以开业,1918年便开始自己发电,供唐闸镇照明,电力也由此成为公用事业。随着公司规模的不断扩大,供电范围亦在不断扩展,逐步由唐闸延伸至南通城区。

5. 通讯方面

1913年,张謇集资创办私营大聪电话公司,连通了南通城区、唐闸和天生港之间的部分用户,至1920年电话用户接近200户。1921年成立私营南通实业长途电话公司,经营南通、海门、崇明、如皋4县长途电话业务。南通的电话业务、通讯设施得到较快的发展,引领了通海地区通讯业的新潮流。

6. 武装方面

张謇创办了一支武装,名为实业警卫团。这支队伍在大生纱厂设立之初叫巡丁,后来叫大生纱厂商团,再后来叫工团,最后,张謇将其改编为正规的实业警卫团,称为"通泰海实业盐垦警卫团",简称"通海实业警卫团"。在1916年至1923年间,这支武装的编制扩充至3个营、2个附属队,两个附属队为消防队和军乐队,官兵总数近1000人。武器装备除步枪外,还有格林炮6门、江防小炮艇3艘。防区由几个工厂所在地的城镇扩展到淮南各垦区,遍及南通、如皋、海门、启东、东台、泰兴、泰县、盐城、阜宁九县。

三、张謇经济思想及实践的影响

张謇的经济思想,一方面是对中国传统经济思想的整合及融通,同时又赋予了时代新的内容;另一方面,他的经济思想与西方经济学理论既有合拍的地方,亦有错位的地方。

张謇一生的事业包括了经济、政治、文化、教育、社会公益、慈善等,仅经济方面而言,又包括了工业、农业、商业、交通、运输、水利、金融、贸易等。他的事业不仅在南通,也延伸到南通之外,他是近代中国东南实业界之领袖,他在全国各地的许多地方都留下了事业的痕迹。他的经济思想和主张固然对大生资本集团、对近代南通产生过极为深刻的影响,同时对近代中国社会也产生过一定的影响。

(一)使南通迈开了现代化步履

张謇办实业最初的想法颇为简单,是为与外人争利权。随着大生纱厂的成功运营,他的想法逐渐多了起来。他的最终理想其实不是办实业、办教育本身,最终是为了实现他的社会理想。因此,他在实业上的成功成就了他社会理想的实现。张謇独子张孝若于1924年从国外考察回来到大生纺织公司作了演讲,他说:"今日为孝若回国后第一次至厂。有两种深刻的感想。第一,以南通人而至南通实业最发达之纱厂。近三十年来,南通在国内颇负盛名,故由地方之能自治。而实业为各种自治事业之基础。盖自治事业多分利的,惟实业为生利的。凡稍知南通历史者,无不知各种自治事业皆以实业为根本,而大生则根本之根本。以其最先创办,为其他实业界之母也。"①张孝若的这段话对大生纱厂在大生资本集团乃至对南通自治过程中的作用做了恰如其分的概括,同时,也是对张謇从创办企业起家到最终实现社会理想客观原因的一个很好的注解。

张謇有太多的理想,这些理想在他逝世前已基本实现。三十年的苦心经营,使南通获得了一种脱胎换骨般的变化,他的"新世界雏形"已崭露头角,南通的社会经济进入了一个全新的境界。

近代工业体系初步形成。南通纺织工业肇始于19世纪末张謇筹建的大生纱厂,该厂是中国最早的棉纺织厂之一,所用的英国纺机是中国最早引进的外国纺织设备之一。从1899年开车到1924年,大生各纺织厂共有16万枚纱锭、1600余台布机,生产中低档纱、线与斜纹布等。一个以机器纺织为龙头的南通近代工业体系随着大生系统各企业的创办而逐步形成。其门类涵盖了轻工业、重工业、农业、服务业。这些企业不仅开南通机器工业之先河,而且大多在全国都处于民营经济前沿阵地。以大生各纱厂为龙头的近代机器工业是南通历史上空前的工业革命。此前的南通仅有手工业,大生纱厂成功运营后,南通的工业化全面展开。数十家企业养活了数十万人,它不仅将南通带入近代工业先进的行列,更重要的是,它带来了人们思想的空前大解放,一种崭新的理念在人们的头脑中形成。

南通的农业、盐业及渔业发生了深刻的变化。张謇推行的科学种地、品种优化、土壤改良等为南通向高效农业转化奠定了基础。通海垦牧公司在20多年中开垦荒滩盐荡地10多万亩,荒滩变为良田,让更多的农民获得了地面权。垦牧公司的农业资本主义尝试改变了南通历史上长期实行的租佃制度,开阔了人们的视野,给农业的发展提供了一种全新的思路。南通的盐业更具知名度,张謇创立同仁泰盐业公司,采用雇佣劳动方式组织盐业生产,聘请日本工程师改进制盐工艺。公司所产精制盐获意大利万国博览会优等奖牌,为中国盐荣获国际大奖之始。其后,张謇又引进松江板晒制盐法,为小籽盐生产注入了活力。1912年,张謇任两淮盐政,归并旧有盐场,并在各场掀起"废灶兴垦"运动,创设通属总场来总辖各场盐务。

交通运输业有了重大的突破。在张謇经营南通之前,南通一直是方形城郭,以中轴线为对称的十字街。张謇经营南通后,他主持修建了纵横交错的公路,主要有港闸路、城闸路、狼山路等,沟通了一城三镇。同时,在城内还修

---

① 张孝若.张孝若演讲集.国家图书馆藏,1924:95.

筑了模范路、博物苑路、启秀路、公园路、跃龙路、桃坞路、段家坝路、大学路等,路路都可通汽车。不仅市内交通方便,对外也是四通八达。交通工具有了很大的改善,此前主要靠小车、人力车及三轮车等,而进入20世纪之后,南通的公交发展迅速,私营汽车业务也快速发展。南通的水运发展尤为令人注目,张謇集资创办了大达内河小轮公司、大达轮步公司和天生港轮步公司,购买轮船航行于通吕运河、通扬运河、长江水道。

南通的通讯、水利、渔业、金融、服务业等都发生了翻天覆地的变化。教育、文化、社会公益、慈善事业等自成体系。

城市建设理念先进。张謇对南通的设计独特而富有时代感和前瞻性。他将唐闸作为工业区,将天生港作为港口区,把狼山作为私宅、花园和风景区,构成了以老城区为中心的一城三镇的空间布局。城镇之间,是郊区的田园与住宅。这一独特的城市布局,使城镇相对独立,城里少有污染。城市功能分工明确,各自可以合理发展。张謇的这种设计被誉为"田园城市"模式,在中国城建史乃至世界城建史上都是一个优秀的范例。"一城三镇",各有分工,相对独立,又融为一体。更为重要的是,这样的布局、这样的安排、这样的构思全是由张謇及其助手自行设计、自行规划的,结合了地区的优势,凸显出本地的特色,取人之长,补己之短。张謇的"田园城市"思想,在100年后的今天看来也不失其价值。

民国时期的南通成为"模范县"而闻名中外。在清末,通州城属小城,工商业很不发达,仅有零星小作坊,属于封闭落后的偏僻小城。然而,在较短的时间内张謇就将其带进全国的先进行列,南通被称为"模范县"。张謇根据自己的管理思想及经营理念对南通进行的设计和经营,其影响是巨大的。南通从原先一个默默无闻的小城一跃成为全国城市的样板,成了明星城,并开启了南通现代化的步履。张謇当年对南通的总体设计,为南通后来的发展和建设定下了基调,使得进入近代的南通,以其特有的方式,在中国近代史上扮演着重要的角色。

张謇的"新世界雏形"在其有生之年已初具规模。这个"新世界雏形"具有鲜明的时代特征和深远的历史影响。南通是依靠中国人自己的力量,自行设计自行建设起来的"另类"城市,是依靠原生力量发展起来的,具有南通的特色:工业化、城市化、现代化同时起步,中国人自行规划、自行设计,自己实践,高速度、全方位、主体化,个人与企业承担着社会功能。为了创造一个"新世界雏形",张謇耗尽了半生时光,历经了千辛万苦。最后,在他精力衰微之时,他的大生资本集团也在走下坡路,直至无力独自支撑下去,不得不被债权人银团接管。从这个意义上说,张謇也许是不幸的。但是,张謇又是极为幸运的。在南通等地办成这么多事业,就他个人而言,真实地实现了他个人的人生抱负和人生价值;就他所代表的新兴资产阶级而言,体现了其要求发展经济、伸展政治权力、扩大政治参与的愿望;就南通而言,成就了其在中国近代史上的顶级辉煌。

(二)经济政策在近代中国社会产生了一定的效应

中国是在列强的坚船利炮声中开始现代化,蹒跚起步的,"没有能够凭自身的变革走向近代社会"①。国门洞开之后,外国势力纷纷涌入中国,与中国争夺利权。在此情形下,中国政府的政策不得不有所调整,由"以农为本"开始向"农工商并重"方面倾斜,中国迫切需要发展工商业。一是为与外国商人争利权,二是由于有着数额惊人的战争赔款及庞大的财政赤字,需要向工商业大量收税。由于战争不断,自然灾害频繁,人祸天灾并行,因此,整个社会动荡不已,经济秩序混乱不堪,民众生活极其艰难。

在内外交困的情形下,清政府不得不采取一些措施振兴工商。李鸿章曾说:"欲自强必先裕饷,欲浚饷源莫如振兴商务。"②所采取的措施主要有:设立机构,先后设立了商部、劝工陈列所、高等实业学堂、户部银行等;订立了一些章程,主要有商会简明章程、奖励华商公司章程、奖给商勋章程、商律、公司律等。然而,这些章程大多只是初步的、笼统的,有的甚至是模糊的。而事关国民生计的重要行业却无法可依、无章可循,币制混乱,度量衡不一,税厘过重。沉重的税厘主要是针对中国商人的。当时外国商人在中国经商,享有许多优惠条件,"值百抽五"、"子口半税",而中国商人却被重重盘剥,厘金及其他名目繁多的苛捐杂税困扰着中国商人。这种不平等竞争,使得中国商人处处受挤,举步维艰,民族工业的大力发展只能是纸上谈兵。清政府除了将巨额赔款让各省分担外,还收以各种苛捐杂税,有印花税、赔款捐、随粮捐、房捐、烟税、酒税等。厘金也是前所未有的严重,进口关税特别严重。工商人士深受厘金、关税之苦而无力自拔。造成这种后果的症结在于中国近代工商税制的缺失,对政府的约束力存在空场,这也就注定了工商人士不得不处于两难境地。

近代中国法制严重不健全,很多行业无法可依,这些情形将法律制度派农商总长张謇推上了时代的风口浪尖。为使经济领域有法可依,也为实现他发展经济需"乞灵于法律"的主张,张謇掀起了中国近代史上的立法高潮。他

---

① 万明.中国融入世界的步履.北京:社会科学文献出版社,2000:460.
② 李鸿章.李文忠公全集.上海:商务印书馆,1921.

在担任农商总长的两年中,先后主持制定了40多个法规条例,这些法规条例在近代中国产生了一定的效应。

尽管张謇大刀阔斧地推行改革,但改革阻力实在太大。张謇在就任农商总长时,耳闻目睹官营企业混乱不堪之情景,管理混乱,责权利不清,经营不善,人人只想分利,并不愿为企业出力,导致许多企业严重亏损,使得国家负担沉重,赤字加大。于是张謇下决心要理顺关系,实施改革。他停罢官营,将当时的官营企业转制,招商民营。他将当时属于农商部系统的矿业共12家停办7家,改制商办5家。农商部改革得干脆利索彻底,为其他部做出了表率。然而北洋政府直属工厂无动于衷。当时北洋政府直属企业共有69家,却无一家动作。

张謇的深情呼唤并未得到应有的回应。在实业领域摸爬滚打近30年的张謇,对办厂经商过程中的酸甜苦辣咸已经尝遍。中国的民族资本家始终在夹缝中求生存,这也是中国民族资本主义从没得到过充分发展的原因。正因为如此,他同情、体恤商人,在担任农商总长期间力求为商人争得权益,为中国的民族资产阶级争得一方发展的天空。作为政府官员,他必须尽心尽力对商人负责,为商人争得权益,给予商人必要的人文关怀。同时,他又是政府代言人,他的求真务实的品格使他又不得不为政府说话,不得不为政府争得权益。两难境地使得张謇时时在一种矛盾痛苦中煎熬。更令他难以接受的是,商人还怀疑他,甚至诘难他。例如,《商会法》是张謇在前商业部原文件的基础上修订的,按此法各商会需进行改组。首先向张謇发难的是全国商会联合会,该会认为《商会法》"阶级过严,转多隔阂,函电纷驰,争之甚力",因而"碍难照行"。上海商会亦纠缠于字眼,如"本为得以设立,而非必须设立"。全国工商联合会给张謇呈文,认为行文用"令"、"呈"也不妥,"欲求官商之融洽,必期感信之交孚,为商会计,仍为大部计也……遵照大总统教令,部长省长以上用呈,其余各级官厅往来文书一律用函形式,可免参差情意,更征亲密,既无隔阂,自利推行。除分电各侨埠以慰商情,理合据情呈请,伏祈大部俯赐察核,准予施行"①。这些不同意见的表达,一方面,我们可从中看出商人的意识在觉醒;但另一方面,有些也不能排除有非难之嫌,他们或多或少认为张謇用这些词有贬商人之意。张謇给全国工商联合会复函,解释用"令"、"呈",只是一种行文程序,"人民当服从国家政治机关,然决非服从官吏之个人"。张謇不无伤感地陈说,用"令"、"呈",是依照各国通例之程式,"不意仆对我商人尊之、重之,而商人之疑仆则以为轻之、蔑之"。尽管张謇给全国商

---

① 沈家五.张謇农商总长任期经济资料选编.南京:南京大学出版社,1987:189—190.

会联合会回了一封长函,再三解释,用词问题只是行文程式,但是,在《修正商会法施行细则》中,张謇还是作了让步,将其进行了修改:"总商会、全国商会联合会,对于中央各部署及地方最高行政长官行文用禀,对地方行政长官,得用公函"①,这才结束了纷争。张謇后半生的经济生涯,诸如此类被误会被曲解之事司空见惯,他的真诚呼唤难以引起共鸣。

尽管如此,张謇在担任农商总长期间推行其经济思想的政策,在中国近代经济史上还是留下了一定深度的印痕。在张謇就任农商总长到辞职的这两年中,说他在农商部掀起了一场立法旋风并不为过。他主持制定的法律法规,既代表了当时政府的经济政策,也反映了初步发展起来的民族资产阶级要求生存发展的愿望。这些经济政策,在当时有过一定的影响,对中国后来的经济发展及现代化走向亦产生了一定的影响。有的影响在当时是显性的,有的在当时则是隐性的,但许多年后由隐性转为显性;有的影响是暂时的,有的则是长远的。张謇在近代史上掀起的立法高潮可谓是开了中国以法治国的先河。

(三)张謇经济思想与西方经济学理论的合拍及错位

张謇的经济思想固然对中国传统经济思想有继承、发展和超越,同时,也与西方经济学理论有某些合拍的地方,当然也有错位的地方。

1. 合拍之处

从所存资料看,张謇似乎并没有潜心研究过经济学,他的朴素的经济思想或是通过简洁朴实的语言进行表达,或是体现在经济实践之中。例如说,金钱不应揣在身上或藏在家里而应进行投资,这样钱才能活起来,才能创造财富。这个思想在张謇的语境里,就被表达成"钱能生钱"。这个意思在西方经济学家们的语境里则被表达为:"只有那些总是把财产贷出或用以进行贸易而取得收入的人才会增加财富。"②可见,相同的经济思想在张謇和西方经济理论家们那里有着不同的表述。

张謇的借债思想是很有前瞻性的。如前所析,他借债不仅包括外债,也包括内债。他之所以会有借债思想,很难确定是因为接受了西方某些经济学派的经济思想,但是,举债思想又确实耦合了凯恩斯的公债哲学。约翰·梅纳德·凯恩斯生于1883年,比张謇正好晚出生30年,卒于1946年,比张謇正好又晚了20年。西方学者评论凯恩斯,说他是"20世纪最著名并且也许

---

① 沈家五.张謇农商总长任期经济资料选编.南京:南京大学出版社,1987:223.
② [英]埃里克·罗尔.经济思想史.陆元诚,译.北京:商务印书馆,1981:113.

是最有影响的经济理论家"①。毫无疑问,凯恩斯是极有建树的经济理论家,他的不少经济思想打破了人们脑海中的固有思想,关于公债的思想就是其中之一。一般认为,政府预算应该平衡,不应欠债。凯恩斯经过研究后认为,当时美国的问题是有效需求不足,要不减少私人支出而又增加总需求,最好的办法就是举债支出。他的理由是:政府是公民代表,政府向公民借债,等于自己向自己借债,这与私人债务不同;借债的目的是为发展经济,通过举债支出刺激有效需求,国民收入增加,税收亦增加,偿还债务也就有了保证;政府债务以国家信誉作担保,并不会导致债务危机。这些思想与张謇的思想确有相通之处。当然,凯恩斯的公债思想主要是从宏观经济考察的,而张謇的借债思想更多是从微观经济方面着眼的。

张謇在总需求与总供给方面也多有思想火花。他曾有一篇宏论《商榷世界实业宜供求统计中国实业宜应供求之趋势书》,在这篇长文中,他用中国人特有的思维方式及语言表达形式,论述了世界各主要国家的棉纺工业情况,以很翔实的数据说明就目前的情形看已存在供不应求的问题,而一遇天灾人祸就更不必说了,所以须早做准备,开垦荒地,扩大植棉面积。为此,宜在世界范围内进行供求统计,同时中国国内更应作出对策,以顺应世界供求之趋势。这里张謇其实道出了总需求与总供给的问题。在西方经济理论史上,关于总需求与总供给关系的问题,存在过截然不同的观点。18世纪法国经济学家萨伊认为供给决定需求,有供给就一定会创造需求,不会出现生产过剩现象,经济依靠市场机制可以自发地实现充分就业均衡。这个理论被称为"萨伊定律"。"萨伊定律"得到经济学家们的广泛认同。然而,残酷的现实将"萨伊定律"击得粉碎。20世纪30年代,在世界范围内出现了生产过剩的严酷现实,使得经济学家们不得不直面现实,重新审视"萨伊定律",凯恩斯通过分析后对其加以否定,认为决定经济状况的是总需求而不是总供给,并由此而建立了以总需求分析为中心的宏观经济学,并最终得到人们的理解。总需求理论的提出被称为"凯恩斯革命"②。当然,张謇关于总供给与总需求的思想,其内涵外延与凯恩斯的总需求理论并不重合,两人所分析问题的角度、思路及方法也不尽相同,但是两人所提出的道理倒的确有共通的地方。

张謇的制度思想是他经济思想中最闪光的内容之一。美国著名经济学家、经济史学家诺思和托马斯在《西方世界的兴起》一书中,提出了一个重要

---

① [美]小罗伯特·B·埃克伦德,罗伯特·F·赫伯特.经济理论和方法史.北京:中国人民大学出版社,2001:389—390.
② 梁小民.宏观经济学纵横谈.北京:生活·读书·新知三联书店,2002:191.

的思想,即经济增长的关键在于制度因素,而在制度因素中,财产关系的制度作用最为突出,无论是封建庄园制度的兴起和衰落,还是近代产业革命的发生,都与私人财产地位的变革有直接的关系,所有权如果不确定,私人经营的产业及其收入就没有合法保障,或者说,如果没有制度的保证和提供个人经营的刺激,近代工业就发展不起来。① 制度经济学认为,任何制度都源于对生产成本的节约。② 制度是一种人为设计的界定人们相互关系的约束机制,它不仅包括正式的约束机制,如规则、法律、法规,还包括非正式的约束机制,如行为准则、习惯、自我行为规范等。张謇的思想与此很吻合。张謇认为,制度安排有多种多样,可以大到一个国家的政治经济法律等各项制度,也可以小到一个企业所订立的各项规章制度。张謇在他有限的空间中,实现着他的制度安排,例如,他在担任农商总长期间所制定的各项经济制度,大生企业集团内部所制定的各项规章制度,还有他常发表的演讲或者是各种呈文,等等,都表达着他对制度的关切及重视。张謇的制度思想,具有市场经济思想的雏形。市场经济是由市场来配置资源的,这种资源配置方式是一种有效率的资源配置方式。而市场经济制度要能够有效运行,还需要许多配套制度进行支持,诸如民主政治制度、各项法律制度、企业制度、产权制度、货币制度、分配制度甚至诚信制度等。张謇的制度努力从客观上为市场经济的创建起到了铺路的作用。诺思和托马斯认为:"有效率的经济组织是经济增长的关键;一个有效率的经济组织在西欧的发展正是西方兴起的原因所在。有效率的组织需要在制度上做出安排和确立所有权以便造成一种刺激,将个人的经济努力变成私人收益率接近社会收益率的活动。"③这就是说,西方世界由穷变富,其根本原因是制度的确立。张謇的制度思想与诺思、托马斯的制度思想确有某些合拍的地方。而《西方世界的兴起》一书,是1937年于美国出版的,这时,张謇已逝世11年了。这就是说,张謇的制度思想不仅在中国是超前的,就是从世界范围看也是具有前瞻性的。

张謇的经济思想既涉及宏观经济,也涉及微观经济。如前所述,张謇的经济思想架构具有市场经济雏形的特征。他在创办企业过程中所制定的企业策略,在担任农商总长期间所制定的各项经济政策,他的一些信函、呈文等,其思想既有属于微观经济的思想范畴,亦有属于宏观经济的思想范畴。在西方经济学中,最早将经济学分为微观经济学与宏观经济学的可算是凯恩

---

① [美]道格拉斯·诺思、罗伯斯·托马斯. 西方世界的兴起. 北京:华夏出版社,1999:1—2.
② 唐凌,等. 自开商埠与中国近代经济变迁. 南宁:广西人民出版社,2002:9.
③ [美]道格拉斯·诺思、罗伯斯·托马斯. 西方世界的兴起. 北京:华夏出版社,1999:5.

斯。后来,美国凯恩斯主义经济学家萨缪尔森在1948年出版的《经济学》一书中,把经济学分为微观经济学与宏观经济学。从此,这种划分被经济学界认同。这本书出版是在张謇去世22年之后,张謇当然不可能看到。不过,张謇对有关经济问题的表述却体现了微观经济理论的一些元素。尽管张謇的微观经济思想是支离破碎的,对微观经济思想即通过分析家庭与企业的决策说明价格机制是如何调节经济的问题并未进行清晰的表达或论述,但是,张謇对于效率与公平的问题却很有自己的思想。而这个问题也正是微观经济政策的目标。他曾大声疾呼对民族工业进行奖励、补贴、减轻税收,其主观目标主要是保护民族工商业,但是其客观效果也是倡导了一种效率与公平。对于宏观经济学的一些问题,张謇也有所涉猎。张謇虽没有对经济运行的整体规律有多少论述,不过他的有关思想却对宏观经济的目标即稳定(减缓经济周期,实现充分就业和物价稳定)与增长(实现经济的可持续发展,实现适度的增长率)多少有所触及,如他在担任农商总长期间所主持制定的货币政策等,张謇主张的银本位制就是适应时代需要的产物。

张謇不仅在经济思想的内容上与西方经济学理论有合拍的地方,而且在分析方法上,也有与西方经济学理论中的分析方法相一致的地方。西方经济学中有个量分析、总量分析、结构分析、实证分析、规范分析、定性分析、定量分析等。张謇所采用的主要是个量分析、结构分析、实证分析、定性分析、定量分析等。个量分析,也叫微观分析。宏观分析,也叫总量分析。个量是总量的基础,个量组成总量,所以微观分析是宏观分析的前提和基础。张謇经济思想中有关经济学意义上的分析,主要体现在个量的分析即微观的分析方面。结构分析也叫部门分析或总量分析,间于总量分析与个量分析中间,对产业和地区经济进行分析常采取此方法。实证分析是建立在一定的规范性假设前提的基础之上的,其结果可以用事实、证据或于逻辑上进行证实或证伪。定性分析不一定带有价值判断,如分析政府最低工资的政策是否会减少就业量,就属定性分析。定量分析通过统计学或计量经济学方法加以分析,如分析政府最低工资政策使就业量减少了多少,就是定量分析。[①] 当然,张謇对经济进行分析的方法并不是纯理论的抽象的分析方法,而是在从事具体经济活动时,针对具体的行业、企业、部门所作的一种调研、分析和决策。

张謇的经济思想中,甚至还有一些关于发展经济学的思想,如他对国际经济一体化问题的思考和预言,在今天来看也是相当超前的。

张謇生活于清末民初交替的两个时代之中,他既饱受中国传统文化的熏

---

① 厉以宁.西方经济学.北京:高等教育出版社,2000:6—7.

陶，又吸纳了西方的一些思想。他的经济思想因而也是古今中外多层次的结合体。他的工业企业组织经营管理更多地具有西方工业企业的组织经营管理的特点，他的盐垦公司则又是西方公司制与中国封建租佃制的结合体。

2. 错位之处

张謇经济思想中，有些内容与西方经济学理论有合拍的地方，但也有些内容又与市场经济的理论是错位的，甚至是格格不入的。张謇虽有许多前卫的经济思想，他所进行的经济实践具有市场经济某些特征，但是其思想中也存在着市场经济理论的悖论。市场经济理论要求资源由市场进行配置，这样才能使市场更有效地进行运转。如前所述，张謇在创办企业过程中，在方法上更多地引进了股份制，技术上重视学习吸收西方国家的先进东西，人才选用上注意举贤任能，管理上重视吸取西方的管理经验，这些都是很有眼光和胆识的。不过，在张謇的思想里，封建的集权意识还是比较强烈的，政府配置资源的思想较为浓重。不仅如此，在引进竞争机制方面，张謇也是有所保留的，甚至是反对的。他认为竞争必定失和，失和就会导致互相倾轧，互相倾轧就会两败俱伤。而在市场经济环境中，引入竞争机制是其一大根本特征。张謇反对竞争，这是与市场经济体制所不合拍的音符。

张謇经济思想的最深刻的意义在于其思想有着开拓性、前瞻性、实用性以及对后人的启迪性。他的经济思想的深刻性，在当时并没有被同时代的人所理解。今天，当我们回眸并审视其思想脉络及其思想内容时才深深感悟到，有些思想当我们今天还认为是在创新的时候，其实一个世纪前张謇就在大声疾呼并已付诸实践。

思考题：

1. 张謇经济思想主要有哪些？
2. 张謇主要从事了哪些经济实践？
3. 张謇在担任农商总长期间主持制定的经济政策对当时及后来的社会有哪些影响？

第四讲　张謇与教育

教学目的、要求

本讲教学,使学生对张謇在中国近代社会转型时期积极倡导、实施新式教育的思想、实践及其特点有一个较为系统、全面的了解。在教学中要求学生深入思考张謇教育思想的内涵及其价值,将张謇的教育实践与当今教育实际结合起来,探讨其现代启示,使张謇研究为仍在进行的教育现代化建设服务。

张謇言录

窃维环球大通,借以经营国民经济为强国之本。要其根本之根本在教育。

张謇一生与教育结下了不解之缘。早年主持、执教过多所书院,当大生纱厂开车运行并产生利润后,他便大兴教育。他不仅有丰富的教育思想,而且有丰富的教育实践。他的教育思想及教育实践在中国近代教育史上具有重要的地位和影响。

一、张謇兴学的社会历史背景

中国是历史悠久的文明古国,中华文明数千年绵延不断,延续至今。历史上多次发生过不同民族入主中原的局面,然而这些民族最终都不同程度地融入中原文化,中华文明在不断发展的同时,体现了它的高度稳定性,这和中国古代高度稳定的社会经济和政治形态是分不开的。中国相对封闭的地理环境及适宜农业的气候条件,形成了中国人独特的生产生活方式,进而决定了中国独特的社会存在。悠久的历史文明和稳定的社会形态,是形成特色鲜明、内涵丰富的中国传统教育的基础。

春秋战国时期,百家争鸣,思想空前活跃,学术高度繁荣。秦始皇统一中国后,以法令统一思想,采取焚书禁学的暴力措施,结果证明是行不通的。西汉初期,崇尚黄老之学,实行"与民休息、无为而治"的政策,而后,汉武帝为巩固统治,谋求思想的大一统,采纳董仲舒独尊儒术的文教政策,将儒术定为唯一的官方学术,官学以儒家经学为主要教学内容,选拔人才以儒家伦理道德和经学造诣为标准,从而使儒家学术具备了最大的权威性和吸引力,形成了"罢黜百家、独尊儒术"的局面。

汉代以后的儒学已经不是孔子的原始儒学,是经过改造的适应朝廷统治需要的官方儒学,它以"三纲五常"为核心,强化君父意识。"独尊儒术"的文教政策后来为历代统治者所尊奉,对中国教育产生了巨大影响。从此,儒家经典成为我国封建时代学校教育的主体内容。

"诗""书""易""礼""春秋"五经在战国时便是儒家传授的经典,儒经后来有所增加,"礼"有《仪礼》《周礼》《礼记》,"春秋"有《公羊传》《谷梁传》《左传》,宋代以后又有《论语》《孟子》《大学》《中庸》加入,《孝经》《尔雅》也被列入经书。

西汉以后两千年来,中国教育虽然也随着朝代的更迭有所变化,但直到清朝后期,中国教育的根本传统没有本质的改变。张謇从小接受的教育,便是读上述儒家经典。

秦始皇废除分封制,改立郡县制,这是中国历史上的一个重大变革。在中央集权的封建专制制度下,官员都由朝廷任命,官员的补充主要从广大士人中选拔。选士制度实现了教育和选拔人才的紧密结合,它经历了汉代的察举制、魏晋南北朝的九品中正制和隋唐以后的科举制,而尤以科举制对教育的影响最为深远。中国文化传入西方时,对欧洲的启蒙运动产生过重要影响,中国的教育制度和官吏选拔制度尤受启蒙思想家的赞赏,因为中国多无世袭的特权,官吏主要是通过考试从下层选拔上来的读书人。这与欧洲当时官位世袭、贵族拥有极大的权力形成鲜明对比。确实,如果不是这样的制度,像张謇这样出身于底层的农民的儿子,要想取得后来的成就,那是难以想象的。

科举制度将教育纳入考试制度中,广大庶人子弟有机会通过考试步入仕途,进入社会上层,从而极大地调动了普通百姓的读书积极性,形成了中国人重视教育的传统,应该说,它对中国文化和教育的繁荣是有贡献的。科举考试以儒家的经典为主要内容,有系统地将士大夫转换为儒吏,所以两千年中国有"儒者之国"之说,金耀基在《从传统到现代》一书中指出:"由于考试以经典为本,整个官僚政体乃不自觉地对经典描写之远古产生景慕,并变为传统性的、保守性的、礼仪性的及文学性的,其结果则不自觉地对庶民之事与日常问题产生不屑之态度。"[1]科举制度理论上是以义理取"才",实质上则流于以文字取"学",与先秦儒家的理想渐行渐远。

科举制度使主体教育沦为选士考试的附庸,使教育日趋脱离实际。特别是明朝以后,科举考试采用"八股文",使学校教育更加僵化。清代延用明制,各级学校完全被纳入科举的轨道中,成了"八股文"的训练所。清朝科举考试,主要用朱熹作注的"四书"语句作为"八股文"的题目,用理学家诠释的"五经"作为策论的题目。由于科举入仕事关一辈子功名利禄,因此士人便钻研八股套术,因循程朱理学,亦步亦趋,不敢越雷池一步。他们脚不出书斋,眼不离四书、五经,形成了死钻故纸堆、轻视社会实践的学风。科举取士遮蔽了知识的视野,造成了士林阶层知识结构的固化、陈旧。教育的失败,使鸦片战争前后的中国,成为龚自珍所指出的这样一派景象:这是一个人心混乱,朝廷无才相、兵营无才将、学校无才士、田野无才农、居宅无才工、工场无才匠、街市无才商甚至连才偷才盗都没有的衰落时代。

清代是中国最后一个封建王朝,封建的政治、经济、文化比之前代都有进一步的发展。鸦片战争前的两百年,清代教育有过辉煌的历史。据田正平在《中国教育史研究》一书的统计,至1825年,全国有各类官学1788所,书院更是远超前朝,有两千多所。乾隆年间,具有进入官学所需文化程度的人占总人口的9%左右,总人口的识字率达到了13%,对于一个幅员辽阔、经济文化发展极不平衡的封建帝国而言,这是一个相当高的比例。

由于吏治败坏、贪污盛行激化了社会矛盾,白莲教、天地会、边疆少数民族的抗清运动风起云涌,清王朝在盛世以后,无可奈何地步入"日之将至,悲风骤至"的颓境。与之相应,传统封建教育也由繁盛走向衰落。

鸦片战争爆发后,西方列强凭借坚船利炮闯入中国,中国已危如累卵,李鸿章对1860年(庚申)以后的国内形势作过如下描述:"各国条约已定,断难更改。江海各口,门户洞开"。"东南海疆万余里,各国通商传教,来往自如,麇集京师及各省腹地,阳托和好之名,阴怀吞噬之计,一国生事,诸国构煽,实为数千年来未有之变局。轮船电报之速,瞬息千里;军器机事之精,工力百倍;炮弹所到,无坚不摧,水陆关隘,不足限制,又为数千年来未有之强敌"。[2]

---

[1] 金耀基.从传统到现代.北京:中国人民大学出版社,1999:34.
[2] 中国史学会.洋务运动(一).上海:上海人民出版社,1961:41—42.

而此时,大多士子仍蝇营狗苟,在科场上偷生。严复抨击当时教育时指出:"士之当穷居,则忍饥寒,士占毕。父兄之期之者,曰:得科第而已,妻子之望之者,曰:得科第而已,即己之瘤瘵之所志者,亦不过曰:得科第而已。应试之具之外,一物不知,无论事物之赜,古今之通,天下所厚望于儒生者,彼不能举其万一。"①

在封建社会,每当王朝末期,士风日下的记载不绝于书,对科举制度的批评指责,自宋明以来从未间断。然而,不同的是,此时教育的兴衰已不可能通过朝代的更迭来调整,同时,以农业文明为主要特征的与传统社会相适应的传统教育,已不能适应社会工业化的需要,西方列强的军事入侵以及结伴而来的文化入侵,不由分说地打断了传统教育的自然行程。

中国文化及其教育的变革始于1840年的鸦片战争,鸦片战争使素以泱泱大国自喜的中国受到沉重打击,中国教育传统迎来了前所未有的严峻挑战,中国开始引进新式教育,被迫走上现代化之路。1862年,由恭亲王奕䜣等人奏设的京师同文馆,为中国新教育的萌芽,后有1863年李鸿章奏设的上海广方言馆,1864年瑞麟奏设的广东同文馆,1865年曾国藩所设的上海机器学堂,1866年左宗棠所设的福州船政学堂等。到甲午战争失败的1895年,三十余年里,洋务运动开设的新式学堂,主要分布在长江南北及沿海一带,计有二十多所。从横向看,有语言、军事、技术三类,从纵向看,主要属于中等专门学校,下无新式初等教育作基础,上无相应的高等教育机构相衔接,显得零打碎敲,头痛医头,脚痛医脚,彼此各自为政,不相连属,尚无完整的学校教育制度可言。但它们毕竟使中国传统的封建教育制度开始有了缺口,教育逐渐有了些现代性因素。

南通地区的现代化进程是在19世纪90年代中后期张謇弃官从商开办大生纱厂开始的。前现代化时期,南通与中国其他地区一样,是封建社会的一隅,是一个自给自足的自然经济占绝对优势的农业社会。与其他地区相比,南通因其地理环境显得更为封闭落后。它南有天堑长江,阻断了与素有鱼米之乡之称的殷富江南的经济联系;东临黄海,由于泥沙淤结,海船无法靠近;北接苏北平原,苏北是江苏最贫穷落后的地区。

南通的教育也落后于江南地区。清代通州儒学学官延续明制,设正八品学正1人,从八品训导1人。教育的目的是"纳民于规"、网罗人才,培养清官忠臣。教育内容为儒家经典、宋儒学说、《历代名臣奏议》《资治通鉴》《文章正宗》及八股文写作等。1895年前南通地区教育体制完全是旧式科举为中

---

① 胡伟希.论世变之亟——严复集.沈阳:辽宁人民出版社,1994:109—110.

心的传统教育,通州设有贡院、试院,还有书院5所、学社7所和义院若干。

两次鸦片战争后,衰败的清王朝被迫开放通商口岸,在大批洋货进入市场的同时,传教士们带来的西方文化也悄悄地影响和改变着中国的传统社会。然而,由于地处偏僻,交通不便,南通地区却始终不受所染,长期保持着近乎凝滞的状态。与地理位置封闭及教育落后紧密联系的是风气闭塞,人们封建意识浓厚,思想顽昧不化。直到大生纱厂开办前,情况没有多大改变。

张謇生活的时代,是一个"不是生,就是死"的风雨如磐的时代。梁启超在1901年发表的《过度时代论》中指出,"今日之中国,过渡时代之中国也","过渡时代者,希望之涌泉也,人间所难遇而可贵者也。有进步则有过渡,无过渡则无进步。其在过渡以前,止于此岸,动机未发,其永静性何时始改,所难料也;其在过渡以后,达于彼岸,踌躇满志,其有余勇可贾与否,亦难料也","故中国之现状,实如驾一扁舟,初离海岸线,而放于中流,即俗语所谓两头不到岸之时也"。梁启超断言,每个时代必会产生属于自己的历史人物。"时势造英雄耶?英雄造时势耶?时势英雄,递相为因,递相为果耶?"①张謇便是这个过渡时代的英雄,一生致力于传统社会的现代转换。而变革落后于时代的传统教育,创办新式教育,是张謇借以实现其强国富国理想的最重要手段之一。

二、张謇的教育思想及其实践

张謇在中国近代教育史上具有重要的地位和影响。他不仅有先进的教育理念、丰富的教育思想,有数十万字教育论述遗世,不仅在南通先后创办了各级各类学校数百所,而且,他的名字与中国多所著名大学的创办紧密相连。北京大学、南京大学、复旦大学、东南大学等一批名校的创办都与张謇密不可分。中国第一所私立师范学校由他创办,他还创办了医学、农学、纺织、商业等各类专门学校,普通教育、特殊教育、成人教育、幼儿教育、职业教育等无所不包。他创办的聋哑学校、伶工学社、济良所等多种进行特种教育的学校都是开历史先河的。他为近代新式教育夯下了地基,并构建了近代教育体系,引领了中国近代新式教育的发展方向。

张謇高中状元之时,列强入侵,国事日非。这种局面下,张謇感到报国无门,只好退而践行"村落主义",将宏大的治国之志试验于家乡南通。在经营南通的过程中,张謇提出"父教育,母实业"的主张,在南通及周边地区大兴教

---

① 陈书良.梁启超文集.北京:北京燕山出版社,1997:123.

育。教育与实业成为他借以强国富民的两大法宝。张謇探索的是一条适合于中国国情的现代化道路,以此谋求社会的整体发展和进步,因而,在教育发展的系统性、全面性上,在对教育发展与社会发展两者的关系的认识和处理上,张謇的教育思想与实践具有鲜明的特色。张謇兴办的是一种面向整个社会的大教育,教育不再局限于学校,而是面向全体大众,教育成为张謇用来改良整个社会的重要手段。

张謇教育思想及实践具有重要的特色。

一是大教育观。张謇精心构建南通地区早期现代大教育体系。他从南通地区实际出发,积极创办新式教育,从推进各级各类的学校教育,到开展丰富全面的社会教育,卓有成效地将教育的各个部分构成为有机联系的整体,组织成完整的系统,从而构建了南通地区早期现代大教育体系。

二是实业教育互助观。张謇重点倡导并实施实业教育。他按照"教育与实业迭相为用"和"学必期于用,用必适于地"的办学思想,将实业与教育紧密结合,催生了南通近代极富特色的实业教育。张謇创办的实业教育有力地推动了南通近代实业的发展,而实业的发展又为实业教育提供了保障。

三是现代教育观。张謇推进现代教育的目的与传统教育不同,并不是为了培养和选拔"建国君民"的统治人才,而是面向民众,面向社会,面向世界,其本质是提高人的全面素质,提升社会的现代文明水平。因此,张謇在南通地区的现代化实践中,致力于教育的现代转换,通过各级各类学校和各种社会教育机构,着力实现他的现代教育宗旨,终于将南通这个封建落后的江北小城,建设成了初具现代文明的"模范城市",张謇的教育思想及实践提升了南通地区的整体文明水平。

这三方面正是张謇在南通早期教育现代化实践中最具成效的部分。因此,探讨张謇与教育,将围绕这三个彼此紧密相关的部分展开。

(一)精心构建早期现代大教育体系

1.《变法平议》与"成周学制"构想

张謇首先在南通开始其教育实践。在此前,他对兴办新式教育已经有了深入的思考。1895年,张謇为张之洞起草《代鄂督条陈立国自强疏》,提出"广开学堂"。甲午战争以后,新式学校逐渐增多。1896年,刑部左侍郎李瑞芬在上奏朝廷的《请推广学校折》中首先提出设立"京师大学堂",主张京师设大学堂,省、府、州、县都设学校,并对府州县学、省学、京师大学各自的入学年龄、课程设置、学习年限都作了具体规定,这一设想,初具了三级学校教育制度的雏形。戊戌变法期间,张謇赞成废科举,兴学校,并草拟了大学堂办法。1898年，京师大学堂正式设立，说明建立自己的高等教育机构已引起清廷朝野的重视。京师大学堂同时也是全国最高教育行政机构，规定各省学堂都归统辖，有利于克服零杂而不成体系的局面。梁启超起草的《京师大学堂章程》，正式确定了学校分为大学、中学和小学三级，但章程的内容，如办学的次序、师资的培养、经费的保障等，缺少具体可行的办法。在清末兴学热潮中，建立全国普遍实施的学制，已成迫在眉睫的大事。

在1902年公布而未实施的《钦定学堂章程》和1904年正式颁布并在全国实施的《癸卯学制》之前，1901年，张謇作《变法平议》一文，文中便提出了较为完整而易行的学制。

张謇主张中国学校设置，其次序应该是"各府、州、县先设立一小学堂于城。小学堂中先特设立寻常师范一班，选府、州、县学诸生，年当二十至四十束修自爱文理通畅者四、五十至七、八十人，视学大小为人数之多寡，延师范师教之。三月后，试令分教小学堂学生，由地方视学官，每月会同师范师，试其学业教法之进退，而第其优拙"，"第二年，四乡分立小学堂，府、州、县大者四十区、中者三十区、小者二十区。配分地段，有寺庙者先借为之。分师范生优者为教席，其优而愿留堂力学者听"。至于师范生的待遇，张謇也给予细致考虑，他主张第一年师范生不纳膳金。试而优者，分三类给奖，最优者五元，优者四元，次者三元。第二年，学生纳膳金。"第三年，即以先立之小学为中学堂，仍并寻常师范学堂于内，兼教西文，而别立高等师范学堂。凡学生皆纳膳金，数各随地酌定，是为官学。若绅富私立或官立者听便。建设之始，报明视学官，转报文补给予准据，学堂教育章程及课本与官学同，考试给凭，出生亦同"，"第四年，各省城立专门高等学堂，第五年京师大学堂可立矣。"

在职业教育方面，张謇主张各府、州、县设立警察、法理、农业、工业学堂，高等商业学堂，女子师范学堂；而高等师范学堂、音乐学堂、盲哑学堂可暂缓。

张謇对于教学经费也都考虑周详，各省学堂以府、州、县学税支办，官学堂以停止八旗兵丁口粮支办。为鼓励各地办学，又考虑国家财力不足，张謇主张"第一次官立者，书籍由学堂置备。其余无论公立、私立，皆学生置备。有人捐备者，由官给奖。凡各府、州、县公立、私立之学堂，初设及设后费用不足，由官补助。是为各府、州、县设立小学、中学循序而致高等学堂、大学堂之次第也"。这里，张謇将学校分为三级，初、中、高各级教育循序而进，高一级教育机构以低一级教育机构为基础，优先发展普通师范。

在学堂的性质上，张謇主张普通教育与职业教育并存，使学制成一树多枝的形态。

张謇坚持中国文化传统。从思想和实践看，张謇从西方的强大中认识到了西方文明的先进性,十分重视吸收西方资本主义国家的文明成果。但是,张謇并不放弃"中学",他在《代鄂督条陈立国自强疏》中认为,以工立国是中国的传统,是孔子倡导的。张謇与张之洞不同的是,张之洞强调的"中学"是汉以后的儒家经典,是宋明以后强调的三纲五常,因而张之洞主张维护国体。而张謇追寻的是文化的源头,以在更高层面上回归"三代"理想社会,他直接从孔子那里寻找理论归属。

1903年,张謇写下《学制宜仿成周教法师孔子说》一文,托古论今,表达了他对学制和教育内容的理念。

张謇从《学记》中《内则》篇解读成周学制,成周学校分为三级,其中小学又分为初级小学和高级小学。初级小学四年,学生学龄为六、七、八、九岁,就读于家塾;高级小学约四年,学生在十到十二三岁,就读于庠;此后为中等教育,时间为六七年,学生在十三四到十八九岁,就读于序;二十以后为大学教育。

从学习内容看,初级小学学习数、方、名、礼仪和历法。数即算术,除一十百千万,还有加减乘除及九章。方实为简单的地理,名即认识各种事物,对学习数方名的重要性,张謇在文中作了较为详细的分析。高级小学学习书、计、礼仪和请肄简谅。书,张謇认为即国文,而计是簿记,请肄简谅是让学生实习简单的实事。张謇对请肄简谅尤为看重,认为学生思想渐开以后,学做简单实事,可以养成治事之材。

张謇将汉以后以儒家经典为主要内容的中国传统教育、普通教育阶段学习内容以及孔子所教作了比较,斥责当时好古君子动不动唱保存国粹高调却不知真正国粹是何物。即使是清末引进西式教育后所推出的《癸卯学制》,也还规定初等小学堂读经讲经课每周为12学时,加上修身2学时,几占了总学时的一半;高等小学读经讲经课每周仍是12学时,只是占总学时的比例略有下降;中学读经讲经课仍是课程中学时最多的,占到了总学时的1/3。就其实质而言,《癸卯学制》仍没有摆脱科举制度的影响,课程中经学课程的分量很重。正如张謇抨击的那样,当时的教育脱离社会生活实际,完全不顾学生的接受能力,将本可为高等教育及专家研究的内容,强加给中小学生,曲解了孔子思想,违背了教育规律。张謇认为:"读经讲经之不合儿童心理生理,必非小学生徒所能尽解,与其徒耗时间,不如多习国文。"1909年,张謇呈文学部,评判当时的学制,除建议缩短小学修学年限外,对读经、讲经所占学时过多提出批评。张謇认为:"故人浅近之语言,自今人讲习之,无一非深邃之文义,儿童索解,犹苦其难……如徒责生徒以诵读,其兴味又视唱歌为枯寂。读经、讲经之费时既多,中国文字之收效遂少,意欲保存国粹,而事实乃与期望相左。"

《变法平议》和《学制宜仿成周教法师孔子说》分别写于1901年和1903年,正是清王朝为挽救其危亡的统治而开始推行新政的时期,张謇以其远见卓识,积极为国家的振兴出谋划策,其关于学校教育制度的设想与观点,为中国近代学制的改革做出了重要贡献,同时也为南通早期教育现代化确立了基本框架。

尤其难能可贵的是,张謇不仅限于为中国现代学校教育制度的建立鼓与呼,他更是现代学校教育制度的积极实践者。张謇以南通为基地,以办新式企业为办新式教育的前提和后盾,实施"父教育母实业"的主张,殚精竭虑,脚踏实地,一步一步地以实际行动推进南通地区社会的现代化。他在南通地区兴办各类现代教育机构,形成了包括初等、中等和高等教育在内的现代学校教育体系。

2. 现代学校教育体系的建立

在各类办学层次及其发展次序方面,张謇主张先立师范、小学,次立中等学校,再办高等专门学校,最后建立大学,"师范启其塞,小学导其源,中学正其流,专门别其派,大学会其归"。

张謇认为,要兴办现代教育,首先要办好师范。他赞成欧美对一个国家的评价:"以其国学校多寡为强弱文野之别",指出欧美强国"其多者校以七八万计,生徒以七八百万计,校师以十数万计,师必出于师范"。

1902年二月下旬,张謇应两江总督刘坤一邀请,到南京与罗振玉为刘拟定《学制奏略》和"兴学次第"。张謇建议首先兴办师范学校,一年后各州县分别设立高等、寻常小学校,三年后各府立中等学校,五年后各省设高等专科学校,京师设大学校。刘坤一是清末致力于社会改革的重要官吏之一,对张謇很是赏识支持,但是他的这种态度受到了周围的守旧官员如藩司吴熏熹、巡道徐树钧、盐道胡盐等的群起阻拦,从而动摇了刘坤一率先兴办师范学校的决心。这令张謇大失所望,与罗振玉等人商量一番之后,张謇决定回到南通自行创办师范学校。

张謇此时在南通兴办的实业已经取得了成果,大生纱厂五年来连本带息已有两万盈余,加上朋友沈燮钧的赞助,兴办师范的资金条件基本具备。他约请罗振玉、沙元炳详细商定了师范学校的校规章程,选定南门外荒废了的千佛寺作为校址,全力投入了学校的创建工作。学校还在筹建之际,张謇便自豪地宣称:"夫中国之有师范学校,自光绪二十八年始,民间之自立师范学校自通州始。"师范学校于七月上旬开工建设,经过7个月的修建、筹备,于光绪二十九年即1903年四月一日正式举行开学典礼,中国教育史上第一所民立师范教育机构——通州师范学校宣告成立。

在通州师范学校开学典礼上，张謇整肃衣冠，作了热情洋溢的演讲，指出："欲雪其耻而不讲求学问则无资，欲求学问而不求普通国民之教育则无与，欲教育普及国民而不求师则无导，故立学校须从小学始，尤须先从师范始。"

通州师范学校属于中级师范学校性质（当时称为寻常师范），主要是培养小学教师。办学伊始，张謇大开才路，广求名师。他聘请著名学者王国维为国学、教育教员，又聘请西谷虎二、木村忠治等18名日籍教师为伦理学、西洋史、教授法等课程的讲师。学生则是从原来的"贡、监、廪、增、附五项生员"中选取"性情端淑、文理素优"者。学校的课程设置有教授法、修身、历史、地理、算术、文法、理化、测绘、体操等，大体上可以满足在高、初两级小学教授各门课程的需要。稍后，通州师范分为本科（四年）、速成（两年）、讲习（一年）各科，并且附设实验小学，规模更趋完备。以后，张謇又陆续创办测绘、蚕桑、农、工等科，还建立了工科教室、农学教室、农场、博物苑、测候所等。这些设施超过了一般中级师范学校所需设施的范围，体现了张謇重视实践，教育与生产、生活实际相结合的思想。1905年，张謇还兴办了通州女子师范学校，这在当时也是开风气之先的。

张謇兴办新式教育，和当时中国首先开办专门教育或高等教育的主流观点相反，优先发展基础教育。在基础教育方面，张謇除在通州师范学校附设实验小学以外，光绪三十年（1904年）又设立"通州五属学务处"，作为统筹推广新式教育的办事机构，并且陆续在各地兴办一批中学和小学，如1902年规划、1903年起建设、1905年开始招生的通州第一高等小学校，1904年创办的长乐镇国民初等小学校，1906年建成的通海五属公立中学等。

20多年里，张謇先后在南通地区创办初等小学332所、高等小学12所、中学2所。

张謇还非常重视技术教育与职业教育。"实业知识"是张謇教育大纲三大内容之一。1904年颁布的《癸卯学制》正式将实业教育纳入了学制系统中，分初等、中等和高等三级，张謇根据地方经济与社会发展需要创办了各类实业学校，其性质也可分为三级，如农工商小学即属初级。张謇创办了一系列实业学校和职业学校，现列举如下。

工业教育方面：南通纺织专门学校（1912年）、河海工程专门学校（1915年）、河海工程测绘养成所（1914年）、镀镍传习所（1913年）。

农业教育方面：农业专门学校（1906年）。

商业教育方面：商业学校（1914年）、银行专修科（1911年）。

医学教育方面：医学专门学校（1912年）。

交通教育方面:铁路学校(1906年)、商船学校(吴淞)(1906年)。
女工教育方面:女红传习所(1914年)、蚕桑讲习所(1920年)。
戏剧教育方面:伶工学社(1919年)。

此外还有宣传讲习所、监狱传习所、国文专修科等。

上述的学校,除农业、纺织、医学、河海工程等高等专门学校外,其他的主要属于中等教育。

张謇重视高等教育。农业、纺织、医学、河海工程等专门学校属高等教育机构,为社会培养了许多高级专门人才。前三所学校于1928年合并成立了"私立南通大学"。

以张謇创办医学专门学校为例,从中可见张謇办学的缘由及宗旨。南通地处江北,经济文化的发展向来远落后于江南,百姓缺医少药,医疗水平极其落后。一心想造福乡里的张謇在兴办各项事业的同时,决心改变这种状况。1912年3月,张謇和其兄张詧以私资在南通昭武旧址建立了私立南通医学专门学校。1913年,张謇兴建医院供学生实习之用,先名南通医院,后改称附属医院。学校创办时先设西医科,1917年增设中医科。中、西医科各设预科,学制1年,本科学制4年。1918年医校选送毕业生赴日本留学,同时聘请德国医生来校工作,并添置医疗器械数百件和X光机等设备,学校和医院初具规模。1920年,德国医学博士夏德门任总医长,医院分设内、外、产、妇、皮肤、眼耳鼻喉等科,医疗水平达到较高水平,南通地区医疗卫生落后的局面得到根本性的扭转。

张謇设立医学专门学校还有一个目的,就是培养中西医结合的新医生,在吸收西方先进医学技术的同时,用科学的方法研究中医中药,以发扬光大中国传统医学。张謇是中国近代史上最早提出中西医结合主张的,他给医校写的校训便是"祈通中西,以宏慈善"。张謇组织人力研究中药的主张,得到德国柏林大学药学院教授托姆司、化学工程师米勒的支持和赞同,张謇因此准备筹措十万元资金请米勒到学校的化学实验室研究,并聘请国内药学方面的专家和德国专家共同研究,后因资金筹集困难而未能实施。

张謇除在南通稳步发展高等教育外,还倡议或助办其他高等教育。1905年,他向两江总督上《请设工科大学公呈》,建议"乃在上海制造局相近,先建工科大学。即以已成之中国公学,为高等工学豫备,次第经营,四五年后即可希望成效之发生,有完全之工学"。1906年,张謇向两江总督端方建议:建南洋大学时,"江宁宜就制造局左近设工科,特设法科。苏州宜就昆山、新阳有荒地处所设农科。就上海设医科。至安徽、江西,亦宜各设一文科,或更量设法、理高等一、二科,以备三四年后升入大学"。1905年,张謇还协助创办了复旦学院(现复旦大学的前身)。

张謇凭着科学的态度和坚定的意志,经过艰苦卓绝的努力,一步一步地在南通和周边地区建立起从基础教育到高等教育、普通教育到实业教育这样一个完整的现代学校教育体系。

3. 社会教育体系的建立

张謇为了提高国民素养,促进地方科学文化事业的发展,于实业大振的基础上,在南通地区创办了博物苑、图书馆、剧场、公园、气象台、体育场、报社、养老院、育婴堂、盲哑学校等一批文化和公益事业。

张謇办这些事业,其宗旨不是为乐而乐、为用而用,而是为了使它们成为启迪人们智慧、进行广泛教育的工具。他建博物馆,"设苑为教育",用以普及自然科学知识;他设图书馆,"以为政治学术参考之大部分以补助学校";他办更俗剧场,为的是改革戏剧、改革社会陋习;他力主将气象台办在军山顶上,让人抬头就可以看到,"亦可提高重视天气预报的观念"。

1903年春夏之间,张謇东渡日本考察。参观东京帝国博物馆时,他形成一个意念:自办博物苑,为教学和农业研究服务。1904年,张謇在师范学校河西,"徙荒冢千,并居民三十许",开辟了一个植物园,供师范学生作为实验园地用。后来,随着教学范围的不断扩大,为使学生"睹器而识其名,考文而知其物",有亲眼目睹和动手实验的场所,1905年,张謇将这块占地近四十亩的植物园,发展为博物苑,聘请曾留学日本并于师范就读过的孙钺为主任,开始动工兴建馆舍。博物苑最早的建筑为中馆,砌平房三间,上辟14平方米的平台,以安放观测仪。中馆原名"测候所",从1909年开始逐日进行天气预报。其南馆即博物馆,陈列的文物分为天产、历史、美术、教育四个部分。北馆为化石馆,陈列吕四出土的鲸鱼骨和其他动物的骨骼标本与化石。据1914年《博物苑品》统计,当年共有各类馆藏物品2973件。苑中还有动物园、假山、水池、花房、草坪、斋亭等。兴盛时,动物园中有老虎珍禽,植物园中有琼花丹桂,陈列品中有可动的轮船火车等机械模型,琳琅满目。正如张謇所希望的那样,"设苑为教育也,更析历史之涉教育者,凡为部四,隶目若干,所以昭苑掌,示来者"。博物苑成了普及科学知识和陶冶人们情操的社会教育机构。南通博物苑是中国近代史上第一个博物馆。

1908年,张謇又上书清廷学部,请建图书馆,得到核准。在确定建馆之时,张謇考虑"图书馆必须爽垲",选南门外东岳庙(亦名齐天庙)为馆址,1912年"因岳庙为图书馆",图书馆正式建成。其创办经费,"先后凡用二万六千二百四十三元,岁用银二千四百元或强,皆謇任之"。图书由捐赠和采购而来,由少到多,逐步发展。至1924年,馆中藏有"中国书十五万卷有奇,西文书六百余部,日文书三百余部"。书之来源"啬翁捐赠者占十之六七,退翁十之一二,现又陆续添购,并得各界人士捐"①。藏本中木刻版占十三万卷以上,此外还订了京沪等地的日报与各种杂志。图书馆内设阅览室、阅报室及曝书楼各一所。开馆的时间为上午九时到下午二时,中午休息,星期二停阅,寒假停阅十天,三伏天晒书时也闭馆。张謇建立图书馆的目的首先是补充学校教育的不足,增长民众知识,次为保存国粹。这座图书馆虽然在管理等方面还不够成熟,但对地方上的民智开发起着不可估量的作用。这也是我国近代史上最早的图书馆之一。

1919年年初,张謇着手于南通城西南桃坞路西端兴建剧场。剧场根据日本、上海、北京各大剧场的特点,由工程师孙支夏设计,请欧阳予倩审定图纸。剧场于当年夏天动工,至重阳节便全部落成。这座外圆里方的新型建筑,分上下两层,全场共有座位约一千二百个,均视线畅达,音响良好。舞台前后开阔,空气流通。台上垂大幕三道,下面是定制的地毯,上面有天桥三道,可装置活动布置,是当时国内最先进的现代化剧场之一。剧场取名为"更俗",表达了张謇改造社会陋习,除旧布新、移风易俗的目的。更俗剧场的演出剧目,也注意劝励世俗,"旧剧则选有益于世道人心者,如淫滥无稽之作俱在所摒,与京沪诸地迥然不同","新剧间有之"。剧场对社会新风的养成和戏剧艺术的推广都发挥了重要作用。

张謇曾说过:"公园者,人情之囿,实业之华,而教育之圭表也",认为它是地方文明程度的标志。1917年,张謇在濠河西南,主持营建了东、西、南、北、中五座公园。各园之间,或堤或桥,逶迤相通。它们既有山水花木亭榭的共性,又各有自己的个性特点。张謇写有《南通公园歌》,对此加以描述:"南通胜哉江淮皋,公园秩秩城之壕,自北自东自南自西中央包。北何有?球场枪垛可以豪;东何有?女子小儿可以嬉且遨;南可棋饮,西可池泳,舟可漕。楼台亭榭中央高,林阴水色上下交。鱼游兮徒徒,鸟鸣兮调调,我父我兄与我子弟于此之逸,于此其犹思而劳,南通胜者超乎超!"公园倡导积极健康的生活方式,促进了社会的进步文明,成为人们休闲娱乐、陶冶情操的良好场所。

1906年,张謇在博物苑中建立测候所。1913年,私立南通甲种农校成立,张謇在校园里建立了小型测候台,将博物苑中的仪器移设其中,同时规划于军山建立气象台。张謇认为:"气象台宜设军山上,不仅有关风景,且于天气预报有益。因军山南临长江,与江南的福山对峙,形势绝佳。江中往来船舶,遥望军山有台,当注意天气预报。必要时,山上可悬挂预报标号。在通城

---

① 陈有清.张謇.南京:江苏古籍出版社,1988:62.

及东乡民众,远望军山有台,亦可提高重视天气预报的观念。所以台设在军山上,可以远听远,对天气预报是有裨益的。能加强天气预报,也于农业有裨。"①军山气象台于1917年1月正式开始工作。测报的内容有天气、潮汐、虫情、天象、地震等项,直接为社会民众的生产和生活服务。

1913年,张謇和其兄张詧在南通城南女子师范学校的右侧,兴建了南通最早的体育场——第一公共体育场,占地20多亩。全场设表门一座、大门三座。南有一排平房,供办公、储藏及运动员休息、更衣。东西两边各有一方亭,围以短墙,供群众参观休息。场内设有跑道、沙坑和其他各种运动器械。公共体育场每天上午九时至下午六时对外开放,"任人运动,无贫富老幼男女之分,亦无入场费",每逢星期天和节假日,来体育场锻炼的更是"济济盈盈,各自为戏"。② 1922年,张謇用为他贺寿的钱,在城南狼山路西边的白塘庙附近,又新辟了第二公共体育场,场地较段家坝为大,占地约40亩,设施大致和第一公共体育场相同。南通公共体育场的建设,对推动南通体育活动的开展和增强民众体质产生了积极而重要的影响。

此外,张謇还兴办了平民工场、济良所、栖留所、残废院等社会公益机构,不仅给以养,而且施以教。

张謇在南通地区兴办众多的社会文化和公益事业,其一个重要的目的是实施更广泛的教育,这些社会教育机构和他所兴办的各级各类学校一起,构成了完整的大教育体系。

4. 现代"终身教育"思想的萌芽及"学习型社会"的雏形

对张謇在南通建立的这种大教育体系,我们还可以作如下引申。

其不把教育局限于学校,不把教育对象局限于学龄儿童,也不把教育机构局限于正式教育机构。张謇在城乡广设的面向民众实施教育的各类非正式教育机构远不止如上所述,如在公园设立民众教育馆,在城区设立通俗教育社等。对有职业者,张謇借助各种机构广设各类补习学校,提高受教育者的文化素质和职业技能,如工商补习学校、女子师范附设义务学校、纺织专科学校附设工人夜校、垦牧乡办的农民半日学校等;对无职业者,则注重职业教育,以便就业,如所办的贫民工场等。张謇几乎使所有的非教育部门都承担教育职能,把传统的为少数人服务的教育改造成为多数人服务的教育。从某种意义上说,他已经使教育从"制度化教育"拓展成了"非制度化教育",这似乎成为我们今天讲的"终身教育"的萌芽和"学习型社会"雏形。

---

① 陈有清. 张謇. 南京:江苏古籍出版社,1988:66.
② 南通县自治会. 二十年来之南通. 南通翰墨林印书局,1930.

对"学习型社会",陈桂生教授做过这样描述:"学校不再只对少数人开放,应当把学校办成社区文化活动的中心,使没有得到学习机会的人随时能在正规学校得到学习机会。终身教育不仅谋求正规学校的革新,而且充分肯定非正规学校的地位,发挥非正规学校灵活多样、便于吸收更多人学习的优势,不仅仅继续扩大正规与非正规学校,而且充分肯定校外教育机关的地位,广泛发展图书馆、俱乐部之类的社会文化设施,尤其是发展大众通讯媒体;不仅仅由教育机关兴办学校,而且充分鼓励非教育机关即企事业单位、社会团体等承担教育职能,推而广之,整个社会都要承担教育职能。"① 对比一下张謇的教育实践和陈桂生的这段话,我们完全可以对我们提的问题作出肯定的结论。

(二) 重点倡导并实施实业教育

张謇在南通的教育现代化实践,不仅在于教育体系的构建,还在于对各级各类学校教育内容与方法的改革,在于将教育与经济社会发展的紧密结合。张謇将实业与教育相结合,催生了实业教育,他创办的实业教育是其教育体系中重要和最具特色的组成部分。

在中国传统社会里,农业和手工业劳动对技术没有什么很高要求,生产者只是以师父带徒弟的方式获得生产经验和技能,因此,学校教育是和生产劳动相分离的。

我国传统教育向现代化转型的过程,经历了洋务运动以语言学堂及军事技术为主的教育改革后,到19世纪末20世纪初,以全体国民为对象的普通教育和以发展国计民生为目的的实业教育终于受到应有的重视。据清末学部公布的统计数字,1907年,全国有普通学堂35045所,学生949320人,实业学堂137所,学生8693人;到1909年,全国普通学堂增至51877所,学生增至1561674人;实业学堂增至254所,学生增至16694人。两年间,普通学堂数增加48%,学生数增加64%;实业学堂数和学生数则分别增加80.5%和91.5%。尽管实业学堂数和学生数的增幅都远远高于普通学堂数和学生数的增幅,但从1909年统计的数据看,实业学堂数和实业学堂在校学生数仅占同期普通学堂数和普通学堂在校学生数的0.48%和1.1%。这种状况在民国初年有增无减。②

这就带来一个问题,普通教育如此迅猛发展,其教育质量能否得到保证?

---

① 陈桂生."教育学"视界辨析.上海:华东师范大学出版社,1997:289.
② 王炳熙,阎国华.中国教育思想通史:第6卷.长沙:湖南教育出版社,1994:84.

大批普通教育的毕业生涌向社会,社会是如何消化的?普通教育与实业教育比例的严重失调会带来什么后果?

黄炎培分析了当时的教育状况,认为"兴学运动以来,学校普设,入学人数大增,但是,学校教育的质量令人担忧,今之学子,往往受学校教育岁月愈深,其厌苦家庭鄙薄社会之思想愈烈,扞格之情状愈著,学生在学校所获得的道德、技能、知识方面的教育和训练,走上社会后毫无用处"。庄俞批评当时的教育现状"学制公布,学校议建,学生骤增,表面观察,今日教育岂不日有进步?然而,一则虚伪,二则剿袭,三则矜夸,四则敷衍。一言决之,如是现状于国家鲜有实际"[①]。

清末民初,在我国教育现代化启动过程中,承接传统教育的惯性,学校普遍存在教育与社会实际相脱离,书本知识与生产、生活要求相违背的弊病。教育制度虽然改了,教育对象、教育目的都较两千年中国传统的封建教育有了根本性的改变,但是教育结构失调,教育内容、方法脱离实际,使教育效果与学生和社会发展的要求相去甚远。

张謇是一个集实业与教育于一体的大家,主张"父教育,母实业",实业和教育是张謇推动社会发展的两翼。相对于中国早期实用主义教育思潮主要是关注如何改善和提高普通教育的质量问题,张謇从更广阔的角度考虑教育结构问题,思考教育改革与社会发展的关系,促进教育与社会生产实际的紧密结合。

1. 实业教育的创办

经过戊戌、辛丑两次革新的失败,张謇对清廷深感失望,因此转而专心致力于经营家乡通海地区,通过"地方自治"来实现自己的理想。在《垦牧公司第一次股东会演说公司成立之历史》中张謇指出:"凡鄙人之为是不惮烦者,欲使所营有利,副股东营业之心,而即借各股东资本之力,以成鄙人建设一新新世界雏形之志,以雪中国地方不能自治之耻。"张謇心目中理想的新世界,不是一个空想的乌托邦,张謇是务实的,他的志趣是脚踏实地地做有益于社会的实事,期望通过通海地区地方自治的示范,使他理想中的新世界之雏形能在全国推广。

张謇在经营南通的过程中对实业教育非常重视。他认为:"政者君相之事,学者士大夫之事,业者农工商之事。但政虚而业实,政因而业果;学兼虚实为用,而同因果为权。士大夫生于民间而不远于君相,然则消息期间,非士大夫之责而谁责哉?"他指出:"孔子言以不教民战,是为弃之。然不教之民,

---

[①] 王炳熙,阎国华.中国教育思想通史:第6卷.长沙:湖南教育出版社,1994:86.

宁止不可用为兵而已？为农、为工、为商殆无一可者。"他强调"图存救亡，舍教育无由，而非广兴实业，何所取资以为挹注？是尤士大夫所当兢兢者矣"。张謇看来，"窃维环球大通，借以经营国民经济为强国之本。要其根本之根本在教育。而实业不振，又无以为教育之后盾。现吾国国民生计日蹙，欲图自存，势已岌岌，舍注重实业教育外，更无急要之计划"，进而提出"求治之法，唯在实业、教育"①。张謇一面创办实业，一面开办教育，"以实业辅助教育，以教育改良实业，实业所至即教育所至"。实业教育是张謇教育体系中的重要组成部分。

1898年张謇创办的大生纱厂正式投产后，事业发展顺利，工厂业务应接不暇，然而由于中国缺少纺织方面的专业技术人才，工厂从设计、管理到机器的安装维修完全依赖于英国的工程师和技工，因此，张謇决心培养本国的技术人才。

1913年，由大生一厂和张謇捐资，在南通大生纱厂所在地唐家闸新建校舍，南通纺织专门学校正式开办，张謇亲任校长，学制定为本科三年，预科两年，1920年起取消预科，改为本科四年。学校先设纺织工程一个专业，1916年增开丝织、电工、机械三班，设染色实习所。至1917年，已有本科毕业生两届50余人，分布全国各纺织厂服务。1918年，毕业生协助上海厚生纺织厂排装新机成功，1921年毕业生又主持完成了大生三厂全部纺织新机的排车设计与安装工程。数十年受西方控制的中国纺织业技术关，从此被我们自己培养的新生力量所掌控。张謇创办的这所学校，是中国第一所纺织专门学校，毕业生遍布全国各地和南洋群岛，新中国成立前约四分之一的纺织工程技术人员出自于该校，它对我国纺织工业的发展，做出了重大贡献。

甲午战争后，张謇回归故里，看到江海交汇处有一望无际的大片荒滩，便兴起了开垦荒地的念头。1901年，张謇在此建立了通海垦牧公司，从事耕牧。为求新法开垦，他在公司附设了农学堂，1906年学堂迁到南通城，附属于师范，称为农科。不久农科脱离师范独立，1909年改为初、高等农业学校，1913年又改为甲、乙两种农业学校。随着沿海垦区不断扩大，纱厂又需要大量的优质棉纱，为加强对棉种改良以及病虫害防治的研究，1916年将甲种农校提高到专科程度，改为南通农业专门学校。当时，南通各项实业蒸蒸日上，张謇想办一所大学，因南通各业都基于农业，所以农科首先成立，1919年，农校改为农科大学。学校采取欧美国家农科大学的学制，设有五个农场，一个林场，一个畜牧场以及一处苗圃。

---

① 张孝若.南通张季直先生传记.上海：上海书店，1991：506.

农场、林场等处专为配合学校的教学科研而设,如农场一分场为花卉、果树、蔬菜、水稻和其他农作物的实验所,设有肥料、土壤化验室,昆虫研究所,测候所等科研单位;二分场是为南通农村培育作物试验品种的专区;三分场是学生自营的经济农场及育种区所在;四分场是改良棉、豆的试验区等。

1917年,黄炎培来南通考察农业教育,对南通农校的状况作了较为详细的描述,这里摘录部分,从中我们可以对张謇创办的农校当时的办学思想、方法、手段和成果有个大致的了解。

"1917年11月29日来南通,观私立甲种农校,为张退庵、啬庵兄弟创办……不时尚往美国、日本、朝鲜、东三省、蒙古等处了解农事状况。是校注重在植棉试验,盖将贯彻啬翁棉、铁两大主义之一端。日本人在朝鲜设有木浦棉作试验场,其场长来观,欲为日本所不如。是校植棉试验分两种,一为普通试作地,一为学生担当地。而别于校外设自营农场。教师、学生每人各占地五分或一亩。调查今届临近农家植棉,一亩之收获,平均四十九斤,而师生二十八人自农场之成绩,平均一亩之收获……(略去所举各棉种。引者注)皆浮于寻常农家二倍有余……问主任孙君,其资本较寻常农家有增加否?答无有。但种得稀,薅得透,约仅留九为度,亦用通常肥料,但于配合及播种栽培上研究耳。该校以渐得社会之信用,乃仿欧美制度,设扩充部,分演讲会、俱乐部、贩卖部等,以'贷种所'为联络农夫社会之主要方法。(贷种所即向农夫贷种学校研制培育的农作物优良品种,向社会推广学校研究成果的场所。引者注)……凡此种种,大都仿自美国,在中国当属仅见。他种成绩亦甚佳。不俱述。"[①]

发展农业离不开水利,为兴修水利,1906年,张謇在其首创的通州师范学校附设了土木工程科测绘特班,聘请日本水利工程专家讲学。培养土木建筑及地方测量人才四十人,河海工程人才九人,这是张謇水利工程人才培养的开端。民国后,张謇曾支持全国水利工作,1913年,张謇奉命勘淮,除聘用荷兰工程师和水利局技师一人外,所有技术人员中,仅南通培养的江淮水利测量局测量人员便有三四十人。鉴于全国水利人才的奇缺,张謇筹划于南北适中之地建设高等土木工程学校,先开河海工科专班,学制暂定三年,每期以三百人为限,聘请外国水利专家为教习。1912年,河海工程专门学校在南京正式成立。开办的第二年,恰逢入夏雨量大过往年,全国许多江河泛滥,河海工程专门学校一校学生无法满足各地之需,张謇要求各地速建河海工程测绘养成所,培养河海工程测绘人才。于是这类学校在各地纷纷设立,为我国水利

---

① 中华职业教育社.黄炎培教育文选.上海:上海教育出版社,1988:62—64.

工程建设做出了重要贡献。

在商业教育方面,张謇认为"天下之大本在农,今日之先务在商,不商则农无输产之功"①。中国商业之所以一蹶不振,一言以蔽之,为不学无术。中国传统重农轻商,商界中受教育者甚少,张謇针对时弊,积极创办商业学校,培养商业人才。

清朝末年,商战日剧,商界人士纷纷议设银行,以发展商业。但是各地银行的设立,均不符合现代银行制度,未脱原来钱庄、票号的旧习。张謇认为银行发展不力,在于银行懂得现代管理的人才稀少,银行的种种业务因而不能很好开展。于是,1911年,张謇设立了银行专修科,专门培养银行人才。

为了配合其实业的发展,张謇还创办了商船学校、镀镍传习所等许多实业学校。

张謇十分重视教育结构的合理性,他在发展普通教育的同时,积极倡导实业教育。张謇创办的实业教育,包括初、中等实业教育和高等实业教育。他毕生创办的实业教育学校多达几十所,所有学校的发展无不与当地的经济社会发展紧密关联。

2. 注重实践的教育方法

中国传统教育历来"重知识轻实践",而张謇一改传统积弊,在当年就对实践教育非常重视。他认为"学问兼理论与阅历乃成,一面研究,一面践履,证求学问补不足之法"。"居今之世,舍知行并进,尚安有所谓学务哉?"这里以他所创立的南通私立纺织专门学校的教学组织为例来说明。

1915年的《南通私立纺织专门学校学则》,对本科培养计划有详尽的阐述,其中的实践教学环节丰富而多彩。

重视实验。在南通私立纺织专门学校开设的课程中,实验学时占到总学时的29%,这个数字在20世纪初的工科教育中应该说是相当高的,即便是技术高度发展的今天,一些高校的工科专业的实验教学时数占总学时的比例也不过如此。

修学旅行。学则第二十七条规定:"各级学生因左记(下列——引者注)之项目,每学期修学旅行一次。巡视各地之实业状况,可供实地见习资料之地。锻炼身体习劳耐苦资以训练之地,名胜古迹籍广知识之地"。修学旅行的时间为每学年四周。学则第二十八条规定:"本科生将毕业时,由本校率往各处工厂参观一次。"学则第二十九条规定:"旅行出发前表示问题,返校时一一答复。"

---

① 瞿立鹤.张謇的教育思想.台北:台湾学生书局,1967:257.

实习。学校设纺、织、染色、金工等实习所供学生实习,纺部实习纺处的纱,供织部实习之用或储存成绩室备为发售,织部织出的布要求每机都有不同的花样并送成绩室发售,各实习所每星期天都要求学生擦机器一次。

学校还专设营业部供学生实习工厂管理以及增长商业知识,营业部由学生和学校共办。营业部分手工出品部和机器出品部,手工出品另设特部,机器出品部即由各实习所机器经学生实习所生产。手工出品部由学校酌定资本若干,每位学生出银十两入股,不足由学校补足,学生参与分红,毕业时退还股本;机器出品部由学校出资,学生也允许入股。学生参与营业部的经营,每个学生都须通过营业部了解:生熟货进出之关系;工作之情形;出品与时令之关系;出品与社会之心理;销路之情形。

张謇通过组织实践教学,让学生更好地消化吸收课堂所学的知识,培养实际操作技能,并通过沟通学校与社会的联系,使学生在增进对社会了解的同时,获得工作经验,从而为毕业后更好地服务社会奠定良好的基础。张謇的实践教育思想在师范学校、农校、医校等学校的教学过程中都得到了充分体现。他在许多实业学校都建有实习基地,如农校有棉作试验场百余亩、园艺场30余亩、畜牧场10余亩、苗圃20余亩、稻作场10余亩。师范有附属小学,医校有附属医院,等等。

(三) 努力提升地区整体文明水平

在现代化的过程中,教育的一个重要任务是传播和推广现代文明。从普通教育到实业教育、从学校教育到社会教育,张謇办教育一个重要的目的,便是以教育现代化推进南通地区的全面现代化,整体提升南通地区的现代文明水平。

从张謇创办的各级各类学校和社会教育机构可见,中国最早的师范学校、最早的新型戏曲学校、最早的纺织专门学校、最早的女子刺绣艺术学校、最早的盲哑学校、最早的博物馆、最早的民办农用气象台等都在南通相继诞生,张謇对南通地区的早期现代化做出了重大贡献。他办教育的目的不仅限于传播知识、训练技能,还特别重视文化氛围的创建,以提升社会文明。因此,他积极借鉴和吸收西方现代文明,有目的地创造有利于受教育者发展的优良环境,从人和环境的交互作用中启导、促进受教育者的身心发展,提升南通地区的现代文明水平。

南通有着优美的环境和深厚的文化氛围,拥有众多的全国第一,这一系列教育、文化设施能在不长的时间内,几乎以张謇一人之力,在一个地方较为集中地建设起来,让一个落后的县城逐步过渡到当时的"模范城市",这不能不说是个奇迹。

张謇在建设南通的过程中,办学校、建公园、修马路,博物馆、图书馆、体育场、剧场等文化设施迭次而起。他在发展生产力的同时,积极振兴文化,努力创造风俗仁厚的社会环境,以"化民成俗",提高人的精神素质,促进人的全面和谐发展。

博物馆和图书馆是保藏和传播人类文明的机构,是开启民智、普及教育的重要场所。1903年,师范学校开学,同年张謇考察日本,在有了办学实践和借鉴别国经验后,向清政府建议设立图书馆、博物馆。1905年,他在《上学部请设博物馆议》中指出:"窃维东西各邦,其开化后于我国,而近今以来,政举事理,且骎骎为文明先导矣。揅考其故,实本于教育之普及,学校之勃兴。然以少数之学校,授学有秩序,毕业有程限,其所养之人才,岂能蔚为通儒,尊其绝学。盖有图书馆、博物馆,以为学校之后盾,使承学之彦,有所参考,有所实验,得以综合古今,搜讨而研论之耳。"张謇强调了图书馆、博物馆的社会教育功能。当年,中国第一家博物馆"南通博物苑"便在南通诞生,早于北京20年,早于上海50年。1912年,南通图书馆成立。图书馆、博物馆成为南通现代文明的标志,对城市文明的发展发挥了重要作用。

1903年,在通州师范开学的同时,张謇创办了翰墨林印书馆。韩国著名诗人金沧江任编校。翰墨林印书局出版学校教材和各类书籍,在辅助教学的同时传播先进文化。南通翰墨林印书局在成立之初,就翻译出版了《日本宪法义解》《日本议会史》等学术著作。张謇在当时就有了版权意识,1904年他咨呈清政府保护翰墨林印书局的权益:"查各国印书,最重版权。近今编译各书局亦均有版权之请。今恳咨明商部批准立案,并求札饬沪道出示,严禁各书贾翻印通州翰墨林书局编译之书。"1913年,南通创办了中国早期的地方报纸之一《江海通报》,成为张謇宣传现代文明的喉舌。

中国最早的气象台之一军山气象台在1906年所办测候所的基础上,于1917年1月正式建立。测报有天气、潮汐、虫情、天象、地震等项内容,为南通地区的生产和生活服务。与此同时,"通城及东乡民众,远望军山有台,亦可提高重视天气预报的观念"[①],足见张謇在建台为生产、生活服务的同时,不忘民众现代科学意识的养成。

1919年,张謇在建设更俗剧场的同时,创办了中国影戏制造公司,拍摄了伶工学社演出的《打花鼓》《四杰村》京剧艺术片和《五山风景》《张南通游南通新市场》等纪录片。《四杰村》还曾在美国纽约放映。

---

① 陈有清.张謇.南京:江苏古籍出版社,1988:66。

把戏剧改良和移风易俗、社会进化结合起来,这也是张謇提升南通现代文明的重要举措,剧院取名"更俗"足见张謇意图。更俗剧场制定的《剧场规约》,旨在根除旧式戏院习俗,这些规定在当时都是创举①,大大提高了剧场文明程度。剧场上演的剧目,张謇要进行严格筛选,注重剧目内容上的改革。张謇曾致信梅兰芳,提出了他的戏剧改造主张:"地理历史正旧之谬证,风俗人事正旧之卑劣粗恶。此言体也。用则一方订旧,一方启新。订旧从改正脚本始。"据《二十年来之南通》介绍,更俗剧场演出的剧目"旧剧则选有益于世道人心者,如淫滥无稽之作俱在所摒,与京沪诸地迥然不同",同时,张謇推崇话剧等新剧种、新剧目。剧场对社会新风的养成和戏剧艺术的推广都发挥了重要作用。

章开沅在《张謇传》中对张謇创办的更俗剧场产生的影响介绍道:"更俗剧场成为全国屈指可数的戏剧改革中心之一,影响甚大,意义深远。著名电影导演钱千里曾回忆说:'我1915年出生于江苏南通,原名钱骏。我从小就是戏迷。因为实业家张謇在家乡非但经营工业,还致力发展文化教育。他热心戏剧,建造更俗剧场,邀请梅兰芳、欧阳予倩等南北名伶来通演出,有时也请文明戏名家汪优游等和歌舞班来通演出,盛况空前……在这样戏剧热的气氛中,我和崇敬中学的同班同学赵丹、朱今明、顾而已等就成了更俗剧院的常客。我们陶醉于艺海之中,培养了对戏剧艺术浓厚的兴趣。'文中用'艺海'一词来形容更俗剧场的旺盛辐射力,张謇努力经营南通的艺术氛围,给这片土地增添了新的艺术养分,一代影剧表演大师在这里成长起步,就是对张謇多年劳绩的最好回报。"②

张謇在1913年兴建的体育场,运动项目有篮球、网球、乒乓球、足球等现代球类运动以及木马、高梯、滑台、浪桥、旋板等器械竞技,积极引导民众开展现代体育活动。

张謇设立了测量局、路工处,测绘地图,规划城市,建造了一批中西合璧的优秀建筑,其中不乏近代建筑史上的经典之作。

1903年,张謇邀来著名国学大师王国维(1877—1927)到通州师范任教,1914年,张謇延请著名刺绣艺术大师沈寿来通,并专门建成绣织局和女红传习所,由沈寿主持,1919年,张謇又请来著名艺术家、戏曲改革之先驱欧阳予

---

① 剧院实行凭票入场,对号入座,规定看戏不得带婴儿入场,不高声怪叫,不吹口哨,不随地吐痰,不随便走动,等等。还特别不许嗑瓜子。在后台,剧场规定不许迟到早退,不许带人看戏,不许带酒上台,不许扔跪垫,不许撩门看戏,不许逗笑喧闹,等等。

② 章开沅.张謇传.北京:中华工商联合出版社,2000:339.

倩主持伶工学社和更俗剧场。邀请著名文学家、艺术家来通工作,是张謇着力打造文化南通、艺术南通的措施之一。

为提升南通地区的现代文明水平,张謇还创办了其他教育和公益事业。他创办了通明电气公司,提供城市照明用电;开设公交车,穿行于一城三镇之间①;设有邮政和电话公司,方便了南通与全国各地乃至国外的通讯联系;对孤寡老人,建立了养老院;对遗弃儿童,建有育婴堂;对残疾人,有残废院收容所;对妓女设立济良所,教妇女从良;对流浪人建有栖流所,兼有管教和培训技能的职能;为维护治安,设立警察机构;甚至还专门开辟公墓,改良当地的殡葬习惯。

经过张謇几十年的艰辛努力,"南通一隅,入其乡,则道路治焉,地力尽焉,百工勤焉,学校备焉"②。南通由一百多年前贫穷落后、文化远远落后于江南地区的江北小城,一跃成为人文荟萃、人杰地灵之地。

现代教育的基本特征之一,就是比传统教育一天天增强和扩展其功能。教育对于文化除了具有传统的保存、继承、重复和传递的功能外,日益体现其更新和创造的功能。张謇努力提升社会文明水平,通过开放的现代教育,改造人们的思想和观念,这些新思想、新观念又通过教育得到进一步的普及,形成新的社会文化因素。他通过现代教育实践,对南通地区整体文明水平的提升,取得了明显成效。

南通不大,至今只辖五县(市),面积很小,然而,百年来,南通涌现了赵丹、顾而已、王个簃、范曾、袁运生等艺术大师和杨乐等32名两院院士。目前,南通是全国文明城市、全国卫生城市、国家园林城市、国家历史文化名城、国家环保模范城市,是闻名全国的教育之乡、体育之乡、长寿之乡、纺织之乡、建筑之乡。称教育之乡,是因为南通在江苏地区基础教育最为发达;称体育之乡,是因为南通在全国地级市中产生的世界及奥运冠军最多,拥有林莉、李菊、葛菲、黄旭、陈玘、陈若琳、仲满等众多体坛名将。南通今天取得的成绩,虽不能说是归因于张謇,然而张謇种下并遗传至今的地方文化基因的作用,确是不可低估的。

---

① 南通的港闸公路建于1902年,比交通部颁布的我国第一条公路——长沙到株洲的公路早10年。

② 瞿立鹤.张謇的教育思想.台北:台湾学生书局,1967:289.

三、张謇教育思想及实践的特点

张謇的教育思想是有前瞻性的,他在南通地区的教育实践是卓有成效的,他不空谈,不做表面文章,一步一个脚印地把南通地区的教育现代化推向前进。

(一)有序务实的发展策略

张謇在推动南通早期现代化的过程中,以务实的精神,根据地方实际,审视社会发展各方面的需要,有序发展现代教育,在南通地区逐步构建了完整的大教育体系。有序务实的发展战略构成了张謇教育实践的一大特点。

19世纪后半叶,中国的基础教育没有受到应有的关注,由于国家极缺掌握现代知识和技术的人才,因此,当时兴学者大都主张先办专门教育或高等教育。正因为基础教育极其薄弱,20世纪初,一下子发展起来的专门教育、高等教育便成了空中楼阁,架子搭起来,却没有合格的学生。1909年前后,全国108所高等学堂、专门学堂,绝大部分达不到应有的程度。"推其成绩不佳之故,一由于教师未尽合程度,一缘学生无普通学之素养。"[1]

张謇仔细分析了当时中国社会状况,借鉴西方发达国家的强国史,认为没有根本学科知识做基础,学生在高等学校里学习西方先进的科学、文化和技术,只能知其然而不知其所以然,不可能推陈出新有所作为,而学校缺乏合格的生源必然难以为继。清末学校办得不少,却少有人才培养出来,结果与目标相去甚远,张謇通过脚踏实地的分析研究,预见了问题的症结。

张謇的兴学主张,在学校的等级上,与盛宣怀的南洋公学办法和京师大学堂章程相类似,但在办学的次序上与当时的主流观点则相反。张謇认为"立学须从小学始",指出,"凡事须由根本做起,未设小学,先设大学是谓无本"。事实证明,张謇的办学思想,是务实而有先见之明的。

张謇优先发展基础教育,首先兴办小学(最早创办的师范学校是为小学准备师资)。在1906年《论通州乡镇初等小学事寄全学所教育会函》中,张謇对小学的建设作了详尽细致的规划:

"下走前在自治公所议本州教育两年未有进步,其本在教育未能普及,镇乡小学太少,无以供高等小学之取材。由是而上,影响遂及于师范、中学。故议州境方一万里,合有初等小学四百所。此按每所之地纵横二十五方里而

---

[1] 田正平. 中国教育史研究近代分卷. 上海:华东师范大学出版社,2001:236.

言,计距校最远之学童为二里半。每日上学、散学,行走十里,兼以是令学童练习勤劳也。而昨自崇明久隆镇至垦牧公司,是日小雨,乡僻道路,泥泞非常。念如十岁以内之学童,必不能胜此十里之行走,势有不便,则事必难通。拟改为每十六里设一初等小学,是为纵横四方里;以州境计,需六百所。"

"六百所中,以五百所作为单级,用三年级,每校八十人;分三年计,每年二十七人。以一百所为合级,用四年级;每校多寡通计约一百二十人,分四年计,每年三十人。三四年后,每年可得初等小学毕业儿童一万六千五百人。此应变通初等小学之设置也。以一万六千五百人之一成入高等小学计,亦有一千六百五十人,须有高等小学十所乃能容之。今师范附属者不计,自第一高等小学及金沙外,尚须增设八所,乃为适当之配置。"

"今姑按镇略计,则东路金沙外,四甲、余东、吕四应三所。西路三十里,白蒲应两。南路小海一所。北路石港、刘桥或西亭或骑岸镇三所。而此高等小学十所之外,尚应有与高等小学同等之农工商学校。约需农小学宜五所(东二,西南北各一),工小学两所,商小学一所,凡八所。以此十八所,分受一千六百五十初等小学毕业之儿童,平均计尚应每校每年之额九十人,乃能约略相当。"

文中,张謇还对办小学所需的师资、校舍、经费来源等都作了详尽的规划。如此规划,足见张謇办事风格的细致与扎实。真正有计划地普及小学,在中国近代教育史上应首推张謇。

张謇在优先发展基础教育的基础上,根据南通地区早期现代化进程中各方面的需求,以务实的态度,逐步发展各类教育。

张謇办学注重因地制宜、因时制宜,不拘一格,不受框框限制。为配合刺绣、发网等手工艺品的生产与出口,他就在女子师范里开设女工传习所;为发展蚕桑、丝绸业,他开办了女子蚕桑讲习所,这是一个半农半工性质的职业教育机构;为发展金融业需要的人才,他在南通中学里开设了银行专修科;等等。张謇办学没有固定的模式,只要实际需要、条件允许就开办。他所办的一些正规的实业学校,便是从业余或短期的专修科、讲习所开始的,在办学过程中逐步改进完善,条件成熟则逐步升级,提高办学水平与层次。前文介绍的纺织专门学校、农业专门学校、河海工程专门学校都是这样发展起来的。而他所设立的图书馆、博物馆、气象台等社会教育机构,都有一个逐步完善的建设过程。

张謇强调"学必期于用,用必适于地"。南通是产棉地,故张謇率先创办了大生纱厂;办纱厂需要大量专门技术人才,于是张謇创办了南通纺织专门学校;南通大生纱厂扩大生产后,对棉花的需求大增,张謇便利用海滩荒地创办垦牧公司；为了提高棉花等农产品的产量和质量，张謇又设立了南通农业专门学校；南通的商业逐渐发达后，张謇设立了商业学校、银行专修科等教育机构；随着城市不断发展，为了提高城市医疗卫生水平，张謇又创办了医院和医学专门学校；因交通运输需要，张謇创办了南通天生港轮步公司，并在吴淞设立了商船学校；为配合水利、建筑等事业的建设，张謇在师范附设了土木、工科、测绘特班，创办了河海专门学校；江苏铁路筹建，张謇在吴县创办了铁路学校；为提升城市文化品位，创办了剧场和伶工学社等。

张謇关于发展高等教育的主张，在《筹设南洋大学致端江督函》一文中有明确阐述。1906年，两江总督端方筹建南洋大学，征询张謇的意见，张謇认为，设立大学必须做好准备工作，生源问题必须首先解决，解决的办法是先设立中学，他认为"庚子之后，政府怵于外人之公议，仓皇兴学，即以大学为发端，颇为外人讪笑。当时大乱初定，政府不假思索，至此疏失，犹可言也。若在今日，出之于公，其必不可为疏失之第二审矣。大学之豫备在分科高等，高等之豫备在中学"。要设立大学，必须"待数省中学，一一完备，毕业升入分科高等，由分科高等将升大学之时，始设大学"。

张謇对各类办学层次及其发展次序，有其独到的主张，即先立师范、小学，次立中等学校，再办高等学堂，最后建立大学堂，各级教育循级而上，使高一级的教育建立在低一级教育的基础之上。张謇对教育体系内部相互关系有个总体的把握："私意谓国家无穷之希望，兆于学生，有一线之曙光矣。曷言之？师范启其塞，小学导其源，中学正其流，专门别其派，大学会其归。"学生是国家的希望所在，犹如一条源远流长的河流。师范是开启河流的闸门，小学是滔滔河流的源头，中学是延伸而下的主干，各类专门学校是派生的支流，而大学则是百川汇归之处。张謇1902年开始筹办师范学校，然后先后兴办初、高等小学，中学和各类实业学校，1912年起开办高等专门学校，再在十多年后将其合并上升为大学，应该说张謇的主张，是符合教育由基础到专门、由低级到高级的总体发展规律的。

"欲雪其耻，而不讲学问则无资，欲求学问，而不普及国民教育则无与，教育欲普及国民而不求师则无导。"张謇优先发展基础教育，在此基础上逐步发展各类教育的主张，不仅仅出于对教育规律的考虑，更重要的是缘自其教育目的。

中国古代夏、商、周三代的学校教育主要以"明人伦"为目的，到了封建社会，儒家教育思想占据统治地位，着眼于士人阶层的儒家教育，以全面实现自我完善的人即"君子"为其人格理想，教育的目的在于培养"建国君民"的统治人才。"学而优则仕"，一直是中国封建社会的教育目的。

两千年来,中国传统教育所培养的"君子"、"贤人",都要求具有治理人民的本领,极致是达到内圣外王的境界,是一种全知全能的通才。

鸦片战争以后,随着西学的东渐,传统的人才观发生了改变,洋务运动的开展,使兴办者逐渐认识到专业人才的重要,"专才"作为"通才"的对立面出现,反映了对西学器物层面的认同,反映在教育实践上是一批新式的语言、军事、技术学堂的创办。

19世纪后半叶,教育目的随着人才观的转变发生了很大变化,但就其主流而言,仍然没有摆脱培养和选拔精英人才的框架。而张謇已从思想上突破了传统的教育观,把教育的目光转向下层民众的普通教育。

张謇认为,教育是立国自强之本,要使中国强盛起来,必须从办教育、开民智、明公理入手,张謇普及教育的目的是提高民众的素质。他说:"孔子言以不教民战是为弃之,夫不教之民宁止不可用为兵而已!为农、为工、为商殆无一可者。"意思是说,无论兵、农、工、商都应该接受教育,通过教育使"为农者必蕲为良农,为工者必蕲为良工,为商者必蕲为良商",有了亿万受过教育的国民,国家才能富强,其教育人才观相对于传统教育观有全面的改变。

鸦片战争之后的半个世纪,传统人才观发生了转变,经历了从通才教育到专门人才教育,再到国民教育这样一个演变轨迹,对西方现代教育的吸收从器物、制度层面,进一步向思想层面深入。作为中国教育现代化先驱之一的张謇,是这过程的重要倡导者与参与者。

张謇基于其教育目的,根据南通地区发展的实际状况,以师范(为办学准备师资)、小学为起点,根据社会发展的需要逐步兴办各类学校,又在实业发展的基础上依次建立博物苑、图书馆等社会教育机构,在南通构建了结构合理有序的完整的大教育体系。对于教育现代化的后来者来说,推进教育结构分化的合理性和对分化进行整合的有效性的高低,是教育现代化成功与否的重要因素,这一点上,张謇的实践是卓有成效的。他的教育发展过程,是重心逐步上移的,有序而务实,既与当时社会经济发展的各个不同阶段相适应,也符合教育发展的基本规律。

(二)学用结合、校地互动的办学模式

实业教育是张謇教育实践中的重要组成部分,"实业与教育迭相为用"与"学必期于用,用必适于地"构成了张謇教育实践又一重要特点。

1. "实业与教育迭相为用"

在张謇的新世界中,教育和实业密不可分,他在1903年《师范学校开校演说》中指出:"数年以来,竭蹶经营,薄有基础,益见教育实业二事,有至亲至密关系。"他认为:"实业、教育,富强之本。"在分析实业和教育的关系时,张謇曾用"父教育而母实业"的生动比喻来揭示,指出:"有实业而无教育,则业不昌";"不广实业,则学又不昌"。这就是说,实业和教育的发展是相辅相成的,"以实业辅助教育,以教育改良实业,实业所至即教育所至"。这种"实业与教育迭相为用"的思想,有三个层次的含义。

第一,实业为教育提供资金保障。

张謇是清末状元,是中国传统教育培养出来的精英,中国传统文化中的优秀成分是张謇教育实践的重要思想源泉。张謇在南通办实业、兴教育、推动各项文化公益事业的实践,都带有明显的先秦儒家"富而后教"思想的印记。张謇在中国由封建农业社会向工业化社会转型的历史时期,对传统的儒家"富而后教"思想在继承的基础上给予了进一步的诠释和创新。

对于孔子提出的"庶"、"富"、"教"治国战略,张謇考察了当时西方列强的成功经验,并提出了自己的实施意见。他认为:"中国庶而不富,厚民生者,工尤切于商。"同时,他也充分重视农业的重要。他说:"立国之本不在兵也,立国之本不在商也,在乎工与农,而农尤为切要。盖农不生则工无所作,工不作则商无所鬻,相因之势,理有固然。"甲午战败,张謇痛感国势的衰弱,于是决定放弃官宦前途,改弦易辙,回家乡投身实业,因为他认识到"策中国者,首曰济贫;救贫之方,首在塞漏"。张謇兴实业以富国之心跃然纸上。

儒家的"富而后教"看重的是教育的基本条件,落脚点是"教"。先秦儒家把"富民"与"教民"联系起来,构成一个不可分割的整体,将"庶、富、教"的民本精神系统化,形成完备的仁政理论。儒家的最终目的是提高民众的物质生活水平和精神文化素质,实现其理想的大同世界。

在这一点上,张謇的思想与先秦儒家的思想是一脉相承的。有所区别的是,先秦儒家侧重的是受教育的一方,只有他们先富起来了,才有接受教育的自觉性和可能性,这和当时的生产力水平有关;而张謇侧重的是不富则无法支撑教育的实施。"教育必资于经费,经费唯取之于实业,所谓实业为教育之母是也。"张謇在《大生纱厂第一次股东会报告会》中说:"欲兴教育,赤手空拳,不先兴实业,则上阻旁挠,下复塞之,更无凭借。"可以说,张謇发展实业的一个重要目的,便是发展教育事业。

正是在这种指导思想下,张謇历经艰辛,在南通地区大办实业,并从这些企业所获的利润中拿出资金用来办学。大生纱厂曾规定,每年提取十分之一的利润,作为师范学校的资金,通海垦牧公司拨9000亩地作为师范的基产。据1925年统计,张謇和他兄长张詧花在教育和其他文化事业的费用,总计高达350多万银元,从而创办了体系完备的教育、文化事业。没有张謇所办实业的支撑,这些都是不可想象的。

第二,教育为实业提供人才支撑。

张謇在创办实业的过程中,对人才培养的重要性感触犹深:"吾国人才培养异常缺乏,本应在工程未发生之先从事培育,庶不至临时而叹才难,自毋须借欧美之才供吾使用。"他在分析当时世界形势的基础上指出,"泰西人精研化学、机械学,而科学益以发明,其立一工厂之事也,则又必科学专家而富经验者。故能以工业发挥农业而大张商战"。"夫世界今日之竞争,农工商之竞争也,农工商之竞争,学问之竞争也"。张謇比较深刻地认识到科学技术对于经济发展的重要作用,认识到只有培养出大批掌握现代科学技术的人才,实业才能发展、兴旺。张謇以此为指导思想,在南通兴办高等教育,他所办的学校培养的大批人才,满足了他办实业的需要,促使他的实业迅速发展。

第三,实业教育是教育与实业相结合的理想模式。

张謇创办的实业教育,成为沟通教育与实业的桥梁。他创办实业教育时主张校址尽可能靠近企业。在张之洞任两江总督其间,张謇便建议"以工场机械之富……陈请就上海制造局附近,建设高等工学"。南通纺织专门学校就按其一贯主张选择校址,建在他创办的大生纱厂之侧。在交通不发达的当时,校企相邻有利于互通有无,优势互补。高校具有智力和人才培养优势,而企业拥有生产技术环境和设备条件,可实现资源共享,优化组合。张謇创办的高等专门学校使教育与实业紧密结合,除为实业发展输送人才,还主动解决生产中的技术问题,在促进实业发展的同时,优化了教育质量。张謇创办的教育是与其实业发展水乳交融的。

2. "学必期于用,用必适于地"

张謇主张学以致用,且需因地制宜,与地方经济发展相适应。1902年,张謇开始筹办师范学校,然后兴办初、高等小学,中学和各类实业、职业学校,1912年起开办高等专门学校。同样为高等教育奔走,张謇所创办的专门学校和同时代的著名教育家蔡元培(1868—1940)所倾注大量心血的大学,是属于不同类型的学校。

蔡元培有一句名言:"大学者,研究高深学问者也",在高等教育界产生了广泛影响。事实上,蔡元培所指的大学,是有特别界定的,不是泛指的高等教育。这在他的《就任北京大学校长之演说》中有清晰的表述,蔡元培心目中的大学,是特指的北京大学或者和北京大学相类似的大学,不包括专门学校。

蔡元培把高等学校分为"学"和"术"两类,研究高深学问的当属"学"型的大学。

"学必期于用",这是张謇的高等教育办学思想,显然和蔡元培有很大不同。张謇所创办的高等学校,都是为地方社会经济服务的应用型高校,是属于"术"型的专门学校。

蔡元培的高等教育哲学有明显的认识论印记。他曾留学德国,深受德国近代高等教育思想的影响,他的教育思想与洪堡(1776—1835)的教育思想有很多相似之处。

而张謇在南通办高等教育的思想,则和美国的"莫利尔法案"和"威斯康辛思想"异曲同工。"莫利尔法案"拓展了高等学校的职能,表明了高等学校为当地社会发展服务的可能性和必要性。"威斯康辛思想"提出了高等学校教学、科研和社会服务这三项职能,其中特别强调第三项职能,即高等教育直接为地方经济社会服务的重要性。张謇所创办的高等专门学校所强调的,也正是这项职能。

蔡元培提出"教育者,则立于现象世界,而有事于实体世界者也"[①]。他提出大学研究高深学问,便是对"道"、对真理的追求,便是"有事于实体世界者也",在立于现象世界和有事于实体世界两者之间,他更关注后者。而张謇强调"学必期于用"则是"立于现象世界"。现象世界的幸福是领悟和进入实体世界的前提和基础,张謇的教育思想和其整体经营南通的实践有关,和当时的社会经济形势有密切的联系。

"用必适于地",张謇指出,"教育尤其宜变动,不过必当顾及本地的需要,例如在南通讲教育,先要想什么是南通需要的,什么是适合南通的?"1920年,杜威来南通参观讲学,张謇在欢迎辞中说:"凡是必求其适,譬如常人置一冠,购一履,尚唯适是求,矧在政治教育之大者乎?"

遵循"用"与"适"的原则,张謇办学没有固定的模式,只要实际需要、条件允许就开办。他所办的一些正规的实业学校,便是从业余或短期的讲习所开始的,在办学过程中逐步改进完善,条件成熟则逐步升级,提高办学水平与层次。据《南通市教育志》统计,截至1926年,南通地区办有各类实业学校30余所,无不与地方社会发展相配合,实业教育融入了社会发展的大环境中。

(三)兼容整合的文化抉择

一百多年前,中国开启了教育现代化进程,中国的早期现代化是在西方列强的枪击炮轰下被迫启动的,具有典型的后发性特征。

根据现代化的动力源划分,现代化大致包括两种类型:内源性现代化和外源性现代化。内源性的教育现代化的首要的和根本的动力是科学技术的

---

① 高平叔.蔡元培教育论著选.北京:人民教育出版社,1991:3.

进步和生产力的发展,是自然而然的主动的过程。而外源性的教育现代化主要是一种因为国家竞争而导致的来自他国的压力而对外部挑战做出的回应。这是发生于两种或多种文明冲突之中的现代化,具有强烈转向和文化选择的性质。

张謇兴学的年代,正是近代中国的社会转型时期,是中国教育史上具有划时代意义的重要年代。丧权辱国之痛使我国近代进步的思想家、教育家对我国的传统教育进行了深刻的反思与批判,于是中国教育现代化拉开了帷幕。作为中国教育现代化先驱者之一的张謇,选择了自己认定的道路,他既抛弃封建落后的传统教育,以开放的心态,积极借鉴和吸收现代西方文明,创办新式教育;同时,作为一个传统教育培养出来的精英,他又在推动教育现代转换的同时,对中国的优秀教育传统给了充分的肯定和继承。这里将可看到张謇教育实践的第三个特点,这就是在文化抉择上的兼容与整合。这一特点既是在文化冲突中显现出来的,也是在文化比较中逐步认识的。

1. 对现代西方教育的借鉴

甲午战争以后,张謇痛感国势的衰弱,其思想有一个重要的变化,那就是经常借鉴西方先进的文明来考察、分析和判断国内外形势,并以此为依据探索强国救国的途径。

他发现"环球大通,皆以经营国民生计为强国之根本,要其根本之根本在教育"。他把中国与世界发达国家相比,指出"窃维东西各邦其开化后于我国,而至今以来,政举事业,且骎骎为文明先导矣,揣考其故,实本于教育之普及,学校之勃兴","人皆知外洋各国之强由于兵,而不知外强之强由于学"。张謇由此认为:"中国之所以贫弱,种因于教育未能普及。中国病不在怯弱,而在散阘。盖散则力不聚而弱见,阘则识不足而怯见,识不足由于教育未广","非人民有知识,必不足于自足,知识之本,基于教育"。对于工业化生产所需的技术人才,张謇发现:"泰西诸大国之用人,皆取自于专门学校,故无所用非所习之弊。"张謇对于西方各国遍设学校,民众普遍接受教育以及学以致用,开办实业教育所流露出来的歆羡之意显示,张謇已敏锐地察觉到了西方文明的价值。

张謇创办的新式教育,改变了中国传统道德教育的一统性,在形式和内容上许多是借鉴西方教育的。

对于教育观,张謇从发达国家的发展经验中认识到,"国待人而治,人待学而成,必无人不学,而后有可用之人,必无学不专,而后有可用之学"。他抛弃传统教育中"学而优则仕",培养"君子"、"贤人"的教育观,倡导全民教育,提高国民素质,从而实现强国富国的目标。

对于教育内容,他斥责传统教育中以尊儒读经为主空疏无用,提倡学习西方文明,开设反映先进科学文化的课程。师范学校开办之初就聘请了日籍教师18人,开设的课程有法政、西洋史、中国史、地理、伦理、教育、教授法、修身、算术、数学、理化、图画、手工、英文、日语、国文、博物、体操、教育实习等;纺织专门学校开设了数学、物理、化学、机械工学、电气工学、机织、棉纺学、染色学、工业经济概论、纺织实习等课程,将现代科技引入教学内容,使教育与社会生产实践紧密结合。张謇曾谈及课程设置的指导思想时说:"诚以通校课程,均有特异之点在,而师范校为其尤。夫课程之制定,既须适应世界之潮流,又须顾及本国之情势,而复斟酌损益,乃不凿圆而枘方。"这体现了张謇洋为中用的思想。

对于教育方法,张謇以开放的心态接纳和吸收先进文明的成果,在创办的许多学校,如师范学校、纺织、农业、医学专门学校中,积极聘请外籍教师和归国留学生任教,采用国外先进的教育方法,如实习、见习、实验等。在教育方法上,特别需要提到的是张謇对单级教授法和赫尔巴特五段教授法的推广。单级教授法是由一位老师,在同一课堂内同时教授不同年级、不同课程的学生,适用于单级小学校,这是张謇根据当时的教育发展状况,从日本学来的。赫尔巴特五段教授法由五个相互联结的教学过程构成,即预备、提示、联系、总结、运用,对学生实行启发式教育,通州师范引进和试验了这种教育方法。《中国近代教育史教学参考资料》中有一段关于通州师范推行"五段法"教学的记录:"在初期(1908年以前,引者注)'五段法'仅仅在讲义中或口头谈话中推行,小学里很少出现",但"在1903年由张謇创办的南通师范实验小学里,'五段法'是常用的"[①]。现保存的通州师范教师讲义和课堂记录佐证了这一说法,足见张謇对于当时国外先进教育方法的研究和重视。

学校管理制度也是张謇学习国外先进经验后引进的,以通州师范为例,办学之初,学校设总理、监理、司收、司图书仪器、书记各一人,民国后通师成为由校长、监理、斋物主任、教务主任、庶务主任、学监等组成的现代学校管理机构。

2. 对优秀传统文化的继承

张謇在积极借取西方现代文明的同时,对本民族传统文化中的优秀成分同样予以看重。

张謇一生致力于变革教育、开创实业,从表象上看,他的教育价值观是社会本位的。然而,张謇秉承儒家"亲亲仁民"的思想,以尧舜为榜样,他一生的

---

① 陈学恂.中国近代教育史教学参考资料:上册.北京:人民教育出版社,1986:678.

活动都以人民的生计为出发点。他认为教育是为了"以人文化成天下",培养人格全面、协调、发展的人,从而更有效、更切实地实现"天下大治"这一理想。张謇的教育思想有着更多的人文关怀,也即他所谓的"教之所成,使人可康乐,可和亲,可安平"。

以儒家教育为主体的中国传统教育,追求人的自我完善。在儒家看来,个人道德完善是社会完善的基础和起点,因此人格完善被赋予了重大的社会意义。"格物、致知、诚意、正心、修身、齐家、治国、平天下",先"修内"后"治外",公式化地表明了其意义指向。然而,儒家企盼的理想社会,却一直未能实现,重要原因之一是其精神资源中缺乏科学和民主的文化基因。"五四"新文化运动把"民主"和"科学"视为改造中国社会和人生的根本途径,而不能直接衍生出民主和科学的中国传统精神资源,便遭到了猛烈的批判。

中国传统文化在"五四"时期遭到批判的另一个原因,则是外界的政治因素。政治统治和伦理文化的高度统一,是中国社会结构的特征所在。在长期的封建专制统治下,传统的精神理想被不合理的政治意图和宗法观念所扭曲,儒家的伦理纲常成为封建专制赖以生存的理论基础,完善人格的道德教育则异化为"吃人"的礼教。从这个角度来看,对传统伦理价值的批判实际上加速了封建专制体制的瓦解。

问题是,与传统彻底决裂之后,中国人的心灵将何处皈依?如果不能构建一套完整的新的价值体系并为国人所接受,那么必然导致社会道德的失范及人们思想的混乱。事实上,新的价值体系的建立总是与原有的价值体系有着某种继承与联系的,要想在整体上构建一个全新的价值系统几乎是不可能的。

"五四"新文化运动距今已近一个世纪。中国百年的近现代史,之所以充满了艰辛和曲折,与对传统的极端化处理有着重要的关联。今天,随着封建制度的消亡,压制人个性发挥的外在社会因素已不复存在,中国传统教育因而获得了彰显其内在永恒价值的广阔空间。现代教育的终极目标是实现人的全面和谐的发展,在人的关怀和人格的修养方面,中国教育传统有着得天独厚的优势,教育传统中的优秀成分,是和现代教育的精神相融相通的。

张謇在南通兴办新式教育,既是对传统教育的突破,也是对教育传统中具有现代意义的优秀精神的回归,关于这个问题我们可以通过张謇办学实践予以展示。

第一,"人文以化成天下"。

张謇作为中国末代状元,饱读儒家经典,深受儒家文化影响。儒家从不追求教育的独立性,始终把教育视为连接个人、家庭、社会和国家的纽带。

儒家经典《大学》阐述了个体与社会统一的思想,指出:"欲明明德于天下者,先治其国;欲治其国者,先齐其家;欲齐其家者,先修其身;欲修其身者,先正其心;欲正其心者,先诚其意;欲诚其意者,先致其知;致知在格物。物格而后知致,知致而后意诚,意诚而后心正,心正而后身修,身修而后家齐,家齐而后国治,国治而后天下平。自天子以至于庶人,一是皆以修身为本。"这一思想把个体与社会统一在一起,把知识学习和道德修养,完善人格与齐家治国平天下逻辑地贯串起来,突出了教育、政治、社会统一的教育思想,形成了中国传统文化中的士阶层或文人一向以天下为己任的特性。受教育的最终目的是为天下的兴亡肩负起责任。

在张謇身上,我们能强烈感受到其以天下为己任的责任感,他经营南通,是因为"中国政界亦无有为我发展之地者,惟志在求一县之自治",以南通为试验田,实现治国、平天下的理想。而张謇治理南通,亦具有鲜明的先秦儒家思想色彩。

先秦儒家重视整体的动态的和谐,以社会安定、协调、和平为宗旨,用以仁为核心的礼乐文化凝聚群体,构建协调统一的社会秩序,谋求社会的和谐发展。"建国君民,教学为先",先秦儒家把教育列为社会由乱转治、由无序变有序的战略重点,从改革教育入手推动社会变革,这是孔子及其为代表的儒家学派最具特色的思想,贯彻在教育实践中,就是"以人文化成天下",培养人格全面、协调发展的人,以更有效、更切实地实现"天下大治"这一理想。

张謇继承了先秦儒家高度重视教育的传统,指出,"教育者,万事之母","举事必先智,启民智必由教育"。他在南通办实业、搞垦牧、兴水利、建交通、开医院,均以教育为中心,其兴办的各级各类学校,即以改良社会、发展社会为目的。

张謇为其企业集团起名"大生",源自《易经》"天地之大德曰生",体现出张謇秉承的儒家亲亲仁民的思想,他一生的活动都以人民的生计为出发点。张謇还说:"我在家塾读书的时候,亦很钦佩宋儒程、朱阐发'民吾同胞、物吾与也'的精神,但后来研究程朱的历史,原来他们都是说而不做。因此我想力娇其弊,做一点成绩,替书生争气。"①

《礼记·礼运》曰:"昔者仲尼与于蜡宾,事毕,出游于观之上,喟然而叹。仲尼之叹,盖叹鲁也。言偃在侧,曰:'君子何叹?'孔子曰:'大道之行也,与三代之英,丘未之逮也,而有志焉。大道之行也,天下为公,选贤与能,讲信修睦。故人不独亲其亲,不独子其子,使老有所终,壮有所用,幼有所长,矜寡孤

---

① 刘厚生.张謇传记.上海:龙门联合书局,1958:251—252.

独废疾者皆有所养,男有分,女有归。货恶其弃于地也,不必藏于己;力恶其不出于身也,不必为己。是故谋闭而不兴,盗窃乱贼而不作,故外户而不闭。是谓大同。'"

张謇不仅继其志,而且身体力行,为南通的自治殚精竭虑。

在《欢迎日本青年会来通参观演说》中,张謇对其二十余年在南通兴办教育有一个简要回顾:"致教育方面,全县初级小学校,亦已有三百余所。又从全般社会上着眼,为老幼残废、无告之民设计,育婴堂、养老院、残废院、平民工厂等相继观成。"除上所述,张謇还办有为盲哑人服务的盲哑师范传习所、盲哑学校,收养流浪人的栖流所,改造妓女的济良所,女子教育方面的女子师范、女工传习所等。张謇所经营的教育事业,业已达到了"使老有所终,壮有所用,幼有所长,矜寡孤独废疾者皆有所养"的境界。

以仁义为内核、以大同为理想,"人文以化成天下"是先秦儒家教育思想的主导部分。先秦儒家教育更关注人的基本问题,有更多的人文关怀,而不单纯是关心外部的物质世界。孔子将"仁"这一范畴引进教育领域作为教育目的具有重要意义。钱穆认为:"孔子思想,本于人心,达于大同,始乎人文,通乎天地。其亲切、平实、简易、单纯之教育宗旨与教育方法,必将为世界文化奠其基础,导其新生。"[①]面对人类世界种种共同的危机,弘扬孔子境界极高而平实简易,理想崇高而又切近生活的仁学思想,在中西文化全面接触、撞击、互渗以至融合的时代,将有助于更新中国既成的价值系统,并对未来人类文化的新生做出贡献。"教之所成,使人可康乐,可和亲,可安平。"张謇教育思想正是对孔子优秀教育传统的继承。

西方现代思想家把当代世界的现状概括为"人死了",那么中国教育传统的现代意义至少与人的复活有关,即关注人的健全发展,这样才不至于在追赶现代化的过程中迷失方向。关注人的现实生命,是探讨中国教育传统现代意义的逻辑起点。

第二,"性相近,习相远"和"里仁为美"。

性相近,习相远的命题,将"性"与"习"联系起来思考,揭示了先天因素和后天因素的辩证关系。

显然,"性相近,习相远"表明,人性是可以改变的。孔子和其他先秦儒家持人性可变的观点,强调了教育可以改变人性的功能。与孟子的性善论不同,孔子不言善恶,但言远近。

张謇接受了人性可变的思想,认为"学生犹水在盂,盂圆则圆,盂方则方;

---

① 钱穆.近四十年来孔子研究论文集.济南:齐鲁书社,1987:614.

犹土在陶,陶瓦则瓦,陶器则器"。他在《师范附属小学廿周纪念演说》中告诫教师:"小学生尤苗也,小学校尤苗圃也,陪护径寸之茎,使之盈尺及丈,成有用之才,苗圃之事也……小学生未有教而不能者,惟必须教之以其道,乃不误入歧途耳。"

孔子的性习论和他的"学而知之"是紧密联系的,强调的是"习"与"学"在人的发展过程中的作用,启示改善教育条件,改变社会风俗习惯以及改良政治,以利于受教育者全面、和谐地发展。

孔子性习论这一命题中蕴涵着环境(包括教育环境)使"性"的发展潜能变为现实,以及决定人发展的方向、速度、水平以及个体差异的原理。《里仁》篇中孔子主张"里仁为美,择不处仁,焉得知"。《阳货》中孔子赞子游以"乐"治武城,都体现了孔子环境育人的思想。

张謇深受先秦儒家思想影响,深得孔子性习论思想要旨,他积极利用环境的积极因素,遏制和转化消极因素,有目的地创造有利于受教育者发展的优良环境,从人和环境的交互作用中启导、促进受教育者的身心发展。

第三,"有教无类"与"因材施教"。

从先秦时代孔子开创的全民教育思想,到我国近代教育民主化运动的形成,中国教育之所以在人类文明史上产生重大影响,是和儒家将"有教无类"及"因材施教"密切结合分不开的。

孔子提出的"有教无类",打破了由贵族垄断教育权利的不合理制度,树立并实践了普及教育的理念,建立了人人享有受教育权利的平等观念。

和中国近代开办新式教育早期以中、高等专科学校为主不同,张謇本着"有教无类"的思想,一生致力于教育的普及,使每个人都有受教育的机会。除初、高等小学,张謇在学前教育方面办有育婴堂、幼稚园,中等教育方面办有普通中学和各种各类职业学校,高等教育方面有纺织、医学、农业等专门学校,成人教育方面办有各种补习学校、夜校,女子教育方面办有女子师范学校、女红传习所等,特殊教育方面办有盲哑学校、僧立小学等,使男女、老幼、贫富、智愚、健残、僧俗各色人等,都能受到适当的教育。中国教育传统中"有教无类"的思想,在张謇办学过程中,得到了充分体现。

和"有教无类"密切结合的"因材施教",是中国教育中影响深远的思想传统,它侧重于根据社会发展的需要,造就不同类型、不同层次的人才,以便形成一个宏大的受教育者群体,对社会的不同领域产生积极作用。

张謇认为:"胥一国之人于一途,势有所不能;别一途以养性之相近者,而成其才,宁有不可?窃独以为初等小学宜溥,视其质之敏而近于文者,识别焉以入高等小学。高等小学即宜略区文实而延其学年为六。文则重国学而植文法之基;质则重理算而植理医农工商之基。中学则文实显区,历四年而径入分科之大学。"这体现了其鲜明的"因材施教"思想。

"因材施教"落实在教学过程中,则体现了特殊高于普遍的教学法原则。《论语》记载"问政"八章,"问仁"八章,"问孝"四章。"问君子"三章,孔子的回答各不相同。同一问题而孔子回答不同,是由于问者各有特殊性。

张謇在《南通教育状况序》中指出:"吾闻教育者,有方而无方,有法而无法之事也。人不可无教,故无世、无地、无事可以不教,是为有方。人不同世,世不同地,地不同事,事又各有其不同,执古以例今,执此以例彼,执甲以例乙,则扞格而不入,龃龉而不容,水火而不亲。各宜其所宜。各适其所失,是则无方。教聋不可以管龠,教瞽不可以文章,教童子不可以乌获,必因其所能明而益以明,因其所能行而导以行,是为法,是有法。或举一即悟三焉,或兼两而始见一焉,或因负始觉正,因权而反经焉,恶乎非法,恶乎非非法,是则无法。吾茹此说于心,并吾之世有可以说者焉,及吾之生有可为行者焉,不敢知也。"张謇的这段话,充满中国传统文化的辩证思辨色彩,其中蕴涵了丰富的"因材施教"的教育思想。

"有教无类"与"因材施教"的教育思想,显然是与现代教育中的教育民主、"终身学习"、"学习型社会"思想以及注重人个性培养的思想不谋而合的。

3. 融通古今,兼具中西

纵观张謇的教育实践,可以看到张謇对待传统的心态是开放的,他并不拘泥于新与旧、中与西之辨。

张謇认为:"万物有始者有卒,教育者,有始而无卒之事也,万物有新者有旧,教育有新而无旧之事也","今日之旧,前日之新也;今日之新,又明日之旧也。我所为新,恶乎非人之旧? 我所为旧,恶乎非人之新? 夫是故厌我而徇人非新,厌常而嗜怪非新。必纫乎旧而得理,易乎旧而得安之为新","夫无卒者必有始,有圣人之始,有吾人之始。圣人之始,始于欲人之所以为人;吾人之始,欲师圣人所以成人之为人者而广其成"。这段文字反映了张謇对于新与旧的看法,充满辩证色彩,其中"必纫乎旧而得理,易乎旧而得安之为新"以及对"有始而无卒之事"的教育之始,也就是教育出发点的阐述,对我们理解张謇的教育思想极有帮助。

张謇总结他经营南通的历程,认为之所以取得成功,在于他不拘泥成法。用他的话说,就是"法今、法中国、法外国、亦不必古、不必今、不必中国、不必外国。察地方之所宜,度我兄弟思虑之所及,财力之所能,以达吾行义之所安。不歆于人之高且达,不慕于外之新且异,不强人以就我,不贬我以就人;

不敢畏,不欲画,不敢遽"。他对于外来经验的态度是:"彼之法,不必尽合我也,而其善者可师,观其若何而革? 其法亦不尽适于我也,其善者亦可师。而不适者亦可资借鉴,盖析而讨之,比之斟之,则我之利病得失,洞洞若鉴,明明若炬,有心可观矣。"

经历中日甲午战争的惨痛国耻之后,封建士大夫张謇断然舍弃"重官轻商、重德轻技"的旧观念,走上了崇尚"实业救国"、"教育救国"的道路。他对待外来技艺、外来文化等方面的思想,在深度和广度上都发生了较大的变化。张謇创办新式教育,在形式和内容上借鉴西方教育,而同时又继承并弘扬了中国教育传统中的优秀成分,他推动教育变革的思想源泉,正是中国传统文化中的精华。

张謇在南通的教育实践是中国近代教育的重要组成部分,不仅在当时深具影响,直至今天仍然有着重要的借鉴意义。

思考题:

1. 张謇的教育思想与实践的主要特征是什么?
2. 张謇是如何处理教育发展与社会发展关系的? 现代启示意义是什么?
3. 结合张謇的教育思想与实践,思考如何在教育现代化过程中处理传统与现代的关系。

第五讲　张謇与文学

教学目的、要求

本讲教学,使学生明确张謇不仅是近代著名的实业家和教育家,而且是近代具有鲜明特点的文学家。了解张謇文学理论、散文及诗歌创作的概况,把握张謇文学理论以及散文和诗歌创作所具有的近代色彩和个人特点,认识张謇在近代文学史上的地位。

张謇言录

夫古文之为道,非苟焉而已。不言义法则紊,言义法矣,而短学与才则弱。

张孝若《南通张季直先生传记》记录张謇的话:"一个人一生要定三个时期:30岁以前是读书时期;30岁到60、70岁,是做事时期;70岁以后,又是读书时期。"[1]我们仅据章开沅先生《张謇传》附录一"大事年表"就可知张謇"30岁以前"所读书有《千字文》《论语》《孟子》《诗经》《尚书》《周易》《孝经》《尔雅》《礼记》《春秋左传》《仪礼》《纲鉴易知录》《通鉴纲目》、桐城方氏所选四书文、朱子四书大全及宋儒书、《通鉴》《三国志》《方望溪集》《姚惜抱集》《史记》《前汉书》《老子》《庄子》《管子》等。读书的同时,还进行诗文写作,"曾以'日悬天上',对师所命'月沉水底'句,父大喜,谓可读书"。"宋师或挈至西亭诗社,分题作诗,或限字为诗","见张裕钊问古文法"。[2] 其实,张謇不仅30岁前、70岁以后勤读书,他一生都在读书、学习,笔耕不辍,创作了数量众

---

[1] 张孝若.南通张季直先生传记.北京:中华书局,1930.
[2] 章开沅.张謇传.北京:中华工商联合出版社,2000.

多、质量上乘的诗文作品。其著作有《张季子九录》《啬翁自订年谱》等,今有《张謇全集》及《新编张謇全集》。

一、张謇的文学观

张謇是状元,同时又是实业家;张謇有深厚的古代文化思想,同时又有着强烈的世界意识;张謇一生忙于办厂办教育,同时又笔耕不辍,以诗文言事抒怀。他是一名儒商,在商场和文学领域都取得了杰出的成就。

张绪武在《我心中的祖父张謇》一文中说:

"父亲孝若公谈到:'我父(张謇),绝无功名得失心和政治上的野心;然而时时刻刻抱着用世之心和创造事业的大志。他做事,嘴里不说空话,只管做实事,笔下写出来的,也是可以做到的事。碰到棘手困难的事,只是不声不响。一不求人,二不气馁,终日终夜,想应付解决的办法。有时越碰钉子,越提他的勇气,越经困难,越振作他的精神,他的成功,没有一件不是从劳苦困难中得到。所以他凡事未办以前,十分审慎,等既办以后,那无论任何艰难曲折,他是要奋斗直前,坚持到底的;他的审慎,就是他的果断,他的毅力,就是他的事业。我父生平做事,只晓得实实在在,闷了头守着他自己的本分,靠着他的能力来做他的事,达到他的志愿;事业成功了,自己心趣上有一种安慰,有时做一篇文,咏一首诗,叙那时的感想,留做日后的思念。假使遇到了困难的局势,他仍旧靠他的努力奋斗,以度过难关。所以在平常顺手的时候,除非是人家来看来问,他是绝不愿标榜宣传,使人家晓得了,帮他鼓吹的。到了逆手的时候,也不想诉苦,更不求人帮忙。'"[①]

张謇的人生品格、人生追求和人生经历,直接影响并决定了他的文学观。现择其具有个人特点及近代特色的三个方面略作解说。

(一)强调诗文应具有经世致用的功效

张謇认为:"学求致用,须是博学、审问、慎思、明辨。"他不拘束于重训诂考据的汉儒之学和到重性命义理的宋儒之学,而是认为学问要有用于社会实际,诗文也要发挥其经世致用的功效。

《万物炊累室类稿序》中说:"夫文采彬郁,语澈中边,棱棱有锋,而体之以质,友卿之所长也。能以文字概古今之要,通官民之邮,不拘一方,因事异宜,举世之所重也。""不拘一方,因事异宜"就是要求写文章题材应广,应从

---

① 张绪武.我心中的祖父张謇.南通今古(91).

多方面去写社会。

《万物炊累室类稿序》中说:"余设国文专修科于通州,注重于奏章、笺启、叙记三类,以为可以尽应世之用。"这是张謇推行其文学有用于社会理念的具体实践。

《程一夔君游陇集序》中说:

"人有恒言曰:诗言志。謇则谓诗言事。无事则诗几乎熄矣。……盖其于山川险阻,人物风俗,悉纪之于诗;诗之不足,则援据图史,博考旁稽,原原本本,笔之于注,必有事在焉,无空作。与謇所抱诗言事之宗恉合。而其所经皆穷边大漠,人迹罕至,一闻一见,莫不可惊可愕可喜可泣。其为事至瑰奇震炫,非犹夫人之所谓事也。顾他人纪事专集,多沈闷窒汩,一夔则倜傥权奇,盖其胸襟有过人者。昔太白、退之工诗歌而不言考证;顾宁人精考证,随时勘定,而不工诗。一夔兼有二家之长,难矣!"

自古只言"诗言志",而张謇却道"诗言事",认为"山川险阻,人物风俗",皆是诗歌描写的对象,而且,诗歌所写内容必须真实有据。

作为可以"兴观群怨"的诗,张謇特别注重其对民生疾苦的反映。《吴陋轩遗像跋》中说:

"往读陋轩诗,言煎丁之苦至详,盖先生亦灶民也。盐法之弊,沈闉千二百年,唐季五代不论,历宋元明逮于本朝,岂无圣君贤相生于其间,亦岂无贤人君子发为论说,而有行政之权者,相率静听不闻,熟视无睹。是则知有君而不知有民,而又积非成是,足以蔽众人之知识。比年以来,謇倡尽变盐法之议,欲使盐与百物同等,去官价,革丁籍,海内士夫颇有题之者。会建议于资政院,或有百一之效,亦未可知。要之,士大夫有口当述苦人之苦,有手当救穷人之穷,若陋轩述煎丁苦状,乃无一字不有泪痕者,云诗不徒作矣。因观先生遗像,发擿己意,题书卷后。盐法如变,更五百年,谁复知人间曾有此世者。呜呼!"

对吴嘉纪的诗深切地反映了盐民的疾苦加以称扬。

(二) 主张文学要反映人的真情实感,情感必须符合伦理道德

《梅欧阁诗录序》中说:

"七情之和,胚胎五常。偏至乃僻,哀乐斯极。哀乐所表,节文生焉,斯礼乐之所由起也……天之风雷云日也,地之江海壑谷也,草木之华叶,鸟兽之鸣蹈也,其犹有自然之声,自然之容也,而况于人。人有灵蠢,斯有文野。文则必繁,野则必简。繁而溺必缛,简而任必俚。溺于繁则淫哇作,任于俚则鄙倍作,斯乐之忧矣。今所谓剧,乐之末也。求免于淫哇鄙倍而使人知系于乐,则

亦有节文焉。是故更俗剧场、伶工学社之不可以已也。若梅若欧,盖明乎此意而其所已得能预乎此事者也。鼓舞而进之,而使人即末求本,知乐无深浅高下而有节文,而益知七情之不可滥,而五常之不可诬,则《梅欧阁诗录》之意也。"

《彀园诗余题辞》中说:

"词于文事,意缘于诗,而体俊于曲……然舟车之暇,独居深念之余,朋好过从,感喟人事之际,见清丽芊绵之词则怀为之适,见芬芳悱恻之词则意为之深,见悲愁慷慨呜咽沉痛之词则气为之涌,而泪浃浃为之下,亦可见词之能移人。则岂不以其低徊掩抑,因句长短,足致其往复之思于不尽欤?"

《朝鲜金沧江刊申紫霞诗集序》中说:

"夫诗固养生之术也。人之生宣郁必噫,吐怀必鸣。诗以美其噫与鸣云尔,人情宁有不愿闻噫与鸣之美而喜其恶者。欧人为诗,乃必专家。人之欲宣其郁而吐其怀者,悉属之代为诗以寄其噫与鸣。然则将胥天下之性情而活之,诗其一矣。"

1920年,张謇先生刻《梅欧阁诗录》,其中除录有自己和梅兰芳、欧阳予倩三人的诗歌外,还有各界名流所作,如吕鹿笙、方唯一、曹文麟、张梅庵等。《梅欧阁诗录序》中指出,诗文要表现人的"七情",抒写人的"哀乐";《彀园诗余题辞》中申述词能抒发人的"怀"、人的"意"和人的"气";在《朝鲜金沧江刊申紫霞诗集序》中更明确地指出诗是人"养生之术",是"将胥天下之性情而活之"。但张謇更要求诗文所表达的情感"不可滥",必须符合人伦的"五常"。这里还值得提出的是,张謇该序中对"乐"、对"剧"和对梅、欧戏剧的评说,集中揭示了其"教育以通俗为最普及,通俗教育以戏剧为易观感"的戏剧观点。

(三) 认为文学与时代和地域有着重要的关系

张謇认为文章风气随时代而异,地域的山川风物对文章气象有着重要的影响。他在《金松岑诗序》中说:

"昔人有言,文章风气随时代而异,固也。吾以为随时代而异者,风耳。若气则随山川而异,前例不胜举。论吾苏之诗格,则江南北不必同。在宋,若南之范(石湖)龚(会之),北之秦(太虚)陈(后山);在明,若南之高(青邱)陈(卧子),北之刘(永之)汪(朝宗)邱(克庄);在清,若南之吴(梅村)潘(南村)邵(青门)陈(迦陵)洪(北江)黄(仲则)赵(瓯北)李(申耆),北之二汪(舟次、蛟门)二吴(园次、暨人)鲁(通甫)潘(四农)邱(季贞)邓(孝威),其尤著者也。或华或朴,或晰或奥,或夷或峻,所谓格不必同也。若其气之禀乎山川,则无不同。苏之为地也,山则南有江宁之钟、摄,句容之句曲、良常,吴之穹窿、灵岩、洞庭,无锡之九龙,常熟之虞;北有铜山之云龙,砀之砀,东海之郁林,南通之狼,大小不同,皆炳炳著名于史志。川则南有具区三江,北有淮、睢,而长江贯乎其中,尤天下知闻之形胜也。而地处温带,气候又适中,故士习好文。而发为诗歌,无华无朴,无晰无奥,无夷无峻,玩其气,殆莫不清深而和雅。"

对于地域与文学的关系,严家炎先生指出:"地域对文学的影响是一种综合性的影响,决不仅止于地形、气候等自然条件,更包括历史形成的人文环境的种种因素,例如该地区特定的历史沿革、民族关系、人口迁徙、教育状况、风俗民情、语言乡音等;而且越到后来,人文因素所起的作用也越大。确切地说,地域对文学的影响,实际上通过区域文化这个中间环节而起作用。即使自然条件,后来也是越发与本区域的人文因素紧密联结,透过区域文化的中间环节才影响和制约着文学的。"①张謇的认识虽没有这么全面深刻,但他注意到了文学与时代和地域的相互关系,并以宋、明、清以来"吾苏之诗格"印证"江南北不必同"的文章之气"随山川而异"的观点,这不能不说是对古代文论的一大贡献。

二、张謇的散文创作

民国时胡君复在《当代八家文抄》选录张謇文抄两卷,把张謇与王闿运、严复、康有为、梁启超、林琴南、章太炎、马通伯并称为当时文坛的八大散文家。《张季子九录》将其散文分为论说记述、序跋、赠序、碑传、哀祭、词赋铭赞六类。

(一) 散文思想内容

张謇一生撰述丰富,其散文创作有着丰富的思想内容和鲜明的艺术特性,表现出明显的近代特征。

1. 阐发事理以述己见

张謇一生持务实求真的人生态度,"天之生人也,与草木无异,若遗一二有用事业,与草木同生,即不与草木同腐"是他一生用以自励的话。其论说类散文也多是阐发事理,论述己见。1885年,张謇参加顺天乡试,首场试题为"孔子尝为委吏矣"。张謇对此论题作了充分的发挥,围绕"任事"与"喜事"

---

① 刘洪涛.湖南乡土文学与湘楚文化.长沙:湖南教育出版社,1997.

进行论述：

"奉职惟称，圣人且然矣。夫委吏乘田，其职虽卑，而不得谓非职也。会计牛羊，孔子何尝不求其称哉！且国家所以少事之人者，以喜事之人多也。喜事则好为难事，而忽所易事。夫事者，何者可视为易？易乎事者，岂真才有余于其事？惟未周乎事之分际，而自以为才，则心日轶于事之外而冀功，并不足于事之中而课效。而国家任事之人乃少，而国家废坠之人乃多。曷观孔子处卑且贫之时乎，孔子抱经纶万物之才，使得畀以建邦定国之权，则酌盈剂虚，必有以均于万物。孔子裕覆育群生之量，使上处夫风舞麟游之世，则调元赞化，必有以蕃阜乎群生。然方其贫也，则尝为委吏矣。委吏者，礼所谓掌领野赋，以稍聚待宾客，以甸聚待羁旅，以余聚待颁赐者也，贫则为之，又尝为乘田矣，乘田者，礼所谓掌牧六牲，祭祀共其享求，宾客共其牢礼，乡射共其膳也，贫则为之。为之则有委吏之事，为之则有乘田之事。自计吏综核之风盛，而大体不明。其甚者至身秉国钧，但日亲乎酒酤盐铁之微，校量锱铢而自为得计。而缙绅委蛇之士，又或举国家所赖以度支财用者，听之胥吏而漫不经心。始第遗其事之数也，终且并其事之意而忘之，往往然也。自长吏司牧之义堕，而物生益蹙，其甚者虽托以民命，亦且视为草芥犬马之贱。恣肆残贼而靡有终穷。而园林猥璅之官，益得举国家所资以修明典礼者，任其瘝蠹而有所藉口。始第病其物之生也，终且并其物之数而减之，往往然也。若夫孔子为委吏，则曰会计当焉。会者由散而至聚，计者于合而见分；而聚散分合之间，必使之料量平而差分析，当何如也。治人之事者，固不必即事居功；但使所治之事，俾其人不至有付托之悔，而吾责已可谢矣。度孔子亦曰，会计当而已矣。为乘田则曰，牛羊茁壮长焉。茁者孳生相续，壮者蕃盛为群；而孳生蕃盛之际，尤使之饮食节而起居时。长何如也？受人之物者，莫患于物损其旧；诚使所受之物，如有人所本欲爱惜之心，而吾心已无愧矣。度孔子亦曰，牛羊茁壮长而已矣。由是观之，任事者必不容于事外喜事，而不当任事者不当处重任之地，不益晓然哉！"

章开沅先生分析此文说："此文的宗旨显然是强调人生目的应为做事而不是做官，即使是做官，无论级别高低，都应努力把自己主管的事情做好，切忌处高位而徒务虚名……张謇把'职'与'事'联系在一起，也就是把岗位与工作联系起来；任这个职就得干这个事，这就是所谓'职务'。职者，官职也；务者，任务也。古今猎官族之通病就是眼睛只盯住职，却把务视为可有可无。所以张謇开宗明义就标榜'奉职惟称'的原则。委吏固然位卑，但'不得谓非职也'。既然是职，任职者必求称'职'，就是履行自己的责任，尽力做好本职工作。以孔子之大才，既任委吏，虽会计牛羊也得管好，务求称职司会计'必使之料量平而差分析',为乘田,则确保'牛羊茁壮长焉'。孔子抱经纶万物之才,怀覆育群生之量,可以建邦定国,可以教化万民;但他虽处卑位而仍兢兢业业以求称职,这才是做人任事的楷模。张謇利用钟馗打鬼,抬出孔子就是为了抨击时政。所以他笔头一转,直截了当地指摘:'且国家之所以少任事之人者,以喜事之人多也。'所谓'喜事'就是好大喜功专务虚名,但张謇措词颇为巧妙,说这些官员是'好为难事而忽所易事'。张謇批评说,既然做事就不会容易,那些把事情看得容易的人并非才过于事,无非自以为才高八斗而其实对事的本身并不了解,更缺乏应有的办事才干。因此,他们的心思未能用于任事,却整天盘算如何邀功,其结果便是国家任事之人少而废坠之事多。许多当政者漫不经心,把国家的度支财用听之胥吏,'始第遗其事之数也,终且并其事之意而忘之','其甚者虽托以民命,亦且视为草芥犬马之贱,恣肆残贼而靡有终穷'。文章的结语是:'任事者必不容于事外喜事,而不当任事者不当处重任之地。'真是字字掷地有声,饱含着张謇对世情的洞察,内心郁积的忧愤。"

张謇的《朝鲜善后六策》《疏塞大纲》《请兴农会奏》《变法评议》《黑龙江代垦合同之大概呈总统文》等文,都是其"任事"之作,内容涵盖近代社会和文化的众多方面,充分体现了张謇严谨务实的作风和想干事、干实事、干成事的人生准则。

2. 抒写爱国忧愤之情

近代社会,西方列强入侵,中国一步一步沦为半殖民地半封建国家,张謇坚决主张维护主权,反对侵略,反对屈辱求和,其文章充分表达了他的爱国心声。

1879年《代夏学政沥陈时事疏》是今见较早的文章。全文首先从大的方面陈述中国在"今日诸夷逼处,环伺眈眈,恫喝要求,累岁相望"的情形下,应该采取"其宜战而不宜和"的方针;接下来就分析了"自匪论廓清以来十余年",国家的贫弱和将才的不足;在此基础上,文章重点论述了当下国家应该对"储才"和重视民生两方面给予高度重视,并采取有力的措施。文章层层相扣,有理有据,富有严密的逻辑性和强烈的说服力。

1882年,张謇为吴长庆拟书论中俄和战形势,直言:"自来中外交哄,不过战和两策。和取目前之无事,而战为全局之通筹。以和为战,是罢战之论发于我,而彼强我弱,以战为和,使愿和之请出于彼,则彼细我伸。"

随吴长庆平定朝鲜"壬午之乱"后,张謇鉴于日本吞并朝鲜的事实,写下《朝鲜善后六策》《壬午东征事略》《乘时复规流虬策》等文章,主张清政府持强硬态度以阻遏日本的侵略扩张野心。如《代某公条陈朝鲜事宜疏》:

"窃帷国家盛京、吉林、皆以朝鲜为屏蔽,是以太宗文皇帝首先戡定,然后专意中原。仰惟先朝肇造之远谋,即为今日必争之要地……是以中国以朝鲜为外户,朝鲜亦倚中国为长城。当此积贫积弱之后,固不可一日无中国防护之兵也。既防营尽撤,而觊觎之者乃益肆无忌惮矣。觊觎之者,无过于俄罗斯、日本二国。俄之居库页岛,经营浑春,侵该国之图门江,而招致其民人十余年矣。日本力不逮俄,而较俄为近,既攘中国之流球为己有,得陇望蜀,益思图我朝鲜,其军臣处心积虑,亦非一年。凡见于中外新闻报纸者,人人知之。帷其有必图之心,而又迫于俄人相乘之势,是以绝不度量,动辄先发其意,专破朝鲜臣服中国之说,因以夺中国保护朝鲜之权。夫使权之所在,徒以为名,如流球、安南、暹罗、缅甸之类,犹可说也。朝鲜与中国唇齿相依,利害相因,大权一失,实祸随之。况耽耽虎视者,不止一日本,而未尝不以日本要求之得失为动静。日本得则各国皆动矣,日本失则各国皆静也。流球去则安南随之,安南去而暹罗、缅甸随之。此已事之鉴也。朝鲜若复为日人所有,英俄之起而争西藏,可立而待。且渤海、天山堂奥尽漏,京师能高枕而卧乎?……臣疏远小臣,知识极陋,本不敢越职而陈大计。顾当此宵旰忧劳之会,实不胜犬马图报之忱,谨以愚虑所及,条陈援护朝鲜八事,以备当芜于万一,不胜激切屏营之至……臣尤伏愿皇上时时存必战之心,事事图能战之实,自然有可和之时机,无轻和之后悔。是以战为和者,千古中外不易之长策。"

"文章在警告统治者警惕帝国主义国家行将瓜分中国的同时,也直陈对国内投降派的强烈不满,发出了警惕日本的呼吁。"[1]

甲午战争爆发后,以李鸿章为首的妥协求和派高唱"讲和戎"、"求外夷"论调,幻想息兵停战以保全社稷,张謇则坚决反对求和退让。其《条陈方略折》中指出:

"直隶总督李鸿章自任北洋大臣以来,凡遇外洋侵侮中国之事,无一不坚持和议。天下之人,以是集其垢病,以为李鸿章主和误国。而窃综其前后心迹观之,则二十年来败坏和局者,李鸿章一人而已。台湾之事,越南之事,其既往者,姑置不论,请就今日日人构衅朝鲜之事,为我皇陈之。李鸿章之败坏和局也,有先临事,有事外,有事中……闭自来中外论兵,战和相济。西洋各国,惟无一日不存必战之心,故无一人敢败己和之局。李鸿章兼任军务、洋务三十余年,岂不知之?徒以暮气太深,钝于机要,上孤君父,下盛生灵……李鸿章既负善和,必且幸中国之败,以实其所言之中,必且冀中国之败,而仍须由其主和,以暴其所挟之尊。即京朝官之尾附李鸿章者,亦必以李鸿章为老

---

[1] 陈伯海.四百年中国文学思潮史.北京:东方出版社,1997.

成谋国,展转相师;而李鸿章非特败战,并且败和,无一人焉以发其覆。恐兵事一定,校论功罪,恩怨起于朝局,邪说祸及将来,此则迫切忧危而不得不为辨奸之论者也。国家优待勋臣,每逾常格;而北洋大臣,实非天下唾骂之李鸿章所能胜任。伏乞圣明裁断,另简重臣,以战定和,固人心而申中国势;专任李鸿章直隶总督,富贵宴安,以终其身。宗社幸甚!天下幸甚!"

字里行间可见其对李鸿章主和误国罪行的声讨,语言铿锵,措辞犀利,激愤之情溢于言表。

张謇还在《推原祸始防患未来请去北洋折》疏中弹劾李鸿章:"以四朝之元老,筹三省之海防,统胜兵精卒五十营,设机厂学堂六七处,历时二十年之久,用财数千万之多,一旦有事,但能漫为大言,胁制朝野。曾无一端立于可战之地,以善可和之局",并要求朝廷"另简重臣,以战求和"。张謇此折"当日流沫传诵",据说李鸿章看后,还击节赞之为"笔意矫健"。

3. 表明政治思想主张

在近代社会政治舞台上,张謇亦是一名重要人物。"张謇于20世纪初跳出地方实业与教育的圈限,开始以实业政治家的身份积极投身于改造中国政治的激流之中。他试图以君主立宪来重构中国的政治制度。为此目的,他不仅毫无畏惧地奔走呼号,而且脚踏实地地从多个方面推进他的政治计划。或著文立说,或游说清廷,或策动权贵,或抗论议坛,或组织请愿,其韧性的'准革命'的奋斗精神足以表明他是20世纪初中国政治舞台上最有勇气且最具品格的民主斗士。"①张謇政治方面的"著文立说",充分体现了他求真求变的政治思想。这类文章大多建构宏大,史实翔凿,逻辑严密,论说深刻,有极强的说服力。

1901年张謇写成《变法平议》。在这篇长达数万言的文章中,张謇着重探讨了近代中国改革失败的原因,发表了他对改革问题的基本看法,比较全面地阐述了自己的政治主张。他指出,近代中国改革未能取得成功,尤其是戊戌变法的昙花一现,其根源在于:"乘积弊之后,挟至锐之气,取一切之法而更张之,上疑其专而不喻其意。伊古以来,变法未有不致乱者……今职微之士,或以为当修往圣之旧,采列邦之新固已,然不斟酌今日弊政之标本,与夫人民之风俗,士大夫之性情,以权因革损益之宜,第轻重缓急之序,则竟行百里而阻于五十,何如日行二三十里者之不至于阻,而犹可达也。"《变法评议》主要体现了"法久必弊,弊则变亦变,不变亦变。不变而变亡其精,变而变者

---

① 张海林.论辛亥革命前张謇的政治思想及其实践.南京大学学报(哲学·人文科学·社会科学),2001.

去其腐"的指导思想,内容涉及吏、户、礼、兵、刑、工六大部类42项,是推进上下全面改革的系统计划。王树林先生对此文作了深刻的分析:

文章上来不写变法的意义,却写变法的危害:"护墉熏鼠,鼠未尽而墉穿;爱林逐鹳,鹳即去而林忧。乘积弊之后,挟至锐之气,取一切之法而更张之,上疑其专而下不喻其意;伊古以来,变法固未有不致乱者矣。"接着作者笔锋一转,"然而鉴变之祸而惟弊之承可乎?曰:'恶乎可!'"借鉴前人变法的危害而仍然承袭其弊端可行吗?当然是万万不可的!作者引用孟子"乘势"、"待时"的话,提出往之变法致祸而今之变法可行的论断。并以法、美、德、日等国变法之艰辛而后成功,本国前期戊戌、庚子变法之失败原因对比为证,提出今日变法应"斟酌今日弊政之标本,与夫人民之风俗,士大夫之性情,以权因革损益之宜,第轻重缓急之序,则意行百里而阻于五十,何如日行二三十里者之不至于阻而犹可达也"的结论。接着作者就变法的具体措施,"权因革省并之宜约分三端",即"有必先更新而后旧可涤者;有必先除旧而后新可行者;有新旧相参为用者";并依现有中央下属六部政体,条分缕析,分类陈述。洋洋洒洒,二万余言。逻辑组织极为严密,且张弛抑扬,起伏变化,跌宕生姿。最后作者异常动情的写道:"夫法所以行道,而法非道;道不可变,而法不可不变。日月星辰,曜明而无常度;布帛菽粟,饱暖而无常品。法久必弊,弊则变亦变,不变亦变……呜呼!祸之所从来可知矣!自其来之门而兑之,而刚柔相易,惟变所适,祸庶几已乎?岂非人乎?"①

一变刚健犀利之文笔而转为婉转缠绵,纡徐回环,忧国者的良苦之情,跃然于读者面前。

《革命论》《尧舜论》则论说了中国古代"豪杰之革命"、"权奸之革命"、"盗贼之革命"及民主革命。说古论今,条分缕析,感情充沛,酣畅淋漓,有极强的论说力和艺术感染力。

4. 述说救国强国之思

张謇投身实业,热心教育,并在此基础上形成了其富有特色的实业教育思想。在这类文章中,张謇往往将古与今、中与西、实业与教育结合着写,对比着写,说理充分,感情真挚。

1895年,张謇在其《代鄂督条陈立国自强疏》中直陈其实业救国的主张:

"世人皆言外洋以商务立国,此皮毛之论也,不知外洋富民强国之本实在于工。讲格致,通化学,用机器,精制造,化粗为精,化少为多,化贱为贵,而后商贾有懋迁之资,有倍蓰之利……中国人数甲于五洲;但能于工艺一端,蒸蒸

---

① 王树林.张謇散文的师承渊源和审美取向.南通师院学报,2003(3).

日上,何至有忧贫之事哉!此则养民之大经,富国之妙术,不仅为御侮计,而御侮自在其中矣。……中国生齿繁而遗利,若仅恃农业一端,断难养赡。……富民强国之本实在于工"。

文章指出工业化是西方富民强国之原因;强调只有工业建设才能"化粗为精,化少为多,化贱为贵"地创造财富,因此工业建设是商业发展的前提条件;开发实业既是救贫致富之术,也是富国御侮之道。文章还特别指出:立国自强"其责任须士大夫先之",爱国之心溢于言表。

张謇认为近代实业是非常重要的。他说:"工苟不兴,国终无不贫之期,民永无不困之望,可以断言矣。"

1910年的《对于救国储金之感言》,一方面批驳对救国储金"有事则为国家之用,无事则为海陆军及教育之备费"论调;另一方面则重点阐述自己的观点,即"棉铁主义","主张以5000元储金,发展棉纺织工业,庶有利于培养纺织人才,并为发展教育事业创造条件。"

张謇在《大生纱厂股东会宣言书》中写道:

"年三四十以后,即愤中国之不振,四十后中东事(指甲午中日战争)已,益愤而叹国人之无常识也。由教育之不革新,政府谋新矣而不当,欲自为之而无力,反复推究,当自兴实业始。然兴实业则必与富人为缘,而适违素守,又反复推究,乃决定捐弃所恃,舍身喂虎,认定吾为中国大计而贬,不以个人私利而贬,庶原可达而守不丧。自计既决,遂无反顾……须知张謇若不为地方自治,不为教育慈善公益,即专制朝廷之高位重禄,且不足动我,而顾腐心下气为人牛马耶?又须知二十余年自己所得之公费红奖,大都用于教育慈善公益,有表可按,未一累股东,而慷他人之慨也。"

为国家大计,才不惜放弃耿介性格,折腰屈下,舍身喂虎也义无反顾,读来感人至深。

张謇一生抱持"父实业,母教育"的思想,在大搞"实业救国"活动的同时,还提出了"教育救国"的主张。

1911年,张謇任中央教育会会长。在中央教育会成立大会上,张謇作《中央教育会开会词》。文章首先用很简短的语言概述中央教育会成立的意义:"欲荟萃全国教育家之智识,讨论决议,借以观理论事实之通,定措止施行之准,吾国教育界前途之幸福,必自今始。"接着重点阐述处于列强竞争时代的中国,"教育尤为各种政策之根本"的演讲主题。对此,文章从两方面加以论说:一是应办"以应国家、社会之需求,而为世界之比较"的教育;二是必须消除"教育精神上之病":"其中于心理者曰私心,而其生于生理者曰惰力"。文章紧扣主题,分层论述;论述时,正反对比强烈,前后内容有严密的逻辑性。

录其中一大段以作印证：

"今日我国处列强竞争之时代，无论何种政策，皆须有观察世界之眼光，旗鼓相当之手段，然后得与于竞争之会，而教育尤为各种政策之根本。故但有本国古代历史之观念者，不足以语今日之教育，以其不足与于列国竞争之会，即不足救我国时局之危。今日最函之教育，即救亡图强之教育也。非有观察世界之眼光，则救亡图强之教育政策无自而出。救亡图强之教育，就形式一方面言之，全国教育分别为普及教育、师范教育、实业教育、高等教育、武备教育。中国自兴办教育以来，于此数者之教育，亦粗举其条目矣。然就形势言之，或举末而尚遗其本，或举偏而未得其全。此形式之病，亦为初次进化必经之阶级。例之各国进化之历史，与日本明治二十年前之教育，亦复如是。此由经济之困难，人才之缺乏，智识经验之未及，无足深怪。然亦非国家与吾人所可推诿，以为自宽之事。教育费之必当竭力筹措，各种人才之必当函亟养成，智识、经费之必当日异月新，为积极之进步，以应国家、社会之需求，而为世界之比较。不当谓某校优于某校，而自以为成绩；某省优于某省，而自引为美谈也。此形式一方面，当亟求完全之说。主持筹划者亟望于学部，辅翼而献替者，亟望于全国之教育家也。以今日各省现状言之，亦有形式已告成立者，然实地观察，殊乏健强之力。此如幼稚已成病夫，他日安期发达？此则教育精神上之病，为吾国前途之大隐忧。凡我学部及全国之教育家，不可不深思熟虑，谋针砭补救之方者也。譬如千金之堤，溃于蚁穴，九层之台，下无坚础，不谓之大隐忧不可也。精神上之病，大抵根于旧日之遗传，或沿科举之积习，或为社会之颓风，或朕兆于家庭，或影响于政令，种种原因，不可殚述。今但就其病之所中，与其发现之症状，扼要言之，其中于心理者曰私心，而其中于生理者曰惰力。二者之病不去，救亡图强之教育不可得而言也，教育之精神不可得而言也。"

1903年通州师范学校正式开校时，他发表了《师范学校开校演说》。寥寥600多字的短章，多次反复强调"坚苦自立、忠实不欺"之宗旨，情感充沛，感人至深。

张謇的教育类文章对于教育的功能与地位、教育的方针、课程设置、教学方法、实业与教育的关系、教师与师范的地位、学风与校风建设以及教育事业的发展规律等都作了比较全面深入的论述，体现了其鲜明而独特的教育思想体系。

5. 记录抒写真情实感

张謇一生交游甚广，其状元的身份，其实业家、教育家和政治家的地位，使得他在地方和全国都有着举足轻重的影响。这也使得他创作了不少写人记事类的散文。写人方面,除去一些墓志、碑铭、行述之类,属于人物纪传体的散文有二十多篇。记事方面,则主要集中在一些寺庙、亭台、园林及学校等修缮、建设的记述上。

张謇的人物纪传体的散文有写政治风云人物,有写官吏,有写文人名士,但写得多且写得出色的是下层民众。

海门六匡镇有个和尚,受戒于杭州灵隐寺。他学佛初就许下心愿,要在家乡多造石桥,方便百姓出行。后来,他四处化缘、募捐,前后数十年,建成数十条桥。乡人为之感动,时时颂扬和尚的德行。张謇为了弘扬和尚的这种精神,推动社会事业的发展,于1895年写了篇《记造桥和尚》,介绍和尚的事迹,并号召:"凡欲自治乡里而谢不能者可观于和尚也。"

张謇家里有个佣人王世麟,专门帮助卖瓷器。他为人勤劳直爽,深得张謇一家欢喜。张謇后来遵照父亲的遗愿,为王世麟贷钱造桥,起名"世麟桥",还专门撰写了《世麟桥记》,以表彰、纪念王世麟。

张謇记事的散文与写人的散文一样,真实,且富有本地色彩,如《重建宋文忠烈公渡海亭记》《美人石记》。

1913年,南通县知事储南强于石港东北范堤之内的杨家环度古亭旧址(今五总乡渡海亭村)重建渡海亭,以表彰文天祥事迹。1915年,该亭落成。亭中石碑正面镌"宋文文山渡海处",碑身背面刻有张謇的《重建宋文忠烈公渡海亭记》,全文500多字,概述文天祥渡海壮举历程,盛赞英雄气概,阐释建碑目的意义,并公示建碑时间和供地者及建筑工匠姓名。全文为:

"史言宋德祐间,天祥被元兵拘至镇江,与其客夜亡真州有所图。制置司李庭芝信讹言天祥来说降,戒备严急,所至拒不纳。乃潜逸高邮,由通泛海道温赴福益王召。通卖鱼湾者,昔滨海沮洳斥卤地也,距石港场东十五里。意公尝旅泊于此,后人因其处建渡海亭。岁久亭圮,而里祀宋范文正与公为二贤,故虽里父老能举公名。民国二年,宜兴储南强来知县事,求其址而新焉。里人复建小学校于旁连属以永之。懿哉,我通官吏士人之重此亭也。宋覆于元,二王逃窜无所,其一二不贰心之臣,乃至出万死一生,奔迸流离屈辱,以求保其一线仅存之屡主。甚且蒙无辩之谤,蹈不测之危,藏伏出没于荒菹穷海之间,辗转以趋于必死。彼其时,宁暇于斯须假息之地,希后世杳渺不可知之名。及事过论定,而匹夫之所捐躯蹈刃而争者,乃与一代倏兴倏废之帝王,并落于吊古欷歔者之口而独加敬焉。彼帝王宁贵于匹夫者?元主中夏不百年,至于今更阅两姓矣。回溯公旅泊是湾时,日月淹忽,五六百年犹旦暮耳。四海至大,若是湾者不胜数。元兵锋之盛强,振古罕伦焉,尚有怀思乞颜惕氏而敬慕之者乎?而敬慕公者,更千年而未有已,可决也。鹜功利至帝王而极,而后如彼;较穷厄至匹夫而极,而后如此。人果是非之心未泯,其奚择而从也?虑其不知择而皦然以示之的,使匹夫也而自重,则重建是亭与设校者之志也。夫亭与校并成于四年八月。襄其事者,里人于忱、顾鸿阁、宋焕、陈培。输地以供建筑者,顾宝森、宝枝。为之记者张謇。"

《美人石记》只有200多字,却一唱三叹地写出了"美人石"的遭遇:

"石故有名,明顾大司马珠媚园物。园再易主,至王氏复落。光绪癸卯,总兵朱鸿章取送常熟相国,不受,委福山江干。大小凡百六十七枚。尘沙雾雨之所沧湮,舟子樵童之所侵侮,污垢缺裂,且旦且莫,兹三石其尤可怜矣。己亥春,起居相国于虞山白鸽峰,归舟见之,恻然若有无穷之感。阅七年丙午,营博物苑于师范学校之河西,以语今总兵李祥椿,归我所往,度置苑内,群石之幸存者皆媵下焉。俪以华产异卉珍花,与众守之,数百年后,或者稍异于一姓之物之迁变乎?朱之旧部,请记朱名。即不请,亦应记发以征信。"

文章写"美人石",写自己对美人石的怜悯,同时写了翁同龢的清廉和贬谪,并由此引起了自己对社会、对人生的深层的思考。文章融叙述、议论和抒情于一体,笔调委曲含蓄。

(二)散文艺术特色

王文濡在《续古文观止》中选录张謇文章,并给予高度评价:"文学自有过人处,盖其得天者厚,学力又足以富之,益以良友之切磋,人事之阅历,皆有以开豁其知识,锻炼其才思,故能发挥新意,熔铸古辞,卓然成一近代之大家。"[①]张謇生活的近代,内外交困,矛盾重重,而其一生经历丰富,随军朝鲜,目睹中法、中日和八国联军侵略中国战争,考察日本,辛亥前后参政议政,特别是兴办实业、兴办教育,在政治、经济、文化、教育等各方面都取得了重大的成就,其议论说理和写人记事的文章比较全面、深刻地反映了他为救国、图强、求富而不懈追求的心声和历程。

1. 继承并发展了桐城派的文学主张

1875至1880的五六年间,张謇向张裕钊"叩以古文法,先生命读韩昌黎",第一步须先从王安石文读起。张謇直接继承了桐城派古文讲求义法的要领理论。《程一夔君文甲集序》中说:"夫古文之为道,非苟焉而已。不言义法则絫;言义法矣,而短学与才则弱。君之文弗絫弗弱,博大精深,雄浑高雅,卓然大家。其阴阳刚柔说尤精微奥妙,发前人所未发,信足自成宗派矣。抑謇尝言文为时而作,君所为文,凡当时政治之症结,学术之盲否,悉洞见之。

---

① 王文濡.续古文观止.长春:长春古籍书店,1985.

是不尤可贵哉！"桐城派合义理、考据、辞章为一体的文法,给张謇文章的写作以直接的影响,使张謇的文章言之有物、言之有序。但张謇又突破了桐城家法,以经术作政论,贯经术、政事、文章于一体。王安石文章应"有补于世用"、"要以适用为本"的主张则对他的文章写作发生了更大的影响。张謇的散文创作接受了王安石文章应"有补于世用"、"要以适用为本"的主张。其文或论政治、或论实业、或论教育、或论文学、或论艺术,论事论理,讲求"世用"、"适用",正如其子所言:"他做事,嘴里不说空话,只管做实事,笔下写出来的,也是可以做到的事。"

张謇一生以"祈通中西"为使命,其散文"一方面秉承传统,另一方面容纳新知,显现出视野开阔、大开大阖的气派。他有时依据儒家本意,旁征博引,如在《儿子怡祖字说》中他就引用儒家经传,申明'孝'、'若'意义,一语三折:'夫孝之义至微而至广,曲礼所谓不登高,不临深,不苟訾,不苟笑,不服暗,不登危,为凡为卿大夫庶人之孝言之也,而致其用者在顺。记曰:孝者畜也。顺于道不逆于伦,是之为畜。若之义训顺。顺必有序,顺于学之序则学进,顺于事之序则事治,顺于人之序则人洽,顺于礼之序则身安……'另一方面,他有时采用西方史实进行论说,辛亥革命后他所写的《尧舜论》即引证美国史实,肯定民主制的优越。在《建立共和国体理由书》中,为了驳斥某些主张君主立宪者以国民程度不高、国土广阔、民族多为由反对共和,张謇采用西方既成事实,分条予以回击:'英之保存君主,与当日国民革命,贵族有关,日本之尊王,所以覆幕,皆因势事实上之问题,与国民程度无关也,是故国民未能脱离君主政府,只有立宪,请求共和而不可得,既脱离君主政府,只有共和,号召君主立宪不可得,亦国势事实为之也。欧美各国联邦共和之制,实本卢氏。以事实证之,美之国土,广袤不亚于中国,而共和之制最先,成绩最美,其明征也……'"①

2. 观点鲜明,结构严密,论理透辟,感情充沛

他在《论国文示师范诸生》中说:"说一事使人了然首尾,说一理使人了然眉目,说一境使人如临其境,说一物使人如见其物。"如《祭张濂亭夫子文》:

"呜呼！道义橐龠,寓于文章。三代悠邈,下迄汉唐。越宋、元、明而昭代,纽微著于归、方,刘、姚继作,姬传尤昌。再传之盛,崒起湘乡。孕忠耿于天骨,荡元气而翕张。惟夫子之轶绝,乃尽窥其室堂。试中书而不累于仕宦,辟幕府而不居其功名。镜思钵虑,挚舒聪明。一并于文,以为道光。世之论者规同校

---

① 王毅.张謇散文创作论.江西社会科学,2007(12).

似,则以为夫子之文,如磬如笙,如琳如琅。如风泉之注壑,如日星之耀芒。如大将之行列不失尺寸,如深山大泽云物异气之变化而不可故常。微乎如游丝之漾晴昊,俨乎如法物之严重于明堂。上参杨、马,俯揖曾、王。开咸、同之绝席,扫尘坌之秕糠……呜呼!与夫子别,奄忽九霜。中更世变……而旧时朋党,或中道异趣而佩艾为芳。已焉哉业之修而孰质,区区之寸抱而孰与商。而惮阻于山川之远,以永违夫几杖。冥冥然穷此生而不可复见者,山木哲人之恸。乃并不如东夷学子,犹能表桧而实室场。灵来阙下,歆兹一觞。呜呼哀哉!尚飨!"

文章写于1894年张裕钊去世后。文章首先叙述归有光、方苞、刘大櫆、姚鼐至曾国藩的桐城文统,接着从古文的内涵、风格、气势等方面,赞美张裕钊师从曾国藩,能尽窥桐城派古文之堂奥的功绩,最后抒发自己对张裕钊的深厚的感激、怀念和敬仰之情。文章观点鲜明,结构严密,论理透辟,感情充沛,令读者既有酣畅淋漓之感,又不失美的享受。

三、张謇的诗歌创作

张謇一生把主要精力放在实业、教育、政治上,不以写诗为主事,正如汪辟疆所言"诗非专至"。① 但他一生还是创作了数量较多且具有特色的诗歌。张謇诗歌现存1800多首,创作时期上起1876年,下讫1926年。

林庚白评张謇诗道:"同光诗人什九无真感,惟二张为能自道其艰苦与怀抱。二张者,之洞与謇也。"②张謇的诗与其文一样,比较真实、全面地记录了近代社会、地方风貌和他的人生历程,抒发了他丰富多彩的心灵情怀。

(一)诗歌思想内容

就内容而言,张謇的诗可大略分为五类,即咏物诗、送别诗、仿古诗、酬友诗、言志诗。《早梅》《西亭诗社分赋杏林春燕》《题山水》《雨霁》《江晴远眺》《试时楼对月》《早萤》《夜坐》等是咏物;《送徐翔林归丹徒》《江宁送周彦升归里》《消夏有怀同学》《送孙欢明赴书记之聘》等写送别;《古意仿庾子山体》《鹰次彦升韵》《草堂偶成》《传奇乐府》等是仿古;《赠沈晓芙》《喜梅郎至花竹平安馆》《候亭送梅郎之绝句》等为酬友;《奉呈常熟尚书四首》《奉送松禅老人归虞山》《通州师范学校校歌》《观汪氏所藏翁文恭与郎亭侍郎手札(有

---

① 汪辟疆.汪辟疆说近代诗.上海:上海古籍出版社,2001.
② 钱仲联.近代诗三百首.杭州:浙江古籍出版社,1990.

序)》《女师范学校校歌》等则言志。但其中最具张謇自身特点、地方特色和时代风貌的则是他描写师友情谊、描写地方风土人情、描写异域人文风物的诗和校歌。

1. 抒写师友情谊

张謇交游甚广，友人甚多，就师而言，主要有宋效祁、赵彭渊、孙云锦、翁同龢等；就友而言，比较特殊的主要有周家禄、顾延卿、朱铭盘、范当世、梅兰芳、欧阳予倩、沈寿、金沧江等。张謇以诗缅怀师长的教育、培养，颂扬他们的品格、才识；以诗抒写对友人的期望、勉励及思念的情怀。

"宋先生宅旧有海棠一株，岁直花时辄有佳会，三数年来，故老零落尽矣，因时感触，怆然赋之"。该诗为怀念宋效祁而作，诗有对过去美好时光的回忆，更有对"草木无情人有心，对花三叹不能置"的深深感叹。

《奉题赵训导师鞠隐图》赞颂赵彭渊的人品："梁溪奕奕赵夫子，力学孤贫挺梗梓。能将高节绍东林，况复明经掩中垒"，并赞美其学识："当时中丞林侯官，奖掖士类穷孤寒。赋成辄夺五花簟，贵重何翅双玉盘。"

孙云锦帮助张謇解决了"冒籍"问题，并尽力给予提携，张謇对于这位集恩公、幕主、老师三位于一体的老师始终充满了仰慕和感戴之情。《桐城孙先生七十寿序》中说，"謇贯通州而居海门，弱岁为人所苦，所谓冤与弱之一。微公拯之植之，不能有今日"。1901 年，张謇在海门训导署舍后建"赵亭"并竖碑立像以纪念赵菊泉。其《奉送知州孙观察公三十韵》长诗中就抒写了他的感恩之情：

"自幸怦懞讬，如何寝馈忘。禄穷原姓范，脩论迺征扬。幽珮衡湘水，儒冠逯栎阳。已成掎槛鹿，谁解触藩羊。陈涉徒鸿鹄，嬴秦实虎狼。居然归士会，况尔客宾王。清昼衙斋雨，寒宵燕寝香。贫怜原宪病，醒戒次公狂。落落看长剑，匆匆与别觞。迴帆仍白下，领郡说丹杨。舆论公谁嗣，私恩我自伤。飞飞这鹫上隼，铩翮不能羗。"

张謇与翁同龢的交往，则在近代更为人所知，也更为人所重。翁同龢对张謇有知遇和举荐之恩。"我父生平的师友，恩情最厚，关系出处最大的，自然要推吴公长庆及翁公同龢。"[①]张謇于 1922 年在南通黄泥山上修筑一座"虞楼"，并树碑立像，以永久纪念翁同龢，寄托自己对翁同龢的无限哀思。

1892 年，张謇离别京师时写《奉呈常熟尚书四首》，回顾了二人的交往，赞颂了翁同龢的品格，表达了自己的怀抱，更抒发了自己对翁同龢历年来给予的赏识、荐拔的感激："东坡初出门，独向欧阳子。昌黎掖后进，拳拳在张

---

① 张孝若.南通张季直先生传记.北京：中华书局，1930.

李。"张謇以欧阳修之与苏轼、韩愈之与李翊,比喻翁同龢对自己的奖掖。

1898 年戊戌变法开始后,翁同龢被开缺回籍。张謇担心翁同龢会招致杀身之祸,作《奉送松禅老人归虞山》一诗相送,表达自己对翁同龢遭受打击的忿恨:

"兰陵旧望汉廷尊,保傅艰危海内论。潜绝孤怀成众谤,去将微罪报殊恩。青山居士初裁服,白发中书未有园。烟水江南好相见,七年前约故应温。"

翁同龢回籍后,张謇先后四次到虞山探望。1899 年 2 月,张謇专程看望翁同龢,翁同龢邀张謇游虞山。张謇作《呈松禅老人(翁师)》诗,表达共同归隐湖下的志向:

"楼台无边相公归,接住三峰接翠微。济胜客输腰腿健,忧时僧识鬓毛非。尚湖鱼鸟堪寻侣,大泽龙蛇未息机。正可斋心观物变,蒲团饱吃北山薇。"

翁同龢去世后,张謇赴常熟祭奠,作《虞山谒松禅师墓》诗,对翁同龢表示深切的缅怀之情:

"淹迴积岁心,一决向虞麓。晨瞰彻郭西,寒翠散岩壑。夹道坟几何?鹤峰注吾瞩。停舆入墓庐,空庭冷花竹。亟趋墓前拜,皆楚泪频蓄。悽惶病榻语,万古重邱岳。抵死保傅衷,都忘编管辱。尊驺贡大义,凝欷手牢握。宁知三日别,侍坐更不续。期许敢或忘?文字尚负託。平心感遇处,一一缭心曲。缅想立朝姿,松风凛犹谡。九原石台前,随武不可作。"

近代通海周家禄、顾延卿、朱铭盘、张謇、范当世五才子是江淮文人集团领军人物。五人间关系密切、关系融洽。张謇《挽顾延卿诗》比较集中而又具体地表达了五人间的交往及感情。诗作于 1917,全诗为:

"昔年乡里推同辈,周顾朱张范五人。旗鼓颜行差少长,风云旅食各冬春。君甘颓放成茸里,世与遗忘作幸民。曙后一星余我在,枪怀霞康绝车轮。"

首联点明五才子,并写出家乡民众对他们的推奖。颔联说五人除年龄稍有长幼外,道德学问却旗鼓相当,势均力敌,虽生活于内忧外患的苦难时代,却能常年奔波在外,冲向救亡前列。这也是他们友情的共同基础。颔联写顾延卿晚年生活。颓放,疏慢,不拘礼法。茸叟,唐代诗人元结号。幸民,侥幸苟生之人也。诗句热烈礼赞顾延卿晚年的斗争精神。原来顾自西欧回国后,论功授从四品朝议大夫,却遭到他的拒绝。他先是领衔整理出版了归国即逝的薛福成的《出使英法意比四国日记》六卷、《出使公牍》十卷,借以介绍西方之物质文明与精神文明,接着至京、津、沪、宁、扬、鲁奔走呼号,演说西方各国政治、议会、经济、实业、教育、公共事业情况,鼓吹变革,可是当局无人理睬。甲午战败后,戊戌变法失败了,八国入侵,辛丑败约,清廷垮台,衷心拥护的辛亥革命又复失败,北洋军阀混战,陷民水火。理想与现实的矛盾,使之欲哭无泪,只能像当年元结一样,写诗文反映政治现实与人民痛苦。尾联说四才子结局,极沉痛,行自哀也。在顾 1917 年去世前,朱、范、周分别于 1893 年、1904 年、1909 年谢世,煌煌五星仅余一颗,岂能不思之注然?该诗内容丰富,感情深挚,可视为通海五才子简史、江淮文人集团领军人物小传。

在发展戏剧教育中,张謇与欧阳予倩、梅兰芳建立了深厚的友谊。梅兰芳于 1919 年至 1922 年,4 年 3 次应张謇之邀来南通演出。梅兰芳第一次来时,张謇乘演出余暇,为他讲解唐诗五绝和七绝中平起、仄起几种格式,并特别开讲了杜甫七律《秋兴》八首。1920 年,张謇先生刻《梅欧阁诗录》,保存了自己和梅兰芳、欧阳予倩三人的诗歌唱和。

1915 年秋,张謇作《以汤乐民画红梅寄畹》:

"小汤仕女美无伦,画作梅花也可人。寄与玉郎时顾影,一丛绛雪媚初春。"

汤乐民为汤贻汾之子,父子皆是近代著名画家。题中的"畹"是梅兰芳的字"畹华"的简称。张謇以红梅喻梅兰芳,赞美其美丽、高雅。

张謇观看梅兰芳演出后,多有诗作,对梅兰芳的表演艺术称誉备至。1915 年 7 月 28 日,张謇作《观梅郎戏艺有此作》:

"京师乐籍噪青衫,家世同光溯至咸。歌彻碧萧莺欲哑,舞回红绶凤教衔。千人得笑都成趣,一艺传名信不凡。已幸品题归庶士,姓名应付五云函。"

第二天,张謇又作《重赠梅郎五绝句》:

"细数生年属马儿(郎似甲午生),香绷绣褓妥婴婉。不堪重忆科名事,射策天门看榜时。"

"世间只有美男子,雌蝶雄蜂强较量。若使词人逢宋玉,不应神女赋高唐。"

"珠样玲珑玉样温,性情仪态邈无论。最怜一段幽娴意,似不能亲却是亲。"

"为爱春华不爱闲,千金尺璧好时间。登场乍试南腔曲,洗研旋临北苑山。"

"唐突微闻谢楚伧,镂冰琢雪称聪明。愿将香海云千斛,常护阿难戒体清。"

1919 年夏,梅兰芳寄 6 幅剧照给张謇。张謇回赠《畹华寄影片诗从答之》七律一首以答谢。诗写得情深意切：

"六帧婵娟妙绝伦，就中天女最传真。正愁结习难除尽，或有天花着我身。不论知音即论容，谁能歌舞古人同？痴儿那怪淆鸡鹜，要与郎谈正始风。"

1920年1月，张謇作《喜梅郎至花竹平安馆》七律，再次展现了至诚至信的友谊。诗云：

"朔雪零途下汉皋，飞来江上彩云遥。也应隔阔惊吾老，转为流年惜子韶。坐烛烬长诗思窈，檐梅香定酒魂消。玉铛尽有孤虚感，花竹园来得此宵。"

梅兰芳在南通的演出，张謇每场必看，每戏必以诗相赞，如评《贵妃醉酒》曰：

"即论风柳斗腰支，亦称清平绝妙词。环自嫌肥梅自瘦，酬珠今日不须疑。"

评《黛玉葬花》曰：

"惜春花冢事分明，直到焚诗意未宁。今惜惜春人自惜，低徊传与曲中听。"

评《游园惊梦》曰：

"绝世难双杜丽娘，只须天壤有梅郎。青琴素女无传写，冷落临川玉茗堂。"

从扮相、唱腔到舞姿，张謇都给了梅兰芳高度的赞赏。

1919年5月，欧阳予倩首次应邀前来南通西公园献演，张謇"阳五月廿九日，观欧阳予倩演剧"，后作诗《赠欧阳生》，表达自己对欧阳予倩的推崇和赏识。诗云：

"文履轻裾桓叔夏，买舟便肯渡江来。料应淝水麾军辈，远谢清溪弄笛才。说梦红楼犹出楔，闻歌白发为停杯。浏阳名士吾差识，论子于诗当别裁。"

张謇在看了欧阳予倩演出的《送酒》《爱情之牺牲》《馒头庵》《一念之差》和《青梅》等剧后，还分别写下《传奇乐府》以抒其观后之感想。

张謇与沈寿的关系，在近代影响较大。张謇赏识沈寿的绣艺，特在南通师范学校内增设"女红传习所"，并礼聘沈寿担任所长。沈寿到南通后，张謇把自己的"濠阳小筑"借出一半为她"养疴"，并亲自为她的住房题名为"谦亭"、"雪宧"。

张謇与沈寿之间有不少赠诗。张謇的诗表达了自己对沈寿才华的钦佩和对沈寿深厚而又真诚的关心。如张謇《寄雪君》：

"一句山前言为远,但觉君西我已东。留得闲花朝夕伴,绿梅开了碧桃花。"

《见雪君发绣"谦亭"字二帧成,工绝,因赋此诗酬之》诗云:

"枉道林塘适病身,累君仍费绣精神。别裁织锦旋图字,不数同心断发人。美意直应珠论值,余光犹厌黛为尘。当中记得连环样,璧月亭前只两巡。"

张謇还写了《谦亭》和《杨柳》两首七绝赠给沈寿,表达自己对沈寿的爱慕之情。《谦亭》诗云:

"记取谦亭摄影时,柳枝宛转绾杨枝。因风送入帘波影,为鲽为鹣那得知?"

《杨柳》诗云:

"杨枝丝短柳丝长,旋合旋开亦可伤。要合一池烟水气,长长短短护鸳鸯。"

鹣,即鹣鹣,指比翼鸟。鲽,指比目鱼。诗文中鹣、鲽常用以比喻亲密的男女关系,可见张謇对沈寿感情之深!

2. 描写家乡风土人情

南通濒江临海,山清水秀,历史悠久,人文荟萃,有着深厚的文化底蕴。张謇用诗描写家乡的风物名胜、人文景观,抒发自己对家乡的深厚感情。

五山的俊俏雄奇,濠河两岸的美丽风物,在张謇的诗中都得到了生动美妙的展示。五山为狼山、军山、剑山、马鞍山、黄泥山,张謇在早期就分别以《狼山》《马鞍山》《军山》《剑山》和《黄泥山》为题对五山的地理形势、历史传说和人文景观作了完整的描述。《狼山》诗云:

"春尽催游兴,城南薄笨劳。山人争强坐,香客各联曹。狼去岩花冷,鹰摩塔日高。笠云亭畔石,久坐听松涛。"

狼山位于城南,僧人香客众多,山岩峭立,佛塔穿云,亭石奇巧,松涛悦耳。

林溪精舍、西林和东林是张謇在狼山一带的三处别墅。这里风景美丽,是张謇颐养心境的地方,也从而留下了不少写景抒怀的诗篇。林溪精舍在狼山北首北麓园内,张謇晚年常在这里居住。以林溪为题诗歌有数十首之多。其《林溪精舍五首·之一》云:

"沧海流无极,青山买已迟。千岩吾曷美,一壑自专之。杜宅白盐蘸,韩庄黄子陂。老来足幽兴,非与古人期。"

《精舍独宿》云:

"冷逼空斋夜早眠,壁光闪动火炉边。拥衾忆远堪谁语,满耳山风泻瀑泉。"

诗中抒发的是亲近山水、乐于归隐的感情。相关的诗还有《精舍独宿》《独宿精舍》《夜坐精舍》《精舍晚憩》《雨后坐精舍》《雷雨后视精舍》等。

张謇在黄泥山、马鞍山一带营造"西林",种植大量的梅花,称为"梅坨"。他的《西山闲行》诗写道:

"行山回曲处,山外似山中。川势纡徐合,林荫窈窕通。迎人惊石好,刷地有憎穷。尚拟营梅坞,逍遥养浪翁。"

诗中表达了诗人对梅花的喜爱以及他寄情山水,超然凡尘的情怀。另外,《村庐晨记》描写了田野风味浓郁的村庐乡情,《澳亭》抒发了张謇"看花听竹心无声,问舍求田忘日高"的超然心境。

张謇的《清龙港》《浒通港》《海门小鸥波馆》《东城》《重过如皋学宫》《金沙祭墓饮客沧园》《鲥鱼》《重九日吕刘诸君既饮南楼听吕四旧乐工奏乐》等诗广泛、具体而又生动地描写了近代南通地方的风物名胜和历史文化。

如早年所作的《元夜吟》:

"初春见盈月,拍手叫欲狂。家家缀竿灯,繁星引千光。我家有新妇,归及岁再阳。一室颇无间,顾顾如我长。欢喜治酒食,奉之上高堂。长跽颂大人,百岁恒乐康。大人向六十,鬓发玄且苍。期儿得一第,期儿生男祥。一第差救贫,生男慰榆桑。新妇祈吉语,钗帕迎三娘。卜云具如愿,大人进一觞。我怀路修远,天津骑凤凰。读书不盈尺,何以贡玉堂。常年感明镜,萱草何由芳。仰睒姮娥宫,辉辉森药王。"

元夜即农历正月十五元宵节。张謇的这首诗给我们展现了元宵夜通州城完整的风俗画卷:张灯结彩、跪拜长辈、占卜求愿、老少同乐。

诗中对"新妇祈吉语,钗帕迎三娘"附注"俗于是夕迎田沟三娘、灰堆三娘,以卜众事,如《异苑》所载紫姑神"。

3. 描写异域人文风物

张謇具有世界胸怀,到过朝鲜、日本,又结识不少外国友人,写下了不少描写异域人文风物的诗。

张謇曾作为庆军幕僚两次前往朝鲜执行公务。他考察朝鲜历史,观赏朝鲜风物,结交朝鲜文人,创作有《朝鲜金石菱参判昌熙命其子教献既冠来见与诗勖之》《书朝鲜赵玉垂参判冕镐异苔同岑诗卷后》《调玉垂逸妾》《书朝鲜近事》《送黄李二生归江原道》《招隐三首赠金石菱石菱筑三思亭期十载后归隐索诗为卷感而赋之》等诗作,或关心朝鲜局势,或勉励青年上进,或同情志士遭遇,或抒写交往情谊。

张謇与韩国诗人金泽荣(号沧江)的交往在中韩文化交流史上有重要的

意义。1905 年金泽荣携妻女来投张謇。张謇曾记其事云："甲申既归,遂与沧江睽隔,不通音问。阅二十年,忽得沧江书于海上,将来就我。已而果来,并妻三人,行李萧然,不满一室;犹有长物,则所抄紫霞诗刊稿本也。"张謇钦佩金泽荣的品格,欣赏其才华,在生活、工作、文学创作等方面都给予了极大的关怀和帮助。二人情义深重,时有诗文唱和。张謇作有《与金沧江同在退翁榭食鱼》七绝三首、《因视林溪工约丁禾生沙健菴金沧江潘葆之张景云同游遂憩精舍》二首、《沧江示所和诗复有赠》《己未中秋约沧江叟吕鹿笙张景云罗生退翁与儿子泛舟用东坡八月十五日看潮五绝句韵》《沧江翁今年七十不以生日告人八月一日为延客觞翁于观万流亭赋诗为寿属客与翁和之》《示沧江病》等诗篇,真挚而生动地记录了他对金泽荣的友爱、怜惜。

《沧江示所和诗复有赠》:

"爱客攻吾短,论诗数尔强。时时惊破的,炯炯达升堂。蜡屐吟山出,蜗庐借树藏。众人怜寓卫,后世有知扬。"

蜡屐,即以蜡涂木屐,指悠闲的生活。借树,张謇注曰:"沧江寓庐名"。诗赞美金泽荣的诗才以及安贫乐道的品格。

《沧江翁今年七十不以生日告人八月一日为延客觞翁于观万流亭赋诗为寿属客与翁和之》:

"六十七十翁发皤,旧运新运天旋螺。《春秋》惟有乱可纪(指翁作《韩史》),忧乐合以诗相摩。看花老辈应逾共,载酒佳时莫厌多。槛外朝来云物好,从容等视万流过。东北浮云屡变更,秋风落日汉阳城。南坛幕府萦吾梦,左列词曹系子情。一局烂柯嗤对弈,几时得尽话长生。引年送日须歌舞,准备缠头听玉笙。"

感时怀旧,人生苦短,昔日豪情不再,唯有以诗酒歌舞自相慰藉,这大体上可以看作张、金等诗友休闲生活的写照。

大约写于 1924 年的《视沧江病》是张謇写金泽荣的最后一首诗。其时张謇 71 岁,金泽荣 74 岁,诗云:

"闻病抛诗叟,来探借树亭。填栖书锚被,烧匼柮连局。扶掖怜参术,荒寒满户庭。余年犹兀兀,史笔耿丹青。"

诗充满了对金泽荣贫病交加的同情,同时赞颂金泽荣暮年仍能秉笔直书朝鲜历史的豪情壮举。

1903 年,张謇去日本参观考察,往返共 70 天,先后经过长崎、马关、神户、大阪、西京、名古屋、东京、横滨、青森、函馆、室兰、札幌等二十多个大小城市,一共参观了 35 处教育机构和 30 个农工商单位。诗作甚多,有《东游纪行》二十六首、《赠日本籐泽南岳翁》《村上隆平上野理一西村时彦三君招饮网岛金波楼席罢赋诗呈同坐诸君》《喜见西村君于大阪》《札幌》《一人》《题青森中岛旅馆》《华历闰五月二十三日日本伊藤博文复代桂太郎入内阁纪事》《大久保村》和《松永道中》等。这些诗,内容广泛,有的描写日本风光景物,如《东游纪行》其四:

"长崎群岛碧巉巉,最好中穹角力岩。断霭流云封不住,夕阳透影上渔帆。"

《题青森中岛旅馆》:

"青森旅馆推中岛,最好房栊十五番。墙外群峰随海现,庭阴一沼覆花繁。喜随客燕寻巢至,愁听饥乌索食喧。鸿爪匆匆泥壁上,他年留证再来痕。"

有的描述日本风俗人情,如《东游纪行》其十:

"百年善政俗方纯,速化难期哲学神。廛市簷崇大黑守,町村社饗稻河神。"

诗中自注:"大黑守犹华俗财神,有大槌大黑、得鲤大黑等十余名称。稻河神即狐。"

《东游纪行》其十七:

"伐木通山日抚夷,国人渐北土人稀。黛唇黑齿休相笑,乌鸦于今有是非。"

诗中自注:"虾夷女子既嫁,则以针刺唇四周略似菱角而黛涂之。日本女子嫁,则染黑其齿。"

还有的写日本的天气、植物、工业、农业、渔业、军事等,充满了日本风情和近代气象。

还值得指出的是,张謇在写日本的同时,能够结合中国的史实,抒发心中的感慨。如《东游纪行》其三:

"朱明隆武纪弘光,绝域求援事可伤。破觖金瓯谁挈汝,更堪乞佛拜东方。"

诗中自注:"长崎东明寺佛殿有明隆武元年大师招讨使黄斌卿题榜。"诗写日本长崎东明寺佛殿,但突出明末黄斌卿抗清史实,传达了张謇对清朝社会被列强瓜分的悲痛之情。

《东游纪行》其六则是张謇在参观《马关条约》签订之处春帆楼后所作,诗云:

"是谁巫续贵和篇,遗恨长留乙未年。第一游人须记取,春帆楼上马关前。"

对清朝在甲午战争战败后签订丧权辱国的条约和求和派的妥协退让表

示无比的愤恨。

4. 校歌

戊戌变法失败后,以梁启超为首的改良派文人极力主张音乐对思想启蒙的巨大教育作用,积极提倡在学校中设立乐歌课,发展学校音乐教育。梁启超指出:"盖欲改造国民之品质,则诗歌音乐为精神教育之一要件";"今日不从事教育而已,苟从事教育,则唱歌一科,实为学校中万不可缺者。举国无一人能谱新乐,实社会之羞也"。① 在当时以鼓吹资产阶级革命派主张为主的《浙江潮》上,匪石著文表示应依照日本明治维新的榜样,用输入西洋音乐来鼓吹起国民的进取精神,并主张设立音乐学校,在普通教育中加设音乐课,举办音乐会,发展家庭教育,等等。于是,1904年前后,在国内及日本,各种各样的唱歌书陆续得以刊行,国内许多新学堂已成为当时社会文化生活中的一种新风尚。这些新的歌曲当时称为"乐歌",后来音乐界将这时期的学校歌曲就统称为"学堂乐歌"。

在这样西风东渐的流行时尚中,作为开一代教育先河的张謇自然是得风气之先。张謇共写下了《师范学校祝先师歌》《国歌为通州师范作》《通州小学校歌之一》《通州小学校歌之二》《常乐镇初等小学校歌》《女师范学校歌》《中等以上学校联合运动会会歌》《师范附属小学校校歌》《常乐女子小学校歌》《垦牧乡高等小学校歌》等十多首校歌,勉励学生爱国爱家乡,诚实做人,刻苦学习。

《通州师范学校校歌》作于1904年,其词曰:

"狼之山,青迢迢,江淮之水朝宗遥。风云开张师范校,兴我国民此其兆。民智兮国牢,民智兮国牢,民智兮国牢。校有誉兮千龄始朝。"

为便于传唱,1905年,张謇请当时在校任教的音乐、图画教师单林为校歌谱曲,乐器用笙箫管笛,谱曲同于昆曲。同年,张謇又请上海音乐家沈心工先生再谱曲,乐器用风琴。曲子一谱好,张謇就特地请嘉定夏清贻先生到学校教唱。原本歌词中"民智兮国牢"只有两句,张謇认为"更益一句则其气弥厚",如此既能表达出教育救国的坚定信念,也是对师范生的深意寄托。1923年,开校20年纪念时,应学校第二届毕业生——当时留校任教的黄祖谦先生之请,张謇曾亲书草书校歌一长卷。顾怡生先生在《代总理作女师范校实习教案评案序》中对此有云:校歌、校训"为一校精神所寄顿之物",②实是至理。

当时学堂乐歌的主要内容,大部分是反映当时中国的资产阶级及其知识

---

① 梁启超.饮冰室诗话.北京:人民文学出版社,1959.
② 女师范校实习教案评案.通州翰墨林书局印,1911.

分子要求学习欧美科学文明,以抵御外辱等资产阶级民主思想。他们在一定程度上也基本符合当时人民群众的革命要求。《何日为主》《中国男儿》《十八省地理历史歌》《黄河》《扬子江》等都是比较流行的有代表性的学堂乐歌。细细品味《通州师范学校校歌》,我们就会发现,张謇乐词中寄寓的依然是他一贯盘亘于心的"民智国牢"的理想。他想凭借时尚的文化承载与传播方式,实现他近乎痴狂的理想主义的乐园,在这首歌中流露无疑。当然,在这首歌中,流露得更多的是他对于首创师范的自得心理,以及他对于莘莘学子智开修化、国祚兴盛的期许与热望之情。

(二)诗歌艺术特色

张謇在近代虽不以诗名,但其诗也有着显明的特色,取得了较高的艺术成就。金沧江在《题啬翁诗卷》中盛赞:"啬翁二十成文章,丽词字字生风霜。谓我赏音笑相示,读过三日牙犹香。"陈衍《汪辟疆说近代诗》中指出:"江左派诗家著称于近代者,以德清俞樾、上元金和、会稽李慈铭、金坛冯煦为领袖,而翁同龢、陈豪、顾云、段朝端、朱铭盘、周家禄、方尔咸、屠奇、张謇、曹元忠、汪荣宝、吴用威羽翼之"。"张謇为诗,受到了江左宗尚晚唐的诗风影响。与其师翁同龢一样,还得力于苏轼、黄庭坚。在'通州三怪'中,范当世宗宋,朱铭盘宗唐,张謇则唐宋兼法"。①

1. 古近兼备,格律工整

张謇诗歌古体和近体兼备,而以五律、七律占了绝大多数。章法谨然,格律工整。

清光绪甲午(1894)恩科会试,张謇头场考试诗的题目是《〈赋得雨洗亭皋千亩绿〉》,要求为"皋字五言八韵"。张謇诗为:

"千亩晨如洗,三春雨似膏。浓青连御苑,新绿满亭皋。绣陇开方罫,晴畦卧桔槔。竹林斜带渭,黍谷远通襃。尘外邮骢散,烟中泽雉高。余芳涵野舍,晚秀媚云旄。岸碧兼笔柳,源红间露桃。宸游欣布令,奏颂珥丹毫。"

"皋字五言八韵"要求诗的韵脚必须使用"豪"部的韵字;要写成五言诗,共16句,押8个韵脚,首句不押韵。张謇选择了五排。前四句是起,三四两联是承,五六两联是转,最后两联是合。起承转合分明,意象鲜明生动,想象丰富,对仗精工。全篇一气呵成,浑然空灵。考官给予了高度评价:"诗铿鲸春丽,宏我汉京,余有笔仗。"

---

① 钱仲联.近代诗三百首.杭州:浙江古籍出版社,1990.

张謇诗"时喜作诘屈语"①,文字晦涩艰深,难懂难读,这在其早期作品中表现明显。

2. 取法唐宋,韵致理趣交辉

张謇诗歌取法唐宋,韵致和理趣交相辉映。

《诗词散论·宋诗》中说:"唐诗以韵胜,故浑雅,而贵蕴藉空灵;宋诗以意胜,故精能,而贵深折透辟。唐诗之美在情辞,故丰腴;宋诗之美在气骨,故瘦劲。"②近代诗坛或宗唐或宗宋,门户之见森严。张謇不为门户拘限,唐宋兼法。诗歌写得既生机勃然,气象峥嵘,而又议论深刻,说理透辟。

《先室十周忌日为礼佛于文峰塔院成七言八韵》悼念亡妻:

"人事仓黄老亦催,不鳏辛苦眼犹开。十年荦荦当家感,一别沈沈拱木哀。儿已生儿君可慰,我宁作我世何猜?营斋差幸非官俸,荐福惟应到佛台。石阙云笼初地接,塔铃风雨殡宫来。城东山水阴晴秀,天上尊章飨祀陪。传信空留荒碣字,塞悲无奈纸钱灰。经坛礼罢馀凄怆,过墓端须月几回。"

诗歌书写生死离别之事、之情、之感。事情生动、具体,一唱三叹;情怀凄清、缠绵,催人泪下;感慨深沉、幽邃,回味无穷。

《蓄须》:

"齐齐发覆额,易岈曾几时。但凭镜中颜,坐惊日月驰。阿兄三十八,作令便有髭。弟也四十二,才脱粲试羁。前年一至京,解官休蓬茨。翰林要美好,田父宁有媸。艰难望嗣息,前年已生儿。要作阿翁样,镊髯羞自欺。屠维大除夕,祓旧梳与鎞。岁在子正月,元日春所祺。以兹吉祥愿,自媚新菱兹。壮语谢姬侍,男儿重须眉。须成当画像,寄与芗溪涯。"

诗作于1900年,张謇48岁。他决定蓄须,作为人生新征程的标志。

3. 意象鲜明,情景融为一体

张謇诗歌写作上意象鲜明,情景融为一体,注重提取意象,追求情景交融,形成了张謇诗歌清新圆融的诗风。《屡出》:

"屡出真成惯,孤怀亦自遥。小车犹择路,独木已当桥。鹤影中宵月,蛙声半夜潮。无人能共语,默默斗旋枓。"

诗篇紧扣"鹤影中宵月,蛙声半夜潮"的意象,融情入景,表达了寂寞和忧愁的情怀。

《西亭诗社分赋杏林春燕》:

"细雨廉纤书阁东,紫襟飘瞥试春风。竞衔朱蕊来邻社,细带香泥出旧

---

① 钱仲联. 近代诗三百首. 杭州:浙江古籍出版社,1990.
② 缪钺. 诗词散论·宋诗. 西安:陕西师范大学出版社,2008.

宫。几剪霜环成碎锦,半帘梭角破欹红。乳莺舌巧应相笑,却落梨花冷院中。"

诗歌描写春燕搭建巢穴的场景,表达作者初见春景的喜悦;"却落梨花冷院中",又流露出诗人"惜春常怕花开早"的哀怨。

思考题:

1. 张謇的文学观对桐城派有哪些继承与发展?
2. 简述张謇诗文的思想内容及艺术特色。
3. 简述张謇在近代文学史上的地位。

第六讲　张謇与盐垦

教学目的、要求

本讲教学，使学生了解张謇盐业改良、盐政改革、盐地垦殖的缘起机遇、基本过程、主要内容、成败得失、历史经验、历史地位等，了解张謇盐业改良、盐政改革、盐地垦殖的理论与实践对于今天可供借鉴的历史意义及历史启示，学习他追求理想、敢为人先、抢抓机遇、奋发有为、百折不挠、坚苦奋励的高尚品格和敬业精神。

张謇言录

业垦于穷海荒凉寂寞之滨，难事也。非得有专鸷坚忍之人，不能共其事。

盐业关系到国民生计，也是中国古代中央政府财政收入的重要来源，其份额仅次于田赋，因此，历朝历代都不能不重视盐务。但是，至晚清时，中国盐政领域已是腐败不堪，张謇对此深有感触并深为忧虑，他感到盐业迫切需要革固鼎新。于是，在20世纪初，他便大兴盐政改革及盐业改良，并大搞盐地垦殖，其规模之巨大、影响之深远，堪与他兴建工厂、兴办学校比肩。张謇为中国盐务现代化做出了巨大的努力并取得了卓越的成绩。张謇的盐垦事业亦是他救国图强事业的重要组成部分，在中国近代史上留下了可歌可泣的感人诗篇。

一、张謇从事盐垦事业概述

两淮盐区，尤其是其中的淮南盐区，由唐至清，在全国盐区布局和盐政格局中处于首屈一指的地位。但到晚清嘉庆、道光以降,以专商引岸制度为基本特征的中国盐政制度已经腐败至极。因时制宜、改弦更张,成为时代的要求。张謇自幼年起,在研习举子业的过程中,对古代典籍所载中国历代盐政制度的沿革兴替素习有得,逐渐形成自己独立的关于盐业经营与盐政管理的理念。他特别赞赏唐代著名理财家刘晏创行的"就场征税,任其所之"政策,这成了他贯彻一生的盐政理想。

光绪二十九年(1903),张謇与同人集资购买吕四场旧垣商李通源(租商旺长发)的垣产,创建同仁泰盐业公司,开近代中国以资本主义生产方式经营盐业之先河。他用心学习并引进同年东游日本时所见所访的先进制盐方法,又将自己在研习古代史著过程中形成的盐业管理理念付诸实践,力求为日趋衰颓的淮南盐业闯出一条新路,进而推广到全国,以抵制洋盐的侵入,保护中国民族盐业的利权。他先后进行了就旧法盐整顿、仿新法盐改良等革新创造性工作,但收效并不理想。这主要是旧盐商、旧盐官刻意阻挠,旧式盐民不予配合,官定出场盐价远远低于成本,使他的盐业实践面临全盘失败危险。不得已,通过高层诉讼,并获友人从中协助,得允新开通、如、海销盐食岸,以适宜价格疏销吕四改良盐,才得死里逃生。他由此更加坚定了旧的盐政制度必须改革、旧的盐政黑幕必须冲破的决心。

1912年,张謇任南京临时政府实业总长兼两淮盐政总理,他便将他的盐政理想付诸实践。他发表了著名的《改革全国盐法意见书》。这份改革宣言书贯彻了"自由贸易"的盐政理想,宣示了他改革全国盐法制度的通盘构思。在两淮盐政任上,他首先从两淮做起,归并旧有盐场,裁汰冗杂盐员,废除专商引岸,上收盐税利权。但他的改革遭到既得利益集团——旧式盐商,尤其是湘鄂西皖全体运商的坚决反抗,加之四岸当政者不予支持,致使他的改革只好半途而废。同年下半年,他应北洋政府新任大总统袁世凯的邀请,携带与浙江省盐务改革活动家景本白共同商讨研定的《改革全国盐政计划书》北上赴职。他在这份关于改革中国盐政的纲领性文件中,转变了他一向的盐政理念,改持"就场官专卖"政策。这个政策比较"自由贸易"政策是一个退步,但更切合于当时中国的实际。他把这看成是实现盐业"自由贸易"理想的一个过渡阶梯,根本宗旨还是以"自由贸易"为依归。由于守旧势力蓄意阻挠,他的这份新的改革意见直到他逝世都未能够付诸施行。

张謇对淮南盐地进行废灶兴垦,因缘于1895年他受命筹办通海团练、规划沿海防务时,发现通海地区海滨有大片弃置无用的荒滩,触发开垦生利念想。此前很久,因海势东迁,淮南各盐场卤气渐淡,煎盐生产萎缩,但囿于旧有盐政制度,滩涂只许蓄草供煎。其时大生纱厂办有成效,扩充棉源被提上议事日程。1900年,张謇与同仁集资在吕四场南部创办通海垦牧公司,拉开废灶兴垦大幕。历经十年艰苦创业,成效显著。榜样的力量,法制的鼓励,加之张謇极力倡导,遂于民国初年,在整个淮南盐区20所盐场数以千万亩计的宏阔区域里,掀起废灶兴垦大潮。先进的集股经营方法,先进的水利工程规划,先进的改良土壤技术,先进的业佃双利制度,先进的垦区管理模式,使淮南盐垦区域成为当时最具生气的农业区域。虽然几十家盐垦公司中只有通海垦牧公司经营有利润,但是将上千万亩昔日荒无生气的盐区卤壤改变成为欣欣向荣的新式农区沃土,并且在新中国成立后接续发展成为全国重点产棉基地,确实是国土资源利用效率上的一个伟大的进步,在推进中国农业走向近代化的历史上写下了浓重的一笔。

二、张謇的盐业改良与盐政改革

在张謇所拓荒的多项事业中,对盐业的改良与对盐政的改革,也许算得上是他用力很多而成果不显的事业了。

清末民初,苏中苏北作为汉唐以来享有盛名的两淮盐传统产区,制盐业仍是实业的大宗。但是淮南通泰地区的草煎盐业,因为海势东迁已经日趋衰微。为了克服晚清以来专商引岸制度的积弊,振兴淮南盐业,刷新中国盐政,张謇于清末民初开展了大量的改良盐业与改革盐政活动,在中国盐业发展史、盐政演变史上产生了广泛而深远的影响。

(一)盐务改革缘起

淮南煎盐经过由汉至清中叶的长期发展,一直以产额、销额、税额甲于全国著称。晚清以后,海势东迁,旧有亭灶离海日远,卤气日淡,盐产日少,形成产不敷销的局面。

煎盐以草为基本原料,晚清以来,草价随百物价格上涨而上涨,导致灶户煎盐成本居高不下。相反,淮北晒盐因有天时地利的优势,发展很快,成本低廉。南北盐成本之比在一比五六至一比十一二左右,南盐在市场竞争中处于劣势。因业盐无利,不少灶户转而私垦草荡为农田,导致草源愈少,草价愈昂,煎盐生产面临草源枯竭危险。淮南盐的产运销管理自唐宋以来形成僵化模式,直至晚清沿袭不变:煎丁盐商编有特殊户籍,世代承袭;煎丁从事煎盐劳役,产品全部交垣商收购,垣商转售运商,运商向两淮盐运司交纳盐课后,运往指定销区(引岸)销售;运商在引岸享有垄断特权,并可父子相承(专商);盐的价格,包括垣商对灶户的收购价(桶价)、垣商转售运商的出场价

（牌价）、运商的卖出价（岸价），均由两淮运司规定；因运商是纳税人，故官定盐价总是向运商倾斜，运商独享厚利，盐官从中分肥，而垣商获利微少甚至亏折，灶户所得桶价则往往不够偿付其制盐成本。灶户为生活所迫，不惮冒犯盐法，将大量盐斤卖给私贩（盐枭），以取得高于官定桶价的利益。

光绪以后，历任两淮盐运使每多尸位素餐、因循守旧之人，只知萧规曹随、坐食盐规，不热心发展生产、改良管理，且与运商相勾联，视旧盐法为金科玉律，禁阻任何改革，唯恐影响既得利益，致使盐产愈绌，盐枭愈甚。

（二）改良南通盐业生产

张謇于光绪二十九年（1903）集资规银10万两，就吕四场创建同仁泰盐业公司，亲任总理，以此为基地开展一系列改良盐业生产活动。

首先改良生产管理。同仁泰公司仿照工厂管理，设置办事机构。总理之下，设经理和分工办事的"执事"。机构有内外账房、修理、煎房、垣友、信房、灶友等。公司成立之初，张謇拟订《整顿通章》，规定全体管理人员办事基本准则："盐业为商务之一，凡执事人概称先生，不得沿老爷之旧"；"执事人去留，以访查向来品行声名之优劣为准"；"各执事人等宜各讲求品行，考察本公司中利弊，不得宿娼聚赌，营私作弊，如有违者，一经访实，立即辞退"；"执事人等每日起居饮食，按月限定时刻"；执事人等每月逢五逢十日下午五点钟齐至公司，各陈利弊，遇有要事随时陈说，由总管考察试办，无事即散。同时分别规定每个办事部门专门职责和赏罚原则。《书禀专章》规定："写信不用客套，只叙实事。"《灶友专章》规定："灶友下灶，雇有常车，不得乘轿，不特节费，亦防惰习。"这些规定，体现民主、平等的人权观念，注重品德的用人标准，勤谨务实的敬业精神，形成各负其责、奖勤罚懒的激励机制，革除了旧盐垣的封建衙门作风，提高了公司的办事效率。

张謇为公司规定的经营宗旨是"就旧法盐整顿，仿新法盐改良"。整顿旧法盐方面，"求丁所苦者去之，求丁所便者与之"，在一些方面改善盐民生产条件。仿制新法盐方面，积极探索制盐新工艺，先后仿制日本、山东、海州、浙东盐，皆因成本过重或地土不宜而无良效；后仿制松江板晒盐，大获成功。张謇还试办聚煎盐，成本虽昂，盐色颇优。以上整顿改良，前后费银112871.4两，取得初步成效，生产出一批"改良盐"。

"吕四改良盐"是在两淮盐运司（驻扬州）不支持甚至压制的条件下生产的。通属掘港场产草丰旺、供煎有余，他场往购，运司许可，吕四场往购，独不许可。症结是1901年张謇在吕四场南部首创盐地改垦的通海垦牧公司时，曾为草荡禁垦事与运司争执并获胜，运司对此耿耿于怀。"改良盐"质量比旧法盐优,成本亦比旧法盐高,势必不能归入吕四场行盐旧额、照旧法盐价格销售,需要另筹价格合理的销路。为替"改良盐"打开销路,张謇首先请求将板晒盐在通州设店,照市价自营销售,被两淮运司所阻;接着,将东法盐60引折本照旧法盐牌价,附旧法盐运鄂试销,求运司反馈市场试销信息,时隔一年杳无回音;又请将板晒中籽盐运往江西建昌抵当淮北粗盐行销,盐院许可,而运司复阻之。运司还纵容船户散播谣言,谎称吕四场东法盐"盐系煤煎,故色黯不合销",败坏"改良盐"声誉。

光绪三十四年(1908),张謇鉴于同仁泰公司资财将尽、产业将破,具状呈控于清政府农工商部、度志部、盐政部咨商两淮盐政设法维持,对两淮盐运使赵滨彦提起诉讼。同年,两江总督兼管两淮盐政端方委派江宁知府许星璧莅临吕四场实地查勘。随后,端方答允增加牌价,安排销路,同意援引泰兴县开设食岸旧例,新辟原不销引盐的通州、如皋、海门3州县为食岸,疏销"吕四改良盐"。旋由张謇发起,成立具有食岸(纲岸的对称,行销轻税盐)专商身份的大咸盐栈,取得通、如、海地区食盐销售垄断权,开始获得高额销售利润,其中一部分用于补贴同仁泰公司产盐亏损。这样,张謇得以逐步摆脱积年债务困扰,继续从事改良和发展盐业生产事业。

(三)改革中国盐政的主张

盐政是关于盐区、盐民、盐商、盐官的管理制度,以及盐的生产、运输、销售、缉私等的管理体制、法律依据和制度安排的总称。盐政是跟随时代而发展变化的。早在青年时代,张謇在研习举子业过程中,接触大量盐政古籍,知晓中国历代盐政制度兴衰嬗变历史,逐渐形成关于盐政制度的独立见解。光绪二十年(1894),张謇参加殿试,在应答光绪帝所发策问中关于盐务政策的考题时,他指出清代盐商借官行私的弊端,对唐代刘晏"因旧监置吏、亭户,粜商人,纵其所之"的盐务制度表示肯定,对宋代朱熹论广西盐法时所持"随其所向则价自平"的主张表示赞赏,并建言"罢去冗费,悉除无名之赋",薄取盐利、轸恤民艰,初步萌发改革中国盐政的思想倾向。

光绪二十七年(1901),张謇撰写著名的《变法平议》,上书清政府,要求全面变法。在其中的"改盐法"议中,他第一次阐明改革盐法的主张:"设厂煎盐而后就场征税,若网在纲,可坐而理矣",并对设厂聚煎和就场征税的实施办法作了具体规划。

光绪三十年(1904),张謇写了《变通通九场盐法议略》,针对包括吕四场在内通属九场因亭灶分散导致走私难防的共同弊端,提出以设厂制盐辅就场征税来变通旧盐制。具体办法:造盐田集中制卤,建工厂聚合煮盐;裁并盐场,仅在卤丰产旺地设厂,依盘鉴生产能力酌中确定产额,按额计税,分期缴税;盐由场商收购,税由场商任缴。为此必须改变旧盐法中一些呆板的具体规定:一是废止鉴由官铸,允许场商领帖自铸;所铸盘鉴式样不宜专己自是,允许淮浙之间互相学习,亦可借鉴外国如日本釜式,以求造价廉出盐多;二是改变煎盐用草,推广用煤,既降成本,又增出率;三是废止一鉴只许二锅的限制,允许一鉴三锅,以求增产;四是改变帆船运盐体制,允许场商用轮船自行运盐至仪征淮南盐总栈,运道亦由原先沿通扬运盐河改为由天生港入长江一水直达,这样既可防止船户中途偷盗盐斤和缉私官弁通同卖放,又可减少运达时日,加快场商资金周转;五是裁减各级盐官衙门规费,改暗射为明定,实行计引提成,使场商无不堪之累,盐官有可居之名。

同年稍晚,张謇写了《卫国恤民化枭弭盗均宜变盐法议》,通过对汉唐以来历代盐务政策嬗变的综合分析,对历代盐法尤其是清代盐法的流弊进行了猛烈抨击。针对官定盐价四十年不动的怪现状,指出其不合理;针对盐利分配不均,指出其不公平;针对反对改革者认为"只要严行缉私就可使盐法畅通"的谬论,指出其既自欺欺人,又违反人道;针对反对改革者视旧盐法为金科玉律等重于圣经贤传,指出旧盐法不过沿袭历代流弊,并鲜明质疑:"盐法果足法乎?"基于以上分析,张謇提出,只有恢复唐代刘晏就场抽税之法,并根据清末现状加以变通,才能使盐法由乱而治。首先须将各场产盐地逐渐集中,实行聚煎聚晒,然后盐与工商百物同例,任商贩卖,官不定价,随行就市。他认为,实行就场抽税,寓盐税于出场价之中,由场商任缴,可收化私为官、化枭为商、增加税入、减省缉费、利国利民之效。他也清醒认识到,长期独享盐利的运商与各级盐官将是盐政改革的阻力,"今日盐利之不可兴,正以盐吏之不可罢",表现出对盐官的否定。

宣统二年(1910),张謇综合归纳自己改革盐政主张,写成《预备资政院建议通改各省盐法草案》,系统提出改革盐法七大纲领。第一,设厂聚制,就场征税。贩者就场而买,寓税于价。纳税之后,官给运单,听其所之,经过关津不复课税。贩者不论何人,贩数不论多少,皆一视同仁。第二,合场、运之力以设厂,分场、运之界以任税。设厂聚制需巨额资本,故需场商运商通力合作,集合资本,建设公司。场商既任收盐纳课,则运盐当由旧商或新商组织运盐公司,经注册给照后从事盐斤运输。第三,去官价,革丁籍,破引地。同治以来40年中百物腾贵一倍左右,而官定盐价仍旧;故官价不除,场私不能绝。自中唐创设丁籍,沿至清末近1200年,一向以最薄之值任人以最苦之役,如有逃亡则重法绳之;故丁籍不革,实属有害文明而悖公理。引地本唐俵配之法,行之既久,愈苛愈密,往往一省划引数区,同一纳税之盐俨有敌国之势;又以不一之价诱民于非辟之途,一触法网则身家破损;故引地不破,无异为阱陷人。第四,减课之额以增收之数。旧盐法课、厘、规费过重,导致官盐价贵滞销,私盐乃畅。今降低课额,可使盐价归向一律;废除专商之后,盐商众多,可使盐价趋于平均,价平则人无多求,价一则人无他望;官盐价低则私盐无利可图,人人食有税之盐而课入自增。第五,度支部平均盐课之高下,统计收入之盈虚。煮盐味美而本重,晒盐味逊而本轻,宜用畸轻畸重之衡,以达平均盐课之效。本重之盐轻其课以防滞,本轻之盐重其课以剂和。引岸既破,无所畛域,盐政统归国家,盐法册籍所载各地纳课旧额相应废除,由度支部在全国范围内统一计算课入之盈虚。第六,改散驻缉私为盐场警察。设厂聚制,私盐无出,以前一切缉私营伍自当裁撤;但为维持生产秩序,兼防滨海之民私制漏税,改设驻厂警察。第七,裁监督无实之司道,留稽征切近之盐官。既已设厂聚制而就场征税,抉去引地而听商贩运,则各场只留一大使即可,专管稽盐征税,隶于该地所属之州县并受其督察,而盐税则由大使上解州县,再由州县汇解藩司;于是各省从前所设分司、运司、盐道、盐局一应盐务官吏数千人皆因无事可做而可悉与扫除;这样,明所省于国家的经费每年可达数百万,暗所省于人民的负担亦达数百万。以上七条,核心是摈弃专商,破除引岸,实行就场征税和自由贸易。

　　1912年,张謇将其改革主张进一步完善,加以条文化,写成《改革全国盐法意见书》。开宗明义指出:"中国旧时专制政治之毒最为灭绝人道者,无过盐法。"接着列举旧盐法的丁籍、引岸、缉私、定价制度为四大灭绝人道之处,并认定"专制之盐法,盗法耳",既违人道,又悖天理。由此提出建设新盐法的基本轮廓:"建设之道,唯有设场聚制而就场征税。聚制之法,相度海滨宜盐之滩地,准旧日官私盐销数之多寡,为制盐场地之大小。所任制盐之工,必给予工食相当之价值。栈盐于场,任商持照价买。按石计税,寓于盐价,汇而缴之征税人。凡此皆听商集合公司为之。征税人计其收、储、卖之数为收入之参稽,设盐场警察守卫之。贩卖则自一石至于十百千石,不论何人;所运往者,不论何地;价由商定,不论何时。如此,产盐地举旧日之桶价、箩价、牌价层层压制一扫而空,而制盐人得自由之福。贩卖既可由场商自行任运,亦可听他商贩运。除盐本及税额外,听自计息,计远近之运脚、销路之畅滞为贵贱。若有在销盐地方自设转运公司,设栈储盐,卖之小贩,转入内地者,亦听商自营转运。如此,销盐地岸价高下随时,价若高则盐必多,盐若多则价又可下,旧日压制亦一扫而空,食盐人得自由之福。要之,去暴吏贪贾以弊为利之窟,使盐与万物同等,则共和时代之盐法也。"轮廓如此,张謇又按照制盐、运盐、销盐、税盐的顺序,设计成大要条文,从而使本文具备了民国新盐法雏形的基本要素。

(四)盐政改革活动

光绪二十九年(1903),张謇上书清政府,畅言废引,主张就场征税,任其所之;如政府恐税收短绌,他愿组织公司,承认此税。户部震于张謇之名,不敢搪塞,将原案交两湖总督张之洞拟批。批语明褒暗阻,明知张謇仅一书生,却要他预缴全国一年盐税(1700万两)方许试办。不料各省引商大起恐慌,辇金入都,运动户部。户部大臣遂将张之洞拟稿搁置,另拟批语,硬将"公司"与"洋行"混为一谈,不准举办。

同年,浙江盐务改革活动家景学钤求见张謇于上海,双方研讨改革方略。虽在改革的具体办法上,张持聚煎聚晒、就场征税、任其所之,景持改煎为晒、官收商运,但在主张废引上双方完全一致,遂引为改革同志。张謇约言:"十年后政治当有变动。迨政局变时,则盐政改革即可实行。至时我在两淮如能实行改革,则君在两浙当亦可实现。"

同年四月,张謇东渡日本考察实业与教育,历时两个多月。在日期间,专程调查、考察日本制盐法。除在大阪博览会参观日本各地产盐模型外,又从东京出发,冒雨乘火车,走六昼夜,周历其滨海盐田,详细考察五良右卫门町改良盐釜人井上惚兵卫及大野町铸釜人尾上久三郎所制的煮盐釜及其煮盐法,冈山县味野村野崎武吉郎的盐田及其制卤煮盐法;复至盐业调查所参观比较日本盐田法和美国制盐工艺;最后至堀田信男制造机械会社,参观其新发明的重底煮盐釜。每到一处,都有翔实的考察笔记。通过考察,张謇受到启发,回国后即组建吕四同仁泰盐业公司,聘用日本制盐工程师,采用日本制盐法,对淮南旧法盐进行改良,企望由此造成模范,导引全国盐业进步,进而推动盐政制度改革。

宣统元年(1909),张謇痛感于"中国自尊士卑商、重义轻利之说厌乎人心,千百年来,凡百营业听其自生自灭,从未有提倡而保全之者",其中又以制盐业为尤甚,场商困于积弊,但因散漫无组织而无可奈何。于是由张謇发起,在扬州建立通泰各场盐商会,旨在集思广益,"鄙人奔走呼号,诸君接起直追",首先达到增加盐斤牌价之目的。场盐商会成立后,张謇即着手进行各场盐业规则及其弊端的调查,然后编辑成篇,呈部采择,以除积弊。

同年十二月,张謇会同全国16省的代表,商议共同筹划改变盐法,实行设场聚煎与就场征税,把由少数运商垄断专利的盐业变成公共的实业。

宣统二年(1910)冬,张謇为广泛传播其盐政改革主张,将其近年所撰盐政改革论文与同仁泰盐业公司历届说略、账略结集出版,书名为《张季子说盐》，由上海时中书局和中国图书公司向全国发行，且译成英文，一时风行海内外。

宣统三年（1911）十月辛亥革命爆发后，张謇被革命军推举为两淮盐政。张謇提出治理淮盐的标、本二策：标则军政府卖盐而给还商本及息，本则实行设场聚制、就场征税；众决先行标策，次并合淮南各场。

民国元年（1912）一月，孙中山组织南京临时政府，张謇被任命为实业部长，兼两淮盐政。就任之始，张謇将淮南20场中一些有名无实的盐场予以裁撤，合并为11场，并发表"就场征税，废止引岸"宣言（即《改革全国盐法意见书》）。宣言遭到淮商集体反抗，联合向南京临时政府发出《四岸盐商上临时政府电》。张謇复以《答复湘鄂西皖全体运商函》，对淮商为保护运票和引岸而对改革所作的种种攻击予以反驳。由于淮商不合作，改革未能施行。

同年五月，张謇派人分别前往奉、直、东、晋、秦、豫、蜀等地，调查盐政盐业近况。嗣于次年发表《中国盐业最近状况》调查报告，为整理全国盐产及改革盐政提供资料准备。

同年八月，袁世凯为筹集经费，消灭国民党在南方各省势力，欲以"善后"为名大借外款，而以盐税为担保。然盐务不改革，难邀列强信用。环顾全国树盐政改革旗帜者唯有张謇，一日数电，促其北上。张謇以为期待已久的盐务革命时机成熟，邀约景学钤赴大生纱厂驻沪事务所共商改革方案，经反复讨论辩驳，决定：因现时实行就场征税、自由贸易条件尚不具备，暂以实行就场官专卖为改革之过渡，俟今后场产整理，各制盐者由个人进为团体组织后，仍以就场征税、自由贸易为依归。宗旨既定，即由景以张氏名义，将两人商讨的意见草成《改革全国盐政计划书》，计有民制、官收、官运、民卖四大纲领。成稿后，又召集江浙两省盐政机关之人材及向来研究盐政之人，逐条互相辩驳，推敲定案。故此计划书既是张謇盐政改革思想的集中体现，又是集当时南方盐政改革派意见的共同结晶。张謇携案北上，首先会见袁世凯，解说改革方案，得其赞成；然后与袁的心腹、当时任财政总长的周学熙会晤，商议先以政府名义提交临时参议院，然后改组盐务署，为实行改革之筹备。其时周为淮商领袖，家资巨万，手中现握盐票40张（每张时价万余金），为保护手中引票，蓄意阻挠改革。周先是将《改革计划》原文泄露给淮商，致使上海报纸在刊登原文的同时逐段加以反驳；随之各省盐商攻击反对的电文雪片而至。继则另提一案，与张案一并提交临时参议院。该案全文几乎照抄张案，仅将官收改为官收商收并行，将商运改为保存专商引岸。数语之易而改革精神全失。张謇目击此状，知现政府万无改革希望，遂决立即日离京南归。

改革计划失败后，张謇与景学钤商议，盐务黑幕无人能晓，必须公开研究,灌注常识,使多数人明了盐务的利害;为此只有组织团体,发行刊物。双方约定成立"盐政讨论会",发行《盐政杂志》。杂志由景编辑,张负责经费。不久,盐政讨论会正式成立,张謇任会长。民国元年(1912)十一月,《盐政杂志》正式创刊。反对派随后成立"盐政研究会",出版《谈盐丛刊》,以为抵抗。但改革思潮不可阻挡,各省相继成立"盐政讨论会"分支会,入会者数千人,向《盐政杂志》投稿谈改革的文章纷至沓来,盐政改革宣传逐渐深入人心。

同年九月,张謇致电袁政府,建议筹资增建淮北盐池,扩大滩晒盐场规模;并建议设立蹉业银行,解决扩大晒盐业资金来源。在此前后,张氏兄弟率先注资拓展淮北晒盐。清宣统元年(1909),张謇集币15万吊,委托淮商徐静仁创办淮北济南场大阜制盐公司,铺圩10条,建池滩80份。民国三年(1914),其兄张詧集资20万串(一说15万千文),在淮北济南场开办大有晋制盐公司,建池滩规模与大阜相同。

同年九月,张謇鉴于全国盐政改革无期,旧法已破,新法未立,湘鄂赣皖四岸军阀纷纷截留盐税以资军饷,两淮盐务出现难以收拾的混乱局面,而南通地方自治事业蓬勃发展需要他以大量精力谋划运作,深感力不从心,三次电请袁政府允许他辞去两淮盐政职务。同时表示,一旦实行盐政改革,需要他参与规划时,他必当"罄其所知,用备采择"。同年十月国务院许其辞职。离任后,张謇以任职期间比照从前总督兼管盐政旧例应得之公费66000余元,在南通、东台各建一处贫民工厂;另于仪征十二圩建贫民工厂一处,用以安置因淮盐帆运改轮运而失业的当地船工,以及历来依盐为生的其他贫民,以促进盐运体制改革。同年,张謇为废除缉私营、改设盐场警察,在南通设立两淮盐场巡警长尉教练所。首期招生80人,十二月开学,学制6个月。

民国二年(1913),张謇针对北洋政府未经国会同意,擅自与英、法、德、俄、日五国银行团签订"善后大借款"国际条约的新情况,写了《重申改革全国盐政计划宣传书》。对国民党内阁被盐商利用,以保全旧盐商为党策,致使盐政监督权落于外人之手的做法提出批评,重申自己的改革计划,并建议政府:"两淮为全国盐法重心,若实力经营淮北,使贱本之盐与奉、直、东各省连为一气,则改革已得纲领。"

同年,张謇致函内阁总理兼财政总长熊希龄,就盐务署官制、废盐运使设场务局、整理场产、就场征税制与就场专卖制之比较、盐业银行成立之必要、土盐取缔方法、近场食私之办法等有关盐务行政和改革事宜,提出系统建议。九月,张謇莅农商总长职。

民国三年(1914),袁世凯恢复帝制图谋渐露,改革无望,张謇决计辞去农商总长职务。八月请假南归,临行前,应盐务改革活动家、盐务署华顾问景学铃之请,为其书写条幅,赠其"盐迷"二字,勉励他为改革旧盐法继续努力。条幅写道:"十年以来,海内可与说盐者独一景韬伯。每与析古今中外卖国乘合之故,未尝不相视而叹也。盐法既变,而变之者又为歧中之歧,可杜口矣。而韬伯谋之不已,不可谓非迷也。"

民国四年(1915),盐务署洋顾问、盐务稽核总所洋会办、英国人丁恩,日本人高周,来南通与张謇会晤。双方畅谈就场征税,丁恩对张謇的改革主张表示赞同。对于目前不能立即实行就场征税的原因在于盐官、运商的阻挠等看法,双方也很一致。

民国七年(1918),张謇再次规划在吕四场辟地聚煎。为祛除淮盐积弊,于扬州筹组商办"场运食商总事务所",取代旧时官办的淮南场运局,专司场商运商之间收发盐价等事。

民国十年(1921)五月,盐务署禁止淮南灶民煎盐,限三年禁绝。张謇以数百万灶丁生计攸关,致电政府缓行,请求准照淮北盐旧例改煎为晒,并电请江苏督军、省长设法维持。

民国十一年(1922)国会恢复,盐政讨论会事先未征得张謇同意,即以会长张謇领衔名义提出请愿案,要求凡同一税率区域,不得援引"越界为私"旧例,以重民命。事关破除引岸,淮商十分恐慌,包围张謇,要求他宣言不承认盐政讨论会提案。张謇未应,并致函盐政讨论会,认为"欲破除引岸,须先根本解决",又重申"下走说盐三十年,始终认就场征税为正轨,尤以自由贸易为归墟"。

民国十三年(1924),张謇鉴于淮南垦务局设立后,盐务署屡令淮南盐场限期废煎兴垦,势必出现"垦因水利未治而不能遽兴,盐因废煎有令而遽予停止,是亿万之人无以为生"的严重情况,向国会提交《提议淮南各场推行板晒维持盐权兼顾灶民生计案》,建议政府允许淮南通泰各场一体仿照通属吕四场同仁泰盐业公司办法,推广板晒制盐,维持灶民生计。

同年,张謇为朱中道所著《各国盐法》作序,对《张季子说盐》出版十五年来中国盐法之弊依旧深表痛心,但对自己的改革主张仍然坚信不疑:"世变固不可已,不可已则千百年而下,不能易《说盐》说也!"

民国十五年(1926),张謇为通、如、海食岸自办缉私,致函当时的浙、闽、苏、皖、赣五省联军总司令孙传芳。信中重申自己的盐政改革主张,对于因国家政治未纳正轨,致使改革大效未可猝睹表示遗憾,但对盐政改革的成功仍念念不忘:"下走历考唐宋以来之历史与二十年之阅历,自信将来必有行之一日,圣人复起,不易吾言也!"

(五) 改良淮南盐业生产的同仁泰盐业公司

海盐的生产工艺是跟随时代逐渐演进的。最早是直接煎煮海水为盐,后来开辟亭场、刨泥晒灰,以灰淋卤、煎卤成盐。元代以后才有构筑土池,依靠风吹日晒,结晶产盐。淮南通泰盐区自汉唐至晚清一直以淋卤煎盐的工艺流程生产食盐。

清光绪二十九年(1903)六月,南通实业家张謇与汤寿潜、徐显民、罗叔蕴等,集资购买吕四场旧垣商李通源(租商旺长发)盐垣,用浙商(股东)唐桂森名义申请立案,在通州吕四镇(今属启东市)创办试图改良盐业生产的同仁泰盐业公司(办公地址在今吕四镇启东冷藏厂底址),所产盐后来被张謇取名为吕四改良盐。

公司原始资本为规银 10 万两。第一届账略所载股东:刘绚宦(澂如)2 万两,徐潜盦(显民)2 万两,恒贞堂(袁海观)2 万两,重訚堂(刘聚卿)5000 两,树滋堂(樊时勋)5000 两,惜阴堂(赵凤昌)5000 两,张啬庵(张謇)7500 两,逊志堂(李磐硕)2500 两,通海垦牧公司 1 万两,刘聚学轩(刘聚卿,由枕善居代入)5000 两。这些人大多是大生纱厂股东。袁海观即当时上海道台袁树勋,李磐硕即李审之,吕四人。

公司所购李通源垣产,计有煎亭 356 副,荒亭 72 副,并随亭草荡、垣房等,共计价银漕宝 4.5 万两,折合规元 50056 两。因初期用于生产改革试验的投资耗费很多,到光绪三十一年(1905)原集股金基本用光。张謇号召股东增资 12 万两,只收到 5 万两,以后一直保持 15 万两股额。实际运用资金,包括股金和借款,为 30 至 40 万两。

公司属大生实业系统,盐务行政受两淮盐运司通州分司吕四场署管辖。公司设总理 1 人,由张謇担任,向股东会负责。公司下设经理和分工办事的"执事"。机构除"内账房"、"外账房"、"修理"、"粮房"等外,有专管生产和负责收购盐斤的"煎房",管理煎盐用草储存收发的"草场",负责收盐发票和储存盐斤的"垣友",负责生产现场检查监督,凭卤发票给盐民领草煎盐,并会同灶长、灶头催交盐斤的"灶友"。灶长、灶头受场署和公司双重领导,负责监督管理盐业生产,场署发给其生活费,公司按实际收购盐斤桶数付给"桶厘":灶长每桶 6 文,灶头每桶 9 文。

公司之设,实由张謇、汤寿潜讨论晚清盐法利弊而起。故公司初创,即以"就旧法盐整顿,仿新法盐改良"为宗旨,并遵照清廷户部关于精求盐色、增加产数的通饬,致力于兴利除弊,改进工艺,提高质量,增加产量,以为两淮各盐场之倡导。

1. 整顿旧法盐

吕四场历来制盐方法为煮卤成盐。清光绪年间两淮盐务积弊已深,吕四场产不旺,历届垣商收数屡绌,不能足额。公司成立后,即着手进行下列整顿:革去盐垣中的收盐忙工,因其视煎丁贿赂有无而轻重其手;革去下灶缉私的巡役,因其假借查私官符勒索煎丁,得贿即放纵私煎;又于近灶处筑草场储薪草,以省煎丁牵草远道往返;扩充并修整原有亭场,增加摊灰淋卤面积;浚塘蓄水,以便久晴时煎丁淋卤取用;疏通潮港,使通潮汐,以足卤气,便于摊灰淋卤。此外尚有修亭修桶、换鏊换锅,赈灾济患,平定银价钱价,订立缴盐如额逾额赏金,等等。总之,"求丁所苦者去之,求丁所便者与之",比旧垣商经营时别开新生面。开办初用于整顿的银共 9258 两。采取这些措施,灶丁称便,但缴盐并不踊跃,年收盐在一、二万桶之间。

2. 仿制新法盐

光绪二十九年(1903)六月张謇在日本考察实业时,曾专程到冈山县儿岛郡味埜村考察盐田法制盐。光绪三十年(1904),公司租通海垦牧公司滨海地 120 亩设立试验场,首先仿制东法盐(日本法),聘请日本工程师 1 人(崛田信男)、司事 2 人(德田乙五郎、石井千代吉)监造,仿造日本盐田 6 排,计 30 亩,釜 4 具。制卤用沙不用灰,煎盐用釜不用鏊,燃料用煤不用草。当年成盐 91 桶(每桶 100 千克)。次年产数增加,尽管春夏间阴雨过多,至七月底止仍成盐 194 桶,色味胜于旧法盐。其再制者尤精,色味皆与外国盐相等,称精制盐。因日法盐"用力劳而得效缓",出盐确良而成本过重,销路又阻,故未大量投入生产,至光绪三十三年(1907)年底停办。前后历经四年,成盐 2396.5 桶,费银 39900 余两。

光绪三十年(1904),公司在试制东法盐的同时,为节省草薪,增加产数,试验改煎盐为晒盐。首先仿效浙东刮土淋卤法,募浙省盐工从事试验,因卤浊盐暗止,费银 567.6 两。公司继于三十至三十一年(1904—1905)仿效江苏海州(今连云港市)及山东池晒法,筑土池,因土质疏松,渗透严重,不任盛卤;改筑砖池仍漏,用水泥涂缝方才止漏,适逢秋季多雨,无良效亦止,前后费银 764 两。

光绪三十二年(1906),公司派人调查考察苏南松江(今属上海市)、浙江宁波板晒制盐法,一面招募松江盐工,一面在宁波订制晒盐板 3000 块,然后就东法盐试验场内仿效松江板晒法制盐。刮沙淋卤,卤洁盐白,色味过于松江,也胜于淮北晒盐。自六月至十一月试产 79 日,成盐 9624 斤。试产成功后,将样品碾成细末,咨送两淮运司鉴察存案,声明五年之内得专板利。因本地制板贵,在宁波续制晒盐板 3000 块,在松江雇盐工 300 名。即于是年在丁荡东部专辟"板晒场"（俗称丁荡盐业公司），积极发展板晒制盐，又设煎晒场，仿松江法制板，而煎晒兼施。光绪三十三年（1907）岁歉，吕四木价下跌，公司即用吕四木行所存温木自制盐板，连同前制 6000 块，乃成盐板 1 万块、卤塔 3000 只。前后费银 34567 两。光绪三十四年（1908）采取包晒办法经营，包户每人包晒板 50 块，通年出盐 14350 斤，得盐价 140 千零 200 文。此后生产规模逐年扩大。宣统元年（1909）初有盐板 1.3 万块，当年调款置板 2000 块，并拟陆续添板至 2 万块。民国十三年（1924）实有晒板 18000 块。晒板最多时曾达 2 万块。当时预计，如能增板至 4 万块，即可废煎专晒而产盐足额（清同治五年规定吕四场年额产盐 53856 桶）。

3. 变通旧法盐

张謇从经营纱厂悟出设厂聚煎利于查缉灶户漏私，从而增加垣收，有意于把吕四盐民原先分散的煎盐生产改变为手工业工场式集中生产。光绪三十一年（1905）冬，公司购吕四场西北部二十九总公荡 1100 余亩。第二年（1906）正月，在该场卤气最旺的西北海滩大坝灶（今启东市天汾乡聚煎村）设聚煎场（俗称聚煎盐业公司），随即动工，辟场、划界、开港、筑墩、造舍，自正月至冬月，计辟灰场 50 块（每块 1200 方丈），开港 917 丈，筑墩方广 11 丈，建舍 25 间，设灶 24 具，共费银 27814.8 两。盐场雇工集中煎盐，采取中法日法参互变通的办法，制卤时草灰不足则兼用沙，煮卤时鳖不利则略仿金，草贵时则燃煤，当年成盐 31 桶（每桶 200 斤），次年（1907）产盐 1258.7 桶，盐色较旧法"真梁"为上，成本亦较旧法为昂。实行聚煎后，盐民因工资收入低，又不能像在家里煎盐那样兼做其他副业，觉得不如在家生产合算，因此在聚煎场做工总是迟去早归，劳动积极性不高，产盐计划不能实现。宣统三年（1911）起，正式废止雇工聚煎生产方式，仍旧改为与旧盐垣一样招收煎户领草散煎、向公司缴盐付价，恢复传统的分散生产方式。此后公司产盐方式保持散煎与板晒并行格局。

公司在改良盐业生产试验中求效过急，投资很大，开办早期耗银即达 10 多万两，超过原始股本总额。这些投资，除板晒外，未能充分发挥效益，尤其日本法盐田试验，投资几乎虚掷。大量资金搁置，只好借债背利营运。又加两淮盐运使赵滨彦多方刁难，公司改良盐既厄于牌价，又厄于销路；旧法生产厄于天时不利连年歉收，又不足维持开支。这造成公司早期巨额亏损。计从光绪二十九年（1903）开办，到宣统二年（1910）年底结亏银 164353 两，实际上无法收回的各项工程费用银 29190 两尚未计算在内。民国元年（1912）后，盐产收数有所增加，年产 3 至 5 万桶。加上通如海食岸开办，公司得到大咸盐栈销盐利润补助，方始获得转机扭亏为盈。此后经营较为顺利。

同仁泰公司的亭场、煎灶分布在范堤以北的三十总及东部的丁荡沿海一带。其地卤气充足,产盐本旺。但因屡被风潮冲刷,近海亭灶坍塌甚多,无从修复。至1914年实存亭灶295副,年可产盐25000桶,共需煎草5万担。公司草地,除原有划定留煎者外,1913年壅涂草地业户呈请开垦时,划出三成东区草地计2000余亩拨归同仁泰管业,每年可产芦苇3万担,由其自行筑圩潴水培植,以供煎盐之需;由公司支付6000元以充吕四市、垦牧乡两自治公所用费,作为此项草地推让接管代价。1914年堤北三十总荡地业户又请开垦,亦划出三成草地计7984.4亩,按总调并成区,推归公司蓄草,年可产茅草3万担供煎,由公司代付丈量区划用费抵给荡价。至此,公司先后所有草地总计有175顷以上,每年出产盐数大概总在10万石。

1926年总理张謇逝世后,公司状况趋于衰落。1932年股东会决定结束业务,盐业另觅商人承办,大生实业系统经营的同仁泰盐业公司至此完结。此后公司股东渐由本地人替代,规模日渐缩小。至抗战前夕(1936年),吕四镇上的同仁泰公司已成虚设,有的办事机构迁到地处乡下的三甲板晒场。至1940年新四军接收时,公司尚有盐务警察70~80人,并有缉私营兵20~30人。1941年,日军第三次占领吕四镇时驻扎在同仁泰公司。不久,公司房子被拆毁,砖瓦木料用于修筑碉堡。公司办公地点迁移到吕四镇南部(今吕四乡卫生院地址)。1945年年底公司宣告结束。抗战期间担任公司经理的,先后有张逸愚(1942年病逝)和江锡九等人。

1903—1908年同仁泰盐业公司盐产量表(单位:桶)

年份	旧煎法	聚煎法	板晒法	日法	合计	年份	旧煎法	聚煎法	板晒法	合计
1903	11025				11025	1911	21000		9000	30000
1904	339			99.7	438.7	1912	26600		13500	40100
1905	13016			194.3	13210.3	1913	31200		19400	50600
1906	18580	31	1011.4	797.5	20419.9	1914	37000			37000
1907	17096.16	1258.7	1851.7	1305	21511.56	1915	30900			30900
1908					18000	1916	28655			28655
1909	23000				23000	1917	比上年多5400桶		27800	45300
1910	21500	(2500余引)			32000	1918	12000		22600	34600

资料来源:张荣生著《南通盐业志》。

(六)张謇盐业改良与盐政改革的历史地位

张謇在清末民初举办同仁泰盐业公司,在一些方面领先于同时代其他实业家。例如,以股份制形式建办公司,把一家一户经营的散落盐民组织在工厂化生产里,"是为我国盐业新式生产组织的创始"。① 又如,实地考察借鉴外国制盐工艺,聘请外国专家来华指导,引进外国先进设备,研制精制盐,在中国都要算最早。他引进江南板晒制盐法,解决了煎盐用草与植棉用地的矛盾,改进了传统工艺,为当时的淮南盐业生产注入了新活力。他试验而未获得理想效果的聚煎盐生产方式,为探索改进盐业生产的组织形式做出了勇敢探索。他试制的精制盐,于光绪三十二年(1906)运赴意大利秘拉诺(今译米兰)赛会(今称博览会),万国评议,称为"色味俱佳",得最优等奖牌,成为"中国盐发见于世界之代表";光绪三十四年(1908),参赛荷兰万国展览会,获金质奖章;宣统二年(1910),运赴江宁(今南京市)参赛南洋劝业会,获最优等奖牌;1915 年,在美国旧金山为纪念巴拿马运河通航而举办的博览会上,又获特等奖状。《中国盐政实录》(第四辑)曾对吕四场盐极力推崇,谓"淮南煎盐……曩昔名目繁多,各场所产均有,尤以吕四所产,无论聚煎、板晒,品质最上,推为淮盐之冠"。

张謇经办同仁泰公司,积累了关于盐务产、运、销、税、缉的实际经验,取得了对于中国盐务利弊的发言权,提高了他在两淮乃至全国盐务界的威望。他洞察了两淮乃至全国盐务界的黑幕,亲身感受到盐务制度陈旧落后、盐务机构臃肿腐败、盐务官吏因循苟且,得出"盐法不合今情,盐官便于痼疾"的结论,确立了要发展盐业生产,必须改革盐制、刷新盐政、裁撤盐官的观念。而两淮运司对张謇本人的重重阻扼与蓄意压制,更激起他对旧盐政制度的憎恶,使他立志改革旧盐政的决心和意志越加坚定。

张謇是旧式盐业向新式盐业、旧盐政制度向新盐政制度演变的重要转换人物,具有较为系统的盐业经营思想与盐政改革理论。他的思想理论既总结与继承前人,又扬弃与超越前人。他不仅有理论而且有实践,不仅有承扬而且有创造。他的盐业经营的创新实践,以及对新盐政制度的大胆构想,既超越前人又领先于同时代人。他不仅是破坏旧盐政制度的先觉者,而且是创造新式盐业的先行者。他的以自由贸易为依归的盐政改革主张在当时产生巨大影响,被海内外公认为中国盐政改革的旗帜与领袖。

张謇从清光绪二十年(1894)《殿试策》中萌发改革盐政思想,至民国十五年(1926)逝世,前后主张并致力于中国盐政改革 33 年,以其完整的思想理论和实践经验,站在时代潮流的最前列,成为中国现代盐业的重要先驱人物,为 1931 年新《盐法》的制定公布铺垫了道路。在这份法律文件里,他的改革

---

① 田秋野. 中华盐业史. 台湾:台湾商务印书馆,1979.

主张得到圆满灌注。当然,这件法律没有实际施行,而且在旧中国政治腐败的环境下也不可能施行。时至今日,他当年创办的吕四板晒制盐迭经时代洗礼,仍有遗留,其产盐工艺历经百年仍基本保持原貌,只将木制晒盐板换成了塑料薄膜铺就的小型晒盐池(俗称晒坦),相比之下,他昔日辉煌灿烂的其它产业早已难觅旧貌。逝者自逝,存者自存,成为饶有兴味的历史现象。

三、张謇经营盐地垦殖

张謇从事淮南盐地垦荒,建设新型农区,是他一生中最光彩照人的盛事大业。就其所获成功来说,可以与他在南通唐家闸创办大生纱厂相媲美;就其在全国的独创性来说,且为大生纱厂所不及。我们从他的诗歌作品《垦牧乡小学校歌》《垦牧乡歌》《垦牧乡高等小学校歌》《至垦牧乡周视海上,示与事诸子》等题中,可以看出张謇对自己历经艰难险阻获得的巨大成功,感到无可掩饰的自豪与满足!

与淮北之盐利于用晒不同,淮南之盐利于用煎,而煎需草。故自唐宋以来,历代盐法规定各盐场草荡只许蓄草供煎,私垦治罪。唯因灶户煎盐的劳动所得常不敷其温饱,故历代均有灶户冒禁私垦少量荡地,获取豆粟,略资贴补。明嘉靖三年(1524),巡盐御史朱廷立以淮南各场荡地供煎之外多有富余,奏令两淮运司委官丈量,按各灶户所办额盐拨给相应荡亩蓄草供煎,其余荡地准灶户赴分司告报注册,给帖执照,免其三年之租,以后科粮从优。嘉靖八年(1529)又以灶田滨海,潮汐时至,耕种收获均无一定把握,乃复奏准,凡灶户不误煎盐,垦种少量荡地,免其纳租,以助不给。是为淮南盐地官许放垦之滥觞。沿至清末民初,顺应海势东迁的历史情状,经由张謇示范推动,废灶兴垦遂成为不可阻挡的时代潮流。

(一)废灶兴垦缘起与潮流

晚清嘉庆、道光以来,淮南盐区海势东迁,滩涂加速淤伸。位居腹里的场区因潮汐罕至,土淡卤轻,盐产衰减。滩涂日扩,荡草繁茂,供煎之外,富余甚多。灶户因草贵盐贱,售盐所得桶价常不敷其制盐成本,煎盐乃成得不偿失。对此,清末文人田北湖在《说盐》中曾加以论述:"近年淮南盐产额奇绌,时时脱档,虽由海岸东伸,潮远卤薄,然草荒价贵,实为祸原。灶丁方困苦无告,豪猾又争垦荡田,两害相乘,灶丁逃亡多矣。今草一石,值钱五百文,需两担草煎一桶盐,而商人每桶盐只给价九百文。人非至昏极愚,孰甘折阅从事者?是毋怪乎煎丁之废煎也。"于是,灶户一面售卖私盐,一面纷纷私垦荡地种粮,以维生计，官府屡禁不能止。载于册籍的灶田已达68万余亩，年纳田赋已达6800余两。于是废灶改垦之议应时而起。

清末民初，关于垦利胜过盐利的议论在淮南盐区广为传播，逐步被政府中部分官员所接受。同时，南通大生纱厂等一批民族纺织企业先后建成投产，形成对棉花的大量需求。而盐区旷土经过蓄淡洗盐，即可普遍植棉收花，其利十倍于蓄草煎盐。

清光绪二十六年（1900），淮南泰属新兴、伍祐两场部分樵地经官府批准，首先办理放垦升科手续。翌年，南通实业家张謇经官府批准，集资创办通海垦牧公司，开发通属吕四场南部荒地。当年动建水利工程，经过十年艰苦努力，工程体系完备，所植粮棉饶有收成，公司股东连年获得优厚利润。

民国改元，政府鉴于淮南北盐的成本相差悬殊，亦有意于限制淮南煎盐，发展淮北晒盐，乃于1914年由财政部下令将淮南旧日产额区分五年递减净尽（后未实行）。于时张謇任北洋政府农林工商总长，制定颁发鼓励垦殖的《国有荒地承垦条例》和奖励植棉条例，同时，财政部颁发《淮南放垦章程》，嗣于东台设立淮南垦务局，委派总办吕道象、会办孟锋专司其事，先从通属各场办理放垦，1917年后又推广至泰属各场。其间由于张謇、张詧兄弟大力宣传推动，加上通海垦牧公司示范效应，淮南盐区专营垦殖或兼营盐垦的各家公司便风起云涌地兴办起来并形成浪潮。

截至20世纪30年代初，淮南盐区先后成立盐垦公司40余家（后从大公司分化出小公司，大小并计，有名称可稽的达70余家）。规模较大者有通海垦牧、大有晋、大豫、华丰、大赉、泰源、东兴、中孚、遂济、通遂、裕华、大丰、泰和、大祐、大纲、华成、合德、阜余、合顺、耦耕、新农、新通、新南、新垦会，计24家大公司。它们分布在南起吕四场，北至陈家港，东滨黄海，西界范公堤，南北长约300千米、东西宽约50千米的海滨滩涂上。垦区地跨海门、南通、如皋、东台、盐城、阜宁、涟水7县，资本总额1732万元，经营土地总面积430万市亩。按盐场隶属关系，盐垦公司有通属、泰属之分；按创办人是否南通籍，又有南通系与非南通系之别。南通系是指由张謇、张詧兄弟直接创办或与张氏兄弟有关系之人所办公司，例如通海垦牧、大纲、大祐、大有晋、大豫、大赉、中孚等为张氏兄弟直接创办，新通、新南、阜余、合顺、大丰、华成、合德、耦耕、泰和、裕华等为与张氏有关系人士所办。非南通系是指与张氏兄弟无关系人士所办公司，如泰源、新农、华丰、新垦会等。

（二）盐垦公司成立程序

各盐垦公司创立前，必先取得产盐权和荡地使用权。

淮南盐地所有权属于国家,而使用权颇为复杂,晚清以来,有所谓商亭、灶亭之分。商亭者,煎灶与荡地均属于垣商;灶亭者,煎灶属于垣商,荡地属于灶民。故各公司创立时,对于商亭之产,须先收购其盐垣,垣虽空名,而一垣有若干灶,一灶有若干随灶荡地(200至400亩不等,因场而异,数皆额定),即可附带而来;大约一副盐灶(连同额荡)需付价1000至2000元。对于灶亭之产,则由公司先向垣商收买盐垣,垣有若干灶,每一副灶给价300至500元不等,用以津贴垣主;而荡地则需另向灶民购买,大约每25亩须付价100至250千文不等。灶民依盐为生,亭灶荡地既被公司收购,灶民失其旧业,无以为生,故公司又分别而处之:其易盐为垦者,每灶一副由公司津贴200千文至300元不等,并给地50亩,令其另筑居处,自行耕食,且起初二年不收其租,以示优惠;其易地煎盐仍操旧业者,给以迁移津贴;其不愿执业者,给费资遣,以上统称厘剔亭灶之费。各盐垦公司在取得产盐权和荡地使用权后,仍需向财政部淮南垦务局按地亩总数分等级缴纳升科地价(以后按年缴纳田赋,未升科者按年缴纳灶盐折价),并由所属场署经两淮盐运司报部立案,领取部照,然后宣告成立。

(三) 盐垦公司组织机构

各盐垦公司内部组织机构不尽相同,但不外乎董事、经理二制。

大致每公司由股东大会选举董事数人组成董事会,设总务董事(或称董事长)1人,总理一切事务,不常驻公司;常务董事(或称总坐办)1人,终年常驻公司,执行董事会议决各事,进行一切。公司面积过大的,则于常务董事之下加设正副经理,以专责成。其下设置会计、文牍、庶务等房科,作为公司具体办事的部门。凡盐、垦兼营的公司,则于正副经理之下分设盐、垦2部,各以主任1员领之。于盐部主任之下,设管事2人(1住垣店,负责收盐;1住扬店,长驻扬州,负责卖盐),灶客(常驻灶区督煎查盐)、会计与学生(办事员)若干人。于垦部主任之下,设管事1人,管垦、会计与学生若干人。此外,在公司经理之下,按公司垦部所辖各区每区设主任1人,办事员若干人,管理一区事务。

(四) 盐垦公司田制与工程

各盐垦公司以所领土地全部放垦为终极目的,但在实施上采取分区放垦,逐步推进。

择其位居腹里、卤轻土淡之区先行放垦,而对濒海斥卤之地则继续保留盐业,以为过渡办法,所谓"宜盐则盐,宜垦则垦"。大凡公司成立之初,对于全部土地已作通盘规划,仿中国古代田法,田亩划分悉取正方形或长方形。大抵根据各公司拥有土地面积之大小,参酌地形,分全境为若干区,每区又划分为若干正方形的匡(周长约5千米),每匡之内又由南至北划分为若干排,每排又由东向西划分为若干垛(多数公司每垛为25亩,亦有分20亩或60亩为1垛的)。田亩以垛为基本单位,1垛可由1户承领耕种。每垛25亩者长100丈,宽15丈,分为前后两部,前部16亩,后部8亩,中间1亩为宅基地。4垛百亩为1方(不足百亩及不能成整垛者则为奇零垛),有界沟。这种井田式的农田规划又与水利工程相结合,并通过水利工程来实现。垦区内水利工程有堤、河、涵闸三项。为便于灌溉、蓄淡、洗盐和排涝,各公司垦区均形成自己的河网:垛之间掘垛沟(宽约8尺),排之间挖排河(一称横河,宽约1丈),匡之间凿匡河(宽为5~6丈),区之间开区河(宽为10~20丈),一些区河同时也是垦区水系的入海干道;田间之水排入垛沟,由垛沟入排河,由排河入匡河,由匡河入区河,区河之水泄经通海河港入海。垦区地处滩涂,地势低洼,东有海潮入侵,西有内水汇注,故筑堤御潮防洪实为首要工程。各公司垦区之堤分为外堤、里堤、格堤三种,筑堤所用之土即来自开河所出之泥。外堤为捍海挡潮大堤,建筑时力求坚固而成斜坡(坚固方可御潮,斜坡方可杀减潮势),其坡度与高度之比例约为8∶1。里堤是通海河港两侧的堤岸。格堤是各区周围的小堤,除防洪外兼有御潮作用:设若外堤、里堤均被海浪冲决,最外面的区被淹没时,仍可阻挡海水冲入格堤以内,以缩小受灾范围。各公司堤面甚为宽阔,宽者达8~10丈,狭者亦有三四丈左右,故除御潮抗洪而外,又具交通干道功能。与堤河相配套的是涵闸,用以沟通各公司垦区内水系。在一些主要出海港口则建大闸,以资宣泄。各盐垦公司地处江淮尾闾,故其涵闸工程建设除着眼自身宣泄外,尚须兼顾内地农区宣泄洪水需要。例如1916年,张謇、张詧兄弟为解决南通、海门地区水涝旱灾根本大计,呼吁南通、如皋2县的余东、余西、金沙、石港、西亭、马塘、掘港7所旧场的民众,兴建遥望港五孔大闸(后改9孔),当即设"通属七场水利总会"主管其事,张謇任会长。工程于1918年11月动工。第一步开港,以七场原公共出水之港口浚深加阔;第二步建闸,由张謇约请荷兰水利工程师特莱克设计监造(特氏病故后由宋希尚接办)。1919年12月闸工告竣,定名"遥望闸",每秒泄洪流量一百余立方米。综计开港、建闸、测河、设会等共费银166056元,由大有晋、大豫、华丰3家盐垦公司承担1/4,余由7场分担。此闸建成,在相当程度上缓解了洪涝灾害对通、如、海3县交界地区的威胁。张謇还曾规划在淮南各盐垦公司中部开凿一条纵贯南北的新串场大河,用以沟通整个淮南盐垦区乃至全苏北的水系,并为此做了大量工作,后因种种原因,规划未能实施。

（五）盐垦公司租佃制度

垦区堤河工程大体完成后，即可招佃承垦。各公司佃农绝大多数来自海门、启东（旧称崇明外沙），其余来自南通、如皋及其他各县，由灶民改业的只占少数。其中尤以海门人素善植棉，耐得劳苦，勇于拓荒，而又习于迁徙。他们皆因祖居之地田少人稠、难以为生，才响应各公司贴出的招佃广告，变卖仅有家产，全家背井离乡，来到垦区安家落户，希图从此获得温饱。佃户承佃，每户面积一般限于1垗（有的公司亦可超过）。承佃时，须向公司交纳顶首（一作订首，即押租）每亩3~8元（依公司及土质而异），另纳写礼（立契手续费）每亩3角，并订立承佃契约，即取得所佃田亩的田面权（长久耕种权）。承佃后，佃户自建住宅，着手改良土壤。措施有：蓄淡（在田边筑埂蓄积雨水，淋洗盐分）；种青（蓄淡一二年后移种芦苇，再一二年后改种苜蓿，又一二年后土壤盐分下降，土层增厚，便可翻耕植棉）；盖草和扣青（将苜蓿或其它青草收割后盖在棉田上，防止阳光直射土壤带引盐分上升，称"盖草"；亦可将青草锄翻埋入棉田，增加土壤肥力，称"扣青"）；铺生（冬春季节挖取垗沟边沿淡泥土，铺在棉田里，增厚耕作层）。土壤经改良后方可正常耕种。垦区一年两熟。春熟为小熟，种植豆麦杂粮，面积须受公司限制，防止耗费地力，影响秋熟。秋熟为大熟，一律植棉。佃户须向公司交租，春熟收银元，每亩1角或数角不等，秋熟收棉花。收花的数额采取实物议租制确定，办法是：每年中秋过后，由公司代表（各区管垦人员）和一二个佃农代表组成议租小组，到各佃户棉田里实地估计产量，然后按"业四佃六"（1930年代后改为业三五、佃六五）比例，确定佃户缴纳租花数量。至缴纳日，公司张贴布告，开仓收花。佃户在规定期限内交花享受九折优待。由于公司佃户对其承佃的土地享有田面权，因此公司不得无故退佃。股东如欲收回自种，须向佃户退还顶首，并支付"辛力工本"，购回田面权。佃户之间亦可互相买卖典当田面权，因改良土壤而增值部分归佃户所得。这种租佃制度起源于崇明、海门，时称"崇划制"。其剥削程度较之一般地主为轻，利于调动佃户在垦区发展生产的积极性。

（六）盐垦公司土地经营方式

早在清光绪年间，张謇已有仿效西方资本主义大农业体制，集股开办农场企业且用机器耕种的设想，但在通海垦牧公司建立并完成水利工程后，将土地分给股东，招佃承种，其原因主要在于清末民初淮南盐垦区尚不具备大规模雇佣农业工人和使用机械耕种的条件。此后建立的大有晋、大豫等公司更是在成立章程中明文规定：荒地垦熟一批，即行按起照股分派股东管业，直至全地垦尽分尽为止。这样,公司的建立只为兴修水利、改良土壤、统一规划和进行农田基本建设。一旦荒地垦熟,仍采用传统的封建租佃办法。于是对股东来说,撇开公司,分田自营,减少中间环节,更为经济合算。各公司分地之后的土地经营方式有四种。其一,股东自管。大股东得地多,有的超过万亩,一般自行建仓收租。其二,公司代管。一些分田不多的小股东,将所得土地委托公司代管,同公司订立协议,分担公司常年经费。其三,公司共管。由于所分田亩成熟程度不一,优劣悬殊,为不使得田差的股东吃亏,实行分地共管,地虽按股分配,租仍由公司统一收取,按股均分,利益均享。其四,公司自营。分地后,凡堤身、道路、岸台、河渠等公产均归公司统一经营;此外,规模较大的公司皆辟有一部分土地(占总面积1%~2%)自行雇工耕种,收益全归公司。以上四种,第四种已带有明显的资本主义农场经营性质。股东分地后,各盐垦公司仍然存在,其职能:统筹垦区水利基本建设,管理公司对外投资,经营公司自垦地,管理承佃农户,并代部分股东向佃户收租。

(七)盐垦事业的巨大成就

淮南盐垦事业发展到20世纪30年代,水利工程、农田建设、作物种植、盐业生产和社会事业等方面都取得显著成就。

据淮南盐垦各公司总管理处1937年对通海垦牧、大有晋、大豫、华丰、大赉、泰源、通济、遂济、通遂、裕华、大丰、泰和、大祐、大纲、合德、阜余、华成等通泰17家盐垦公司不完全统计,共投入原始资本18623000元,加上借贷资金4550680元,实际投资总额23173680元。农业方面,共有土地3520209亩,已垦1446529亩,占总面积41.09%。兴筑堤圩585.8千米,开凿河渠1737.9千米,配建涵闸92座;这些水利工程建成,在淮南盐垦区实现河网化、条田化、方正化,其农田建设水准超过当时苏北内地农区。由于推广优良品种和先进耕作技术,垦区农作物产量逐步提高。1937年棉花(籽棉)总产量67.99万担,麦、蚕豆、玉米、黄豆等杂粮产量9.37万担。副业生产相应发展,1937年共有手摇纺车及织布机13600台,蜂群730箱,猪8280口,牛5607头,羊6770只,鸡鸭110200只。垦区农业的发展,不仅为南通民族纺织工业提供大批原棉,且养活大量人口。1937年17家公司实有佃农49604户,304980口,还在继续增加。盐业在各公司属于逐渐消退产业。经过屡次"厘剔",至1937年,盐、垦兼营的11家公司,实余盐灶701副,年产煎盐39.34万担(缺大丰、泰和、大纲3家产数)。总产量虽比清末大幅下降,但因灶户煎盐技术改进,实际每灶产量反较清末上升。淮南盐垦区农业生产的发展和人口的增加,还带动垦区内包括交通、通信、气象、农副产品加工、商业、教育、医疗、治安在内的其他经济和社会事业的发展。据统计,1937年17家盐垦公司范围内共有公路1761千米,桥梁711座,电话线路631千米,仓库(堆栈)474间,轧花厂、榨油厂、纺织局14处,测候所、雨量站10处,武装警察936名,诊疗所10处,合作社95所,小学54所,中学2所,技术训练班2处。过去,淮南盐区一片旷漠,除星星点点的煎盐灶屋外,罕见其他建筑物。自各盐垦公司相继建立,为适应商品交换和发展各种业务需要,先后在河道交通便利处建设新市镇25座,如通属通海垦牧公司的海复镇,大有晋公司的三余镇、东余镇,大豫公司的大豫镇,泰属大丰公司的新丰镇,大赉公司的通泰镇,等等,街道宽阔、大屋栉比,均为其中佼佼者。这些市镇中的房屋,起初一般由公司股东出资建造,公司办事人经营,或出租给其他业主经营;嗣后亦有其他商人陆续购地建房设店,于是街市逐渐扩大延伸。镇上设有盐垦公司的管理机构、警察所、邮政局和各种店铺,因此成为垦区政治、经济的中心。淮南盐垦事业上述成就,达到在政治、经济、教育三方面共同发展,一定意义上实现了张謇在创建通海垦牧公司时提出的"借各股东资本之力,以成建设一新新世界雏型之志"的设想。因此,在20世纪30年代受到社会各界关注,并引起学术界研究兴趣。学者李积新、胡焕庸先后撰著《江苏盐垦》《两淮盐垦水利实录》,前者称赞淮南盐垦事业"举数千百万亩蔓草荒烟之地,一变而阡陌相距,田庐相望,此诚吾国最近二十年来农业界之盛举也";后者称道各盐垦公司为"吾国晚近二十年来农界之曙光,足以大书特书"。

1937年淮南主要盐垦公司概况表

公司名称	坐落县境	原属盐场	开办年份	创办人	股本额(万元)	总面积(万亩)	已垦面积(万亩)	筑堤长度(千米)	开河长度(千米)	年产籽棉(万担)	年产杂粮(万担)	年产食盐(万担)	佃户人口(万人)	负债额(万元)
通海垦牧	南通海门	吕四	1901	张謇	56	12.3	9.2	63.9	82.6	6	2		2.3	5
大有晋	南通	余东	1913	张謇	77.8	26.9	17.7	97.2	177	10	1	2	2.2	22.6
华丰	如皋	掘港	1915	邵铭之	34	2.8	2.8	24	13.5	0.9	0.2		0.45	14.7
大豫	如皋	掘港	1916	张謇	150	48	13	41	204.2	16	2.2	20	2.76	30
大赉	东台	角斜	1916	张謇	70	20.8	14.7	30	85	3	0.7	0.6	1.82	42
泰源	东台	安丰	1920	韩国钧	70	15.8	1.8	11	25	0.6		10	0.45	3
通济	东台	何垛	1920	张謇	55.2	12.4	3.8					2.5	0.16	
遂济	东台	丁溪	1920	张謇	15	3.8	0.1					0.6	0.28	23
通遂	东台	小海	1919	张謇	34	11.1	1.5	13	25	0.2	0.02	3	0.78	6
裕华	东台	草堰	1922	陈仪	125	22.7	9.5	49	112	2.4	0.5		1.35	77

续表

公司名称	坐落县境	原属盐场	开办年份	创办人	股本额(万元)	总面积(万亩)	已垦面积(万亩)	筑堤长度(千米)	开河长度(千米)	年产籽棉(万担)	年产杂粮(万担)	年产食盐(万担)	佃户人口(万人)	负债额(万元)
大丰	东台	草堰	1917	周扶九 张謇	541.3	55.4	27.9	74	504	19.5	1.3	?	9.42	30.8
泰和	盐城	伍佑	1919	张佩年	121.7	20	6	42.3	166	1.5	0.2	?	0.95	22.1
大佑	盐城	伍佑	1918	张謇	80	9	2.5	33	48.6	1		0.6	0.48	
大纲	盐城	新兴	1916	张謇	153.3	13.7	3	21	37	1	0.05		0.8	19.1
合德	阜宁	庙湾	1919	邵子中	70	3.5	3.5	26.4	63	0.9	0.1		3	0.3
阜余	阜宁	庙湾	1917	章静轩	37.6	3.8	3.8	21	30	1	0.5		0.3	57.4
华成	阜宁	庙湾	1917	冯国璋 张謇	171.4	70	23.9	39	165	4	0.6		3	102
合计					1862.3	352	144.7	585.8	1737.9	68	9.37	39.3	30.5	455

资料来源:张荣生著《南通盐业志》。

(八) 盐垦公司的衰落

淮南盐垦公司自清末始创,至民国初年,适逢第一次世界大战,西方列强减少对华商品输出,南通大生纱厂等民族纺织工业乘隙奋进,各盐垦公司亦得随机而兴,陡起浪潮。唯创始者们对于时局变幻和事业难度均无足够预计,一味贪多求大,企望急功近利,所集股本有限,购地缴价剩余无多,工程需款及日常经费全仰大生纱厂沪事务所代向钱庄拆借,而将还债资金来源寄托在佃户所缴顶首及公司所得花租草息上,又因款项仍紧,乃将工程标准降低,弱化其抵御自然灾害能力,围堤之后,为广招徕,不得不允许贫苦佃农将顶首分期缴纳或竟欠着,1919年至1921年,各公司因遭水旱风虫潮等自然灾害而连年歉收,佃户顶首及公司花息均无着落,其时"一战"结束,西方列强重新对华倾销商品,纱价大跌,大生纱厂已是自顾不暇。而各公司债务本息须偿,股东官利须付,不得已借新还旧,无非剜肉补疮,于是利上滚利,愈欠愈重。每年收入用于偿息常有不敷,遑论开发。各公司创办之初,由于垦利不能速得,大多兼营盐业,一些滨海接潮卤重之区且规划长久产盐,希图依靠盐务盈余挹注种植亏损,并以盐利草息抵支股东官利;嗣因草价上涨,煎盐成本增加,而官定盐价仍旧,盐业非但无利,转致亏耗。此外,公司管理腐败,用于各项应酬的非生产性支出所占比例过大,加之主持人贪污中饱,更使公司财务窘况雪上加霜。截至1920年,各公司债台高筑,均被债息所困。仅大生系统的大有晋、大豫、大赉、大丰、华成五公司负债额即达453.3万元,大生纱厂无力弥补。1921年,张謇向中国银行副总裁张嘉傲求援。同年,张謇在视察五公司后,组织中国、金城、上海等银行成立"通泰盐垦五公司债票银团",经募公债。大部分承受债票银行就是原来债权人。债票由五公司印就,交银团发行。五公司划出土地104万余亩作担保,另酬"红田"若干亩。自1921年10月底起,首期发行债票300万元,年息8厘。订定每半年付息一次,满一年开始还本,分5年还清。公债发行后,银团派员分驻各公司稽核款项出入。因五公司负债过巨,公债售款仅够偿还部分旧债,各项农田水利工程仍无力进行,加上连年荒歉,数年后未能如期偿还本息,公司业务几乎陷于停顿。银团为维护自身利益,乃由派员稽核改为在各公司设立管理机构,直接经营五公司用于担保的土地。

在大肆举借内债的同时,为帮助各公司摆脱困境,继续推进施工营垦,张謇还曾尝试举借外债。1924年,在呼吁股东加股"百呼不应"的情况下,张謇乘美、日两国派员考察南通实业之机,试探借款可能,旋即派代表洽谈。初拟向美借款,适逢临城(在山东)劫车、抱犊崮绑票事发,美银团代表遇难,借款计划告吹,继拟向日借款。张謇派章静轩、张作三为代表,通过陈仪介绍,与日本财阀涩泽洽谈;日本外务省亦派驹井德三来通实地考察,驹井撰《张謇关系事业调查报告书》,盛赞张氏品德事业;后因日本国内地震为灾,借款协议虽成,未实际履行。1930年,各公司为摆脱官厅苛取、地方摊派巨款,以致负债累累、事业停顿困境,曾联合上书国民党中央执行委员会、中央党部、国民政府、江苏省政府、两淮盐运使公署,要求予以扶持。但国民政府忙于内战,未有实际行动。至1932年,通泰盐垦五公司积欠上海银团债款本息仍达278.45万元之巨。银团无奈,只得接受公司方面提出的割地了债的办法,但因各方迁延,未即进行。直至抗战开始,法币不断贬值,人民相信实产,土地升值,银团卖出部分担保土地,才结束与盐垦五公司的债权关系。1946年,人民政府在淮南盐垦区进行土地改革,将垦区土地分配给农民所有,各盐垦公司遂告终结。

(九)淮南盐垦各公司联合会

淮南盐垦区地域广大,各公司之间相隔数十或上百里不等,虽业务相同,但因交通不便而联系困难。为相互沟通,南通系所属各公司于初创不久(1916年)即在南通城南设立"盐垦联合事务所",作为承转信息、接洽事务的机关。1922年,南通各实业因连遭天灾、人事失调、资本短缺、负债增重而陷于停顿,周转不灵,经各实业公司召集股东联席会议决,组织"南通实业总管理处",统筹全局、规划复兴,张謇任处长,下设纺织管理处、盐垦管理处和其他实业管理处(后未成立)。盐垦管理处设在南通城南,主任江知源,文牍束劷直,稽核朱警辞,负责规划南通系各盐垦公司经营方针,指导垦殖,统筹金融,使事权统一,工作较易开展。1925年夏,纺织管理处解散,并入盐垦管理处,改组为"南通实业总务处",系各实业公司董事长联合办事机构,吴寄尘主其事。1926年,张謇病逝不久后解散。1928年,通泰各盐垦公司董事会以公司股东、董事及办事人员业务接洽不便,乃扩大联络机构,由通海垦牧、同仁泰、大有晋、大豫、大赉、通济、通遂、大丰、大纲等公司董事会联合组织"通泰各盐垦公司董事会联合办事处"于南通,主持办理股东登记、调查统计、财务规划、应付债务等事务。1929年,通泰盐垦各公司的代表联合筹组"淮南盐垦各公司联合会"于上海,负责联络各公司,统筹对内对外应行之事,推举朱庆澜、韩国钧为正副主席委员。入会公司包括南通系与非南通系,计有通海垦牧、同仁泰、大豫、大有晋、大丰、大赉、通济、通遂、遂济、华泰、东兴、泰源、华成、泰和、裕华、华丰、大祐、合德、阜余、大纲共20家。原设于南通的"各公司董事会联合办事处"即归并于新设立之联合会。抗日战争期间,会务中止,抗战结束后(1946年),以"淮南盐垦各公司联合会"原名在上海恢复活动,负责人张敬礼。1947年,淮南盐垦各公司联合会召集通海垦牧、大有晋、大豫、大赉、泰源、通济、遂济、通遂、大丰、裕华、泰和、大祐、大纲、合德、华成、阜余16家公司的在沪股东举行联席会,议决仿照1932年创立"南通实业总务处"先例,在沪成立"淮南盐垦十六公司总管理处"(简称淮南盐垦各公司总管理处)。成立目的,在于统一事权、协调行动,乘国民政府军攻占苏北解放区之机,推翻解放区人民政府在淮南盐垦区实行土地改革成果,恢复抗战以前状态,夺回垦区土地所有权经营权,为此还制订具体的"盐垦公司复员计划"。嗣因中共领导的人民解放战争迅猛推进并取得全面胜利,淮南盐垦区彻底解放,因此淮南盐垦各公司联合会、总管理处二机构及其复员计划均于1949年年初宣告终结。

(十)盐垦公司的典范——通海垦牧公司

晚清以后,通属吕四场南境与海门厅之间坍而复涨的滩涂甚多,草荡供煎有余。清光绪二十一年(1895),张謇受命筹办通海团练、规划沿海防务,发现通海地区海滨有大片荒滩,触发围垦海涂、发展农牧、济贫救困的念想。光绪二十五年(1899),清廷有旨,谕各省督抚劝民垦荒。光绪二十六年(1900),张謇所办大生纱厂初见成效,即着手创办垦牧公司。是年十二月,张謇与汤寿潜、李审之、郑孝胥、罗振玉等人,拟订垦牧公司章程,呈报两江总督。翌年正月获准。其章程经修改后,同年九月由两江总督刘坤一专摺奏报清廷,获旨准予兴办。因公司境域地跨通州与海门厅,兼营垦、牧二业,故名通海垦牧公司。

张謇创办垦牧公司目的,一为增加社会财富;二为增加国家财政收入;三为兴办教育开辟经费来源;四为给其他沿海州县作出榜样,推动荒地垦殖事业。而其直接或主要目的,则在于为日益兴盛的南通大生纱厂建立庞大而稳固的产棉基地。

清光绪二十七年(1901)五月,通海垦牧公司宣告成立。公司附设的农学堂同时成立。公司设总理1人(张謇兼任,不常驻公司),常驻经理1人,工程经理1人,垦务经理1人,牧务经理1人,农学堂经理1人,分头负责各方面事务。另设总账1人,帮问1人,职员若干人。总公司机关设在第二堤(堤为公司区域单位)。

首先清理地权。拟垦荒滩的一部分原属苏松、狼山两镇标兵营所有,张謇采取折价入股办法予以解决。一部分原属民户所有,有"坍户"、"批户"、"酬户"等名色,分别采取折价入股、出价购地、按年给租、给资遣散等办法解决。对少数虽已申请购买荒地,但立案后既不缴价又不筑堤的民户,则由公司申报官府,将其作为"官滩"注销,准由公司围垦。拟垦荒滩另一部分原属淮南盐场所有,两淮盐运使以垦牧妨碍蓄草供煎为由,向两淮盐政呈文,对张謇提起控告。张謇提出按照吕四场年产盐额宽留草地,并划定盐、垦界址办法解决;又呈请两江总督刘坤一转奏清廷,要求撤销关于淮南盐场禁垦的历史规定。争讼累年,最后以除通海垦牧公司外"严禁他场再垦一亩"定案。公司历经八年,才清理完毕全部地权纠纷。

公司原始资本为银22万两,每股规银100两,共2200股。1901年10月开始集股,至1904年实收股金209180两。较大股东有蒋雅初(湖北富商)500股,刘聚卿410股,刘厚生143股,张詧99股,张謇86股,刘一山79股,江知源48股,陆漱霞(海门地主)30股,徐申如30股,李仲台(苏营代表)44股,张右企40股。垦殖业获利周期较长,开始时投资者不太踊跃。所收股金用于筑堤、修渠、建屋外已无剩余。1905年决定添招新股8万两,合原股共30万两,但直到1910年才实际收足30.9万两。至1911年,加上填给通州师范学校450股,再加上给办事人红股460股,合成4000股,凑足40万两票面的股金。

通海垦区北起通州吕四场的丁荡(今属启东市),南至海门厅的小安沙川洪港。总面积232平方千米,合123279亩,其中可垦地约11.5万亩。根据张謇规划,垦区分为7堤,加上牧场堤,共8堤。1901年10月先筑第二、三堤。开工时因海滨地广人稀,本地不易招到大批劳力。公司通过"揽头"(包工头)从外地招工,工资通过揽头结算。有时利用农村遭灾,以平粜招工(寓赈于工)。开工之初,许多民工无地可栖,张謇就维修了吕四场原建于海滨左近而当时已经破败的海神庙,既顺民俗,又供栖息。又购买几间破旧民房略加修理,作为围堤工程指挥部。进入大规模施工阶段,就在堤址所在草荡搭盖草棚,几人合住一间。每天出工的民工常有一二千人,最多时7000余人。大批生活用淡水、蔬菜要从十几里路外运来。没有道路就自行修筑,没有河道就自行开挖。围垦所筑的堤岸,起初纯系土方堆积,工程标准低。1902年、1905年两次遭强台风、暴雨和大潮袭击,堤岸被冲坏50余处,淹毙揽头3名,损失惨重。于时各股东莫不心存疑虑,办事人莫不极为灰心,幸赖总理张謇勉力主持,重新加以修筑。乃于濒临海水地段将堤身加高培厚至底宽10丈、高2丈、面宽1.8丈,又在最当潮冲地段用水泥砌筑块石护坡。自此堤岸未再遭受风雨潮破坏。至1911年,经过工程人员整整10年艰苦奋斗,用银80余万两,才使整个8堤工程全部竣工。

工程竣工后,通海垦区形成独特的田制和完整的水利体系。全垦区根据原有入海河港之间形成的自然地形,围成了形状比较规则、各自独立、被称为"堤"的8个大单位。这样,既便于逐步修筑防御海潮的大堤,各"堤"的内涝又可与内陆农田一样经原有河港排泄出海而互不干扰。临海的大堤称外堤,底宽4丈,面宽1.5丈,高1.2丈。筑堤取土之处即成外干渠,面宽7丈,深5尺。通潮大港的岸堤称里堤,底宽2.4丈,面宽8尺,高8尺。环里堤取土之处亦成干渠,宽4丈,深5尺。内河的岸堤称次里堤,底宽1.5丈,面宽8尺,高8尺。全公司8个"堤"的面积大小不一,大的2万余亩,小的七八千亩,牧场堤只有1000余亩。面积大的"堤",采取分成小块的办法逐次匡围,每一小块称"圩"。"圩"又被格堤划分为"区"。格堤较外堤、内堤为小,其兴筑实由1905年遭受大潮灾而起。作用是预备万一外堤或里堤被潮冲毁时,起分区防御作用。格堤堤面即为圩内的交通大道,两旁广植耐盐树木(楝、乌桕、槐、银杏等)。"区"是基本的水利单位。在一区的四周与格堤之间辟有内渠,通过堤下的涵洞与出海河港相通。"区"内土地又被东西向等距平行的横河划分为若干"排"。每一"排"又自东而西分为若干"垱"。垱为长方形,南北长80丈,东西宽15丈,面积20亩左右。在中部偏南处由公司统一划定挖沟建宅基线,挖沟之土堆高即为屋基,屋基后可辟菜园,宅沟储蓄淡水,可供淘米、洗菜和养鱼之用。垱与垱之间开垱沟,宽1丈,深4尺,其北端与横河相连。每5垱(100亩)为1方,有界沟,宽2丈,深4尺。在入海河港口建有水闸,用以排涝。建于蒿枝港口的合中闸,闸门7孔,阔1.3丈,长8.4丈,钢筋水泥结构,技术先进,耗资5.6万余元,是公司最大工程。全公司8堤合计有4486垱,除去堤身、干渠、道路,实有可耕地90650市亩。

张謇早年曾有在垦区用机器耕种的设想。但在通海垦区基本建成后,因机耕条件尚不具备,乃将土地招佃承种。公司也留有少部分土地雇工耕种。公司的佃垦地采用崇明一带通行的"崇划制"。公司订有招佃章程,佃户立有承佃契约。佃户均为通海本地人。计地以250步为1亩,1000步为1单位。凡垦区之田,以1挑为1号,计地5000步,合20亩。佃户租地,每千步需纳顶首24元,每挑120元,按田质优劣分2～4起缴付。外加写礼钱每千步1.6元,每挑8元。每户由公司指定地址,建造草屋3间,以供居处。在承佃过程中,佃户创造了"蓄淡"、"种青"、"盖草"、"铺生"等改良盐碱土壤措施,使农作物产量逐步提高。佃户收获后,须向公司按年缴租:每千步,小熟缴银洋6角,大熟除缴沟草1石外,棉豆杂粮均由公司办事人会同圩排长等到田踏看议租,视收成丰歉,公司得4成,佃户得6成。佃户退佃时,公司退还顶首(写礼不退),并酌贴种生辛力费5元。

农业而外,公司初创时原计划兼营牧业。专门辟有牧场堤,划地1300余亩种植牧草,饲养绵羊、山羊及少量猪、牛。1905年遭受潮灾,牧场堤破,牧草被淹,饲料缺乏,即将牧场全部翻耕,准备待地熟草丰后再行放牧。后因羊毛销路不畅,经1914年公司第二次董事会议决废去畜牧业,专营垦殖。自此公司名称依旧,但已有垦无牧。

公司在发展农牧业的同时,按照张謇"村落主义"和"地方自治"的理想,积极发展政治、教育和其他社会事业。在设于二堤的总公司西南,新创海复镇,镇上街衢阔2.4丈,市铺林立,建有钟楼以司作息,并设有自治公所、学校、警察所等机构。公司还建有"实业警察队"(后扩充为大生系统企业的"实业警卫团"),1933年有队员60名,枪械装备齐全。

公司自1901年初创,为集中全部资金完成各项工程,10年内未分股息。1910年起,已垦地达9万多亩,进入全面正常生产,年产皮棉2万石左右,开始收到投资效益。1911年开始盈利,并向股东分发股息、花红。据历届账略,1911—1925年15年中获纯利84万两,几乎是原始投资的3倍。其中1925年获利达12.4万两,平均每股获纯利30两以上。公司每年盈利,除去开支并酌提公积后,其余作13股:10股为股东利息,3股为在事人花红。公司盈利后,投资同仁泰盐业公司1万两,大咸盐栈2500千文。

张謇创立通海垦牧公司,主旨原在发展资本主义农业,故虽采取招佃耕种,但不主张分田给股东自营。尽管如此,1915年公司股东会还是作出分田决定。第一次分田4万余亩,每股得地10亩。1925年再次分田4.7万余亩,每股得地12亩。分田后的土地经营,有股东自管、股东委托公司代管和公司共管等形式。分田后公司形同账房,仅代股东经理垦务。

通海垦牧公司是中国民族资本家致力于发展农业资本主义的典范尝试。

因其成立最早、工程最完备、效益最显著,早在1930年代即被称为"江北各盐垦公司之鼻祖"。它所始创的田制、佃制、改良土壤方法、土地经营方式等,均被嗣后成立的各盐垦公司借鉴或袭用。

(十一)张謇经营淮南盐地垦殖事业的历史地位

张謇经营与倡导的淮南垦殖,就其区别于传统农业的新内容、新形式和规模的巨大、影响的深远说,是前无古人的伟大壮举。他本着"借合群力,辟江北数百年忽略不治之旷土,奠海滨数千户浮惰无业之贫民"的夙愿,同时也为了扩充新兴纺织工业的棉花来源,首倡引进资本主义农业经营方式,集股创办农垦公司,从事海滨垦殖。其所创办的通海垦牧公司最早成立,最著成效,引起手握重资的官绅富商闻风而动,纷起效法成立公司,一时竟成风起云涌之势。由此促成的改造自然、改造社会的巨大成就,使它成为中国近代大农业的先声,在中国海涂开发史和农业发展史上矗立起了一座丰碑,也包含着许多对今人有益的启示。

通海垦牧模式。张謇在经营通海垦牧公司十年中,逐步创造了一种推进农业近代化的模式,主要特征有:公司加农户,经济事业与教育事业并举,改造自然与改造社会相结合,农业、农村、农民问题统筹兼顾,农副业、工商业、水陆交通、治安与市镇、政权建设一体化。今人陈争平曾对通海垦牧公司的经营体制与机制进行深入研究,认为通海垦牧模式具有七个特点:第一,实行股份制,以资本主义股份公司土地所有制取代封建土地所有制;第二,建立以"总理制"与"分工负责制"为特征的机构精干的企业管理机制;第三,生产经营以公司统一管理、集约经营为主;第四,在已围滩地进一步改良、开发方面,实行"公司加农户"式的中国式农业现代化经营方式;第五,采用按资本与按经营劳动相结合的利润分配制度;第六,从一开始就把教育作为企业体制内的一个重要内容;第七,新型的大农业与大工业相结合,实行统筹发展方略。他创造的这一模式被后继的众多盐垦公司所复制和继承。

沙里人移民。沙里人是一个特定的社会群体,特指今江苏省海门市(五代末建县,其地元代至明末因海进现象逐步坍地入海,清中叶因海退现象逐步从海中涨出)、启东市(本为海门县东境,后坍入江海,晚清复从海洋涨出,旧称崇明外沙,1928年从崇明析出建县)境内农民。主要特点是世代为垦、精于植棉、俭朴持家、耐得劳苦,习于迁徙、敢闯天下、团结心齐、重视教育。盐垦事业成功的关键,除了要有配套坚固的水利工程之外,特别需要数以十万计懂得植棉技术的熟练劳动力。张謇精心制定的优惠政策和扶持措施,加上揽头巧舌如簧的宣传鼓动,对大量有劳力无耕地或虽有少量耕地而身受苛重租赋压迫的启海农民,形成了强大吸引力,使其离乡背井、奔赴乐土、开创新生活,借助跟风从流效应的影响,逐步形成声势浩大的移民浪潮。淮南盐垦为启海移民带来了勤劳致富的新天地,启海移民也为淮南盐垦事业做出了历史性贡献:第一,把植棉技术带到垦区,实现了垦区为大生纱厂提供棉花来源的基本功能;第二,启海移民集中区是全部垦区的核心,对当地垦民和由盐民转化而来的垦民,发挥了重要的示范带动作用;第三,启海移民在与当地垦民杂居互动过程中,将长江口尊商重教的先进文化和健康向上的风俗习惯带到垦区,在促进垦区形成集镇、发展商业、兴办交通运输、昌明文化教育、推广农业科技,乃至传播先进的居住文化、婚娶习俗、口头文学与民间文化等方面,发挥了积极影响,促进了垦区各项社会事业的发展。沙里人从启海向苏北大规模、成递次的迁徙,是20世纪初伴随着盐垦大潮兴起的具有明显时代特征的移民现象,它的直接效果是带动了先进生产力和先进科学文化的传播,推动了长江口文化与两淮文化的交流,促进了新型农区的形成与经济文化的加速发展,在推动苏北地区近代化进程中具有积极意义。

垦牧人精神。张謇在创办通海垦牧公司的20年中,闯出了一片新天地,带出了一班新人才,锻造了一种新精神。通海垦牧公司之所以能雄立于继起的几十家盐垦公司之间独占鳌头,而不像其他公司那样平庸和走向衰败,根本原因是有一批具有垦牧精神的垦牧人。垦牧精神集中体现了拓荒者的精神品格,它有如下几个基本要点。第一,追求理想。张謇的人生观是人生在世,总得成就并"遗留一二有用事业"。他以成为舜那样的"实业政治家"自许,把经营垦牧看成是实现理想抱负的极好机遇,希图"借各股东资本之力,以成鄙人建设一新新世界雏形之志"。他把通海垦牧公司的议事厅取名为"慕畴堂"以明己志,意在效法东汉末年躲避乱世、独营一方的田畴,建成一方太平世界。第二,勤俭成业。他强调"凡作一事,须专须勤,须有计划,须耐劳苦,须自强力",创办通海垦牧20年中,"公司办事人自江知源君以下,早作夜思,晴作雨思,曾无一日辍息,謇亦未尝一日忘此地也"。他自幼熟习土木工程,故其对于垦牧工程各项事业,从规划设计、采办物料到施工监理,习于事必躬亲,巨细兼管,经常不辞旅途劳顿,周历巡视各项在建工程。他曾对前往通海垦牧公司参观学习的农校学生说:"须知从修庙起,而规地,而筑堤,而浚河,而造镇,而辟入海之淮尾大河:百种经营,一一皆从余心络中穿穴而过。"初营垦牧五年间,若非风潮雨,"即除夕、元旦曾无负手嬉游之暇"。第三,坚韧不躁。张謇自幼服膺孟子关于担大任者须经"劳苦空乏、动忍拂乱"的磨炼之语,养成了自强不息的韧性。他深知经营农业,尤其经营海滨垦殖,不可能急功近利,认定"坚苦奋励,则虽败可成;佟怠任私,则虽成可败"。因此,他总是率领同人脚踏实地、循序渐进,扎扎实实地为最后的成功打下一个又一个坚牢基础。第四,挫折不馁。他对创业中遭遇的挫折,态度是"事在人为,势无中止,儆予之忧患,不啻鞭策之教师"。唯有知难而进、矢志不移,方能转败为胜;"譬如逆流挽舟,稍一怯懦,殆将不测"。1902年、1905年通海垦牧公司两次遭受风潮灾害,坍堤倒屋、漂物死人、创烈损巨,股东疑虑、员工灰心,几至功亏一篑;但因张謇为之中流砥柱,既妥谋善后又慰勉振作,既总结教训又再接再厉,面对天灾挫折,把为了实现理想而坚忍不拔的敬业精神发挥到极致,终于否极泰来、柳暗花明,迎来了辉煌的成功。

盐地垦殖,是对落后于时代的旧的盐业生产力的勇敢淘汰,同时也是对新的先进的农业生产力的勇敢催生。当然,在此过程中,也有对旧式灶民和原有占地农户的无情剥夺,他们为生产力的历史性演进支付了失业迁居的沉重代价;但是千百万亩盐地改造成为农田,确实是土地利用效率的伟大进步。诚然,盐垦公司也有对业垦农民的沉重剥削与压迫,但是旧有的荒僻落后的盐区改变成为近代化的新兴农村,堪称是区域经济社会形态的巨大进步。时人将张謇倡导淮南盐地垦殖的壮举比拟于北宋时倡修淮南捍海堰的范仲淹,故有"范公筑堤,张公兴垦"之美誉。影响所及,遍及海内外,他为此获得了1915年美国为庆祝巴拿马运河通航而在旧金山举办的世界博览会的大奖状。

民国中后期,淮南各盐垦公司因多种原因导致债台高筑而先后破产,盐垦事业陷于停顿。新中国成立后,人民政府在淮南盐区推行兴垦废灶。短短数年间使大片盐区变为农区,最终完成废灶兴垦事业。于是昔日海滨沮洳斥卤、荒僻不毛之地,皆一变而成阡陌纵横、生气蓬勃的新型农区,并成为全国重点原棉产地。抚今思昔,张謇的废灶兴垦,在盐区改变为农区的历史转换进程中,发挥了永远不可磨灭的创始奠基的重要作用。张謇率领千百万"沙里人"从事大规模淮南盐垦早已成为历史,但先辈们敢于解放思想、勇于开拓创新的精神是永恒的。

思考题:

1. 张謇的盐业改良、盐政改革在中国盐业发展史上有什么积极作用?他的淮南盐地垦殖在中国农业近代化进程中占有何种重要地位?

2. 张謇所创造的通海垦牧模式,对于我们今天解决"三农"问题有何有益启示和借鉴意义?

3. 张謇在盐垦事业中表现出什么样的精神?我们今天应如何继承并弘扬?

第七讲　张謇与城建

教学目的、要求

本讲关于张謇城市建设的先进思想和在南通的教学,使学生感受张謇的爱国爱乡情怀、创新精神以及生态理念,了解张謇在近代中国背景下,在家乡南通一地实践实业救国、教育救国的过程中实现城市早期现代化的历史进程、自身特点,把握吴良镛院士"南通中国近代第一城"论断的内涵,从中学习到张謇城市建设的先进思想和理念。

张謇言录

建设之规划求其当,规划之测绘求其详,遁序以进。

中国传统城市处于农业文明的总体社会生态环境中,具有城市结构的单一性和城市行政地位的附属性,城市以乡村无差别为特征。到了20世纪20年代至30年代初,由一批市政学家倡导、国民政府主导、政界学界互动,掀起了一场"市政改革"运动,旨在使城市由传统的政治、军事功能的单一功能型向工商文教复合功能型转变。这个作为中国现代城市发展史上的一个重大事件,虽然勃兴于民国中期,但其端绪可追溯到清末。清廷迫于各种压力所推行的"新政",以地方自治促进城市的变革。南通张謇就是在清末"新政"、推行地方自治的形势下,在实行工业化的过程中进行城市改革和全面建设的。

张謇对近代城市的建设,理论上未有长篇大论。他并非城市改革和建设的理论家。他那崭新的城建理念和思想,着重体现在他的城市建设实践中。他的城市建设的实践,又是从他弃官回家乡通州创办实业开始的。

一、南通州城原貌

张謇家乡南通州，民国后为南通县，所以有"筹昔是州今是县"之说，州治在通州城。它坐落在江淮东部，东濒黄海，南临长江，在江海交汇之处，称"江淮之委海之端"，是江海的门户，"扬子第一窗口"。南与上海、苏州隔江相望，西与扬州、泰州相邻。

南通州城的形成之说有两种版本。一说是吴初，姚存之子廷珪镇守时，开始"修城池官廨"，"城而居之"，这指的可能是静海城，范围在州城城南地区。又一说是南通是后周显德年间建立。现一般采用后一说。后周显德二年(955)，世宗下诏亲征南唐，南唐由静海制置巡检副使王德麟征发民夫，兴筑土城对抗之。这可以说是南通州城的胚胎。经过两年多的交战，显德五年(958)正月壬辰(2月1日)，后周军队夺得了南唐的静海，设制静海军。不久又升为州，取名通州，管辖静海、海门两县，州治静海。原南唐静海制置巡检副使王德麟留任。显德六年(959)，王"瓮以陶甓"，改建砖城，成为永久性的防御设施。这是最早的通州城，城墙周长六里七十步。这成为历史上第一次大规模的建城，奠定了通州城的基本格局。

通州城市形态和布局，是以中轴线为对称的方形城郭，有十字长街。因州城是建在沙洲基础上的陆地，呈水网地带，护城河利用天然水系的大小水泊或裁弯取直，或挖掘贯通，内框齐平，而外框呈不规则的大小、宽深不一的自然生态的水域围城，称为濠河。因而它与一般的护城河不同，以水泊通州著称，至今仍保持了这一基本面貌，为南通州城的一大特色。濠河与州城建有东、西、南、北四座吊桥，所以建城之初，通州有东、西、南、北四个城门。北郊是沼泽荒地，北门地僻，"多盗"，立壮健营镇之。到了宋政和三年(1113)，郡守郭凝因"北门地僻多盗，且有怪"塞北门，改壮健营为玄武庙，后称北极阁，是现今保留通州城墙唯一的遗址。故长期以来有"通州无北门"之说，仅有三门。

建成后的通州城，州衙在中央偏北，全城主要是丁字大街，以州衙前的十字街为中心，向南是南大街，直通南城门，南城门又称"江山门"；向西是西大街，直通西城门，西城门又称"来恩门"；向东是东大街，直通东城门，东城门又称"宁波门"。东西大街上有三座大建筑：中有城隍庙，又名郡庙；西大街有武庙，即关帝庙；东大街有文庙。城内市河也是"丁"字形。东有两个水关，西有西水关，市河上多座桥梁供行走。

经过宋代的不断完善和发展，元明时代的通州城就成为典型的州县城市。东西大街与南大街成"丁"字型,东西大街与南大街交叉点的城市中心为州府衙门,是政治的中心,前有樵楼,这是标志性的建筑,面向南大街。南大街成为整个城市的中轴线,空中走廊直达五山中心之巅——狼山支云塔。衙署两侧,根据左文右武的传统,东建有文庙、学宫等,与衙署之间,设有贡院,科举州试的试场,成为古代文化中心,西建有武庙。全城通道分为大街、街和巷三级。南大街的两侧,以"井"字形整齐地排列着巷子,民宅又均匀地坐落在巷子两侧。城的东、西、南城墙中间,各开有城门外,还建有瓮城,南城门还建有城楼。整个城为南北稍长的长方形。

南通州就这样聚居成城,交易成市,在建庙造桥成市镇的基础上形成州府。明代,通州城不断有倭寇来自海上的侵犯,为加强防御,又在城南筑新城以抵抗之。城区有了新的扩大。护城河同样利用天然的大小水泊,因此濠河有内外濠河之分,成了南北两环,一小一大,形状呈葫芦形。

盐业是南通最早的产业,即成古代通州城市经济最早的基础。据史书记载,"岛上多流人,煮盐为业"。南通自古就有鱼盐之利,民间称"海是鱼盐之仓","日生一金牛,胜过万担粮"。史称"自古煮海之州重于东南,而两淮为最"。在淮盐中,清末以前,通、泰、楚三州一直是淮盐出产的主要产区,其生产规模与盐税数额在全国是首屈一指,素有"淮南场灶甲天下","淮南盐课甲天下"之誉,其中南通盐业有着独特的地位。

旧志称"通之资于盐利也久矣",盐业历史源远流长。早在西汉初年,吴王刘濞招募天下亡命人首先在南通西北成陆之地煮海水为盐,成为南通古代盐业的开端。南北朝至唐初,南部的胡逗洲、南布洲、东布洲等岛屿上,居住着因犯罪流放或因灾难流亡的人们,开始开辟亭场,以煮盐为业。自盛唐开元年间起,朝廷为监护煮盐,征收盐课,设官管理,始有行政机构。中唐以后,国家经济重心南移,盐铁使第五琦、刘晏先后致力于发展淮南盐业,产品质优,备受推崇,产销兴旺,进入兴盛时期。北宋初期,通州设义丰监,后改为利丰监,管理境内南部8个场。

随着沙洲的扩大,陆地的发展,滩涂的延伸,内陆土地的淡化和成熟,农业经济逐步发展起来,农耕社会逐步形成。

明代中后期,我国东南地区已孕育商品经济的萌芽,农村经济作物的棉花,成为交换的重要商品,棉花的经济收益远超过稻豆作物几倍,农民相继舍稻豆而专门种棉。他们既从事农业生产,也从事手工劳动,土纺土织成为家庭的衣被之源,逐渐自给有余,作为商品出售,又有商人收购外销,成为副业,补充家庭的收入,这就由自用的家机用布开始变成了商品生产。手工产品的商品化,使棉纱棉布成为城乡交流的重要商品。随着商品经济的迅速发展,城市中的商铺日益增多,住宅破墙开店逐渐多起来,推动了通州城市的繁荣。

清代以来,广大农民把植棉、弹花、纺纱、织布并及于少数染色等一整套的工艺流程担任下来,积累经验,代代相传,产生土纱土布的手工生产行业。起初农户织造的多是稀布。随着清兵入关,关内外来往频繁,交通较之以往发达,通海地区棉花、稀布由客商带往东北,无不受到欢迎。南通的棉织手工业,成为全国四大重点地区之首(其次为江阴和武进,再次为湖北省的高阳、山东省的昌潍)。

总之,古代通州城主要功能在于具有较高的政治军事的意义,经济上仅承担农产品和手工业产品的交易,是一个农耕社会中典型的传统州县城市。人们对工厂,尚不知为何物。

1895年,清末状元张謇,从通州开始走上实业救国、教育救国的道路,因地制宜地创办纱厂,开始了通州城市向早期现代化的转轨,即开始以工业建城和兴城,又以教育和农垦资城。

二、张謇进行南通城市早期现代化建设

(一)张謇所创通州城市空间布局:"一城三镇"

"一城三镇"的南通城市空间布局是张謇的创造。1895年,张謇接受两江总督张之洞的委任,任"总理通海一带商务",在通州筹办纱厂,选址于通州城西北6千米外的唐闸,原名为唐家闸。张謇之所以将大生纱厂厂址选择于唐闸,是因为这里"地介内河外江之间",交通便利,土地价格便宜,投资少。创办大生纱厂的成功,客观上拓展了通州城的空间。虽然明代中后期随着商业的发展州城已分别向东门和西门外方向扩展,但相当有限。随着大生纱厂的成功与发展,与此配套的产业链逐步形成,成为带有生态化的产业结构,唐闸成为工业城镇。

张謇利用江海平原出产的优良棉花为资源,在发展纺织工业的同时,进一步利用再生资源发展相应的一系列企业。棉花加工后除皮棉被纱厂用作原料以外,还有棉籽。棉籽除了留作种子外,还有为数不小的棉籽存积。它是一种油料资源,用土法榨制油质不良,油既混浊,饼也粗杂。张謇念大生纱厂轧花所出棉籽亦非小数,与其生货卖出,不如自制熟货,为此,"又因棉子制油为副业而设油厂"。他是既从经济效益出发,从而获得利润,又科学地利用资源,达到资源再利用的目的。于1902年,他发起招股建油厂的动议。"因就大生纱厂棉籽,故此油厂附近纱厂而设,厂名广生"。次年,广生榨油股份

有限公司(又称广生油厂)开车生产,专以机器剥去棉花籽的浮棉及外壳,纯取净仁,制造棉油棉饼。当时的生产能力,日夜24小时可榨棉籽40000千克。生产棉油大部分运上海立德油厂加工,售南洋及欧美,还有一部分用石灰中和法炼成清油(又称烧白油)进行内销。棉籽饼售给上海日商三井洋行和吉田洋行,他们再转售给台湾作甘蔗肥料,返回农村,投入自然界的大循环;棉籽壳销本地作燃料和牛饲料,棉花的资源得到充分利用。广生榨油股份有限公司除了生产食用油以外,还有下脚废弃物产生。这种油料下脚又可以作为制造肥皂的原料。1902年,张謇将其再利用,集股2万元,又在唐家闸办起了以下脚油脂为原料的大隆皂厂,生产皂烛,供应百姓生活所需。张謇利用棉花资源,在唐闸镇产生的第一个产业链:棉花→棉籽→广生油厂→大隆皂厂。

棉花加工后的皮棉,用作大生纱厂的原材料生产棉纱产品,供应通州城乡织布,生产闻名于世的通州土布,远销海内外。1915年,张謇又进口织布机,办起织布工场,生产人们的衣被所需。纺纱工场和织布工场,都有一种"飞花"的废弃物产生,对空气和环境产生污染。然而,它又是工业造纸的重要原料。张謇十分重视回收和利用。1908年,在工业的基地唐家闸,他又集资2万元,盘下通州竹园纸坊的旧式造纸设备,以此为基础,办起了以纺织厂的飞花下脚为原料的大昌造纸厂,加上稻草、芦苇等当地资源,生产多种类型的纸张,为1902年创办的翰墨林编译印书局提供了原料,为众多的企业印制账册,为新建的学校编印出版教材,为新闻媒体和社会文明建设所需要而印制报刊和各类书籍。虽然大昌纸厂因为原料价格上扬,经营中亏损严重,存在时间不长,但它反映出张謇在产业结构上重视资源的合理配制和充分利用,形成又一个生态化的产业链:皮棉→大生纱厂→织布工场→大昌纸厂→翰墨林编译印书局。

由此,大生集团由棉花资源而形成了一个较大的产业链①:

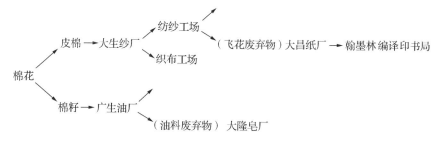

---

① 张廷栖.张謇在环境保护方面的贡献//张謇研究中心.张謇研究年刊,2006:215.

这些工厂在唐闸先后创建,唐闸建镇并不断发展,成为近代的一个工业重镇,而且是注重环境保护,减少工业污染的一个民族工业的基地。它不仅为通州传统城市注入新的元素和活力,而且为城市新的空间布局奠定了基础,成为"一城三镇"空间布局的一极。

随着工业发展的需要,在城西6千米的天生港,从1900年开始营建天生港镇,开辟"通源"、"通靖"两个码头,成立大达轮步公司,开通了通沪长江航线,为与亚洲大都市上海接轨、接受其辐射创造了条件;创立泽生外港水利公司,疏通了港闸河,连接了通扬运河;唐闸又创办大达内河轮船公司,形成一个水运网络体系。天生港成为沟通苏北、南通与上海航运的港口市镇,是当年水运时代的货物集散中心。天生港又成为"一城三镇"空间布局的又一极。

城东南6千米的狼山镇,有五座临江小山,山水风光独特,景色秀丽,又有宗教寺庙文化,成为休闲旅游胜境。张謇对这五山,采用保护和开发并举的原则,植树造林,开辟环山河,保护林木;先后规划建设观音禅院、赵绘沈绣之楼、虞楼、吾马楼、军山气象台等一系列的建筑;近代名人沈寿、金沧江、特莱克等都安葬在风景区供人瞻仰和纪念。张謇也修建了自己的别墅,如林溪精舍、东奥山庄、西山村庐。这些加上历史形成的题名顿、骆宾王墓、金应墓、刘名芳墓、广教寺、藏经楼、三仙祠、幻公塔、平倭碑、葵竹山房、大观台、支云塔、梅林春晓、文殊院等,逐渐建成具有深厚文化底蕴的风景休闲游览区,已成为"一城三镇"空间布局的又一极。

张謇将产业的发展放在城外,三个市镇分别所安置在以原州城为圆心,以6千米为半径的圆周上。在市镇之间,或与中心城市之间,均有公路相通相连,形成州城为中心的城镇组团;州城又以政治、文化、教育、金融、贸易为主,三个市镇各有主要功能的一城三镇空间布局。不管张謇是出于自觉还是不自觉,州城为中心、三个城镇组团布局的客观现实,反映了他崭新的城市建设理念。

(二)张謇对南通城市的全面规划和建设

张謇以实业救国、教育救国的思想为指导,以中国社会进行改革为出发点,实行地方自治,对南通城市进行全面规划和建设。这是他的又一大重要贡献。张謇有意识地对通州城进行规划和建设,起始于1903年对日本的参观考察之后。随着大生资本集团的形成,工厂赢利的丰厚,有经济财力的支撑,对南通州城进行全面规划和城市建设成为可能。1906年,张謇在通州师范学校中特设测绘科,培养城市的规划建设人才。

张謇对日本进行了为期 70 天的考察,目睹了明治维新给日本带来的巨大变化,对此十分钦佩。他对日本人的城市经营理念表述如下:"日人治国若治圃,又若点缀盆供,寸石点苔,皆有布置。老子言:'治大国若烹小鲜。'日人知烹小鲜之精意矣。"他回国后立即呼吁仿效日本改革,实行立宪。同时,他把立宪运动与地方自治和城市建设联系起来,后者是前者的根基和核心内容。他认为"欲求自治,则必自有舆图始;欲有舆图,则必自测绘始"。创办测绘科的目的是培养测量测绘人才,对南通州进行全面测绘。1906 年 7 月,张謇借通州师范办了一级测绘特班,学生 43 名,学习期限一年,由日本教师宫本一人教授测绘测量、平板测量、罗针测量、经纬仪测量、水准测量和实习与制图等课程。1908 年,学生毕业以后,南通成立了测绘局,大部分介绍到测绘局工作,成为该局的基本队伍,在全境进行 6 年大测绘,绘有各类图纸 865 张。由此张謇开始了大规模的城市的规划和建设。在测绘特班的基础上,张謇还选拔了一批优秀学生,在通州师范学校办了一期土木工科。这一期的毕业生中孙支厦名列第一。从此,孙支厦成为张謇在南通兴办各项事业的得力助手,是城市建设的著名建筑师,为我们留下了许多近代的特色建筑,设计建成了"中国近代第一城"的标志性建筑。从此,张謇在规划的基础上进行规模可观的一系列的现代化城市建设。

第一,创办现代交通事业。

交通是城市建设的命脉,在水运时代的张謇,首先创办大达内河轮船公司,先后开辟了 10 多条的内河航线,形成南通与苏北农村的水路运输的网络;然后又办陆路交通,修筑公路。为了沟通城镇之间的连接,1912 年,成立了路工处,这是规划和建设南通市政的一个机构,为张謇创办的公共事业之一。地点设在南通城西南的望江楼,处于南通城、唐闸和天生港三条干线的交点,担负建桥筑路的任务。1905—1913 年间,先后修建港闸、城闸、城港、城山公路,总长 34 千米,构成了"一城三镇"的公路网络。1919 年,南通路工处还成立了南通公共汽车公司,公交汽车有 6 辆,行驶于南通城与唐闸、天生港和狼山之间,将那些市镇构成了组团式的城市。路工处还在城外建马路,如濠阳路、跃龙桥路、西公园路以及城山路等。为了沟通县城与乡镇之间的交通,1920 年,张謇制定了建设三条干线五条支线的规划,一年多的时间全部实现了这一个陆路交通网络。南通有公路 288.4 千米,占当年江苏省总里程的 66.5%。1921 年,张謇又创办通如海长途汽车公司,行驶于南通、海门、垦区、如皋和白蒲之间,以利于城乡交流、区域经济协调发展。交通的现代化是城市现代化的重要关键,是张謇城建思想的重要内容之一。

第二,发展城市电力与照明。

电力是城市现代化的重要标志。首先用上电灯的是唐家闸的少数工厂、机关和学校。大生纱厂开机后将多余的电力供厂内和几个机关学校照明之用。南通城内的电灯照明开始于1914年,是从张謇购置一台小型发电机开始的,先是城南别业、濠南别业和路灯。1916年由张謇创办通明电气公司后,从唐闸工业镇开始并逐步扩展到城内。1926年以后,用电的重心由唐闸转向城区,南通市民告别了油灯照明的时代,电灯逐步成为城市生活中不可缺的部分。

第三,重视老城的保护并建设新城区。

通州老城保持了原有的面貌,仍然为行政中心,县政府驻在原来的州府内,唯一的变化在谯楼前。1914年建成的有时代特色的钟楼,标志着一个旧时代的结束和新时代的开始。城内仍具文化教育和居住的功能,维护着南通的文化生态。

在城外,尤其是南濠河两岸,是张謇重点开发的地方。在那里,张謇开辟了新的马路,扩建了新的城区。南通原有"富西门,穷东门,讨饭子南门"之说。南城门外成为城市发展的首选之地。长桥以东开辟了大学路,长桥西至东公园建模范马路,西公园至更俗剧场建桃坞路,等等。这些新开辟的马路不仅宽敞,而且完全不同于传统城市的街道,那里驻有许多的新式机构。文化教育方面,拥有农科大学、医学专门学校、附属医院、博物苑、通州师范学校、通师第一附属小学、图书馆、女工传习所、伶工学社、更俗剧场等;金融方面,在那里集中了上海银行、淮海实业银行、交通银行、中国银行、江苏银行等;商贸方面,有通泰盐垦总管理处、遂生堂、绣织局、有斐馆、汽车公司、惠中旅馆、崇海旅馆、桃之华旅馆、通崇海泰总商会等;别墅有城南别业、濠南别业、濠阳小筑。南通的新老城区,不仅是政治中心,还成为近代的金融中心、商业中心、文化教育中心。这些机构,均体现了传统城市向现代城市的转变,是城市现代化建设和发展的重要标志。

第四,增设现代通讯机构。

南通于辛亥革命后就出现电话通讯,不过是军用通讯。1913年,南通商界成立大聪电话公司,在城厢和唐闸、天生港部分用户能通话,从此逐步发展,到了1922年建立私营南通实业长途电话公司,加速了城市与外地的信息流通。这是近代城市建设和区别于传统城市的又一个重要内容。

第五,绿化城市环境。

一是建城市公园。从私家花园到城市公园,是传统城市向近代城市转变的标志之一。中国的近代公园,最早是西方人于1868年在上海建的外滩公园。中国人自己建公园在19世纪末20世纪初,如1897年齐齐哈尔建的龙沙公园,1906年无锡修建的城中公园和北京农事试验场附设公园。张謇也于1910年左右在西南濠河建公园,1913年在工业加工区的唐闸镇建公园,成为工人和市民的休闲之处。当时该公园的情景:"有溪可钓,有亭可憩,有石可坐,有藤可攀,有花可赏,有茗可品,有栏可倚,有径可游,有岁寒后凋之柏松,有出泥不染之芰荷,更有依依之杨柳,嘤嘤之鸟鸣。举凡可以娱目可以畅怀,可以极视听之娱之资料,靡不应有尽有"。[①] 由此表明了张謇所追求的是生态环境与经济建设的协调发展。张謇认为:"公园者,人情之囿,实业之华,而教育之圭表也。"所以,要建公园供人们休闲,因为"实业教育,劳苦事也,公园则逸而乐,人之理。偿劳以逸,偿苦以乐者,人之情。得逸以劳,得乐以苦者,人之理。以少少人之劳苦,成多多人之逸乐,不私而公者,人之天。因多多人之逸乐,奋多多人之劳苦,以无量数之逸且乐,进小公而大公者,天之人"。为此,张謇从1916至1918年间,在老城的西南濠河边,在原有公园的基础上扩建公园,先后建有东、南、西、北、中五个公园,成为市民休闲旅游的好去处。南通城区的公园情况,正如张謇所描述的那样:"南通胜哉江淮皋,公园秩秩城之濠,自北自东自南自西中央包,北何有,球场枪垛可以豪,东何有,女子小儿可以嬉且遨;南可棋饮西可池泳舟可漕,楼台亭榭中央高,林阴水色上下交,鱼游兮纵纵,鸟鸣兮调调,我父我兄与我子弟于此之逸,于此其犹思而劳。南通胜哉超乎超。"除了办以上几个公园外,1904年还在城南建植物园,第二年改建成南通博物苑。这个"中华第一馆",将馆藏文物和室外的园林相结合,这是南通博物苑的一大特色,反映张謇对自然界的花草树木情有独钟。张謇在江东的一个县城,竟创办如此多之公园,在中国可以说没有第二个。近代城市公园,既折射着城市社会的变迁,又是城市社会发展与进步的组成部分。

二是道路植树。凡是城区的街道,公路的两侧均植树绿化,包括海堤江堤岸边的植树。

三是营造山林。南通城市有大小五座山,张謇开凿环山河,实行封山育林;办苗圃,培育树苗,提供植树造林之用;改造城市生态环境,创造了近代南通宜居的良好环境。

(三) 张謇使南通城市与区域经济协调发展

城市存在于一定的区域之中,城市的发展与其所在的区域有着密切的联系,区域是城市发展的基础。通州地处江海平原的通海地区,通海地区的经

---

① 陈翰珍.二十年来之南通.南通县自治会,1938:146.

济发展状况直接关联到通州城的发展前景。

张謇在创办大生纱厂成功后,采取了两个方面的有力措施,将南通城市所在地区的经济协调发展。

一是1901年在沿海滩涂开始开发创办通海垦牧公司。这是我国近代第一个农业股份制公司,将淮南盐场内的制盐业进行改革,创办同仁泰盐业公司,由草煎盐改为板晒盐,将腾出的草地滩涂,筑堤挡潮,围垦造田,改良土壤,兴修水利,引进垦民,拓荒耕地,增加棉花产地,扩大纺织工业的原料基地。在张謇的组织领导下,通海垦牧公司经过10年的艰辛奋斗,克服了来自社会纠葛和自然灾害的重重困难,终于获得成功。在通海垦牧公司成功的示范和引领下,20世纪的20年代,淮南盐垦区掀起了一个沿海开发的高潮。在苏北范公堤以东,南从川流港,北抵陈家港,纵约700里,宽约100里的原淮南盐场地区,濒海约1.2万平方千米的黄海滩涂,由大小70多家盐垦公司实行开发,开辟了大量的土地资源,成为农业经济较为发达的地区。

二是创办工业企业。张謇对区域经济,有一个宏伟的规划,打算在苏中创办8个纺织厂,充分利用当地优质的棉花资源,改变产业结构,发展区域经济。大生二厂在崇明外沙(即后来的启东县久隆镇南),大生三厂办在海门东常乐镇,大生四厂办在海门四场坝,大生五厂办在天生港,大生六厂办在东台,大生七厂办在如皋,大生八厂办在通州城南江家桥。① 但由于第一次世界大战结束后西方殖民主义者的经济侵略卷土重来,加上经营管理上的缺失,计划未能全部实现。1907年,在崇明外沙成功创办了大生二厂,1917年在海门成功创办了大生三厂,1922年在城南创办了大生八厂,不久改为大生一厂的副厂。张謇实现了他的规划的一半,改变了通海地区农业经济的产业结构,国民生产的总值中工业产值大大超过了农业生产的产值,成千上万名的农民离开了土地,进了工厂,当了工人。加上与此配套的企业,有力地推动南通城市的发展,使城市人口迅速增长,形成了南通以工促农,以农助工,区域经济协调发展的城市特色。由此,近代南通成为闻名遐迩的"模范县"。

三、南通城市的个性特色

城市特色是一个城市的生命线,是一个城市长远发展的坐标,是支撑整个城市生存、竞争、发展的根基,是这个城市之所以区别于其他城市的魅力所在。所谓城市特色是指一座城市在内容和形式上明显区别于其他城市的个

---

① 《大生系统企业史》编写组.大生系统企业史.南京:江苏古籍出版社,1990:142.

体特征,具体可以包括城市所特有的自然风貌、形态结构、文化格调、历史底蕴、景观形象、产业结构、功能特征。简言之,一个城市的特色是由其物质环境特色和非物质环境特色所组成的有机体,是城市本质和内在的属性。

(一) 从城市建设的主体看,是中国人自主规划建设的近代城市

近代中国出现的城市,可以分成三种类型。一是被西方占领而新建起来的城市,如青岛、大连、哈尔滨、广州等。这些西方殖民主义者主持城市建设的目的是实施经济、文化等侵略。二是在殖民主义者控制下由"租界"发展的城市,如上海、天津、汉口等。这些城市在殖民主义者或外商的推动下开始城市的现代化进程,也有相当大的成就,但从城市发展的总体而言,外国人仍起着重要的或主要的作用,尤其各租界自成一体,推以总体规划,合理布局。三是随近代工矿企业的发展而形成的城市,其中唐山是出现最早的工业城市。而近代南通城市的建设是在西方殖民主义势力尚未抵及而环境又相对封闭的背景下进行的,可以在完全自主的情况下自主规划和建设。南通又有张謇这位具有强烈的社会责任感和先进的现代理念的爱国实业家、教育家,他有绝对的权威和号召的能力,可以系统地、持续地、有序地、集中地进行城市建设,收到事半功倍的效果。英国人步登·洛德在《1912—1921年海关十年报告》中指出:"通州是一个不靠外国人帮助、全靠中国人自力建设的城市,这是耐人寻味的典型。所有愿对中国人民和他们的将来作公正、准确估计的外国人,理应到那里去参观游览一下。"①

(二) 从城市建设的指导思想看,是中国人基于中国理念建设的新型城市

在南通的城市建设理念上,是张謇以深厚的中国传统文化为根基,体现"天人合一"传统文化的思想光芒,传承中国古城的模式,在西方文化的影响下,形成有其特色的城建观念,即城乡相间,工农互动;测量规划,全面经营;人文关怀,宜居环境。南通就是这样一个具有先进规划理念而进行空间布局的城市。这一先进理念与英国著名规划思想家霍华德于1898年创立的、曾对现代西方城市规划产生革命性影响的"花园城市"理论相媲美,其实践还早于这一理论的提出。他们从不同文化背景下形成各自的建城思想,却又殊途同归。南通是由中国民间资本发展起来的城市。

---

① 戈登·咨德.海关十年报告(1912—1921)上海近代经济发展概况.北京:社会科学院出版社,1985:249—250.

（三）从城市的形态布局和功能看，是近代城市史上开风气之先的城市

南通城市的空间布局是由张謇创办大生纱厂开始，逐步形成一城三镇、城镇组群的格局，产生了城乡相间的城市形态，十分有利于环境保护。这在中国近代城市史上处于领先的地位。从城市的功能来说，老城保持了政治、文化中心的职能，增加了近代教育、文化、商业和市政建设。另有工业区、港口区、风景区，它们各有明确分工。这也是开风气之先的。从城市的形态和功能看，它们都具有鲜明的特色。

（四）从城市建设的价值取向看，是理想的充满人文关怀的城市

张謇在人本主义影响下建设的南通，实行人性化的管理和建设。他主张普及教育，提高市民的文化素质，办了一系列的教育机构，形成了一个地方性的完整的教育体系。又创办公共的文化事业，如图书馆、博物苑、更俗剧场、体育场等，成为社会教育机构，以此来提高市民素质；发展交通，建造工房的安居工程，安置职工；建造公园，绿化道路，创造宜人的人居环境；举办慈善事业，安置弱势群体，使其自力更生。南通逐步成为市民素质较高的城市。

（五）从城市建设和发展的基础看，是各项事业全面推进的城市

随着对外贸易发展起来的中国沿海城市不可避免地带有殖民的色彩，城市畸形发展，不断成为西方殖民主义掠夺中国财富的桥头堡。南通在张謇社会改良理想指引下建起的"新世界雏形"，在具有工业建城和工业兴城特点的同时，他所进行的城市建设，涵盖了工业生产、农业生产、生活、教育、文化、商贸、交通、慈善等诸方面内容，以此推进社会的全面进步，南通被西方人誉为"人间的天堂"。由此，吴良镛院士下了一个论断："张謇先生经营南通堪称中国近代第一城。"

一个拥有自己独特风韵的城市，就会拥有其他城市所没有的发展机遇；一个富有自己独特意境的城市，就会提升自身的向心力和影响力。城市特色也是社会经济发展的助推器。鲜明的城市特色是城市识别的根本标志，是聚集人才、吸引资金、发展旅游的宝贵资源。所以，南通城市在近代有过一段辉煌。

四、南通城市早期现代化建设的进程

张謇的城建思想的发展过程体现在他城市的建设过程之中。根据赵鹏等《气象万千,大观备矣》[①]一文,南通城市的早期现代化建设可分为四个阶段。

(一)滥觞期(1895—1903年)

张謇所以选址在通州城西北7公里之遥的唐家闸作为厂址,其初衷是投资比较经济,靠近江滩湿地,土地价格便宜,农村就近招工工资低;加上地处外江内河之间,有运盐河与港闸河通长江及内河运输,处在水运时代可谓交通便利。所以选择唐家闸建厂还不能意味着张謇建城思想的发生。当初选址办厂能否办成,能办成何等规模,张謇在当时尚没有底。很难说他头脑里早就有一城三镇的宏伟蓝图,在城市布局上就有意安排。然而,无意识的行为却为以后城市格局的形成和发展,实实在在地做了充分的准备。从这个意义来讲,1895年可作为南通近代城市建设的标志,但并非张謇城市建设思想的开端。

(二)启动期(1903—1913年)

张謇有意识地对城市进行规划建设,始于1903年对日本的实地考察之后,以他在通州师范学校于1906年特设测绘科为标志。

1903年对日本进行的为期70天的考察,使张謇亲眼目睹了明治维新给日本带来的巨大变化,致使他一回国就迫不及待地呼吁仿效日本,实行宪政,成立立宪组织,成为立宪运动的领袖。在立宪运动中,张謇把城市建设看成地方自治的一个核心内容,而又把地方自治看成君主立宪制度的根基。基于这种认识,他必然重视城市的建设。

张謇创设测绘科,目的是培养测量绘图人才,对南通地区进行全面科学的测量制图。测绘科于1907年年底结业,通州的测绘局随即于次年初建立,并开始了对通州整个区域的全面实测绘图。这种对全境实测制图的举措,显然是为着考虑全境的通盘规划和发展的。因此我们不难感觉到,张謇已开始有意地考虑南通城市的整体发展了。

---

① 赵鹏,金艳.气象万千,大观备矣——张謇建城思想与实践//周新国.中国近代化先驱:状元实业家张謇.北京:社会科学文献出版社,2004:210.

(三)著效期(1913—1915年左右)

南通的地方自治取得成效,南通城市以现代的城市面貌出现,因而得到社会的承认,冠以"模范县"的称号。张謇重视城市形象,规范街巷路名,统一制作路牌,建造标志性的建筑钟楼和濠南别业,并编写《南通地方自治十九之成绩》反映南通城镇实业、教育、慈善、自治的丰富内涵而力图示范全国。

(四)鼎盛期(1915—1922年)

南通的崛起,引起了国内甚至国外的注意,来南通参观考察的人士络绎不绝,张謇敏锐地注意到供人观光这一新鲜的城市功能的出现,对南通乃至对推行他的政治主张产生效益,加紧了城市建设的步伐。大规模的城市建设,主要体现在两大区域。一是旧城南的南濠河两岸。在南濠河北岸,自东至西分别有通泰盐垦总管理处、上海银行、城南别业、南通县市教育会、参事会、崇海旅馆、翰墨林印书局、淮海实业银行、濠阳小筑、南通绣织局、女工传习所,直至北公园;南濠河南岸,由东向西则为南通师范学校、博物苑、濠南别业、图书馆、农科大学、医学专门学校、附属医院、通师一附、模范路商业街、有斐馆、交通银行、电报局、中国银行、东公园;向西延伸则有南公园、西公园、中公园、汽车公司、惠中旅馆、桃坞路商业街、江苏银行、桃之华旅馆、通崇海泰总商会,直至全国一流的更俗剧场。其中两条商业街,均建有整齐有致的二层市房,商家林立。南通作为新型城市的外现形态,在这里表现得最为充分,最为集中。所谓城市中心南移的感觉正是因此而来的。

另一个区域则是南郊江边五山景点的建设。张謇在五山除了自己建有东奥山庄、林溪精舍、西山村庐外,还建许多景点设施,其中有为怀念恩师翁同龢而建的虞楼,为纪念梅兰芳而建的梅垞,以及吾马楼、介山楼、独秀园和专门陈列历代观音像的观音院赵绘沈绣之楼。上上下下的景点构成一个丰富的整体,成为一个旅游景区,体现城市的形象,因而受到舆论的赞扬。以1922年以后,随着大生集团的滑坡和张謇1926年的去世,南通的城市建设暂时中止。

五、南通缘何堪称"中国近代第一城"

南通称为"中国近代第一城",这是中国近代城市建设史的概念。在我国近代城市建设史上,南通城显然谈不上最大,也谈不到最早,然而近代南通的城市建设算得上最优最好,最精最美,是近代城市建设的一个典范,是以先进的理念进行城市建设的一个典型。所以它的这个"第一",不是数量概念上的多,而是精;不是时间概念上的早,而是好;不是空间概念上的大,而是优,是美。所以,两院院士、建筑学、规划学的泰斗吴良镛教授为南通博物苑百年院庆而题词的内容是:"张謇先生经营南通堪称中国近代第一城"。并为此而下定义:"南通是中国早期现代化的产物,它不同于租界、商埠或列强占领下发展起来的城市,是中国人基于中国理念,比较自觉地、有一定创造性地、通过比较全面的规划、建设、经营的第一个有代表性的城市。"①它的代表性,或者说城市建设的特色反映在以下几个方面。

(一) 自主性:中国人独立自主设计并建设的城市

中国的近代历史是西方列强不断侵略和掠夺中国的屈辱史。我国不少近代城市的发展中,有侵略者的插足,带有殖民地的色彩。南通的可贵之处,首先在于南通是中国人独立规划和建设的而且是典型的城市。近代南通城市起始于近代工业的产生。1895 年张謇筹建大生纱厂获得成功以后,在 20 世纪初,又办了大兴面厂(1901 年)、大隆皂厂(1902 年)、广生油厂(1903 年)、阜生蚕桑公司(1909 年)、资生冶厂(1905 年)、资生铁厂(1905 年)等一系列的工业企业。这个迅速形成的民族工业城镇唐家闸,没有一个外国的企业,没有一分外国资本帝国主义的资金。

随着近代工业的产生和发展,城市的其他功能也开始起步。首先是交通运输业。张謇选择在天生港建大生轮船公司(1900 年),后又陆续建立大达轮步公司(1904 年)、大达码头(1904 年),将天生港形成一个港口运输区。同时,在唐闸建大达内河轮船公司(1903 年)、泽生水利公司(1905 年)等。该水利公司,实际上是一个进行基础工程建设的企业,它疏浚拉直了唐闸与天生港之间的河道,建造船闸,并沿河建了我国第一条民营公路——港闸公路。所以,除了水运,还办陆路交通,后又建城闸、城山、城港公路,解决了城市内部的交通问题。

当时,张謇还在全国教育改革的形势下,首先在城南建立起我国第一所民立师范学校——通州民立师范学校(1902 年);在公共植物园(1904 年)的基础上,1905 年建成全国第一所中国人办的博物馆——南通博物苑;同时筹建翰墨林编译印书局(1902 年)、南通图书馆(1912 年)、中国第一所戏剧学校——南通伶工学社等。在老城区内建第一高等小学(1905 年)、女子师范学校(1905 年)、通海五属中学(1909 年)等,在州城内和城南地区创立了一

---

① 吴良镛.张謇与南通"中国近代第一城".北京:中国建筑工业出版社,2006:16.

批教育文化事业。

1903年张謇出访日本回国以后,经营和建设城市的理念日趋成熟,他欣赏和学习日本人的经验。从1905年起,开始筹建南通地方自治,以此为名义,在教育卫生、道路工程、农工商务、保坍善举等公共事业方面,全面展开,几乎涵盖了近代城市建设的全部外延。尤其民国以后建立的路工处,对全区的公共建筑、道路桥梁、市政设施等进行全面规划与建设。对于南通的城市建设,张謇曾说过:"须知南通事业向系自动的,非被动的,上不依赖政府,下不依赖社会,全凭自己良心去做。"这体现了近代南通城市建设的自觉、自主精神。对此,在中国任职的外国官员也给予高度评价。显然,南通城在他的眼里代表了中国近代城市发展的正确方向。

(二)规划早:自1895年大生纱厂选址始即已有空间布局的成分

近代南通的城市建设,有一个由不自觉到自觉的全面的规划过程。南通实施"地方自治"后,张謇认识到城市发展需要建立在科学的基础上,而规划的基础是测绘。他说:"建设之先须规划,规划之先须测绘,此其大较也";"建设之规划求其当,规划之测绘求其详,循序以进"。为培养规划人才,1906年7月,张謇在通州师范学校附设了测绘科,1908年1月,有43名学生从测绘科毕业。张謇并以此为基本队伍,建立了通州测绘局,开始了对通州全县的大规模的测绘工作。这标志着全县境内科学规划的开始。全境7435平方里,共测图791幅,绘图865幅,缩图992幅,引图974幅,算图463幅。使用的比例尺由1:5000至1:250000共6种;1915年8月至1917年10月,测绘局又进行一次大规模的水利测绘,共测图345幅,绘图401幅,晒图3590幅,算图271幅。张謇曾多次提及南通在测绘方面的成就:"内务府、省长金以南通测量为一千七百县之嚆矢";"测绘之始始南通,南通诚可为他省县范";"五千分之一图在全国,亦惟南通为第一次"。虽然上海租界地区设立市政机构和1900年青岛编制的城市规划都要比南通早,然而这些均为西方殖民主义所为,规划和建设有明显的殖民色彩;除了租界城市、殖民地城市、租界与华界平行发展的城市以外,与南通同类的城市还有唐山、无锡等,但这些城市缺少统一的规划和布局。

在近代城市初步不自觉地规划和在测绘基础上科学地自觉规划这一点上,南通在全国处于领先地位。南通是中国自主建设的近代城市中规划得最早的,近代城市全面地在科学基础上进行自觉规划,是从南通开始的。

（三）理念新：城乡一体的田园城市理念

自张謇为大生纱厂选址开始，近代南通城市建设逐步形成了一城三镇空间布局的特色。这种城乡相间城市建设的实践，是以一定的思想观念支配的结果。这种布局的城市所产生的污染，通过城镇间的绿色植物带来净化，起到了自我净化、保护生态环境的作用。这种先进的理念，与英国著名城市规划大师埃比尼泽·霍华德提出的田园城市理论相吻合。张謇1895年开始的一城三镇城建实践与1898年霍华德先进的田园城市理论，在东西方差不多同一个时间出现，反映了南通近代城市建设理念的先进性。

城乡一体化，也反映了张謇城市区域经济思想的先进性。张謇在以大生纱厂为中心的工业基地创建的同时，于1901年创办中国第一个股份制农业公司——通海垦牧公司，开始了对沿海滩涂的开发，在通海垦牧公司的成功引领下，近代沿海开发进入一个史无前例的高潮，开辟和扩大了纺织企业的原料基地。接着又规划在各地规划创建八个纺织企业的宏伟蓝图，促使城乡、工农业经济的共同发展，开始了区域经济早期现代化的先河。我们从中也可以看到，张謇的这一城市建设的理念，又同西方另一位城市规划史上的先驱者盖迪斯"区域（地区）观念"相一致。盖氏的建树在思想和理论方面，而张謇已经开始脚踏实地实践了，说明南通城建中的区域经济思想和理念也是超前的。

（四）分工明：城市区域功能有明确的分工

南通一城三镇的城市格局形成了四个区域，每一个区域的功能都有突出的重点。

唐闸区是南通的工业区。1895年创办大生纱厂成功后，在唐闸陆续创办了一系列的企业，如除了上文提到的大兴面粉厂、大隆皂厂、广生油厂、阜生蚕桑织染公司、大达内河轮船公司、资生冶厂、资生铁厂、泽生水利公司外，还创办了1905年的懋生房地产公司，1906年的颐生罐洁公司，1908年的大昌纸厂，1912年的大达公电机碾米公司，1915年的大生织物公司，1916年的大有房地产公司，1917年的南通堆栈打包公司闸北房地产公司等，形成了以大生纱厂为核心和龙头的一系列工业企业，迅速形成了工业城镇，成为民族工业的基地，也是民营经济的发祥地之一。这是南通所以成为"近代中国第一城"的主要支撑。

天生港区是交通运输区，即南通货物出入的枢纽。在这里，张謇创设了与港口相配套的基础设施和机构，如大生轮船公司、大达轮步公司、大达码头,后来又办了火力发电厂等。

  风景区是旅游休闲区,五山依次相依,面对滔滔长江,风景十分秀丽。张謇在此植树造林,绿化山河,如剑山、军山有学校林、纪寿林、苗圃等;创设景点、建造墅所等。

  城区为政治、商贸、文化、教育的中心。老城区是州府所在地,有完整的政治机构,又有商业等网络,向现代转化。文化教育方面,也注入新的因素,如1905年办的高等小学、女子师范学校,1909年成立的通海五属中学,1906年办的女师附属幼稚班,1914年建的南通济良所和1917年建的第二幼稚园,等等。然而,大量的事业在南城门外荒野的地方发展,形成了一个近代风貌的新城区。除了通州师范学校、南通博物苑、南通图书馆以外,还有文化企业:翰墨林编译印书局(1902年)、更俗剧场(1919年)、新新大戏院(1928年);学校教育机构:南通医学专门学校(1912年)、南通附属医院(1913年)、通州师范学校附属小学(1906年)、我国第一所新型的戏曲学校——伶工学社(1919年)、甲乙两种农业学校(1909年)、私立甲种商业学校(1914年)、女工传习所(1914年)、第三幼稚园(1920年)、第一公共体育场(1917年)、第二公共体育场(1922年);慈善事业:南通第一养老院(1913年)、第三养老院(1922年);金融业:淮海实业银行(1919年浩阳路)、中国银行南通分行、交通银行(均在城南模范马路)、上海商业储蓄银行(城南别业路)、江苏银行(公园马路);工业企业和服务业有通明电气公司(1917年)、南通绣织总局(1920年)、有斐旅馆(1914年)、桃之华旅馆(1919年);在新城区的墅所:濠南别业(1914年)、濠阳小筑(1917年)、城南别业。另有许多社会团体如通崇海泰总商会并有大楼,自治公所(1908年),农会(1902)、通俗教育社(1912年)、南通县教育会(1907年)、南通学生联合会(1915年)、水利会(设于农会,东寺),另附设保圩会、棉业公会(1923年设于总商会),下设有农业试验场、棉业研究室等,这些众多的自治机构和社会团体,增加了近现代的政治因素。以上事实说明城区的功能十分明确。城市区域的分工如此分明,在全国近代城市中确实是少见,唯有武汉三镇能与此相媲美。

(五) 功能全:覆盖了近代城市的几乎所有功能

  以日本学者中野尊正的观点,城市的概念是"政治、行政、经济、社会、文化等人类活动的场所"。也就是说城市具有政治、经济、社会、文化等功能。在南通城市建设中,这些功能同步发展,全面进步。南通在前清时代是州府,民国后为县治,是地方政治的中心。自从1905年起张謇开始推行"地方自治"以来,虽然在中国的实践已失去了西方民主政治的核心内容,但对地方事业的进步起了积极的促进作用。1908年,清王朝颁布《城镇乡地方自治章程》,其规定的自治范围包括学务、卫生、道路工程、农工商务、善举、公共事业、筹集款项及向归地方绅董办理八项,通州成立了筹备自治公所议事会和董事会,选举张謇为议事长,知州琦珊为董事会会长,另选30名议员、8名董事。随着地方自治的展开,社会各种团体也纷纷建立。通过这种自治形式来经营和建设南通,促使城市建设全面开展。

近代工业是近代城市建设的"发动机"和"加速器"。随着大生纱厂的成功和唐闸工业企业的不断创建,迅速形成了近代工业的重要基地,加上跨行业的通海垦牧公司的建立,以纺织企业为核心的大生资本集团诞生了。这是具有40多个企业,拥有二千多万元资金的全国第一个民营资本集团,是全国最早、也是最大的民营企业集团。张謇依托于该资本集团而开展近代城市的建设。

教育是近代城市的重要内涵,也是张謇热衷的事业。南通在经济发展的同时,以实业养教育。南通教育的发展最为突出,从学前儿童教育到普通中小学的基础教育,从基础教育到高等教育,从普通国民教育到职业教育,从学校教育到社会教育,直至特种教育,形成了一个完整的现代教育的体系。

文化是近代城市的魅力所在。南通在文化建设上也是突出的。除了有中华第一馆南通博物苑外,还建有图书馆、翰墨林编译印书局、俱乐部、伶工学社、更俗剧院、新新戏院、影戏制造有限公司、公共体育场等文化设施,又创办报刊,有本地的新闻媒体,以至于内山完造将南通奉为"理想的文化城市"。

市政建设是近代城市不可缺少的重要内容。南通在市政建设上,不仅有通明电气公司,全市有了电灯,还有大聪电话公司、电报局,有了电话和电报等现代通讯网络;发展交通运输,不仅公路四通八达,也疏通河道,开展内河航运,开辟长江航运,开通申通航线,接轨上海,甚至试验三厂至青龙港的小型铁路;建造工房,改善居住条件;绿化道路,植树造林,改善人居环境,保护自然生态;建造东、西、南、北、中五公园和唐闸公园,美化城市,也使市民有休闲娱乐的场所。

慈善是社会的重要保障,体现近代城市的文明与进步。南通城市的经营者关爱弱势群体。寡苦老人有养老院,收养弃婴有育婴堂,收留并改造乞丐有栖留所,改造妓女有济良所,收养残疾人有残废院,教授贫民子弟技能有贫民工场,教育哑盲儿童有特种教育盲哑学校,治疗患病者有医院,收罗社会弃尸有义茔,等等。南通城做到了幼有所教,老有所养,贫有所抚,病有所医,充满着人文关怀。

商业象征着近代城市的繁荣昌盛。随着工业的发展、经济的繁荣,南通的市场和商贸也繁华起来。除了老城区外,南城门外,西南濠河一带的新城区,尤其是西公园至更俗剧场的桃坞路一条街就是新城区的一个商业中心,通崇海泰总商会大厦坐落其中。发达的商业离不开金融业,在这个新城区就有五家银行在营业。马路宽畅,柳树成行,楼房整齐,商场依次相连,车水马龙,一片兴旺景象。

总之,张謇的城市建设涵盖了城市功能的全部外延。

(六)协调好:城市建设协调有序可持续发展

张謇在城市建设中注意工农业协调发展。在大生纱厂获得成功后,1901年又招股集资筹办通海垦牧公司,促使工农业生产同步前进,城乡经济协调发展。就城市经济而言,推行工业革命的同时,城市的商贸金融、交通运输、市政工程、文化教育、慈善公共事业等,也都同步发展。从城市的全局到一个系统和一个单位,都反映出有序性和系统性。它的发展与通商口岸城市、租界城市的畸形发展有极大的不同。西方殖民主义者以掠夺奴化为目的在华创办企事业和进行城市建设,因而侧重于交通运输业和资源开发业。可张謇是以实业救国、教育救国的思想为指导,目的是"建设一新的世界之雏形"的理想社会,以民为本,开发民智,改善民生,提高民力,推动社会进步,因此注重城市的协调发展。

尤其值得一提的是张謇在城市建设中注重保存千年古城的文脉。在城市建设和发展中,旧城除了渗透了一些近代的因素如办学校、建设通讯文化设施外,未有大拆大建,而是在南城门外新建城区,使新城区充满活力和生机,老城区保持原有的风貌和格局。我们可以在这个城市从北到南,从城内到城外综观一下,最北是唐代的天宁寺、光孝塔,往前有大片的明清民居,城南是不少中西合璧的近代建筑群,鲜明地反映出南通城市发展的脉络、历史前进的轨迹,具有良好的文化生态。

近代南通城市所以成为第一城,是因为城市建设得最精、最美、最优、最好。当代南通城市的发展,传承了张謇城市建设的先进理念,在新时代的条件下得到快速的发展,更大范围的"一城三镇"的组团城镇正在逐步形成之中。

六、张謇城市规划思想的发展进程

（一）实业教育·单项规划（1895—1903年）：张謇城市规划思想的产生

张謇的城市规划思想来自于他的村落主义的社会改良思想，是社会系统建设思想的一个有机组成部分。张謇在他实业救国、教育救国思想指导下在南通州大生纱厂的创办、通海垦牧公司的建立、交通运输业的起步、通州师范的招生等所进行的单项事业策划、规划和建设，奠定了"一城三镇"的基础，开始了南通城市的规划建设，从中反映张謇一定的农工商协调发展和社会系统规划思想的雏形。1901年的《变法平议》是张謇这一时期初步体现他城市规划思想的综合文件。

（二）广泛探索·制度管理（1904—1911年）：张謇城市规划思想的衍生

张謇将实行地方自治落实到南通的城市建设上来。各项建设从数量的增加到城市建设项目和种类的扩展，并单项领域初步进入系统发展阶段，城市的全面发展建设初步展开。建设配置趋于系统化；各种机构的建立、管理趋于制度化；在空间上向通海地区全面推进，注重在整个区域内的协调发展。张謇以他地方自治思想为核心，构建了一套地方发展思想体系，城市规划思想从中逐步衍生出来。这个时期的张謇从对维新寄予厚望转为失望，将改革目光投向地方自治。1904年的《记论舜为实业政治家》一文中，张謇初步构想了"成聚、成邑、成都"的区域规划思想。

（三）区域建设·社会规划（1912—1921年）：张謇城市规划思想的发展

南通城市建设的项目和数量猛增，近代南通城市建设进入全面发展和统筹规划阶段，无论哪个行业或者项目、种类，它的空间分布都是以整个通海地区为基准的。工业八厂分布合理，盐垦不断扩展，交通系统不断延伸，城市基础设施建设日益完善，教育文化事业日趋繁荣，城市建设扩大到整个通海地区，甚至苏北的范围。城市建设突出的特点走向整个区域，城市的规划进入整个城市的全面的社会规划，张謇的城市规划思想逐步成熟。1920年的《规划县路请公议印自兴修案》和1921年的《督办吴淞商埠就职宣言》，在这两个标志性的文献中,张謇表述了比较全面的城市规划思想和先进理念,反映其城市规划思想已趋于成熟和完善。

(四) 建设衰退·思想成熟(1922—1926年):张謇城市规划思想的成熟

这一时期的南通城市的发展因经济的严重滑坡而趋于衰退,然而由于张謇城市规划思想在前三个阶段规划与建设方面有着实践和经验的累积,对国内外新的规划思想了解增多,规划思想逐步走向成熟。1922年,南通自治会提出了一个"城市规划",是南通历史上第一次明确提出"城市规划"概念,并且事先绘制了规划图。这对南通近代城市的规划和建设具有较大的实践和理论意义。张謇对城市和区域的规划的思考,逐步从单项设施建设发展、充实成为系统的城市规划理念和一套成熟的办法,其标志是1923年发表的《吴淞开共计划概略》,其中有明确的关于城市规划的思想表述,论述了规划程序分测绘、布局、公示三步,妥善后实行。表明张謇具有一套成熟的规划理论,在当时中国以至于国际具有领先的地位。[①]

思考题:

1. 张謇在南通城市现代化建设中的主要业绩及意义有哪些?
2. 张謇城市建设的思想和特点有哪些?
3. 为什么说张謇先生经营的南通堪称"中国近代第一城"?

---

① 于海漪.南通近代城市规划建设.北京:中国建筑工业出版社,2006:32—107.

第八讲　张謇与慈善公益

教学目的、要求

本讲教学,使学生了解张謇继创办实业、兴办教育之后的第三大着力点,即举办慈善公益事业的概况,懂得并领会张謇关于慈善公益事业的先进理念及主张,理解张謇将慈善公益事业建设与地方自治、实业、教育的发展融为一体的独到之处,体会、品味、学习和实践张謇的人文精神、爱民之心、恻隐之情、善良品质及其崇高的社会责任意识,使学生提升自己的人文素养,自觉担负起服务社会、奉献社会的神圣历史使命。

张謇言录

人恒以寿为重,其实人之寿不寿,不在年岁之多寡,而在事业之有无。

张謇作为中国近代著名的实业家、教育家及政治活动家,主张实业救国,毕生经营实业,亦为政治奔走呼号。然而,实际上,张謇创办实业、涉足政治,不过是为了获取资金、争取和谐的环境以改造社会、造福民生,他真正醉心的是教育和慈善公益事业的振兴。与实业和教育取得显著成就一样,张謇的慈善公益思想与实践,在近代中国慈善公益事业的发展进程中,同样具有不可忽视的重要地位与影响。他不仅在观念上使慈善公益思想的内涵更为丰富和更具近代色彩,而且还克服种种困难,以巨大的勇气和毅力付诸实践,使慈善公益事业具备了新的功能与作用,从而为中国近代化的发展做出了令人瞩目的重要贡献。

一、张謇慈善公益事业的实践活动

张謇后半生醉心于慈善公益活动。在写给其子张孝若的家信中,张謇特别阐明慈善公益事业的宗旨:"父十余年前谓中国恐须死后复活,未必能死中求活;求活之法,惟有实业、教育。儿须志之。慈善虽与实业、教育有别,然人道之存在此,人格之存在此,亦不可不加意。儿须志之。"

(一) 张謇慈善公益事业的发端与渊源

水旱灾害频繁的苏北地区是张謇的出生地。由于晚清政府腐败,民国初年政治形势动荡,根本就不可能顾及治河抗灾问题。张謇出生在一个善良的农民家庭,四岁时,通海地区发生蝗害,他的父母虽然吃着蚕豆饭,但是见到行乞的灾民立马会分给他们,而幼小的张謇也知道"挽篮拾棒击蝗"。到青年时期,在其父母的影响下,赈济灾民的思想更为突出。1883年苏北河堤漫决,田地被淹,灾民生活无着,大量结集在一起,引起地方官绅的担心。张謇的父亲与海门人刘馥畴筹办赈灾之事,张謇遵从父命积极筹款,并筹设常乐镇社仓。1886年,张謇父子集资购买湖州桑苗,鼓励农民赊购,农民赊购时只需记账,不付现金,三年后农民将桑叶卖给蚕桑公司,再支付桑叶钱。1887年,孙云锦调任开封知府,张謇随同前往。这一年,黄河在郑州决口。张謇亲自察看了决口情况,并撰写《郑州决口记》调查报告,反映大堤的全面决口情况:"水势径趋东南","漂没村庄、镇集以二三千计","溺死之人,蔽空四下,若凫鸥之出没"。张謇亲眼目睹灾民的凄惨情况,情绪激动,决心力促有关方面赈灾。在考察决口的同时,他所看到的是官僚的腐败和对灾民生死的冷漠。长期担任守河的地方官僚,侵吞官银,生活糜烂,挥霍无度。上南厅同知余璜,家中姬妾的房栊墙壁,"以黄金钉地重绣",甚至便器都是银制的,而河防上的偷工减料,从上到下的贪赃枉法更是屈指难数。张謇还目睹了灾民被逼无奈,群起反抗,将主持河工的李祁杀死投入水中的情景。他深感赈灾与慈善事业的重要性。他与开封知府孙云锦提出设局赈灾后,却遭到时任河道官僚鞠某的反对。孙云锦力争,并表示"官不做可也,眼前灾民,不能不救"[①]。张謇气愤之余,潜心研读明清治河名臣潘季驯、靳辅的著作,在1887年8月至11月间,向河南巡抚倪文蔚连续五次上书。"以工代赈",就是张謇在河南时期开始提出的。1903年及1906年江苏先后发生大水灾,数百万难民无家可

---

① 张孝若.南通张季直先生传记·影印本.北京:中华书局,1930:3.

归。张謇提出"以工代赈"是"一切救急之谋"。所谓"一切救急之谋"的出发点,还是有效地赈灾与维护社会的稳定。"为工程增一役夫,即为草野去一盗贼",特别是苏北、安徽一带"民风强悍",流离失所者数至百万,"宜散而不宜聚",因此可实行以工代赈,即"惟有官绅协力,就现聚之众,查明乡贯里居,分别给资,派兵护迁归里;由各州县官绅料理,籍其丁壮,给以簸锸,以兵法部勒,各就河、淮所经之区,使任疏浚之役,而予以稍优之值,俾赡其老、稚、妇女。一面按丁氏趺塘引河之法,划区分段,简其年长之人率之,而官绅更迭临工,为之督察,为之抚绥,如此则势散而易治,工分而易集。一面采购杂粮芋干,分输于各州县通运较便之地,供其贩粜,务使不匮"。从这里可见,他是根据当时政治状况来制定这一政策的,因为当时清政府不可能以中央力量来解决这些实际问题,所以张謇感到只有以地方力量来解决。应该说,这在当时可算得上是一个较为实际可行的办法。

张謇考中状元后并未渴望在京城谋官就位,而是想回南通做点实事。1895年新迁任两江总督的张之洞,授意并支持张謇筹办开辟海门滨海荒滩事宜及总办通海团练、通州纱厂等。从此以后,张謇投身实业,开始了大规模的兴办实业与慈善公益事业的时期。这一年,张謇借债经营家庙义庄、社仓、石路、石桥,并对开辟海门滨海荒滩非常重视。为更好地解决纱厂原料的问题,也为解决农民生计,张謇决意举办垦牧公司,"我已发下一个心愿,在通州、如皋、东台、盐城、阜宁五县境内,开辟垦荒棉田一百万至二百万亩。假如变通通海垦牧公司办法,每户农民领田二十亩,可供给十万或二十万户耕种。以每户五口计,可供五十万或一百万人之生活"[①]。垦牧公司开办后,虽然在资金与管理上尚存在一些问题,但张謇含辛茹苦经营十年后,出现了一个东海边的新村落,并逐步开办了多个小学堂。据1937年日寇侵入前统计,已垦棉田达一百四十多万亩,基本上达到张謇预计的数字。如果说义庄、社仓还是传统的赈灾举措,那么开路、垦荒就已超出以往的形式,将救济贫民、灾民与发展实业结合起来,使张謇的事业包含着深刻的人道救民内涵。

慈善公益事业作为社会发展过程中重要的减震器和保护网,在清末民初多灾多难的转型时期,显得尤为重要。张謇经营南通的过程中,通过自己的努力,在以慈善和公益为核心内容的社会福利方面做出了很多成绩。

从1903年起,张謇举办慈善公益事业进入了高潮阶段。至其逝世前,共办了育婴堂、养老院、医院、贫民工场、残废院、盲哑学校、栖流所等共16所。这一阶段的显著特点是更具有近代慈善事业机构的特色。

---

① 刘厚生.张謇传记.上海:上海书店,1985:25.

设立育婴堂。从 1904 年张謇与其兄一起设新育婴堂于唐闸专门收养弃婴开始,在开办的前八年中共收养弃婴 6407 名。开办费用 23 400 多元中的四分之三由张謇兄弟及大生纱厂的执事们捐助。后张謇又在石港、五福桥、兴仁、金沙等地相继建育婴堂,收养弃婴,"开办一载,活婴千余"。

开办养老院。张謇于 1912 年自己 60 岁寿辰时,开办第一养老院。能容纳 120 人的第一养老院建成后十年间,先后入院受养的老人有 250 余人。在 1922 年 70 岁时,又开办了第三养老院。能容纳 146 人的第三养老院收养老人的数目更多。养老院内设工场,老人可从事力所能及的工作。

创办贫民工场。1914 年 8 月,张謇在南通县城西门外大码头创办贫民工场。工场主要从事手工生产,"艺分竹、木、藤、漆、皮革、织布、雕刻、缝纫",另有养鱼、园圃,年收入在千元以上。工场内的工徒主要以南通贫民子弟为主,外地者极为少数。

开办济良所。随着南通工商业日渐发达,"地方之妓女数亦因之而增"。济良所 1914 年开办,"闻自开办以来,收养女子不下五六百人"。这在当时对改良社会风气,保障妇女身心健康等方面起了积极的作用。

建立残废院。张謇认为除鳏寡孤独者外,"穷而无告者,则为笃癃残废之人。盖其得天不全,而可悲悯于除鳏寡孤独相同"。同时他又担心残废者乞食败坏民风,使非残废者也可以乞而得活,因此 1916 年 2 月在狼山北麓创办残废院。残废院则在建成之初就收养残废人 49 人。院中设有男、女工场,工作各尽所能。这为那些本来衣食无着之人提供了一条生路,并且内设的工场也或多或少使他们掌握了一些简单的谋生技能,并用之服务社会。

开设栖流所。1916 年张謇、张詧将养济院改造成"南通栖流所"。栖流所在创办之后,于此谋食者达八九百人,"俾市无忧",市容市貌有了明显改观,秩序井然。

建立社仓。1898 年,张謇创办了常乐二十八圩社仓,一直维持到 20 世纪 20 年代。这个社仓除了发挥赈济作用之外,张謇还从中取资兴办了常乐镇初级小学,从而将社仓这一传统的慈善设施与开办教育联系起来,发挥出更大的效益。

建立保坍会。1911 年"南通保坍会"成立,张謇为会长。张謇先后聘请荷兰、瑞典、美国、英国等国水利专家来通勘测,先后修建单、双水楗共 18 楗。保坍工作收到显著成效。

赈灾。1903 年和 1906 年江苏先后发生大水灾,张謇认为赈灾固然重要,但"徒赈无益",甚至可能养成人民的依赖性,故需"以工代赈"。而在消除灾害上,他认为应"标本兼治"。特别是 1907 年后张謇提出以设立公司的方式治理水患，得到江苏咨议局全体议员赞同，江淮水利公司得以顺利成立，并在以后的治淮过程中发挥了重要作用。

设立南通教养公积社。鉴于南通的教育和慈善事业渐次达成，所需经费较多，1921年，张謇主持成立"南通教养公积社"，订简章二十条。

办医院。1909年，张謇与其兄张詧计划设立医院，于是派人去日本学习。1911年设立军医处，1912年撤销军医处，1913年改院为医学专门学校，并重新购地建新院，1914年6月建成，先设立了内科、外科及妇产科，其后设立眼科、耳鼻咽喉科、儿科、皮肤梅毒科等，当时拥有各种病室100多间。后来，张謇又办了数所医院，为南通及其附近地区的患者提供了便利。

张謇举办慈善事业的资金主要是由他个人提供和募捐而来，偶尔借用部分大生公司的资金，也是严立账目，定期归还。当遇到资金困难时，他便在家乡、上海等地卖字，从1906年开始，张謇便以鬻字的方式为育婴堂筹款，当时曾计划每季卖足500元为止，一年可得2000元，基本满足百名儿童一年之用。然而，育婴堂所收婴儿不断增加，因此仍负债累累。张謇乃于1909年刊登启事，继续鬻字。张謇先后发布了《为残废院盲哑学校鬻字启》和《继续鬻字启》，为学校筹集资金，直到1924年9月，72岁高龄的张謇才最终放下鬻字的墨笔。张謇还将担任两淮盐政总理的薪金全部用来开办贫民工场，先后办了南通、东台、仪征三个贫民工场。贫民工场内设木藤、油漆、皮革、织布、雕刻、缝纫等类，可吸纳贫民数百名。从1916年到1933年，贫民工厂、习艺所等先后收容1470多人，学会一门手艺后，送回原地谋生。张謇的人道之举还带动了其他地方慈善公益事业的发展，盲哑学校的影响就曾及于全国各地，上海、南京、天津、贵阳等地纷纷效仿，建立由国人自办自教的盲哑学校，而其师资有不少就是南通盲哑师范传习所培养出来的，其中，该校毕业生王振音先生，先是应聘任教于南京盲哑学校，后转赴苏州，创办了吴县盲哑学校并任校长，后来又长期担任台湾省立台北盲哑学校哑部主任。此外，开荒滩、导淮、保圩工程等，在很大程度上也与慈善事业有密切关系。在1912年，张謇特地聘请荷兰、瑞典、美国、英国等国水利专家到南通进行勘测，1916后，三年内完成天生港至姚港的防水工程十条。

张謇兴办慈善公益事业的思想渊源比较广泛。首先是受家庭的影响。他的父亲是一个"性慷爽"，"济人急"，"周恤里人"的长者。他的母亲在临终时还谆谆教诲他："有钱须先还债，穷苦人须周济，不必待有余……"①张謇在中举以前已在父命下从事某些慈善之举。他从事慈善事业与某些达官贵人

---

① 张孝若.南通张季直先生传记·影印本.北京：中华书局，1930：3.

不同,他不是为显示或标榜自己是一个"善人",主要是为救济贫困,安抚乡里。在后期则更多的是为开发社会公益事业,促进社会文明,以及实现他所追求的地方自治理想。张謇之子张孝若这样回忆:"我父脱离了政治舞台,立刻恢复他的田野生活。他的精神上对于国家前途的失望,达到极点了。在前清时代,看了政治腐败认为没有希望。到了民国原想大家一反所为,励精图治,哪晓得结果也仍然没有希望……回来以后,越发坚定了经营村落的决心。认为做政府的官,不一定可以做事,倒还是回到田野,可以做一点实事。"①传统儒家思想对张謇的熏染也极为深刻。张謇曾说:"儒家有一句扼要而不可动摇的名言:天地之大德曰生,这句话的解释,就是说一切政治及学问,最低的期望要使大多数的老百姓,都能得到最低水平线上的生活……为什么称大生纱厂,就是由天地之大德曰生的涵义。"②

(二) 张謇对慈善公益事业的憧憬与追求

张謇兴办慈善公益事业,其实就是为了实现他梦寐以求的憧憬与追求,即地方自治。可以说地方自治是张謇萦绕心头挥之不去的梦幻,他把兴办慈善公益事业作为其地方自治的一个重要路径和组成部分。他曾说明将慈善事业列入地方自治的缘由:"唯是教养二事,在前清时代应归官办,即在欧美国家,亦多属公立。謇等以自治之说试于南通,实因清季官厅之无力,及地方之无财,而时势急迫,潮流汹涌,又不容自逸。"张詧是其兄,更是他进行地方自治活动的重要助手。

慈善公益事业在张謇的地方自治中占有十分重要的地位。张謇的地方自治理念,就是要竭力服务、献身于地方事务,从事兴学校、修马路、设医院、开工厂、自卫自安等一系列城市建设与经营,把南通建设成和谐富庶、安定有序的社会。他曾反复申明:"窃謇以国家之强,本于自治,自治之本,在实业、教育,而弥缝其不及者,惟赖慈善","查地方自治,以进增社会之能率,弥补人民之缺憾为其职志。而进行之事业,属于积极之充实者,最要为教育;属于消极之救济者,最要为慈善。教育发展,则能率于以增进;慈善周遍,则缺憾于以弥补"。也就是说,张謇把地方自治内容划分为实业、教育和慈善公益事业三大部分,实业和教育无疑是促进社会发展的最重要的手段,但是它们并不能解决社会的一切问题,慈善公益事业则弥补了实业和教育之不足,起着拾遗补缺的作用。因此,在致力于实业和教育的同时,张謇对慈善公益事业也

---

① 张孝若.南通张季直先生传记·影印本.北京:中华书局,1930:215.
② 刘厚生.张謇传记.上海:上海书店,1985:251.

倾注了极大的热情和精力。在举办各种慈善公益事业时，张謇经常以其为地方自治之必需自相勉励和号召他人。建残废院是"地方自治之所应有"，设殡葬处是"自治之始"。有学者把实业、教育和慈善公益事业概括为张謇的"三元"思想，并解说道："办实业是提高社会生产力的发展水平；办教育是提高人的素质，即社会主体的科学文化思想道德水平；办慈善事业是解决社会发展过程中的各种矛盾和社会问题，安置'失教'和'失养'之民，使各得其所。"①就张謇从事的地方自治而言，这一概括无疑是准确的。

慈善公益事业关系到地方的形象和社会的稳定，这是张謇如此重视慈善公益事业的一个重要原因。"失养"、"失教"之民历来是社会不安定因素，历代统治者对此都有清楚的认识，他们对灾民蠲免钱粮、赈济、设立慈善机构，虽然口里说的是"轸念民艰"、"勤恤民隐"，内心考虑的却是社会的稳定和自己统治地位的稳固。历史上的农民起义多是由于大灾大荒却又得不到政府及时有力的赈济而导致的，尤其是流民起义，况且统治者大都喜欢看到天下太平、人民安居乐业的景象，以表明自己治国有道。张謇从事地方自治，出发点虽然与统治者大不相同，但他也不能不考虑地方的形象和社会的稳定，"失养"、"失教"之民的存在毕竟会使地方自治的成绩大打折扣，正如他在《南通第三养老院开幕启》中所说："吾通于国，腼然以自治称。使无告之老，流离道路，何自治足云。"非但如此，他还把地方的社会稳定上升到国家社会稳定的高度，坦言"失教之民与失养之民。苟悉置而为之所，为地方自治之缺憾者小，为国家政治之隐忧者大也"。

在张謇一生的活动中，地方自治占有十分重要的地位，是他晚年竭尽全力而为之的事业。南通的地方自治是在他一手主持下进行的：他以南通的地方自治为己任，对他在南通地方自治中的地位也不逊谢，坦承是他与其兄主持进行的，"既任建设以谋始，复筹基本以虑终"。在他看来，地方自治是使地方繁荣富强的必由之途，也是使整个国家繁荣富强的基础，至少可以使国家不亡。其子张孝若在为他写的传记中就此评述说："他认定一个人要忠爱国家，先要忠爱地方。如果希望把国家搞好，要得先把地方弄好。而且人民是下一层的基础，国家是上一层的结顶。地方又夹着在两层的中间，所以关系极为重要。"②由地方自治在整个国家发展中的地位，再由慈善公益事业在南通地方自治中的地位，我们也就可以明了慈善公益事业在张謇心目中的地位了。包括慈善公益事业在内的南通地方自治取得的成绩也为南通和张謇本

---

① 严学熙.近代改革家张謇：上册.南京：江苏古籍出版社，1996：35.
② 张孝若.南通张季直先生传记·影印本.北京：中华书局，1930：100.

人带来了巨大的影响,南通一时声名鹊起,引起全国乃至国际上的瞩目,"外人日月来观,许为中国自治模范,腾之彼报",南通成为地方自治的模范。张謇对此也颇为自负,在给政府的呈文中说道:"南通自治,似亦足备全国模范之雏形。"可以说,张謇在南通的自治成绩,在一定程度上实现了他把南通建设成为"海内文明国村落"的理想。

当然,张謇地方自治的憧憬与追求最后还是遭到了挫折和失败。其根本原因是当时的社会制度。南通一隅不可能脱离外部环境而单独进行自己的建设事业,当时外部恶劣的政治社会环境没有给其提供适合的条件,其最终的失败也就不可避免了。除此之外,张謇个人对地方自治的设计本身也存在着不可克服的内在矛盾,这就是办实业不是以赚取最大利润以扩大企业本身为主要目的,办实业的目的是为办教育和慈善公益事业筹措资金。张謇有志于办师范学堂,但办学需经费,于是就有了兴办实业的念头,于是根据通州盛产棉花的实际情况,创办了大生纱厂,"纱厂根基既固,乃拟办师范学堂以偿夙志"。这说明,张謇办实业的目的不在于赚钱本身,而是以实业所得来把注教育和慈善公益事业。而张謇将实业收入大量投入无利可图的教育、慈善等公益事业时,便严重影响了企业的发展甚至正常的经营活动,导致其各项事业被迫搁浅。

至于张謇在慈善公益事业方面花了多少钱,恐怕难以有确切的统计。从张謇本人留下的记述中,我们可以发现慈善公益事业的经费主要来自三个方面:一是张謇个人的捐献,这包括他的薪金和卖字收入,据统计,张謇把自办厂至逝世近三十年的个人工资257万银元全部贡献给了办学和社会公益事业;二是张謇向亲朋和社会募集的捐献,他曾数次发布募捐启事;三就是所办企业的收入。大生纱厂、通海垦牧公司、同仁泰盐业公司、通州广生油厂、通州资生冶厂的历年账略中,均有"善举"一项支出,这表明慈善公益事业经费是这些企业的一项常年固定支出,对企业来说这是一个不轻的负担。从这个意义上来说,慈善公益事业的开支对企业不能够正常运营是要负一定责任的。张謇兴办实业的目的是为教育和慈善公益事业筹措资金,而教育和慈善事业的巨大开支又严重影响了实业的进行并最终导致了实业的停顿,最终是地方自治遭到挫折和失败。从大的方面说,这是由整个社会政治经济制度的不完善决定的,而从小的方面说,也是由张謇地方自治计划的内在矛盾决定的。但对张謇来说,他无法解决这个矛盾,如果是专注于实业而不顾教育和慈善公益事业,或者是专注教育和慈善公益事业而不顾实业,那就不是张謇了。

（三）张謇慈善公益事业的特色与成效

张謇就是张謇,张謇只是张謇,即便在从事慈善公益活动的实践中,张謇也体现出许多不同于他人的特点。

首先,以社会改造的系统工程来从事慈善公益活动。张謇在经营创办许多慈善和公益福利事业时,都是将其作为整体社会改造工程,亦即近代化进程中不可分割的具体内容之一,而不是简单地视之为单一的慈善活动。张謇创办盲哑学校时,即阐明:"盲哑学校者,慈善教育之事也……夫人人能受教育以自养,则人人能自治,岂惟慈善教育之表见而已。此愚兄弟创设斯校之微旨也。"其目的显然不是单纯地创办一所盲哑学校,使盲哑残疾人能够有受教育的机会,而是重在"人人能受教育以自养,则人人能自治"。张謇兴办图书馆、博物苑等公共设施,也认为是"足裨自治"的重要举措。1905年张謇上书张之洞建议在京师创设博览馆,"庶使莘莘学子,得有所观摩研究以辅益于学校,则此举也,揆诸时局,诚不可缓"。1908年张謇创设通州博物苑后,为征集通属先辈诗文集书画及所藏金石古器时他又进一步阐明:"自欧人导公益于文明,广知识于世界。上自皇家,下迄县郡地方学校,咸有博物馆之设。"他认为中国要光大文明,增进知识,也应设立博物馆。即使是创设气象台,张謇也认为是"自治公益事业"之一。

特别需要说明的是,中国传统的慈善公益事业在戊戌变法时期已开始出现新的变化,而张謇又将其发展到一个新的阶段。具体表现在以下方面。

首先,慈善公益事业与救亡图存相联系。这使得这项事业具备了某些政治色彩。例如,经元善等人创办劝善看报会、阅报社,是因为"见我华之被人侵削,土宇日蹙,则当思发愤自强,誓雪国耻;见泰西各国之日进文明,国富兵强,则当思振刷精神,急起直追"①。但是,当时的工商和慈善界人士从事各项慈善公益活动时,尚未像张謇这样比较明确地将慈善公益活动作为整体社会改造工程中的主要内容之一;当时,慈善公益活动的具体内容也没有张謇所从事的慈善公益事业这样广泛。因此,通过张謇的辛勤努力,近代中国的慈善公益事业在原有基础上又进一步获得了扩展,进入到一个新的发展阶段。

其次,以个人力量来兴办各项慈善公益事业。慈善公益事业在近代中国,一般都是以社会和某些人的捐款而兴办的,很少像张謇这样主要依靠自己的力量,兴办如此众多的社会公益事业。有的人或许能够独自捐资做一二

---

① 虞和平.经元善集.武汉:华中师范大学出版社,1988:268.

件善事，或是为地方兴办少数福利事业，但无人能够与张謇相提并论，更难以独自承担一个城市慈善公益事业的整体社会改造工程。经元善在晚清虽也是工商界和慈善界著名的代表人物，对于促进慈善公益事业从传统向近代的转化起了重要的作用，但即使是类似于经元善这样身兼工商和慈善两界的头面人物将自己的一部分产业用于从事慈善公益活动，也无法像张謇那样主要依靠自己个人的力量兴办各项慈善公益事业。1878年，经元善在上海创办新型民间慈善机构协赈公所，随后在全国乃至海外设分支机构，首创民间大型义赈活动的新方式，其所需经费就主要依靠在社会上募集捐款，而不是由经元善个人承担。张謇创办众多社会公益和福利事业，"在前清固未尝得政府分文之助，在今日仍不敢望政府格外之施"，所用经费绝大部分是来自于其经营实业所得的利润。换言之，他主要是依靠自己个人的力量兴办各项公益事业，而不是靠他人或者是社会的捐款。尤为难能可贵的是，张謇花费巨资不断兴办社会公益事业，完全是出于自己主动的行为，并不是受他人安排或是被动地从事这些活动。他曾经说明自己在南通兴办的各项事业，"向系自动的，非被动的，上不依赖政府，下不依赖社会，全凭自己良心做去"。张謇兴办的众多慈善公益事业则主要是由其个人出资，包括水利、交通、公益、慈善诸事。"综计积年经费所耗，达百数十万，皆以謇兄弟实业所入济之。岁丰则扩其范围，值歉则保其现状，不足又举债以益之，俟有赢羡而偿其负"。他坚定地认为："国可亡，而地方自治不可亡；国即弱，而私人志气不可弱。故上而对于政府官厅，无一金之求助；下而对于社会人民，无一事之强同。对于世界先进各国，或师其意，或撷其长，量力所能，审时所当，不自小而诿，不自大而夸。"张謇之所以能够主要依靠自己个人的力量兴办众多的慈善公益事业，一是因为他经营实业颇具成效，经济实力之雄厚为他人所无可比拟，具备了独自兴办各项慈善公益事业的能力；二是由于他对慈善公益事业的作用与影响有着独特的深刻认识，将其作为地方自治和自强救亡的一项重要举措，因而不惜花费巨资，以满腔热情孜孜不倦地创办一项又一项慈善公益事业。

再次，以公司运作的新方式经营慈善公益事业。张謇在兴办慈善公益事业的过程中，还结合当时新的历史条件，利用他创办垦牧公司的经验，开创了若干新的活动方式。为了从根本上治理江淮水灾，取得更大的成效，张謇于1907年即提出设立导淮公司，1909年他又向江苏咨议局提交筹兴江淮水利公司案，得到咨议局全体议员赞同。张謇认为，以设立公司的新方式治理水患，"于国于民，尤有百利而无一害"。对于水利公司的运作及其管理，张謇也提出了切实可行的具体方案。张謇最初提出导淮治水的方案时，"政府以费巨工大不许"，但对张謇拟照公司办法创办水利公司的新设想则表示支持。

于是，江淮水利公司得以顺利创设，"设局于清江浦，公推局长，派员主任"。公司成立后，在张謇的安排下首先开展测量工作，绘成"总分各图二百幅，测线已达二千五百余里"，将"河身高下、流量、流速测竣，图亦寻就"。稍后，张謇又意识到导淮必须与兴垦相结合，"导以除害，垦以兴利"，应设立导垦总局，"规划一切进行，及访聘工程师、募集外债诸事"。

最后，以坚忍不拔的毅力从事慈善公益活动。张謇在从事慈善公益活动中，表现出勇于克服各种困难、一往直前的坚韧品格和精神。尽管张謇经营实业比较成功，具有超出他人的强大经济实力，但由于在实业、教育、慈善公益等方面的建设项目太多，开支过大，同样经常面临着经费短缺的困难，特别是在实业经营开始走下坡路时，困难就显得更为严重。在经费开支出现困难时，张謇除多方筹集资金外，还常常以卖字的方式筹款。残废院、盲哑学校建立之后，开办费日紧，"前愿尚未终，而负累已巨"，张謇多次登载《为慈善鬻字启》，坚持多年以出售书法以补贴，"鬻字犹劳工也，忽忽十余年，今政七十，宁复胜劳……鬻字一月，任何人能助吾慈善公益事者，皆可以金钱使用吾之精力，不论所得多寡"。由此可以看出，张謇虽说年届七十，仍然不畏顿挫，为慈善公益事业不遗余力。

张謇的慈善公益活动及其所取得的成效受到了中外人士的一致赞誉。日本人驹井德三在《张謇关系事业调查报告书》中说："惟公（张謇）独居南通，拥江北之区域……所怀之理想，数十年始终一贯，表面以分头于实业交通水利之建设，里面则醉心于教育及慈善事业之学理，乃唯一主新中国之创造者，诚可谓治现今中国社会之良药，而非过言者也。"这段文字或许有些绝对，却反映出对张謇一生的业绩与贡献的极大推崇。北京民国政府内务部、教育部曾呈文时任大总统的袁世凯，以"南通县绅张謇慨捐巨款，提倡公益，振兴教育，请特予褒扬"。袁世凯遂专门发布策令，褒扬张謇"在南通提倡自治，办理学校、善举及一切公益事业，迭次捐资二十余万元……以创办实业之余财，为嘉惠地方之盛业，洵属急公好义，为国楷模"。但是，面对中外人士的赞誉，张謇却对自己有太多的理想没能实现感到遗憾，特别是对最终未能实现导淮兴垦、根治江淮水灾的抱负而深感愧疚。1921 年，由于连续"疾风盛雨"，又遭遇秋潮大汛，泛滥成灾，损失严重。水利建设本是张謇多年苦心经营的主要慈善公益事业，是其地方自治的杰作，看到这一结果，他不能不感到内疚。"水利为自治一大事，往以为通治水利五年，足御常灾，而不知非常之灾，已咄咄逼其后。此非常之灾不能御，宁得谓自治？"这种严于自责的态度，显示出张謇的过人之处，也体现了张謇作为中国近代化开拓者的宽阔胸怀。

二、张謇慈善公益事业的思想主张

19世纪末20世纪初,随着近代中国社会的发展,传统的慈善公益思想不断地发生变化,并体现出若干新的时代特点,逐渐由传统的慈善思想向近代社会公益观念发展。这一时期,张謇的慈善公益思想也明显出现了由旧趋新的重要变化。

(一) 张謇慈善公益思想及其特点

张謇的慈善公益思想具有不同于以往和同时期其他慈善活动家的明显特点。主要表现在以下几个方面。

首先,慈善公益事业是整个社会改良系统工程中的重要环节。张謇慈善公益思想中最为显著的一大特点,是不像以往的慈善界人士那样,仅仅单纯地就慈善而论慈善,就公益而论公益,而是将慈善公益事业作为整个社会改良的系统工程中的重要一环,视之为具有深远政治意义的一项活动。这种深刻的认识,应该说在当时是不多见的。

张謇认为,慈善事业与地方自治、实业、教育等各项强国救亡的举措都有着密不可分的联系,而且是相辅相成、缺一不可的。1903年他从日本考察回国以后,就开始将其以往所主张的村落主义与具有近代观念的地方自治结合起来。当时,源于西方和日本的地方自治思想,作为一种自强御侮的新观念已逐渐在中国得到传播,并很快受到社会各界的重视。但是,人们对地方自治的具体内容与作用的理解深浅不一。只有张謇意识到,从事地方自治必须与发展慈善公益、实业、教育紧密地结合在一起,这样才能充分发挥其作用,达到预期的目的。因此,张謇在兴办南通地方自治时一再强调慈善公益和其他相关事业的重要性,并反复阐明相互之间相辅相成的密切关系。他曾经总结说:"窃謇抱村落主义,经营地方自治,如实业、教育、水利、交通、慈善、公益诸端,始发生于謇兄弟一二人,后由各朋好友之赞助,次第兴办,粗具规模。"

实际上,张謇将实业、教育、慈善公益三大项作为地方自治的主要具体内容。他曾比较详细地解释实业、教育、慈善公益这三者之间的关系说:"以为举事必先智,启民智必由教育;而教育非空言所能达,乃先实业;实业、教育既相资有成,乃及慈善,乃及公益。"之所以强调实业,是由于"自治须有资本",就此而言可称实业是地方自治的"根本",但实业的振兴与教育的发展不可分割,因而也不能忽视教育,慈善公益事业在这三者当中的地位与作用虽处于最后,但也同样不能忽略。用张謇的话概而言之,即"以国家之强,本于自治;

自治之本，在实业、教育；而弥缝其不及者，惟赖慈善"。慈善公益的作用尽管只是弥缝实业、教育不及者，然而"失教之民与失养之民，苟悉置而不为之所，为地方自治之缺憾者小，为国家政治之隐忧者大也"。可见，张謇是将慈善公益事业的地位与作用提到了相当的高度，给予了过去所没有的全新认识和理解。在写给其子张孝若的家信中，张謇也曾特别阐明慈善公益事业的重要作用，强调慈善公益虽与实业、教育有别，然而人道、人格之存在此，是不可忽略的。

其次，慈善教育是慈善公益事业的重要内容。张謇慈善公益思想中的另一特点，是十分重视慈善教育。作为近代中国儒商的典型人物，张謇自然对发展教育非常关注。他在清末就将国民教育作为立国自强的根本大计。1895年，他为张之洞起草《条陈立国自强疏》提出"广开学堂"，戊戌维新期间又主张废科举、兴学校，并为之付出了艰辛的努力。张謇将教育喻为积极的措施，将慈善作为消极的措施，"属于积极之充实者，最要为教育；属于消极之救济者，最要为慈善。教育发展，则能率于以增进；慈善周遍，则缺憾于以弥补"。这里所谓"积极"与"消极"并无明显的优劣之分，只是各有其特定的功能与作用。

值得强调的是，清末民初重视发展教育者不乏其人，但像张謇这样关注慈善教育，特别是残疾人教育的却为数不多。张謇在清末创办师范和中、小学校的同时，就已开始注意盲哑等残废人的教育事业，并且提出了发展盲哑人教育的独特见解。1907年他曾致函署江苏按察使，阐明"盲哑学校者，东西各国慈善教育之一端也。教盲识字母，习算术，教哑如之。入其校者，使人油然生恺恻慈祥之感，而叹教育之能以人事补天憾者，其功实巨"。同时，他还对署江苏按察使提出建议，希望其学习美国的斯坦福、中国的叶澄衷、杨期盛，捐家资十分之二三，兴办盲哑学堂。但是，张謇的建议并未得到积极响应。当时的中国，没有多少人意识到盲哑人教育的重要性，因为"中国今日不盲不哑之人民，尚未能受同等之教育，何论盲哑"？[1] 尽管如此，张謇并不气馁，仍继续不断呼吁此事，并决心依靠自身的力量创办盲哑学校。其后张謇进一步认识到，要发展中国的盲哑人教育事业，首先必须培养专门的师资力量，否则只会流于空谈。1912年他在筹设盲哑师范传习所时，一再说明"知师范学校之重要而建设者，殆及于中国行省十之五六，则非残废之儿童，不患教师之无人。惟盲哑之儿童，贫则乞食，富则逸居，除英、美、德教士于中国所设之二三盲哑学校外，求之中国，绝无其所"。张謇还根据西方人口调查提供

---

[1] 崔之清. 中国早期现代化的前驱. 北京：中华工商联合出版社，2001：718.

的每千人有盲哑两人的数据,估计4亿中国人口中至少有80万盲哑人,"盲哑累累,教育无人",是一个十分严重的社会问题。如果仅仅依靠延聘外国教师,不仅"资重而不可以时得,权且不操于我,欲求校中之可为师,恐亦难应我盲哑学校之分配",唯一可行的办法就是创办盲哑师范传习所。除此之外,细心的张謇还曾阐明"盲哑教师苟无慈爱心与忍耐心者,皆不可任",认为具备了慈爱心与忍耐心才"不至误我至可悯之盲哑,而儿童教育可期其发展"。

再次,自然灾害的预防和治理是慈善公益事业的组成部分。张謇慈善公益思想的又一特点,是重视对各种自然灾难,尤其是水灾的标本兼治,并提出了导淮治灾的一系列主张。张謇何以会特别关注治理水灾呢?1911年他在华洋义赈会上所作的一次演说中曾说明:"鄙人髫龄,闻先父母述道光二十八年之大水,咸丰六年之大旱,乡里被灾之酷状,一家处困之情形。先父母即以治河为地方水旱预备之要,常常申说。先父为乡里任治河事,盖二十余年,故鄙人于水利略有所知。二十二岁时游淮安,见市有治河治淮诸书,即购致之,加意讨论,并太息于曾国藩氏、左宗棠氏议治淮之不获施行。"由此可知,张謇重视水灾的标本兼治,除了自身具有救世救民思想外,与其家庭曾经遭遇水灾和受父母的影响也有一定的联系。

张謇提出,灾象显现之后赈灾固然必要,但还须从长计议,不能仅仅以赈灾作临时应付之策。因为"水道不修,则水灾尤必有之事,有灾即又须赈。徒赈无益,甚且养成一般人民之依赖性,故以工代赈,为中国向来办赈至善善策"。关于水灾形成的原因,张謇特别强调"成灾在天,致灾在人"的辩证关系。具体就江南地区的水灾而言,则"一缘于河淮之不治,一缘于官吏之丧心",所以,要想消除水灾,"惟浚治河淮,实为标本兼顾、确当不易之策"。

为了使更多的人意识到导淮治水的重要意义,张謇曾经无数次地向各界人士多方阐明其主张,也曾向官府上疏请求予以重视和支持。他首先说明如果不采取标本兼治的措施,水灾将永无彻底消除之日,而且势必愈来愈严重。"若不于受灾之源而治之,天意无常,数年或数十年之内,设有如上年(1903)之灾者,灾区必更大,灾情必更重,将何以应?所谓受灾之源者,淮水也。淮所以为灾者,人海路断,人江路淤,水一大至,漫溢四出。"有鉴于此,只有采取导淮治水的标本兼治的根本措施,才能收到显著的成效。"十年以后,淮有畅流入海之路,湖有淤出可治之田,国有增赋,民有增产,大患尽去,大利顿兴,因祸为福,转败为功之机无逾于此。否则一灾辄死数十万人,一赈辄费数百万金,民固不堪,国亦不堪。"不难看出,张謇不仅自身认识到对水灾必须标本兼治,强调以工代赈,而且苦口婆心地劝告各界人士也关注和支持这一功德无量的重大善举。

各级官吏灾前不重视预防,灾后又隐情不报,致使灾民遭受更大损失。张謇对此甚为气愤并多次予以抨击。1906年,他代两广总督岑春煊拟淮北工赈请拨镪余疏,即曾说明江淮地区因连连降雨,已成水灾,但"州县狃于成例,慑于上司,不敢报灾",以致"民已迫而流亡,而催科之吏胥犹持票四出,间有筹办平粜及施赈之粮,经过徐、海、淮、扬捐卡,无不扣留需索"。在略为偏僻的淮北,更是"州县不报灾,关卡不停捐。外间遂亦以为灾故不甚,率不措意。及至灾民四散逃亡,不可复遏,犹复悍然不顾,剥及垂殣之民。是民之厄于水者已无可逃,民之厄于官吏者更无可悻"。可见贪官污吏比天灾更为可怕、可恶。民国初年,张謇更进一步阐明封建专制制度是加剧灾害的根源:"由于专制之国有君无民,故置民之疚痛愁苦,漠然而不顾,仅值大灾涔告,发帑数十万、百万为死丧流亡之民补苴百一而已。"在当时,像张謇这样敢于直言,抨击官吏失职造成灾民更大苦难的人并不多见。

最后,慈善公益事业的内涵和外延更为丰富和广泛。张謇对慈善公益事业所包含的具体内容的理解更为广泛,与同时期其他人对慈善的认识有着明显的不同。他曾结合自己所从事的慈善公益活动,指明在新的历史条件下,"慈善除旧有恤嫠、施棺、栖流诸事外,凡特设之事六:曰新育婴堂,曰养老院,曰医院,曰贫民工场,曰残废院,曰盲哑学校"。随着时代和社会的发展,张謇对慈善公益活动内涵的理解也在不断丰富,范围进一步扩大。张謇认为,学校兴办之后,还应创设相关的辅助性公益事业,包括图书馆、博物院,"以为学校之后盾,使承学之彦,有所参考,有所实验,得以综合古今,搜讨而研究之耳"。他还说明创设气象台,也"为自治公益事业之一","对于旱潦之预防,更有裨益",而创办公园也属社会公益事业,是"人情之圃,实业之华,而教育之圭表也",其作用是"以少少人之劳苦,成多多人之逸乐"。

综上所述,张謇关于慈善公益的一系列主张,在很大程度上标志着近代中国慈善公益思想已发展到一个新的阶段。如果说戊戌维新时期经元善提出的救急不如救贫、兴女学、开风气、正人心的新慈善观,体现了中国早已有之的慈善观念已开始从传统向近代转变,那么,张謇则在经元善新慈善观的基础上,又使中国的慈善公益思想具有了更为明确、更为丰富的近代内容。特别是他将慈善公益事业与地方自治、实业、教育的发展紧密相联,从新的层面阐述慈善公益事业的功能与作用,并且十分重视盲哑人教育,将创办图书馆、博物院、医院、公园等都纳入社会公益事业之中,称得上是张謇对中国近代慈善公益思想的一大发展。正因为张謇具有这些独具特色的思想,其所从事的慈善公益活动才产生了更大的作用与影响。

(二) 张謇慈善公益思想探源

张謇一生所从事的活动甚多,然而殚精竭虑、呕心沥血地兴办慈善公益事业的实践活动当属其中的一项重要内容,其中包括修建育婴堂、养老院、残废院、盲哑学堂、盲哑师范传习所、贫民工场、栖流所等常设机构和临时举办但并非偶见的救济灾民等活动以及建设桥梁、公路、公园等公益设施。张謇为办好这些慈善公益事业,可谓倾其所有。如前所述,为筹集建育婴堂、残废院和盲哑学堂的经费,从1908年起他多次卖字,"任何人能助吾慈善公益事业者,皆可以金钱使用吾之精力,不论所得多寡",而他最后两次卖字时已是七旬开外,令人感动。张謇为兴办慈善公益事业,投入了如此之多的精力和心血,其故为何?其思想、理念是如何产生的呢?人的先进理念和进步主张不是天上掉下来的,也不是头脑中固有的,必有其深厚的思想根源。

首先,中华民族优秀传统和道德观念的熏染。中华民族在长期的历史发展进程中,形成、积累了许多优秀的传统和道德观念,其中,儒家的"己饥己溺"、"民胞物与"思想中反映的关怀天下苍生的意识,是中国传统知识分子的主要标志之一,而《礼记·礼运》篇所描绘的"大同"世界更是中国传统知识分子所追求的理想的政治目标,其中,对弱势群体的关怀,"人不独亲其亲,不独子其子,使老有所终……幼有所长,矜、寡、孤、独、废、疾者,皆有所养",是这一理想世界画面上最为重要、最为绚丽的场景。张謇身为深受传统教育的知识分子,对此自然是知之甚详,受其影响甚深,因而儒家思想成为其兴办慈善事业的重要思想基础。在举办慈善事业的活动中,他曾屡次引用儒家的学说,用以说明他的出发点并借以号召他人。在为救济难民募捐的启事中,张謇就以儒家"恻隐之心"等主张相号召:"孟子曰:'恻隐之心,仁之端也。'又曰:'无恻隐之心,非人也。'此儒者之训也。诸君其有动于中乎?一钱匪少,一万匪多,各尽其力,以行其仁,以自完其为人而已。"在说明设立养老院时,他除引用孟子"老吾老以及人之老"的名言外,还广泛引用古说、古礼、古制、古法。

其次,人道主义意识的滋长。中华民族优秀传统和道德观念的影响只是张謇致力于慈善公益事业的原因之一。在那个时代,几乎所有的中国人特别是知识分子都是在中国传统文化的浸育和熏陶下成长起来的,其中确有不少人继承了"己饥己溺"、"民胞物与"等优秀的道德观念,也有身体力行者,如洋务运动时期受李鸿章命开办漠河金矿的李金镛,清末进士出身、民国初年曾担任过国务总理的熊希龄。但是,像张謇这样投身于慈善事业的人少而又少,许多官僚士大夫有足够的财力和声望兴办慈善事业却并未为之,甚至有不少成了剥削民脂民膏、贪污受贿的贪官污吏。二者之所以有天壤之别,应该有个人品性上的原因。

就个人品性而言,张謇具有强烈的人道主义意识。1887年黄河在郑州附近决口,时为举人的张謇随乃师、时任开封知府的孙云锦勘察水灾,耳闻目睹灾民的惨状,他为之"酸恻",然而,有的高官却说灾民无多,建议不设赈灾局,漠然不相存恤,张謇不禁义愤填膺,痛斥某些高官为"昧良丧心狂吠之犬"。张謇对民众的疾苦感同身受,有着深切的同情之心。在说明开办第三养老院时,张謇说:"以有用之金钱,与其消耗于无谓之酬酢,何如移其款而办公共之事业……夫养老,慈善事也。迷信者谓积阴功,沽名者谓博虚誉。鄙人却无此意。不守自己安乐,便想人家困苦;虽个人力量有限,不能普济,然救得一人,总觉心安一点。"看到大灾之后饥民嗷嗷待哺,而地方绅商则举行新年公宴,张謇触景生情:"嗟我农民,青黄不接,不有裨助,其何能济? 一念及此,则我辈合觞宴乐之时,正饥人仰屋兴嗟之会。"因此他把亲朋好友为其祝贺六十、七十整寿时的宴客费并馈金全部捐献出来,建立了两所分别容纳120名和146名老人的养老院,并且还建议将新年公宴之花费"各计所耗,都为成数,醵食而外,悉资贫乏……以后彼此不再往还饮宴"。张謇表明自己此时的心迹:"一己之享,何如众人之安。"在说明创办残废院时,张謇明确地说:"是岂地方自治之所应有,人道主义之所宜然。"

最后,西方慈善观念的影响。张謇兴办的最早的慈善机构是设于南通唐闸的新育婴堂,以后又陆续设立了养老院、残废院和盲哑学堂等。除盲哑学堂外,其它均非舶来品。中国传统的慈善事业和近代西方的慈善事业在观念、做法上均有不同之外,中国传统的慈善事业重在"养",即让被救助对象能够"活"下去,而西方近代的慈善事业除"养"之外,还有"教",即使被救助对象至少有一技之长,让他们有自己生存于社会的能力,而且,慈善机构中注意卫生状况和被救助者的身体健康。作为一个开明的士大夫,张謇对之自然是十分关注,除通过各种媒介了解外,他还亲自参观了一些外国传教士在中国开办的慈善机构,深有感触:"比年耶教会设安老院于上海。安老云者,犹孔子意。茍而观之,养男女老者,凡百七八十人。行其庭穆然,洞其室涓然,辨其事秩然,相其人温然。尸其事者弗受给,而更迭募资以赡院之用;受其养者弗役人,而各任所能以尽人之宜。退而思之,惘惘然,恤恤然,我中国未尝有也。"张謇曾在1903年赴日本考察实业和教育,并对日本效法西方举办的一些慈善事业也有所了解。在参观盲哑院的日记中写道:"盲者教识字母,教算,教按摩,教音乐,教历史,地理。盲者教之。聋哑者,教习画,习裁缝,习绣,习手语,习体操。哑者教之,亦有不盲不哑者助教。"并为之感叹:"彼无用之民,犹养且教之使用乎!?"正是受这种影响,张謇不仅重建了育婴堂、养老院,采取西方方法进行管理,育婴堂"参用(上海)徐家汇教会育婴之良法",还新立了盲哑学堂和盲哑师范传习所。张謇设立的南通狼山盲哑学堂是国人自办的第一所此类学堂,此前,"除英、美、德教士于中国所设之二三盲哑学校外,求之中国,绝无其所",而盲哑师范传习所则是张謇的独创。

当然,良好的、朴素的、乐善的家庭教育,也对张謇形成乐于助人、善良厚道的个性产生了深远影响。

(三)张謇慈善公益事业的高尚境界

胡适在《南通张季直先生传记序》中说,张謇"独力开辟了无数新路,做了三十年的开路先锋,养活了几百万人,造福于一方,而影响及于全国"。近代中国还没有谁能够像张謇这样,依靠个人的力量,在自己的家乡从事这么多的教育、慈善公益事业和这种整体性的社会改造工程。张謇把自己的人生融入造福一方的事业中去,用毕生的精力精辟地阐述了自己的人生价值观。张謇在给家兄的信中表达自己的人生志向时发誓说:"此后之皮骨心血,当为世界牺牲,不能复为子孙牛马。"张謇"为世界牺牲"的豪情壮志,正是其高度的社会责任感、高尚的人生境界和勇于为地方建设献身精神的典型体现,这种"为世界牺牲"的精神,在张謇思想中最为高尚,最为感人,也最具悲怆色彩。张謇为实现其所追求的崇高的人生境界,视功名利禄如粪土,以国家富强、人民幸福为使命,一生辛劳,上下求索。其为人类幸福,为世界牺牲的殉道精神,震撼着人们的心灵。

1. 为民谋利的人生观

在近代,中国灾难深重,无数仁人志士为救亡图存而上下求索。张謇先后经历了实业救国、教育救国,领导推动清末立宪运动和拥护民主共和这样三个爱国历程。但由于社会制度的落后和西方列强咄咄逼人的经济侵略,其爱国抱负屡屡受挫。但张謇又是一个务实有加的人,他将巨大的爱国热情倾注在建设家乡的踏实行动之上,为造福乡里,倾其资产和精力,苦心筹划,抱着昂扬进取、为民造福的人生态度,奋斗不息。

张謇之子张孝若总结张謇经营地方的业绩时有一段感人肺腑之言:"我父经营地方的志愿,到二十余年方才有一点模样;实业方面从种植原料造成货物运输出去,直接间接的农工商人,依赖生活的,总有几十万人,为地方国家兴的利益,每年总近千万元;教育从幼稚园办到大学,慈善事业做到老者安之有养老院,少者怀之有育婴堂,其他无告无教的人,有残废院、盲哑学校;全县有齐全的图,通行的路,完备的水利,全县没有一个乞丐。我父本来拿南通当一个大花园去布置点缀,所有的心血,所有的家产,都用在这个志愿上。他拿南通地方的事,当作他自家的事;他自家的荣誉,就是南通地方的荣誉……到了病重的时候,还时时提到全县工业原动力的大电厂没有办成;全县民兵的制度没有办成,引为遗憾。他经营地方的精神,至死未已。"①

张謇对家乡的热爱胜过了自己的生命。与南通隔江相望的江常因为要沙田速成,在江边筑了两条坝,结果导致江流变迁,汹涌的江涛直逼南通江岸,坍江危险骤然大增。张謇十分愤怒,上书官府要求拆去江常所筑江坝。在《为段山夹滩地事致吴季尘函》中,张謇指出:"坍江之侧,无鄙人一毫私产;与害我人争者,为地方而争。涨滩之中,无鄙人一毫私领,非法不可领,为个人人格而不领。所谓人格者,不欲以义始,以利终也。"张謇热爱故乡之情至真,只要地方上有一个人不上路,一块地方不整洁,都为之担忧。地方建设事业不办则已,办则越办越多,越办越不满意。在一次记者招待会上,张謇畅谈自己宿志说:"每年必成建筑物两种:二十年来,竟能不虚所望,且有数年过于所望者。去年所成,即五公园,今年所计,为狼山之马路,明年则拟加筑江堤,及创办蚕桑学校。"②可以说,南通的一草一木,一路一屋,都是张謇经营心血的结晶,都是他财产消耗的见证。他的生命和生活与南通水乳交融,很难截然分开,也没有必要分开。诚如张謇自己对人所言,南通的"一风一雨,一冷一暖,都在我的心上"。他曾对日本友人驹井德三说过:"予为事业生,当为事业死。虽曾就农商总长之职,然此不过为完成事业之一经过耳。足下为日本人,闻斯言或觉奇异,然予信今日之最忠于中国国家者,在能完成一事,以示国民而不疑也。"③建设家乡的持之以恒的不懈努力,是张謇人生价值的具体寄托。

张謇对于勤于职守的员工关怀有加。工厂中的工人、办事人,学校中的教员,凡身故必有抚恤,或对于后人有某种优厚的待遇。如果任事到一定年限,或因为年老退职,必定有递加俸金或退休金的保障。张謇对工程师特莱克更是敬重有加,"保坍会工程师特莱克……有西人办事之勇,负责之专,却无西人奢逸之习气,我父很为爱重。因为暑天勘视工程,得时疫而死,我父亦为公葬于南山下"。后其子张孝若出使欧洲,张謇特修书一封,要儿子"到荷兰去访慰其母氏"④,言词情真意切。对普通劳苦群众,张謇总是充满同情之

---

① 张孝若.南通张季直先生传记.台北:台湾学生书局,1974:379.
② 张孝若.南通张季直先生传记·影印本.北京:中华书局,1930:346.
③ 张孝若.南通张季直先生传记·影印本.北京:中华书局,1930:407.
④ 张孝若.南通张季直先生传记·影印本.北京:中华书局,1930:373.

意,对丧失自理能力的孤寡残疾之人,张謇更是无限同情,并通过兴办养老院、盲哑学校、育婴堂、残疾院等福利事业,尽可能给予实实在在的帮助。在一次演说中,张謇谈及慈善事业时说:"夫养老,慈善事也,迷信者谓积阴功,沽名者谓博虚誉,鄙人却无此意,不过自己安乐,便想人家困苦,虽个人力量有限,不能普济,然救得一人,总觉心安一点。"①在近代,中国人民缺衣少食,贫困不堪,在死亡线上挣扎者比比皆是。张謇虽知道这是一个社会问题,非个人力量所能解决,但仍尽最大努力兴办慈善救济事业,救一人,算一人。这种救助贫苦大众的善举,与那些残民以逞,不管民之死活的贪官暴吏相比,何啻天壤之别?这种根本区别的根源,就在于人生观、价值观的迥然不同。

2. 克己奉公的金钱观

为什么赚钱、为谁赚钱?为什么用钱、为谁用钱?看似简单,实则意味深长。张謇创办大生纱厂获得成功后,没有积累起个人的私产,而是将个人从企业所得报酬的极大部分返还于社会。南通的教育、慈善和社会事业,其中大部分的经费都是张謇弟兄以个人所得承担的。1925 年,张謇在给《大生纱厂股东会建议书》中说,除纺织专门学校和通州师范外,他和叔兄每年承担的费用为:教育事项 58440 元,慈善事项 22560 元,公益事项 4080 元,总计 85080 元。二十余年来,"除謇自用于地方及他处教育、慈善、公益可记者一百五十余万外,合叔兄所用已二百余万,謇单独负债又八九十万余元"。张謇不仅把个人所得无私捐助社会,有时甚至靠卖字鬻物筹措慈善、教育等公益事业的经费。张謇的一则卖字启云:"南通前年歉,去年灾,农饥商疲而金融滞,下走岁人大縠,而所负地方慈善公益之责,年费累巨万无可解除,亦无旁贷也……自登报日起,鬻字一月,任何人能助吾慈善公益事业者,皆可以金钱使用吾之精力,不论所得多寡,限断一月。此一月内,定每日捐二小时于字,无一字不纳于鬻。"②这种无私奉献的壮举,令人肃然起敬。

张謇的各项事业一度可谓红红火火,但他没有享受锦衣玉食的奢侈生活,在为公益事业一掷千金的同时,却过着令人难以想象的俭朴生活。他的儿子追述其父日常生活时写道:"他穿的衣衫,有几件差不多穿了三四十年之久,平常穿的大概都有十年八年。如果袜子祆子破了,总是加补丁,要补到无可再补,方才换一件新的。每天饭菜,不过一荤一素一汤,没有特客,向来不杀鸡鸭。写信用的信封,都是拿人家来信翻了过来,再将平日人家寄来的红纸请帖裁了下来,加贴一条在中间,日常都用这翻过来的信封,有时候包药的

---

① 张孝若.南通张季直先生传记·影印本.北京:中华书局,1930:380—381.
② 张孝若.南通张季直先生传记·影印本.北京:中华书局,1930:376.

纸,或者废纸,拿过来起稿子或者写便条用……平常走路,看见一个钉,一块板,都捡起来聚在一起,等到相当的时候去应用它。(张謇)常说,应该用的,为人用的,一千一万都得不眨眼顺手就用;自用的,消耗的,连一个钱都得想想,都得节省。"①在家书中,张謇一再叮嘱夫人持家要"加意节省",认为"每日菜蔬,一腥一素已不为薄。须是将债还清"。张謇又说:"凡人家用度,若但出入相当,已不足以预备非常之急,若复过度,则更不合处家之道。"②第一次世界大战爆发后,张謇忧心忡忡,在给儿子的信中嘱咐道:"欧祸及亚,殆无宁岁矣……我观浩浩人海,将来沟中之瘠,不知凡几也,念之憮然,愿儿知此意,别业势不能中止而意窃悔之,为来日之艰也。家中可告汝母,刻意节俭,为自立之图,非常之备。"③张謇晚年对儿子说过:"我死后非但没有钱给你,恐怕还有债留下来给你背。我难得有一个和我一样不爱钱财的儿子。"④张謇逝世以后,果然负债。张孝若在悼其父的《哀启》中云,张謇"三十年来集众资经营各业,为江淮海地方生利者,现值逾万万金;以一己所应得,公诸通海地方作建设及经常费者,先后计数百万金。衣食于所营公私各事业待而生活者,士农工商合数十万户。而先严转负债累累,迄今弃养,所盈尚不足当所绌,此则为远方人士所未及知,而先严劳劳毕世,立人达人,耻一夫不获其所之精神之所萃,不敢不濡血和泪以陈者也"⑤。

张謇"不爱钱财",无私奉献社会的高尚之举,是由其金钱观所决定的。张謇对金钱的看法是:"有钱人的势焰,实在难受,所以我非有钱不可。但是那班有了钱的人是一毛不拔做守财奴,我可是抱定有了钱,非全用掉不可","一个人的钱,要从我的手内拿进来,再用出去,方才算我的钱,不然还是人家的钱,或者是箱柜里边的钱","人单单寻钱聚财不算本事,要会用钱散财","我是穷人来,还是穷人去"⑥。很显然,在张謇心目中,金钱不过是为实现人生价值的工具而已,而绝不是人生价值的砝码,更不是人生的终极追求。这样的金钱观一方面是由张謇的人生境界所决定的,另一方面又体现了他的高尚人生。

3. 鞠躬尽瘁的义利观

舍身取义是张謇的价值追求,他对自己不"言利"而在"取义"。其"义",

---

① 张孝若.南通张季直先生传记·影印本.北京:中华书局,1930:344.
② 张孝若.南通张季直先生传记·影印本.北京:中华书局,1930:500.
③ 张孝若.南通张季直先生传记·影印本.北京:中华书局,1930:507.
④ 张孝若.南通张季直先生传记·影印本.北京:中华书局,1930:497.
⑤ 张孝若.南通张季直先生传记·影印本.北京:中华书局,1930:361.
⑥ 张孝若.南通张季直先生传记·影印本.北京:中华书局,1930:360—361.

就是振兴地方的责任、救民于水火的情感和服务社会的良心。深受中国传统文化熏陶的张謇,在逆境中开拓,为了百姓的利益,纵有千难万险,也要舍身成仁,鞠躬尽瘁,死而后已。

在创办大生纱厂初期,由于通州风气未开,集资异常困难,商办被迫改为官商合办。但当地商人又畏官如虎,竭力反对,"凡以纱厂集股告人者,非微笑不答,则掩耳却步"。张謇处处碰壁,只得求援于张之洞、刘坤一,改为"绅领商办"。此间流言蜚语不胫而走,先是有人吹冷风,说什么"厂囱虽高,何时出烟",试机后又泼冷水,嘲笑"引擎虽动,何时出纱",但张謇不为所动,迎难而上,终以出纱的事实战胜了旧势力的挑战。出纱后,一时资金奇缺,张謇只好四处乞贷,多方求助,仍无进展,以致"留沪两月,百计俱穷",每晚在大马路一带盘旋,"仰天俯地,一筹莫展",手头拮据到连盘缠都是靠卖字开支。但他毫无畏惧,回通州后背水一战,终于转危为安。

为解决大生纱厂原料基地问题,张謇以平均每亩1钱9分的低廉地价领取十二万多亩滩地着手创办通海垦牧公司。创办初期,地权关系极为复杂,既有属于淮南盐场的"荡地",又有属于苏松、狼山两镇的"兵田",还有属于民间"坍户"、"酬户"、"批户"等之原业主或土地实际占有者的各种名义土地,诚可谓"几无一土无主,亦无一丝不纷"。张謇百般努力,整整花费八年之久才将地权逐一清理收买完毕。其间之艰辛,超越常人之想象。在海滩垦荒,还遇到风潮的严峻挑战。1905年夏,一场持续了五天五夜的大风暴和一丈多高的巨浪,将历尽艰辛筑成的七条干堤全部冲毁,牧场羊群散失殆尽。这场突然降临的大风潮冲掉了股东们继续投资的决心,垦牧公司面临着功败垂成的险境。张謇不怨天尤人,积极奔走,筹集款项,购运棉衣,终于度过了最难熬的严冬。次年春,数千通海移民再次开赴滩涂,在暴雨肆虐的恶劣环境下继续苦干,最终获得成功。

从1901年至1907年,张謇围绕大生纱厂这一轴心,先后创办了用纱厂轧花棉籽榨油的广生油厂、利用油厂"下脚"制造皂烛的大隆皂厂、利用纱厂剩余劳动力磨粉以供浆纱与食用的大兴面厂、专为纱厂修理机件的资生铁厂以及为纱厂解决运输问题的大达轮步公司等19个企业,初步形成了一个颇具规模的大生资本集团。每一个企业的创办,都经历过难以想象的艰辛。即使在历尽坎坷创办实业初步成功之后,张謇也没有沾沾自喜,迷恋享受,而是继续努力,开拓奋进。1902年,张謇创办了清末第一所中级师范学校,还创办了通州女子师范学校和一批小学与中学,还在外地先后参与或协办复旦学院、吴淞中国公学、南京高等师范、河海工程学校等大专院校,在通州建立了中国第一所博物苑,相继创办了图书馆、更俗剧场、伶工学社、盲哑学校等,修建多处公园与体育场,为保坍防灾东奔西忙。

张謇一生奔波,一生奋斗。几十个春秋寒暑,无数的艰难困苦,各种巨大的内外压力,许多常人难以想象的困难,一起袭来。但张謇仍以坚韧不拔的毅力,钢铁般不可动摇的意志和挑战困难的大无畏勇气,不断进取,永不懈怠。古人云,盖棺论定。张謇高尚的人格,赢得了世人的钦敬。美国人萨雅慈先生(Mr. Siter)评介张謇:"张公秉救世之正义,存利众之仁心","与工人以相当之待遇,宁失之宽厚,毋失之刻薄","清廉果敢,尽力于富国利民之事"①。日本人驹井德三十分赞赏张謇"为事业生"、"为事业死",献身于实业之振兴,尽心于教育之改革,从而为世人称伟的执着人生,他称赞张謇"人格高洁,奉己甚薄,粗衣粗食,而持己甚严"。② 甚至连反对过张謇的人,在他逝世后也无不同声溢美。张謇出葬之日,寒霜凝素,前来送葬者超过万人之众,皆步行执绋。柩车徐徐缓行,沿途观望的乡民有数十万之众,无不屏息嗟叹,目送这位曾经造福于乡里的"张四先生"归于长眠之地。墓地不铭不志,只在墓门横石上题曰:"南通张季直先生之墓阙"。

马克思说过:"如果我们选择了最能为人类服务的职业,我们就不应该被任何沉重负担所压倒,因为这是为全人类作出的牺牲;那时我们得到的将不是一点点可怜的自私的欢乐。我们的幸福将属于亿万人,我们的事业虽然并不显赫一时,但将永远存在。当我们离开人世之后,高尚的人们将在我们的骨灰上洒下热泪。"③吟诵马克思的这段名言,我们不能不赞颂张謇"为世界牺牲"、为南通献身的人生壮志以及为之奋斗不息的人生境界。

思考题:

1. 张謇创办了哪些慈善公益事业?
2. 张謇的慈善公益事业与一般的"义举"有何不同?
3. 张謇的慈善公益思想对现代慈善公益事业有什么启迪?张謇作为企业家的慈善活动对今天的企业家有什么启示?

---

① 张孝若.南通张季直先生传记·影印本.北京:中华书局,1930:406—407.
② 张孝若.南通张季直先生传记·影印本.北京:中华书局,1930:407.
③ 马克思,恩格斯.马克思恩格斯全集.北京:人民出版社,2001:459—460.

第九讲　张謇的道德伦理思想

教学目的、要求

> 本讲教学,使学生了解张謇伦理思想的丰富内涵、形成过程及其现实价值,深入研究张謇内心的精神世界,感受张謇的人格魅力。在教学中,要求把张謇研究与现实公民道德建设结合起来,把研究传统伦理思想与弘扬时代精神相承接,使理论研究为当代的精神文明建设服务。

张謇言录

> 下走之为世牛马,终岁无停趾;私以为今日之人,当以劳死,不当以逸生。

所谓人格,包含了人的性格、气质、能力等特征,从道德的角度讲,主要指个人的道德尊严和道德品质。张謇一生从未停止过道德人格的自我完善和自我激励。这种人格力量支撑他做了三十年的开路先锋,办了大量有益于社会、有益于后世的事;依靠这种人格力量,他克服了无数的困难,在奋斗中,在忧患中,走完了人生旅程。只有深入探究张謇的道德人格,包括他的事业观、人生观、道德观、财富观以及他的个性品格等,我们才能真正理解其人、其事、其行为中的深层次的东西。

一、张謇的政治伦理思想

政治与伦理同属上层建筑,二者之间历来具有紧密的联系。法国著名唯物主义哲学家霍尔巴赫认为:"伦理与政治是相互关联的,二者不可分离,否则便会出现危险。伦理若无政治的支持,便毫无力量;政治若无美德的支持和协助,便岌岌可危,迷失方向。"①

中国传统伦理思想具有的一个重要特点,那就是伦理政治化,政治伦理化,伦理和政治成为一体。"君为臣纲,父为子纲,夫为妻纲"的道德原则生动表明封建社会是宗法家长制与专制制度合一的社会,维护宗法家长制的道德规范也是维护专制制度的政治手段,而维护专制制度的政纲也是强化宗法制度的道德措施。中国政治体制这一特点决定了伦理和政治的一体化。孔子主张"德治",把道德与治国结合起来,说:"为政以德,譬如北辰,居其所而众星共之。"(《论语·为政》)孟子则发展为"仁政",董仲舒把道德原则与政治纲领进一步统一起来,提出以"三纲"治天下的思想。伦理与政治一体化有利于把道德与国家的命运和前途相联系,有利于形成忧国忧民、以天下为己任的优良传统,在历史上也确实培育了一批这样的仁人志士。

(一) 天地之大德曰生

张謇一生的事业主要体现在政治、实业、教育三个方面。办实业、办教育服从于他的政治理想和追求。研究张謇的伦理思想,首先应从他的政治伦理思想入手。

张謇的政治理想和追求是明确的,其终极目标是"天地之大德曰生"。1899年4月,张謇创办的第一个企业经历重重困难和挫折后终于投产。张謇以《易经》"天地之大德曰生"之意取名为大生纱厂。张謇与友人交谈时说过,一切政治及学问最低的期望,是要使大多数老百姓都能得到最低水平线的生活,要让没有饭吃的人有饭吃,生活困苦的人能够逐渐提高,这就是儒者应尽的本分。张謇认为,实现这个终极目标的最佳途径,就是"实业救国"、"教育救国",建立君主立宪的国家,这是张謇为之奋斗的政治理想。他在晚年仍说:"一生之忧患、学问、出处,亦尝记大者,而莫大于立宪之成毁。"他多次谈及自己之所以投身实业,不得不周旋奔走于自己所极为反感的利禄场中,其重要的精神支柱,便是为民间开源生利的理想信念。

与同时期的社会精英相比,张謇的与众不同之处在于,他不尚空言,而是勇于实践,务实有加,脚踏实地地将自己的政治理想与信念逐步变成现实的事业,实现了理想与现实、道德与功利的紧密结合。在张謇看来,让没有饭吃的百姓有饭吃,生活困苦的逐步改善,是儒者应尽的本分,体现了孟子"黎民不饥不寒"的精义。而"不饥不寒"就当世而言,一定要与符合时代潮流的实业和教育发展相结合:"今之国计民生,以人人能自谋其衣食为先务之急。衣

---

① [英]欧内斯特·古巴.英国政治思想.北京:商务印书馆,1987:5.

食之谋,在于实业。"他一生就是朝着这个方向而努力奋斗的。在中国近代史上,一些地方士绅或大资本家出资办实业、办教育、办社会公益事业并不鲜见,而像张謇那样,用自己办实业的可观利润"经营乡里",创办那么多的事业,并且又具有那么明确的政治理想和目标的,我们很难发现第二个人。

(二)事莫痛于亡国

张謇曾说:"鄙人自十六岁后,无时不在忧患中。"张謇的忧患来自多方面,而最大的忧患莫过于担忧国家的安危、民族的前途。他说:"夫人莫哀于心死,事莫痛于亡国。"最能体现张謇爱国忧患意识的,当是中日甲午战争前后他的所言所行。

光绪二十年(1894),因慈禧六十寿辰,清廷加一次开科取士,称为"恩科"。四月二十二日殿试,张謇以一甲一名荣中状元,终于站在了历代文人羡慕的顶端上。照清廷的惯例,新科状元张謇被钦授为翰林院修撰。张謇感奋无已,亟思回报,正想干一番事业之时,这年六月爆发了中日甲午战争。当时,朝廷中分帝、后两党,意见相左。帝党主战,后党主和。翁同龢、李鸿章分别为两派的首领,其后台分别为光绪与慈禧太后。张謇是帝党中极为活跃的人物之一,只是由于官阶的限制,还没有具备直接向皇帝呈奏的资格,只能通过翁同龢转达自己的主张。但是因为他有与日本侵略者直接抗衡的政治经验,所以成为帝党中重要的决策人物之一。由于李鸿章掌握着兵马大权,西太后老谋深算,心毒手狠,操纵着实际权力,主和派的力量无形中占着优势。

由于主和派操纵着实权,在软弱退让思想占上风的情况下,黄海海战连连失利。李鸿章为保持个人实力,不顾国家安危,命令他的北洋舰队躲进威海卫港内"不得出大洋浪战";下令陆军"可守则守,不可则退",公然自撤藩篱,这更激起了全国上下的公愤,翰林院里也群情鼎沸,众人痛斥权奸误国。九月,翰林院三十五人合疏《请罪李鸿章公折》,要求朝廷严惩李鸿章。张謇则单独上疏,痛斥李鸿章。这本奏折从光绪八年(1882)李鸿章对朝鲜问题的处理造成"我有自腐之机,敌乃有可乘之隙"入手,一件件,一桩桩,历数其种种不可宽容的罪状,一针见血地指出:"直隶总督李鸿章,自任北洋大臣以来,凡遇外洋侵侮中国之事,无一不坚持和议。天下之人,以是集其诟病,以为李鸿章主和误国,而窃综其前后心迹观之,则二十年来败坏和局者,李鸿章一人而已。"张謇以大量的事实和犀利的笔锋,无情地揭露和鞭笞了李鸿章的种种卖国行径。他愤怒谴责道:"试问以四朝之元老,筹三省之海防,统胜兵精卒五十营,设机厂、学校六七处,历时二十年之久,用财数千万之多;一旦有事,但能漫为大言,胁制朝野,曾无一端立于可战之地,以善可和之局,稍有人理,能无痛心!"张謇最后请求朝廷"另简重臣,以战定和,固人心而申国势"。

当时的李鸿章权倾朝野,炙手可热,顺之者昌,逆之者亡。张謇身为新科状元,功名前程全在这些"铁腕人物"的翻云覆手之间。按照官场陋习,张謇这类六品修撰,正该跻门求荣,努力巴结,哪里还敢公然作对?可张謇全然不顾个人可能遭致的官场厄运,猛烈抨击李鸿章,揭露其投降主义的丑恶面目,其勇气和胆魄着实令人敬佩。这篇奏疏,无疑是一纸讨李檄文,说出了人们对投降派的愤恨,对以李鸿章为代表的投降派的声势和地位不能不说有所打击。

(三)趋势然也

甲午战败之辱,进一步激发了张謇的爱国义愤之情。他决心放弃仕宦前途,通过兴办实业和教育来实现"救亡图存"的抱负。他为家乡的实业、教育事业倾注了热情与心血。张謇称自己"言商仍向儒",即在"言商"的同时"未敢忘忧国"。他并没有脱离政治,而是以实业政治家的身份积极投身于改造中国政治的激流之中。在清末民初的重大政治事件中,几乎都活跃着张謇的身影。他同情并参与过戊戌维新运动;策划并支持过立宪运动;组建并领导了江苏咨议局;辛亥革命之后,张謇静心回顾和反思了立宪活动的前前后后及朝廷的种种作为,均是"专制,且视前益剧",立宪之说,"达之疆吏而陈之枢密者,无济也",在此情况下,还要无休无止地去大声疾呼喊叫,实在是"诚愚且妄",他从主张立宪而毅然转向共和。张謇在对自己的选择作解释时说:"环视世界,默察人心,舍共和无可为和平之结果者,趋势然也。"这句话生动表明了他的政治伦理思想的特点,表明了他对政治的选择不是以个人的利害得失为标准,而是顺应历史潮流,以国家、民族、民生利益为重。这充分展示了他诚实的政治品格和紧跟时代的进取精神。

二、张謇的经济伦理思想

张謇获得读书人的最高功名——状元,站在令无数书生羡慕的顶端上。他本可以一步步青云直上,走"学而优则仕"的道路。但他目睹朝廷腐败、国势衰微、列强入侵,毅然作了不同流俗的选择,走一条弃官经商、从事实业的道路。从1895年张謇利用自己状元身份向社会集资办大生纱厂开始到1925年止,不仅"大生纱厂是第一次欧战前华资纱厂唯一成功的厂",而且大生纺织企业由1个扩展到4个,资本增加近16倍。同时,他依靠纺织业起家,以大生纱厂作母公司,用控股为手段组建了横跨农垦、交通运输、轻工、纺织、冶炼、机械制造、供电、金融、房地产、贸易等行业的拥有3000多万元资产和38家股份式企业的大生资本集团,成为20世纪20年代初国内首屈一指、亚洲赫赫有名的农工商实业集团。他的事业涉及方方面面,有力地推动了南通地区早期现代化的进程,使一个封闭落后的封建城镇过渡到具有近代规模的新型资本主义城市,被经济史学界称为"南通模式"。20世纪50年代初,毛泽东同志曾经说过:"讲到中国的民族工业,有四个人不能忘记:讲到重工业,不能忘记张之洞;讲到轻工业,不能忘记张謇;讲到化学工业,不能忘记范旭东;讲到交通运输业,不能忘记卢作孚"。①

但是,与一般商人或资本家不同的是,张謇认为自己首先是"儒",其次才是"商",用他自己的话来说,即"言商仍向儒"。他认为,"中国须振兴实业,其责任须在士大夫",他希望社会能出现一批士商一体的"儒商"。张謇堪称中国近代"儒商"的典型代表,他是两手空空离开人世的,但是,他的儒商经济伦理思想和儒商精神却是留给后人的一笔巨大而宝贵的财富。

(一) 中国须兴实业,其责任须士大夫先之

张謇自15岁起即开始了漫长而艰辛的科举生涯,在历经26年的曲折坎坷后,终于在1894年41岁时达到了士人的最高目标——状元及第,被授予封建士人通常被钦赐的最高官位——翰林院修撰。然而张謇最终并未走上飞黄腾达的仕途,而是于甲午战后毅然投身实业走上了"实业救国"的道路。在中国传统文化氛围中成长的士大夫阶层,一向奉行重农轻商、学而优则仕等价值观念,所以"状元下海"现象,的确是不同凡响之举。事实上任何一种经济行为都不是纯粹意义上的经济问题,它总是浸染着时代的、民族的、政治的、伦理的种种印记,受到各种社会因素的影响。对于张謇来说,他下海经商显然不是由于经济的强迫力量,也不是功利主义的推动。康德说,当一个人没有任何功利考虑和外在强制,自觉地去履行自己的义务时,他的行为才是道德的。在这时,指导他的只有发自内心的纯粹理性的道德律令,那就是"实业救国"。那么,推动张謇"弃官经商",走"实业救国"道路的精神动力和道德观念是什么? 这就是张謇所说的"中国须兴实业,其责任须士大夫先之"。

"中国须兴实业",这是张謇对中国古代经济伦理思想的扬弃。中国古代经济伦理思想奠基于先秦诸子学说,自秦汉至明清,其主要内容一以贯之,在总体上形成了以"农本商末"——"重农抑商"为立论前提,以"重义轻利"为

---

① 编写组.张敬礼同志谈话记录//张季直先生事业.大生纺织公司年鉴.南京:江苏人民出版社,1998,407.

基本价值模式和伦理理念,包括"均平"、"诚信"、"勤劳"、"节俭"等伦理原则和规范的思想框架。其内容适应了小农经济的社会基础及等级礼制的社会结构,同时也阻碍了商品经济的发展。到近代,才产生适应资本主义商品经济发展的经济伦理思想。

光绪二十一年(1895),张謇在为张之洞起草的《条陈立国自强疏》中,比较系统地阐明了自己的实业观及救亡主张。疏稿首先分析了《马关条约》的严重危害性,他愤慨地说,"此次和约,其割地驻兵之事,如猛虎在门,动思吞噬;赔款之害,如人受重伤,气血大崩;通商之损害,如鸩酒止渴,毒在脏腑……""(日人)今更以我剥肤之痛,益彼富强之资;逐渐吞噬,计日可待"。接着他提出加强国防、广开新学、提倡商务、讲求工艺等建议,而其中最值得注意的则是他非常强调发展近代实业和近代教育,提出"实业救国"、"教育救国"的主张。张謇好友刘厚生回忆:"张謇于乙未年《马关条约》签订后,提出实业救国、教育救国之口号,身体而力行。"①

在民族国家危亡之际,张謇提出了"实业救国"的主张,他说"中国须振兴实业,其责任须在士大夫",而且在行动上毅然抛弃高官厚禄投身实业。1895年,张謇在通州创立大生纱厂,自此一发不可收,先后创办各类企业30多家,在东南沿海地区形成了一个民族资本集团——大生资本集团。张謇的实业首先从创办纱厂开始,这并非出于偶然。他早已敏锐地意识到,通州地区所产的优质棉花,如果被日本人运往日本纺纱,再返销中国,将对民族工业造成极大的威胁。他说:"通产之棉,力韧丝长,冠绝亚洲,为日厂所必需。花往纱来,日盛一日,捐我之产以资人,人即用资于我之货售我,无异沥血肥虎,而祖肉以继之。利之不保,我民日贫,国于何赖。"严重的民族危机感和深沉的爱国责任感,促使这个具有开明倾向的传统士大夫,把自己的人生道路转移到了民族资本主义的方向,毅然决然地走上了"实业救国"的道路。

(二)言商仍向儒

"儒商精神"是张謇经济伦理思想的一个显著特点。张謇认为自己首先是"儒",其次才是"商",用他自己的话来说,即"言商仍向儒",他希望社会能出现大量士商一体的"儒商"。

"儒商"一词源于何时难以查证,但最早把"儒"与"商"概念结合起来是在明清之际。明清时期,在徽州等地产生了一批自称为"儒贾"的商人群体。他们或"弃儒就商",或"商而学儒",虽"商游乃心好儒术",仍信奉儒家伦理

---

① 刘厚生.张謇传记.上海:上海书店,1985:73.

精神,并使之转化为经营理念和行为规范,形成了一种具有民族特色的经济伦理,即"儒商伦理"。其核心是将儒家的"重义"精神运用于商业经营,形成了儒商的经营理念,即"利以义制","财自道生,利缘义取","虽托游于货利之场,然非义弗取"。张謇从小就受中国传统文化的浸濡,读经、诵书、科举考试是他青少年时代的生活内容。张謇曾在科举道路上艰苦跋涉了二三十年,一生都在研读儒家经典,一生都以尧舜之品质、孔孟之风范作为自己的楷模,如他自己所说,"吾欲用世之心,犹之孔子也",儒家伦理学说的教化成为他"儒商伦理"思想形成的基础。

张謇的儒商伦理思想具有丰富的内涵,具体体现在下列几个方面。

第一,核心是"民本"思想与"仁爱"精神,这是张謇弃官经商、投身实业的重要精神支柱。张謇多次谈及自己投身实业是出于为乡民开源生利的信念——"天地之大德曰生"。张謇认为,让没饭吃的百姓有饭吃,生活困苦的逐步改善,是儒者应尽的本分。事实也确实如此,张謇在创办的实业获得成功后,并没有积累起个人私产,而是将企业所得利润的大部分返还给社会。学者研究认为,南通的教育、慈善及各项社会事业,"大部分的经费"都是张謇兄弟"以个人所得承担的"。为造福乡里,张謇倾其资产和精力,苦心筹划,甚至在资金不足时不顾盛暑年迈,为慈善事业鬻字筹款。张謇以极其务实的精神实践着他的经世济民理想,"建设家乡,造福乡里",成为张謇的人生目标和精神寄托。

第二,"义利合一、诚信为本"的精神。在义利观问题上,张謇表现出尚义、重义的精神。但同时,张謇又十分重视"利",主张功利与道义并重,这是张謇对儒家"重义轻利"伦理观念的扬弃。张謇虽未大张旗鼓地抨击"重义轻利"的观念,但他实实在在地从自身做起,以实际行动影响着世俗的价值导向。张謇一生为大生集团及地方教育筹款,甚至不顾忌自己的状元身份多次在报纸上明码实价地发布鬻字广告,向世俗挑战。张謇在与黄炎培的信函中曾经明确表示:"仆愚以为人世取与之道最明白正当者,无过以劳力为金钱之交易。"他认为凡是凭自己劳动所得均是光明正大的"利",应当予以肯定。与张謇的义利观相应的是他对"利"之所系的工商业格外重视,主张投身于工商实业以获取"利",再来服务于社会之"义"。

张謇认为,所谓"重义"最重要的是讲诚信、重信用。他说一个人如果"示人以信用",人们就会信任他,跟随他,事业也就可以成功。他认为:"重利轻义,每多不法行为,不知苟得之财,纵能逃法律上之惩罚,断不能免道德上之制裁","与其得贪诈虚伪的成功,不如光明磊落的失败"。①

他在出访日本时曾抨击说:"日人商业甚无信义,十余年来,中人之受诳者,指不胜屈。"并指出:"以不信不义之国人,而冀商业前途之发达,是则大车无辁,小车无軏之行矣。"当然,他也指责:"中国商人之道德,素不讲求,信用堕落,弊窦丛生。"这些都表明了张謇对诚信这一道德传统的崇尚与信仰,对虚假欺诈行为的憎恨与厌恶。

第三,"勤以立志、俭以养德"的精神。在中国文化传统中,勤俭则是历代劳动人民一贯提倡的优良习俗,如"克勤于邦,克俭于家","历览前贤国与家,成由勤俭破由奢"等训诫早已深入人心。中国传统儒商从来讲究节俭,因而又称"廉贾"。崇尚节俭是张謇儒商精神的一个重要表现。他认为,"俭"不仅是一种美德,也是实业发展的前提条件。他目睹了一些实业家由于生活奢侈而"倏而即败"的现象,指出:"而所谓实业家者,驷马高车,酒食游戏相征逐,或五六年,或三四年,所业既亏倒,而股东之本息,悉付之无何有之乡","吾观于此,乃知勤勉节俭任劳耐苦诸美德,为成功之不二法门"。

张謇崇尚并厉行节俭,50岁之后以"啬庵"为号,晚年更自称啬翁,表明了他对节俭这一生活方式选择的自信自得。但是,张謇绝不是那种只进不出的守财奴,他所说的"俭",不是"小人之俭",而是"君子之俭"。他曾说过:"人单单寻钱聚钱不算本事,要会用钱散财",又说"应该用的、为人用的,一千一万都得不眨眼顺手就用,自用的、消耗的,连一个钱都得想想、都得节省"②。张謇对自己节俭,而对有益于社会和民众之事却出手大方,毫不吝啬,他把"几乎自己所有的财产都用于地方建设上去了"。1895年至1926年间,他在家乡投资创办了实业、教育、社会公益等多方面的事业,风风火火地办了一大串事,开创了几十个全国第一,他是依靠自己的财力完成了那么多的大事,在他身上,真正体现了一代儒商"君子之俭"的精神和气质。

第四,"通达世变、改革进取"的精神。与一般"在商言商"之商人不同,张謇是一位热心社会改革事业,崇尚"外王"之道的近代大儒商。他通达世变,紧跟时代,并且脚踏实地走在时代潮流的前面。在中国近代史上,张謇是"睁开眼睛看世界"的爱国者和有识之士。

作为一名实业家,张謇十分关注经济领域的变革和创新。他探讨欧美、日本富强的经验,剖析中国贫弱的经济原因,认为所谓"以农为本"、抑制工商业的传统政策是使中国孱弱、民众贫穷的根由,从而提出"国非富不强,富非

---

① 张孝若.南通张季直先生传记·影印本.北京:中华书局,1930:347.
② 张孝若.南通张季直先生传记·影印本.北京:中华书局,1930:360.

实业不张"的主张。他认为中国要振兴实业,"一当乞灵于法律,二当求助于金融,三当注意于税则,四当致力于奖励"。

在兴办实业的过程中,张謇做了许多开创性的事业,如成功创办大生企业集团而推进中国近代股份制,创办中国首家农业企业——通海垦牧公司,创办长江航运史上第一家民营公司——大达轮步公司,等等。有学者研究认为张謇创造了二十多个全国第一。张謇还明智地认识到,"与世界竞争文明,不进则退,更无中立",所以他经常邀请国内外学者来通交流,为了"借才异域",他先后聘请日本、德国、荷兰等国专家来通讲学和工作,并资助青年人才赴欧美留学、考察。应该说,在几十年前,作为一名士大夫,能有这样的现代眼光和开放的胸襟,能够做出那么多的开创性事业,实属难能可贵。

第五,"立志兴学、教育救国"的精神。儒家以孔子为万世师表,重视教育的力量,形成一种知识本位的观念,所以,中国的儒商几乎都有重视教育的传统,在事业有成之后,愿意资助教育,通过兴办学校来表达他们的仁爱精神。从对教育的认识、兴趣及投入来看,在近代有影响的实业家中,张謇是最为优秀的代表。

张謇是农民出身的士人,商人当中的书生。尽管他的后半生主要忙于实业活动,他却认为只有在创办各级各类学校时,才有如鱼得水之感。与办实业相比,他对教育的兴趣更为浓厚,经营也最为勤奋。从1902年创办南通师范学校起到1926年去世,张謇先后亲自创建或参与创建了各类大、中、小学,职业学校,技工学校,平民学校,盲聋哑学校共计300多所,所办学校数量之多,种类之广,时间之长,影响之深远,在中国教育史上均属罕见。张謇立志兴学的精神得到社会的公认,1905年,他被推举为江苏教育会会长,1911年,又被推为中央教育会会长。南通发达的教育事业吸引着全国各地的青年学子,据1924年统计,已有十三省的青年远道前来求学。美国教育家杜威当时访问南通后称其为"教育之源泉",并希望南通成为"世界教育之中心"。日本友人内山完造两次到南通,称其为"中国的一个理想的文化城市"。南通当时不过是中国1700余县中的一个普通的县,张謇以自身的努力使之成为近代文化教育之名城,并且吸引着国内外名流学者及青年学子,这在中外近代教育史上的确是不多见的。

(三)为天下之表率

张謇生前说过:"非我商界有一二巨人、长者,有知识,有经验,能提倡一二实业,为天下之表率,则奄奄一息之病国未易振起也。"这段话生动表明了张謇经商办实业的鸿鹄之志。

人是寻求意义的存在物,理性赋予人自觉地关注自身价值与存在意义的能力。这种理性正是人的"生活"与动物"生存"的一个重要区别。人的理性包括双重涵义。一是价值理性。这是与人生目的、人生意义与终极关怀相联系的关于人的精神价值的思考。这种理性,注重从目的本身来考察其有效性,而不是以手段为转移,其特点在于重视行动本身的价值意义,实质在于对终极目标的信仰和维护。二是工具理性或技术理性。它与人生活动的某一具体目标相联系,它关注行为效果的量化程度,强调手段的选择,其特点在于重视行动的实际效益,实质是对功利效益的追求。在对人生的思考中,两种理性都不可偏废,没有具体目标(工具理性)的人生是空洞的,但是没有人生目的(价值理性)依附的目标又是片面的,甚至还可能是畸形的。

对价值理性的关注程度决定着人生境界的层次。近代哲学家冯友兰把人的境界划分为四个层次:自然境界、功利境界、道德境界与天地境界。对一般企业家来说,其境界大多属于功利境界,他们站在"经济人"的角度,偏重于工具理性的思维方式,注重实效,注重经济效益。而对于有高层次人生境界的企业家来说,他们的思维和行为方式,是以社会为本位,而不是以功利为本位的,赢利不是也不应是最后的目标。他们有自己的人生理想与道德追求,他们用理想赋予事业以灵魂,用理想摆脱人为的功利的奴役。张謇就属于这样的企业家。

张謇历经千辛万苦,在通州创办了大生纱厂。大生纱厂的诞生及初见成效使一方原本荒芜冷僻的乡野很快转变成一座举国瞩目的近代化工业城镇。他由此发轫,先后兴办通海垦牧公司,创建通州师范学校,设立南通博物苑,乃至着力举办南洋劝业会,等等,这些无一不是在神州大地上萌现的新事物。张謇的过人之处,还在于他的事业并非局限于实业与教育两大部类,而是谋求通海地区经济、文化和整个社会的协调发展,规划建设一座先进的、理想的、现代化的城市。然而,张謇的最终目标又不仅仅是建成这"第一城",而是希望成为天下之表率,通过这个"理想城"的示范与推广,改造积弱已久的中国,建设一个独立、富强、幸福、美丽的中国。

三、张謇的教育伦理思想

古往今来,许多杰出的教育家阐述了各种有价值的教育伦理思想。生活在春秋时代的伟大教育家孔子最先对教育伦理作出多方面的论述。他主张教师对待知识要做到"学而不厌",对待学生要做到"诲人不倦";孔子还主张"有教无类",爱护学生,他说:"爱之,能勿劳乎?忠焉,能勿诲乎?"(《论语·

宪问》)这体现了一种朴素的教育公正思想。孔子格外重视学生的品德教育,他说:"德之不修,学之不讲,闻义不能徙,不善不能改,是吾忧也。"(《论语·述而》)孔子还认为,为教者必须讲究教法,循循善诱。他说:"不愤不启,不悱不发。举一隅不以三隅反,则不复也。"(《论语·述而》)孔子在教育伦理方面的论述,为尔后千百年我国尊师爱生与重师德修养的伦理传统树立了光辉的典范。20 世纪初,我国近代著名的实业家、教育家张謇在大力推进近代教育的实践中,继承了传统教育伦理思想,吸收了西方先进的教育思想,在教育宗旨、教育目标、教育原则、师德修养以及促进教育公正、弘扬教育人道主义精神等方面都贯穿和体现着他的伦理精神及伦理气质。

(一) 谋一国之强,基于教育

张謇从 1902 年创办南通师范学校起到 1926 年去世,先后亲自创建和参与创建的各级各类学校达 300 多所,形成了从学前教育到初等、中等、高等教育,从普通教育、职业教育到特种教育、社会教育等多种形式的教育网络,构筑了一个具有近代意义的多层次的大教育体系,为南通乃至更大区域的经济社会发展输送了生生不息的力量。

值得注意的是,张謇办教育是在得不到清政府(或民国政府)支持下的无奈之举,是他以实业为依托,凭借私人力量创办的。"其所取资,一唯謇所得于纺厂之俸给;不足,则叔氏退翁为之助;仍不足,则负债。不敢以累国家,不敢以累地方。诚惧言之无效,徒伤感情,而转为吾进行之累也。"学者对张謇办学史实的研究表明,他个人在一生中总投入教育 257 万两白银,可谓穷其心血,竭其心力。

张謇办教育的根本动力来自于他"教育救国"的政治抱负。具体说来主要出于以下几方面的动因。

第一,为了"开民智、明公理",提高国民的素质。张謇对中国半个世纪以来积贫积弱的原因有着非常深刻的了解。他认为中国之所以落后挨打,原因很多,诸如政治腐败、经济贫困、科技落后、国防软弱等,这些都是中国贫穷落后、任人宰割的原因。但是,他认为最根本最深层的原因是国民在文化教育和国民精神方面的落后,"人心否塞"、"民智未开"。张謇曾多次在政治、经济、军事等方面将中国和德、日等列强进行比较,他认为中国和列强的差距,最重要的也在于人的素质的差距。而提高国民素质的根本则在教育。

第二,为了发展经济、发展实业,走强国富民之路。张謇的过人之处,在于明察教育与实业的相辅相成的关系,提出"父教育而母实业"的理念,将二者关系生动比喻为一个家庭的双亲,互相依存,互相补充,互相促进,即"以实业来补助教育,以教育改良实业"。

第三,为了南通地方自治的需要。张謇的理想是在中国确立与世界主流文明相一致的立宪政体以及相应的经济发展模式,而地方自治是这一体制的重要内容,它凝聚着张謇的梦想和追求,可以说,地方自治是他在南通全部活动的落脚点。实业与教育被张謇称为自治的两大支柱:"国家之强,本于自治,自治之本在实业教育。"因而普及教育又是张謇地方自治的一个重要组成部分。正因为张謇对教育的认识最为深切,所以张謇在经营的各项事业中,对办学极为专注,兴趣最为浓厚,如张孝若所说,几乎到了"毁家经营"的痴迷程度。但是,张謇在办学过程中是非常务实的,他按照循序渐进的规律,将普及与提高相结合,一步一个脚印地前进,在南通创立了一个层次分明、门类完整的教育体系。

(二)学术不可不精,而道德尤不可不讲

在道德与学术二者的关系上,张謇认为德与才、道德与学问并非天然结合在一起,而经常是相互分离的。所谓"课程是一事,管理又是一事;学问是一事,道德又是一事",道德与学术二者不可或缺,相互不能混淆,更不能相互代替,否则教育就是跛足的、不健康的,也就丧失了其存在的意义。张謇一方面克服了传统文化中泛道德主义的缺陷,认为"无徒手空言而可为道德者",因此,绝不能培养那种只会放言高论、百无一用的学生;另一方面,张謇又承继了重视德育的民族传统,针对清末民初道德凌夷的现状,强调绝不能忽视德育,否则培养的学生"不德无行,为人所不齿,即社会所不容","学术虽精,必不能信用于人",这样的人又怎么能立足社会并有所成就呢?所以两者不可偏废,"德行必兼艺而重,而艺尤非德行不行"。在德的地位方面,张謇认为,学术固然重要,然而道德更为重要,因而主张道德在先,学术在后。他在银行专修科演讲时明确提出:"学术不可不精,而道德尤不可不讲","首重道德,次则学术"。

张謇不仅肯定了德育的首要地位,而且在道德培养之途径上也有自己的创见,值得今人借鉴。

首先,张謇极为重视发挥主体的能动性。他鼓励学生要树立高尚远大的志气,要有一种进取精神和"吾往之气"。张謇认为:"进德之积分,则在不与世界腐败顽劣之人争闲气,而力求与古今上下圣贤豪杰之人争志气。"

其次,张謇很重视德育环境的营造,特别注意优良校风的建设。比如,他很早就注意到校园文化的特殊作用,亲自制定、撰写校训、校歌等。他所创建的学校大多有自己的校训,据不完全统计,各级学校所立校训总计19条。研

究他为各校题写的校训，我们可以发现，张謇十分注重在传统文化中寻找以供后生砥志励学的精神力量，如坚苦自立、诚实笃信、合群体用、尊亲爱群、戒奢勤俭等，让学生烂熟于心，伴随自己成长。

此外，张謇十分重视学生课外活动的开展，并把它作为德育的延伸。比如他经常延请名人前来讲演，民国时期，尤其是20世纪20年代，南通的学生有幸聆听过如章太炎、梁启超、黄炎培、陶行知、陈鹤琴以及杜威博士等中外知名学者的讲演。名人学者的讲演开阔了学生的眼界，使他们"感化于无形，与人格之修养殊有效益"。组织学生社团活动也是课外活动的重要内容。据统计，在1919年至1938年的20年间，南通师范和女子师范组织的有一定规模和影响的社团在34个以上，如学生自治组织、学艺研究会、新剧社、华星社、晨光社和爝火社等，这些社团不仅活跃了校园气氛，而且培养和锻炼了一批人才，例如著名表演艺术家赵丹先生曾经在学生社团里演出过。

（三）学为人师而不可不法不模

汉代著名思想家扬雄在他的《法言》中说"师者，人之模范也"，提出了教师在道德上的"模范"作用，强调了对教师的道德品质的要求。同时，扬雄又针对当时为师者的实际情况，颇为感慨地说"模不模，范不范，为不少矣"，对当时的"师者"不能成为学生的"模范"深为遗憾。张謇继承了传统的教育伦理思想，非常重视师范教育和重视教师的作用。他认为，所谓师范，"范者法也，模也。学为人师而不可不法不模"。

张謇十分重视教师的道德修养。他认为教师不仅要有渊博的知识、精湛的业务，更重要的是要有爱心，要有高尚的道德，因而张謇在师范教育中特别强调师德和熏陶，他把师德作为师范教育的灵魂，作为学生立学立人、立功立业的根本，贯穿于学生学习生活的全过程。他身为校长，更是以身作则，为人师表，给后人留下了一代宗师的崇高风范。他关于加强师德修养的许多思想，至今仍然闪烁着不可磨灭的光辉。张謇的师德观突出地表现在以下几个方面。

第一，"热爱教育，献身教育"的人生理想。热爱教育，献身教育是张謇师德观的灵魂与核心。张謇认为在当时的中国，教师的作用和责任不再仅仅是传道授业解惑，更重要的是"开民智，洗国耻，强国富民"。因此，张謇十分重视引导师范学校的师生树立教育救国、教育强国的人生理想。张謇强调"救亡之策，莫急于教育"。要"洗国耻"，必先"开民智"，而要"开民智"，必须"普及国民之教育"，尤其要重视"贫民教育"。张謇呕心沥血兴办师范学校的目的就是培养成千上万热爱教育、矢志不渝、具有教育救国理想的师资人才。

第二,"勤勉节俭,任劳耐苦"的美德。张謇十分重视师范学生"养成勤勉耐劳之习惯",培养学生自力更生,艰苦创业的精神。他认为:"勤勉节俭,任劳耐苦诸美德,是成功之不二法门","俭可以养高尚之节,可以立实业之本,可以广教育之施","诸生既投身于教育,苟不自俭,何能教人?"他要求师范学生自己打扫宿舍、厕所、教室和校园,利用课余时间在校园的边角地种植树木、瓜果、蔬菜,要求学生学习修理门窗桌椅,学会洗衣做饭,烹制各种菜肴。张謇带头和学生一起穿布衣,吃粗茶淡饭。对于毕业后在乡村任教的学生,张謇一再谆谆告诫他们要以普及教育、造福社会的事业为重,不要计较个人的工资得失和工作条件的好坏。他强调"假使一小学建筑务求美备,形式务求完全,教员务求厚俸,供给务求丰旨",则学校"今年能创,明年将穷,教育必无普及之一日"。正是凭着这种勤勉节俭、艰苦奋斗的精神,张謇和他的学生们仅用20多年的时间就在南通创办了300多所各类大、中、小学校,为普及地方教育做出了杰出的贡献。

第三,"严谨治学,严格管理"的责任意识。凡教之道,以严为轨。张謇认为严谨严格是教师必备的优秀品德,也是学校进行教学活动的基本前提。他认为要养成严谨的作风,首先要有科学的严格的规章制度,使学生有所遵循,有所依据。"校章者,管理法也。监理能行,诸生能守,是为范之正轨;今日能守,异日能行,是为范之结果"。他在南通师范学校创建之初,就为该校建立了一系列规章制度,并严格地实施执行,做到赏罚分明。张謇非常反对一些教师不负责的放任主义态度,严肃地指出:"将不能令则军败,师不能教则学校败。"张謇认为实行"严格主义"的治校宗旨绝不是冷酷无情,也不是惩罚学生,恰恰相反是爱护学生,使学生"相劝以勤学,相规以饬行,相爱以合群","为诸生养成人格,他日为良教师"。其殷殷之心,溢于言表。

第四,"关爱学生,有教无类"的仁爱精神。张謇认为,教师一定要有爱心,热爱学生是教师进行教育活动的前提和基础。他把有无爱心作为教师是否合格的一项基本条件,可以说"爱生如子"是张謇师德思想的精髓,张謇曾多次坦陈自己的心志:"惟见社会不平,必求所以改革,故办种种实业教育为穷人打算,不使有冻馁之忧。"正是本着这种忧国爱民的宗旨,张謇在兴办教育的过程中特别重视发展贫民教育,希望能"广教育于穷乡子弟"。他先后在南通城郊创办了贫民半日学校、市民工商补习学校、艺徒学校、女工传习所、蚕桑染织传习所,并在南通沿海垦牧区兴办了一大批贫民子弟学校,为成千上万的贫苦子弟读书就业创造了条件。为了发展贫民教育,他还热心资助了许多家境贫困的学生进入师范学校学习,并激励他们弘扬爱国爱民的美德,将来"笃志于贫民教育"。

四、张謇的文化伦理思想

所谓文化伦理,主要包括两个方面的内容:一是指文化活动中的真、善、美;二是指文化活动主体的道德精神与价值观。在对张謇的政治、经济、教育等方面的伦理思想进行研究的过程中,我们不应忽视对其文化伦理思想的研究。张謇热爱生活,热爱生活中一切美好的事物,他把文化艺术活动当作事业去追求。他的文化活动中蕴涵着对人性的提升,对真、善、美的追求以及对高尚道德情操的津润。

(一) 文化改良之"嚆矢"

文化以丰富多样的形式,一方面传承人类文明,另一方面又起着某种社会价值引导作用。张謇的远见卓识在于较早地认识到文化活动的社会伦理价值。例如,1919 年,他与欧阳予倩谈及戏剧时的一段话颇具代表性:"实业可振兴经济,教育能启发民智,而戏剧不仅繁荣实业,抑且补助教育之不足。"①按照张謇独特的视角,戏剧"不仅繁荣实业,抑且补助教育之不足",还成了实业、教育救国论中的重要组成部分。张謇此处的"戏剧",是文化的代称,实际涵盖了文化的各种形式。张謇认为各种文化形式的社会功能有大小,但对于社会改良、救国图强都起着不可替代的特殊作用。1918 年,张謇在致梅兰芳信中论述戏剧改良时说道:"至改良社会,文字不及戏剧之捷,提倡美术、工艺不及戏剧之便,又可断言者","我国之社会不良极矣。社会苟不良,实业不昌,教育寡效,无可言者。而改良社会措手之处,以戏剧为近","世界文明相见之幕方开,不自度量,欲广我国于世界,而以一县为之嚆矢"。

张謇以自己的行动,使南通成为清末民初文化事业改良的开端和先行者,实现了"以一县为之嚆矢"的愿望。从 19 世纪 90 年代至 20 世纪 20 年代的三十年间,张謇创造了众多的近代中国之最。除了实业、教育和慈善事业方面,在文化事业上有,中国最早的博物馆——南通博物苑;中国第一所戏曲学校——伶工学社;《雪宧绣谱》,中国第一部系统总结刺绣艺术的专著,由张謇、沈寿合著;中国第一所刺绣职业学校——女工传习所。此外,南通迅速建起了几乎所有的近代文化形式,如图书馆、报社、出版社、印书局、戏院(更俗剧场)、电影公司、俱乐部、公园以及包括濠南别业在内的一批各具特色近代

---

① 南通文联戏剧资料整理组.京剧改革的先驱.南京:江苏人民出版社,1982:89.

建筑等。张謇在南通创办的文化事业数量之多,门类之全,如同其实业、教育体系一样,已经构成一个较完整的地方文化体系,这在国内同类城市中也极为罕见,因而被国内外人士称为"模范县"或"理想的文化城市"。

(二)謇家所有,具已纳入

张謇在南通创办的文化事业固然令人敬佩,而他的那种珍视人类文化遗产的精神,为保护中华文明而不惜代价无私捐献的拳拳之心更令人为之感叹。

南通博物苑 1905 年(光绪三十一年)建,是中国最早的博物馆。1903 年,张謇东渡日本考察,对日本的博物馆发生很大兴趣。1905 年,清政府宣布废科举、兴学堂之际,张謇屡次上书清政府呼吁首先在北京创办博物苑,进而推广到各省,并为之奔走呼号,但未被采纳,于是张謇便决定身体力行,自己在南通作出示范。1905 年年初,张謇将濠河之滨的一块土地作为博物苑址,由通师学生孙钺负责建筑工程,日籍教师木村忠治郎在业务上给予指导。博物苑开馆时,张謇亲书"设为庠序学校以教,多识鸟兽草木之名",悬挂主馆两侧,表明博物苑的宗旨与功能在于启迪民智,化育民魂。

为了使博物苑形成一定规模的馆藏量,张謇在搜集文物标本、规划建设博物苑的过程中,可谓殚精竭虑,呕心沥血。创苑初期就发出《通州博物馆敬征通属先辈诗文集书画及所藏金石古器启》,"伏愿大雅宏达,收藏故家,出其所珍,与众共守","留存往迹,启发后来,风义所及,盖兼有之"。张謇率先垂范,声明"謇家所有,具已纳入"。张謇并非口头说说而已,据 1914 年编印的《南通博物苑品目》中,书画类登录 101 件,其中张謇本人捐赠的就有 71 件。他屡次在写给爱子张孝若的信中关照,将家藏的文物送博物苑陈列:"皮雕竹笔筒制意颇佳,送博物馆慎收。莘儒制府有一绝佳者,今付劫灰矣,如何相存我院中耶?以是更看破一切。书存平安馆,瓶存馆橱内,儿自料理"。"中间所陈列之香炉二(大小各一),瓷器二,西房陶器一(大桃子花盆),时大彬茶壶一(须用盐擦垢),均送博物陈列馆,皆我赠品,属子钛记册。"张謇晚年,别人为祝贺他七十大寿而赠送的精美牙雕孔雀明王像,他也毫不吝啬地将之捐赠给博物苑。在这具精美雕像的底部,我们仍可见所镌的张謇先生当年的题文:"民国十年辛酉六月夏历五月謇六十有九,海门郁君寿丰赠牙雕大士像一躯,极精美。因赠博物苑南馆美术部永宝存之"。张謇的这种无私奉献精神影响了后代,张氏后代曾多次将张謇传下来的文物捐献国家,如 1953 年即捐出书画 127 件(182 幅)给南通博物苑,8 件精品捐给上海博物馆。

张謇还利用自己的声望和地位,通过各种渠道向社会广征博集,化私为公,使之"异于一姓之物之迁变"。他不仅注重本地的,还兼及外地甚至外国的文物。两江总督、大收藏家端方就向博物苑捐赠了一批珍贵的文物,其中的一方意大利古碑至今仍陈列于南馆之前。

除向社会广为征集外,张謇还不惜重金,有目的地购买一些珍贵文物,以充实博物苑的收藏。1910 年,他在南京南洋劝业会上看到著名的露香园顾绣董其昌昼锦堂记绣屏,经著名刺绣艺术家沈寿鉴定为真品后,张謇立即购回送至博物苑收藏,并亲撰《记顾绣董香光书昼锦堂记》,"记其事以告后人"。

(三) 改良社会措手之处

张謇爱好戏曲,尤其是京剧。出于对戏曲艺术的爱好,张謇与梅兰芳、欧阳予倩等戏曲艺术大师结下了深厚的情谊;也出于对戏曲艺术的爱好,素有"办厂迷、办学迷"之称的张謇,又迷上了兴办戏曲事业,在南通建立了中国第一所戏曲学校——伶工学校,兴建了当时第一流的剧场——更俗剧场。

张謇办戏曲事业,既非为点缀门面,也非为满足一般娱乐所需,而是为了改良社会的需要。为了兴办戏曲事业,1916 年到 1919 年间,张謇多次跟梅兰芳通信进行商讨,他在 1918 年的一封信中说:"至于改良社会,文字不及戏曲之捷,提倡美术工艺不及戏曲之便。"在另封信中则称:"我国之社会不良极矣。社会苟不良,实业不昌,教育寡效,无可言者。而改良社会措手之处,以戏剧为近,欲从事于此已有年。"

1919 年梅兰芳访日归来,张謇曾给他写信:"一方订旧,一方启新;订旧从改正脚本始,启新从养成艺员始。"就在这一年,他邀请欧阳予倩到南通创办伶工学社,同时又建造了更俗剧场,作为戏剧改良的开始。伶工学校和更俗剧场就是在这个背景下应运而生的。

中国第一所新型的戏曲学校——伶工学社,建于 1919 年。张謇任董事长,张孝若任社长,梅兰芳任名誉社长,欧阳予倩任主任主持具体社务。当时张謇已是 67 岁的老人了。振兴家乡戏曲事业,乃是张謇的心愿,而振兴戏曲事业,自应首先从戏曲教育入手,建立培养戏曲人才的戏曲学校。

伶工学社创建的深远意义在于它开辟了近代戏曲教育和戏曲改革的道路。梅兰芳在《舞台生活四十年》一书中评价道:"在那时的南方,这个科班的设置,是开风气之先唯一的一个训练戏剧人才的学校。它的制度、教材方面,都采用了新的方法。"伶工学社虽然存在的时间不长,从 1919 年 9 月到 1926 年 9 月共 7 年之久,但它的办学经验,为京剧教育近代化提供了借鉴。伶工学社开办后,先后入社者 90 多人,不少毕业生后来成为全国著名演员或地方戏曲团体的骨干。

更俗剧场是张謇进行戏曲改革的实验基地,其宗旨在"除恶俗、立新风",故名"更俗"剧场。当时,中国现代化剧场很少,大多是旧式戏园,陋习很多,如台下嗑瓜子、吃糖果点心、随地吐痰,喧嚷热闹之极。台上演员跪拜时台下扔垫子、饮茶,并且台上还站许多闲人。为此,剧场制定了《更俗剧场规约》及《更俗剧场特点紧要广告》等前台管理制度,规定凭票入场、对号入座、禁止随地吐痰、吃瓜子等。张謇作为董事长,从来都是凭票入场,依排号入座看戏,带头执行各项规定。剧场还针对旧的不良习惯制定了后台演出规约,内容有:不许带酒上台,不得随地吐痰,后台人员有一定座位,不得高声喧哗,不得撩门帘看戏,不许乱涂墙壁,不用真刀真枪,台上不饮茶、不给跪垫,排戏不许迟到早退,等等。这些看来是普通小事,在今天早已成为惯例,但在当时可谓创举,也是向世俗挑战。

更俗剧场上演的节目也体现了"除恶俗、立新风"进行通俗教育的宗旨。据《二十年来之南通》一书记载,更俗剧场"旧剧则选其有益于世道人心者,如淫滥无稽之作俱在作摈,与津沪诸地迥然不同","新剧间有之"。据不完全统计,更俗剧场除上演传统剧目外,编演的新剧目不下七八十出,其中以京剧最多。张謇在提倡编写新剧目的同时,也参与剧本的审定。更俗剧场以它先进的管理制度和革新措施,在促进精神文明、倡导社会新风尚等方面起到了良好的作用。

(四)无一字不有泪痕者

作为清末状元,张謇具有较高的文学素养,在中国近代文学史上,也是一位杰出的文学家。他既有精辟的文学理论,又有大量诗歌、散文等各类文学作品,尤其是诗歌创作宏巨。据统计,张謇从12岁开始写诗,至73岁逝世,共计创作诗歌近两千首,《诗录》有10卷之多。

与一般清闲文人为附庸风雅而吟诗填词不同,张謇有自己鲜明的诗文观。他认为"词章艺事"乃为末事,而人的"清操雅望"即道德人品是最重要的,诗文的质量取决于人品的高尚。更值得注意的是,张謇还提出了诗须言事的观点,他说:"人有恒言曰:诗言志。謇则谓诗言事。无事则诗几乎熄矣……盖其于山川险阻,人物风俗,悉纪之于诗。"他要求诗作"笔之于注,必有事在焉,无空作"。张謇认为诗作的内容尤其应当反映民生疾苦,正因如此,他高度评价诗人吴陋轩的作品。

吴陋轩即清初诗人吴嘉纪(1618—1684),字宾贤,号野人,江苏泰州人,著有《陋轩诗集》,年轻时当过煎丁,干过烧盐等苦活儿,对盐民之苦有切身的体验,故这方面的诗写得特别生动深刻。《绝句》中写道:"白头灶户低草房,六月煎盐烈火旁。走出门前炎日里,偷闲一刻是乘凉。"盐民们六月酷暑在烈火旁煎盐,热得难以忍受,即使在炎炎烈日下站立片刻,也觉得是在休息乘凉了。由此可见盐民的辛苦程度。吴陋轩的诗深切地反映了盐民的疾苦,使张謇深受感动。张謇对于清代许多著名诗人都未加赞誉,唯独为吴嘉纪专门写了一篇跋文加以称扬:"……要之,士大夫有口当述苦人之苦,有手当救穷人之穷,若陋轩述煎丁苦状,乃无一字不有泪痕者,可云诗不徒作矣。"

"无一字不有泪痕者",张謇也是这样要求自己的。张謇的诗作里,有感怀民生疾苦之泪,有激愤祖国山河破碎之泪,有思念亲人之泪,有悼念恩师亡友之泪。张謇认为,诗是宣泄感情之工具,"人之欲宣其郁而吐其怀者,悉属之代为诗以寄其噫与鸣"。透过张謇的诗作,我们可以对他的精神世界作进一步发掘,对他的道德情操亦有更深层次的理解。

五、张謇的道德人格

在张謇事业的背后有一种深沉的精神力量支撑着,这就是他的道德人格,张謇的人格魅力甚至比他的事业更加使人感动。张謇曾说:"人但问能自爱、自重、自信、自力否耳。自爱者人不得而侮之;自重者人不得而轻之;自信者人不得而眩之;自力者人不得而挤之。"这虽是他对自己的期许和要求,但即便是在今天,这段话对于我们健全人格、完善自我也有着深刻的指导意义。

(一) 予为事业生,当为事业死

在张謇的日记、文章及生平言行中,可以看到他最为倾心的是"事业"两字,事业是他最重要的人生目的和意义。张謇有许多精辟的格言足以显示其对事业的态度,如"人恒以寿为重,其实人之寿不寿,不在年岁之多寡,而在事业之有无";"天之生人也,与草木无异。若遗留一二有用事业,与草木同生,即不与草木同腐……做一分便是一分,做一寸便是一寸,鄙人之办事,亦本此意"。这表明了他渴求在人生有限的时间里创造永恒的事业,他以自己的一生践履了这一人生追求,正如他曾对日本友人驹井德三所言:"予为事业生,当为事业死","然予信今日之最忠于中国国家者,在能完成一事,以示国民而不疑也"[①]。甚至他的自拟墓门联语也同事业有关,"即此粗完一生事,会须身伴五山灵"。

张孝若总结父亲的业绩时有段感人肺腑之言:"我父经营地方的志愿,到

---

① 张孝若.南通张季直先生传记·影印本.北京:中华书局,1930:407.

二十余年方才有一点模样;实业方面从种植原料造成货物运输出去,直接间接的农工商人,依赖生活的,总有几十万人,为地方国家兴的利益,每年总近千万元;教育从幼稚园办到大学,慈善事业做到老者安之有养老院,少者怀之有育婴堂,其他无告无教的人,有残废院、盲哑学校;全县有齐全的图,通行的路,完备的水利,全县没有一个乞丐。我父本来拿南通当一个大花园去布置点缀,所有的心血,所有的家产,都用在这个志愿上。他拿南通地方的事,当作他自家的事;他自家的荣誉,就是南通地方的荣誉……到了病重的时候,还时时提到全县工业原动力的大电厂没有办成;全县民兵的制度没有办成,引为遗憾。他经营地方的精神,至死未已。"[1] 张謇热爱故乡之情至真,只要地方上有一个人不上路,一块地方不整洁,都为之担忧。地方建设事业不办则已,办则越办越多,越办越不满意。在一次记者招待会上,张謇畅谈自己的宿志说:"每年必成建筑物两种,二十年来,竟能不虚所望,且有数年过于所望者。去年所成,即五公园,今年所计,为狼山之马路,明年则拟加筑江堤,及创办蚕桑学校。"[2] 可以说,南通的一草一木,一路一桥,都是张謇心血的结晶,都是他事业的见证。他的生命和生活与南通的地方事业水乳交融,很难截然分开。诚如张謇自己对人所言,南通的"一风一雨,一冷一暖,都在我的心上"。

历史学家章开沅先生对张謇评价说:"所谓'讴思淮海三千里,关系东南第一人',决非溢美之词。"应该说,这是对张謇一生事业的极为中肯的评价。

(二) 为世界牺牲,当以劳死

王国维在《人间词话》里把诗人分为两个境界,他认为崇高境界的诗人,"对于宇宙人生,须入乎其内,又须出乎其外。入乎其内,故能写之;出乎其外,故能观之"。人生追求,若是停留在追求事业的层次上,只能算"入乎其内",仅是第一层境界。正如企业家如果只从事业的层次考虑问题,那就会把赢利原则当成唯一,一切为了赢利。只有到达第二层境界即"出乎其外",才是更高的人生境界,具有这种境界的企业家更多地表现出了对人生情感、人生意义及人生态度的领悟,他们比一般人具有更为强烈的道德义务感和社会使命感,他们从不是为了单纯的赚钱而赚钱,而是把赢利等当作手段,用来为实现自己的人生目标服务。当然,多数人是前者,少数人是后者,这是两种不

---

[1] 张孝若.南通张季直先生传记·影印本.北京:中华书局,1930:379.
[2] 张孝若.南通张季直先生传记·影印本.北京:中华书局,1930:406.

同的态度和境界,是一种质的区别,从第一境界到第二境界是质的飞跃,张謇无疑属于后者。

张謇在给家兄的信中表达了自己的人生志向,他说:"此后之皮骨心血,当为世界牺牲,不能复为子孙牛马。"在一封关于办学的信函中,张謇同样表达了这种人生目的,他说:"下走之为世牛马,终岁无停止;私以为今日之人,当以劳死,不当以逸生。下走尚未忍言劳也。死后求活,惟恃教育。"①他在67岁那年仍说:"謇老矣,为地方而死,完我村落志愿,浩然无憾。"

"为世界牺牲","当以劳死","浩然无憾",这些就是张謇所追求的崇高的人生境界,这是他对事业追求层次的超越和升华。具有这样的追求,我们就不难明白为什么张謇能够超脱于功名利禄之外,甘愿"当以劳死"了。

(三) 坚忍勖励,期在必达

张謇一生事业卓著,却又历尽人间坎坷。他所处的时代,政治上混乱,经济上凋敝,国家处于水深火热之中,事业经营之难是可想而知的。可以说,张謇的所有事业均是在克服各种阻力中起步和发展的。然而张謇具有百折不挠、一往无前的品格,奉行"要有虽千万人吾往之气,有人扶助要做,有人阻抑也要做"的准则,坚信"智有长短,力有大小,诚知之而诚行之,则坚忍勖励,期在必达","坚苦奋励,则虽败可成;侈怠任私,则虽成可败",终于在艰难困厄之中"独立开辟了无数新路,做了三十年的开路先锋"。

《马关条约》签订后,两江总督张之洞"谋自设厂",计划长江南北苏州、通州各一,分别委任陆润庠、张謇"各设公司,集资提倡"。张謇"自审寒士",初未答应,继而"思儒生为世所轻已久,感到求国之强责在我辈",最终答应下来。然而开办中的种种艰难非常人所能想象。在大生纱厂的筹办初期,筹集资金困难重重,张謇因此常常奔波于通沪等地。由于纱厂经费窘迫到极点,连到上海集资的旅费都是靠卖字筹措的。及至"官机"运到,又使张謇叫苦不迭,原来这批机器三年前"运湖北,折江宁,回上海,苦栈于浦滩者三载。上雨旁风,板腐厢裂,机件断烂者十之三四。官既无款购补,商本又绌,先后由商续渐添配凑补。故六月之久,机车不能全开,垫款已有七万有奇"。好不容易挣扎到冬天,厂屋即将建成,机器装置过半,并且开始收购棉花,眼看可以开工出纱了,但又为资金短绌所苦。因为连日常开支都无法应付,怎么谈得上正式开工。但张謇办厂的意志是坚定的。根据当时的日记,他在14天之内给刘坤一发了5封信,给张之洞、盛宣怀发了3件函电,当刘坤一命通州知州

---

① 张孝若.南通张季直先生传记·影印本.北京:中华书局,1930:351.

汪树棠提拨若干地方公款以解大生燃眉之急时,汪树棠表面应允,却暗中作梗,百般刁难,故意挪用津贴本地秀才、举人应乡、会试的"宾兴"和"公车"两项费用的积存,挑起当地300多秀才的公愤,甚至于在明伦堂召开大会与张謇论理。

张謇等人终于在危难中坚持将机器全部安装完毕,从1895年冬开始办厂,到1899年三月试机,个中甘苦,实乃一言难尽,所幸的是引擎开动后一切运转正常。但当时的流言蜚语仍然很多,先是有人说:"厂囱虽高,何时出烟?"试机后又有人说:"引擎虽动,何时出纱?"张謇毫无动摇,决心以事实来回答旧势力的挑战。四月十四日,大生纱厂正式开车,并且邀请许多客人前来参观,这才堵住所谓"决不(能)出纱之口"[①]。

开车以后,又需不断购进棉花,而用花越多,资金周转越难。张謇再次求助于官僚、绅商,又是毫无结果,请求另派殷富绅商接办,又未能得到刘坤一的许可。张謇亦曾与上海商界巨子严信厚等接洽,打算将纱厂出租三年,但因对方所提条件极苛而未能达成协议。张謇"留沪两月,百计俱穷。函电告于股东者七次,无一答,仍以卖字给旅费。苦语相慰者,眉孙(何嗣煜)、太夷(郑孝胥)二人而已"。张謇无可奈何,每天晚间只有和一二好友在大马路泥城桥一带徘徊,在闪烁的路灯光下苦苦思索,"仰天俯地,一筹莫展"。后经友人劝说,回通州背水一战,终于转危为安。事后,刘坤一问他办厂有什么感受,他讲了两句充满哲理的话:"时时存必成之心,处处作可败之计。"刘坤一听后"俯首拊掌,嗟叹良久"。

为解决大生纱厂原料基地问题,张謇着手创办通海垦牧公司。创办初期,地权关系极为复杂,既有属于淮南盐场的"荡地",又有属于苏松、狼山两镇的"兵田",还有属于民间土地实际占有者的各种名义土地,诚可谓"几无一土无主,亦无一丝不纷"。张謇百般努力,整整花费8年之久才将地权逐一清理收买完毕,其间之艰辛,超越常人之想象。在海滩垦荒,还遇到风潮的严峻挑战。1905年夏,一场持续了五天五夜的大风暴和一丈多高的巨浪,将历尽艰辛筑成的7条干堤全部冲毁,牧场羊群散失殆尽。这场突然降临的大风潮冲掉了股东们继续投资的决心,垦牧公司面临着功败垂成的险境。张謇不怨天,不尤人,积极奔走,筹集款项,购运棉衣,终于度过了最难熬的严冬。次年春,数千通海移民再次开赴滩涂,在暴雨肆虐的恶劣环境下继续苦干,最终获得成功。

在发展实业的同时,张謇又开始努力兴办新式学堂。他首先致力于师范

---

① 章开沅:张謇传.北京:中华工商联合会出版社,2000:84.

教育,为此也经历了艰难的创办过程。张謇在光绪二十七年(1901)秋就曾极力劝说两江总督刘坤一兴办新式学校,并为他拟定了初高两级小学和中学的课程规划。次年春他又应刘坤一邀,赴宁与罗振玉为刘拟定《学制奏略》和"兴学次第",议定首先从师范学校办起。可是,他们的建议遭到刘坤一身边一些陈腐官僚的攻击:"中国他事不如人,何至读书亦向人求法?"刘坤一因此而举棋不定,没有率先兴办师范学校的决心。张謇大失所望,在与罗振玉商量后,决定回通州自办师范学校。

为创办通州师范学校,张謇既要鼓吹呼号,又要为建校工程规划操劳,还要与形形色色的反对新学之人作无休止的争辩,加以同时还要更为紧张地从事垦牧公司的筹建工作,真可以说得上心力交瘁,疲惫不堪。人们可以发现,在光绪二十八年(1902)十二月中旬的张謇日记上,出现了"腰酸咳血"四个字。但是,具有与兴办实业同样饱满的热情,张謇不顾病痛仍然为兴办师范学校操劳,有时就住在校内照管修建工程。在开学前一天晚上,他还和庶务一处一处敲牢学生宿舍门上挂名牌的钉子,甚至亲自布置厨房和厕所,这时,他已经50岁了。为创办全国第一所师范学校,张謇可谓呕心沥血,"坚忍勖励,期在必达"。

(四)做人须先从自重起,审己而行

在自我道德修养方面,张謇强调自重、自律、自省,强调日积月累,最后达到高尚的境界。他很欣赏"慎独"这一做人原则和道德修养方法,强调做人要"审己而行"。

张謇主张做人须自重,他说:"人之价值,是自定的,非人定的。人苟自视一钱不值,则人亦以一钱不值视之"。他认为"明公理、修公德之人则人重之"而欲明公理、修公德,"须先从自重起",并且"必有积累,乃有人格"。他在与学生讲演时说自己从年方弱冠以来的三十多年中,"所受人世轻侮之事何止千百",但自己"未尝一动色发声以修报复","受人轻侮一次,则努力自克一次",权作鞭策自己发愤前进的动力。"人非圣贤",张謇也有过进入道德误区的时候。张謇年轻时也有被一群朋友连日邀请欢宴青楼之事。然而,自幼所受的父母教诲以及儒学伦理的长期濡染,却使他自觉地经常进行内心的反省,不断自责自己的草率和孟浪;师友们的关切与规劝,也给张謇以极大的帮助。最早识拔并援救张謇的海门训导赵菊泉,也始终关怀并规劝张謇,这位长者"谆谆以韬晦浑厚为勖;且戒勿蹈名士习气,谈次滴泪下",可见其情感之深挚。所以张謇"心颇不安,以既壮之年,不能厉学问,博科名,贻吾师之忧,虽木石心肠,能勿动哉"。儒家的自省与自重精神,使张謇能正视自己的

过失,在道德人格方面不断修炼,直至日趋成熟及自我完善。

六、张謇的人道主义思想

张謇具有强烈的人道主义意识。这种意识的形成来自中华民族优秀传统伦理的濡染,也来自西方人文主义、人道主义伦理观的影响。张謇本人多次提到"人道主义"一词,例如,为了宣传儒家伦理道德,他在南通发起成立了"尊孔会",主张在"小学校即宜加授四书,俾儿童时代即知崇仰孔道","使人人知人道之所在,而为有理性之人类"。在说明自己办慈善事业与地方自治的关系时,他说:"是岂地方自治之所应有,人道主义之所宜然。"在给张孝若的信中谈到慈善事业与实业和教育的关系时,他认为:"慈善虽与实业、教育有别,然人道之存在此,人格之成在此。"在赈济灾民的劝募活动中,他说:"顾坐视灾民不为援手固非人道之义。"如此等等,都表达了张謇对人道主义的理解。

与西方人道主义伦理思想不同的是,张謇的人道主义思想不是着眼于追求个人自由、个人权利,而是着眼于国家的独立、自由和主权,人民生活和社会的稳定,提倡人人受教育,提倡妇女解放,提倡兴办慈善事业及社会公益事业。这些都是张謇人道主义伦理思想的具体体现,他为此可谓殚精竭虑,呕心沥血,耗尽了财力和精力。

(一)无时不在忧患之中

张謇的人道主义精神首先体现在他的忧国忧民之情、救国救民之行上,在争取和维护国家独立、自主和主权等方面,他为之奋斗了一生。

张謇生活在中国处于西方列强侵略、瓜分的时代,战事不息,民族危机深重。他说自己在16岁以后,便"无时不在忧患之中"。19世纪70年代西方列强不仅把中国周围的邻国逐个攫夺为殖民地,同时还大举向中国的边疆地区推进。19世纪80年代西南边疆和东南沿海燃起了中法战争的烽火,清政府不战而败,不败而败,一个个不平等条约签订的消息接踵而来。19世纪末20世纪初,中国遭受了甲午中日战争和庚子八国联军侵华战争的失败,割地赔款达于极点,外国资本迅速扩张,半殖民地社会由此定型。面对列强如此疯狂的侵略掠夺,张謇深感中国到了亡国灭种的边缘,切肤之痛更甚。甲午战争后,他不顾个人安危,单独上书,指责李鸿章一贯主和卖国。当得悉《马关条约》签订,他不仅在日记上一条一条地记下《和约》十款的主要内容,并沉痛指出"几罄中国之膏血,国体之得失无论矣"。针对《马关条约》准许外商在中国内地办厂,张謇更为忧虑地指出:"今更以我切肤之痛,益彼富强之资,逐步吞噬,计日可待。"内忧外患激起张謇把危机意识与自强精神高度统一起来,走上"实业救国"、"教育救国"的道路。

人道主义精神不仅表现在对人格和人权的重视,也表现为对国格和国家主权的尊重和维护。在涉及国家主权的问题上,张謇都要据理力争,毫不含糊。1922年3月,一艘名为"宇治号"的日本军舰未得中国政府允准,停泊在南通天生港。军官麻木作三少佐等数人率士兵擅自登陆,来到南通城郊任意开枪狩猎,引起乡民惊慌,继而又闯入张謇创建的南通博物苑和其他处所恣意游玩。后经地方镇守使派员交涉,方于次晨离通。张謇认为这是无视我国主权,损害我国尊严,违反国际公法的行为,表现了日本侵略主义者骄纵狂妄的野心及嚣张跋扈的嘴脸。他立即致电日本外务省表示抗议,严正指出:"军队无故闯入与国内地,则非地而非法;方春狩猎,违我内政,则非时而非法。该兵舰及军官兵士等,专辄行动,是否贵国政府于此项约章向未宣布,抑平时贵国兵士未受何等文明之教育,抑蔑视南通县不足以享得此世界法律上应有之权利。"他在列数日本侵略行径以后,警告说:"贵国则暴冒之后,趾高气扬,侵略之策,巧取豪夺,方日出而不穷","鄙人观之,大非贵国之福。夏一旅而复羿,楚三户而亡秦,中国之故事,中国之特性也"。这些表示了对侵略者的蔑视及战胜侵略者的信心。此事最后以日方道歉而终结。

为了弘扬爱国主义与民族正气,教化百姓同仇敌忾反抗日本侵略,1921年,他在南通城的南郊倭子坟附近,重修曹公祠,为明朝南通的抗倭英雄曹顶建造了提刀跨马的塑像,又撰写《重修曹公祠碑》,记述这位来自平民阶层的民族英雄的身世,介绍曹氏奋勇杀敌而壮烈殉国的事迹。碑文指出:"今三四十年中,日本于我之前事,视倭何如也?"他号召,"士果如顶,县之人能以重顶者自重如顶,渊其智,岳其气,一夫而万夫,一世而十世,其可也,何有于国雠"。碑文全篇一气呵成,生动感人,具有很强的教育与鼓动作用。张謇并撰写了《曹公亭》《曹公祠》等诗、联,赞颂曹顶反侵略的英雄气概。他还在倭子坟上建了京观亭,以教育后人不忘历史上的抗倭斗争。

曾有日本游人来到南通,看到曹公祠等处后,与张謇商量改掉祠和塑像等。张謇严肃地回答:"贵国拿甲午年战胜中国得到的战利品,陈列在东京的靖国神社,是激励贵国人的爱国心,是不错的。我们修这个坟和塑立这个像,是激励我中国人的爱国心,也是不错的。"[①]张謇捍卫国家尊严、维护国家主权的赤子之心如同他所为之奋斗的事业,一样令人感动佩服。

---

① 张孝若.南通张季直先生传记·影印本.北京:中华书局,1930:259.

(二) 普及教育为平等

张謇作为一个封建士大夫向近代资产阶级过渡的人物,对于当时许多新学之士正在宣传的自由、平等学说,不能完全理解和接受。如在一次演说中,他告诫学生:"若如浮嚣之士所喜谈者,推之一家之中,父母、兄弟、夫妇、子女人人如所说之自由、平等,能一日相安乎？能自安乎？"他担心自由、平等的实行会导致自由放任、家庭不睦、社会动荡,也害怕因此危及自己所推行的地方自治及社会秩序。这可能有一定的片面性,但从根本上说,张謇并不排斥自由、平等,他对此有自己独到的理解。他认为平等是指人们在法律面前和伦理关系上具有同等的地位,比如受教育在过去是少数人的特权,这是造成人与人之间政治、经济不平等的根由之一,也是造成国家贫弱的重要原因,因而他在对师范生的讲演中提出:"愿诸生一已则思尽秩序之义为自由,对大众则思能普及教育为平等。"在此,张謇把自由、平等与"实业救国"、"教育救国"统一起来,与国家的救亡图存结合起来,显然具有积极的历史意义。

张謇的"普及教育为平等"的思想,不仅是人道主义精神的体现,也是对儒家教育伦理思想的传承。在中国历史上也出现了众多"毁家兴学"的社会精英,他们以自己的财力,以过人的见识,在中国教育发展史上立下了一座座丰碑,张謇就是其中的杰出代表。张謇认为,要提高人民的爱国思想,解决中国的贫弱问题,就必须开民智、明公理,而"开民智,惟有力行普及教育"。"中国病不在怯弱,而在散暗,盖散力不聚而弱见,暗则识不足而怯见,识不足由于教育未广","欲雪其耻,而不讲学问则无知,欲求学问,而不普及国民教育则无与"。

从1902年到1925年,张謇先后创办小学、中学、专科学校、大学等三百多所。他还在外地或创办或倡导或助成一批学校,如复旦大学、南京大学、河海大学等大学的前身。据统计,从1903年到1920年,南通地区学龄儿童75890人中有23835人入学,学龄女子50535人中有2806人入学[1]。这些入学比例与发展数字当时在国内均名列前茅。为了"广教育于穷乡之子弟",张謇几乎倾囊而出,在20余年间,将其在大生纱厂中的全部工资与部分红利全部捐助充作教育、慈善及地方公益经费,他为此再"单独负债,又八九十万元"。

纵观中国二千多年的教育史,办教育为的是"学而优则仕",为少数人服务。张謇办教育意在"开通多数之民智",提高国民文化素质,挽救国难。张

---

[1] 南通县图志.南通图书馆馆藏.

謇提出的"普及教育为平等"的思想,不分贵贱贫富,使贫民的子女也有就学受教育的机会,成为继孔子打破"学在官府"、"有教无类"之后的教育史上的又一次新的飞跃。

(三) 学不可遗女子

张謇普及教育的另一重要举措,便是大力兴办女子教育事业,实实在在地为妇女解放做出了自己的贡献。他认为,"谓世苟文明,学不可遗女子",妇女"独罹其黑暗矣",深受其害,因此"欲救其弊,唯有兴学"。张謇顶住顽固势力的非议和指责,毅然开办了一些女子学校。他在创办南通师范后不久,鉴于"欧美男女平权之义",萌生了兴办女子师范学校的念头。经过充分准备,于光绪三十二年(1906)创立了通州女子师范学校,这是全国较早的仅次于上海的一所女子师范学校。1907年,张謇创办了女师附属小学,承担了供师范生参观实习的任务。张謇后又在城北钟秀设农村分校,供女师毕业生赴农村实习、研究乡村教育之用。女师附小于1958年更名为"南通师范学校第二附属小学"。

在妇女教育方面,张謇既重视文化知识的普及,同时又注重职业培训,努力使妇女能学到一些技能,增强谋生能力。1914年,张謇创办的"南通女红传习所"就是我国最早的一所培养女子刺绣工艺人才的专门学校。张謇聘请了清末著名刺绣艺术家沈寿任所长兼教习。张謇还先后创办了多个妇女职业教育机构,使妇女学会刺绣、编织发网、制造火柴、栽桑、养蚕等本领,他的办学宗旨很明确,是培养有文化、有技能的劳动者,以谋求"南通一般妇女之生计",为妇女的独立和社会平等奠定经济基础。张謇对妇女教育可谓高度重视、至死不渝,甚至在1926年他最后病倒之前,还出席了南通女师20周年纪念活动,并发表了热情洋溢的演说。盛竞存在挽联中称誉他"教育放女界光明,推本穷源,独有先生领袖"。

但是,在妇女解放问题上,张謇仍未完全摆脱男尊女卑、男子治外、女子治内、男女授受不亲等封建思想的束缚。例如,张謇对蔡元培实行的小学男女同校学习和自由交往持批评态度。他说:"圣人设为男女有别之礼教,盖尊人而使成为人,以异禽兽,必男女有别,而后人禽有别也。"当然,对待历史人物,我们不能过于苛求。即使在欧洲这样的人道主义的发源地,18世纪法国的人权宣言,就只是"男人的宣言",因为当时妇女是不享有任何政治权利的。一位妇女革命家奥兰普·德·古施于1791年曾发表一篇与之对应的《妇女和女公民权利宣言》,却遭到国民议会否决,她本人后来还被推上断头台。张謇虽然有过反对"男女平权"的言论,但总的说,他是主张男女平等、妇女解放的,特别是在争取妇女的教育权利方面,这就奠定了他在中国近代妇女解放运动中的重要地位。

(四) 人道之存在此

清末民初的张謇,既是商学两界举足轻重的巨擘,也是慈善界的头面人物,他怀着儒家传统道德的仁爱之心,汲取西方人道主义的慈善观念,尽其最大的努力,在自己的家乡南通积极从事各种慈善公益活动。张謇认为,慈善虽与实业、教育有别,然而"人道之存在此,人格之成在此"。"恤民"、"爱民",以及关心民生疾苦早已成为张謇的经世品格和人生信念。他一生坚定而执着地追求这个信念,使他在慈善公益事业方面"其功实巨",功不可没。

张謇一生创办了哪些慈善公益事业? 从他对自己一生事业的概括中可以了解大概:"謇自乙未(1895)以后,经始实业;辛丑(1901)以后,经始教育;丁未(1907)以后,乃措意于慈善。"在具体做的事情上,张謇总结说:"实业如农、如垦、如盐、如工、如商之物品陈列所,教育如初高小学、如男女师范、如农商纺织医、如中学、如女工、如蚕桑、如盲哑、如幼稚园之成绩展览及联合运动。慈善如育婴、如养老、如贫民工场、游民习艺、如残废、如济民、如栖流之事实披露,公益如水利所建各堤闸、涵洞、河渠、桥梁,如交通所辟县乡干支各道之建设。"除此之外,张謇还先后创办了医院、图书馆、博物苑、气象台、公园、警察传习所、伶工学社、更俗剧场、模范监狱等。可见,张謇在致力于实业和教育的同时,对慈善公益事业也倾注了极大的热情和精力。如果把他在一生中所做的慈善公益事业划分为两个阶段,那么前面的阶段以组织赈灾慈善事业为主;后一阶段,当他有了一定经济实力之后,便以兴办慈善事业的实体机构为主。

南通慈善公益事业取得的成绩也为南通及张謇本人带来了巨大的影响,南通一时声名鹊起,引起全国乃至国际上的瞩目,"外人日月来观,许为中国自治模范,腾之彼报",张謇对此也颇为自负,表示:"窃若尽我余年,以一隅与海内文明国村落相见,此或不辱我中国。"张謇的人道主义精神及其实践,在全国乃至世界范围都产生了重要的影响。

(五) 全凭自己良心做去

张謇花费巨资不断兴办社会公益事业完全是出于自己主动的行为,并不是受他人安排或是被动地从事这些活动。他曾经说明自己在南通兴办的各项事业"向系自动的、非被动的,上不依赖政府,下不依赖社会,全凭自己良心做去"。

良心是个人在现实生活中由于自觉意识到应有的使命、职责和任务,而产生的对他人和社会应尽义务的强烈而持久的愿望。良心出自道德主体之内心,它表现为个人对自己行为的道德责任感。张謇认为良心是人的廉耻心,没有良心,则失去了做人的资格。他说:"道德者良心而已。良心之生为廉耻,有廉耻故有为有不为。能有为有不为,故有常。有常,故有信。人可以穷,可以死,不可无良;国可以弱,可以小,不可无信。无良,不人;无信,不国"。

　　良心的形成既取决于个人所受的社会教育和自我教育,也取决于个人同他人的交往、个人的性格、气质以及个人的全部道德生活经验等。所以马克思说:"良心是由人的知识和全部生活方式来决定的。"①

　　张謇的人道主义思想或者说良心的形成渊源是多端的,主要体现在以下几个方面。

　　第一,中国传统伦理道德观念的影响。中华民族在长期的历史发展进程中,形成、积累了许多优秀的传统道德观念,张謇是深受传统教育的知识分子,从小就深受儒家传统思想影响,对此自然是知之甚详、甚深,这成为他的人道主义思想的重要基础。

　　第二,西方人道主义思想的影响。张謇在接受近代西方人道主义思想影响方面,比较明显的标志:一是1903年的访问日本;一是接受英国传教士李提摩太的一番话。1903年(光绪二十九年),张謇对日本进行了为期70天的考察,他虽然一贯痛愤日本军国主义的对华侵略,但对于它在明治维新以后努力学习西方迅速臻于富强则颇为倾服。这次考察不仅大大促进了他的创办实业和教育的活动,而且使他对日本效法西方举办的一些慈善事业有所了解。例如他参观了一所盲哑院,在日记中记其事曰:"盲者教识字母,教算,教按摩,教音乐,教历史,地理。盲者教之。聋哑者,教习画,习裁缝,习绣,习手语,习体操。哑者教之,亦有不盲不哑者助教。"张謇还十分感叹地说:"彼无用之民,犹养且教之使有用乎!"这说明张謇已经看到中国传统的慈善事业与近代西方的慈善事业在观念、做法上均有不同之处。西方近代的慈善事业除"养"之外,还有"教",即教给被救助者至少有一技之长,让他们有自己生存于社会的能力。正是受这种观念的影响,回国之后张謇新建了盲哑学堂和盲哑师范传习所。辛亥革命爆发后,英国传教士李提摩太曾对张謇讲:"中国非真能实行普及教育,公共卫生,大兴实业,推广慈善,必不能共和,必不能发

---

① 马克思,恩格斯.马克思恩格斯全集.北京:人民出版社,2001:152.

达。行此四事，一二十年后，必跻一等国；能行二三事，亦不致落三等国。"①李提摩太问起张謇"究竟有几省能实行否？"张謇竟无从回答，李又说沿江州县"有两三处做模范即善"。张謇深受触动，西方人士的建议和他内心对地方自治的思考产生了强烈的共鸣，次日张謇就写了《感言之设计》一文，对南通的普及教育、公共卫生、大兴实业、推广慈善四个方面进行了设计，并在以后的数年中逐步得到了实现。

第三，家庭的影响。张謇的父亲是一个"性慷爽"，"济人急"，"周恤里人"的长者。张謇的母亲是一位富有同情心的妇女，在临终时还谆谆教诲他："有钱须先还债，穷苦人须周济，不必待有余。"②张謇在中举以前已在父命下从事某些慈善之举。

第四，同情、悲悯弱者的善良品格。张謇出身农家，来自社会底层，深知民间的疾苦和忧患的生活道路，因而能感怀民生之疾苦。同情心、悲悯心是张謇人道主义思想的基础，这种意识对于他来说已升华为强烈的社会责任感，并且外化为有所作为。用张謇早年的话说，"士大夫有口当述苦人之苦，有手当救穷人之穷"。

尽管张謇经营实业比较成功，具有超出他人的强大经济实力，但由于在实业、教育、慈善公益等方面的建设项目太多，摊子过大，不惜花费巨资，因此经常面临经费短绌的困难。特别是在他晚年实业经营开始走下坡路时，这一矛盾显得更为突出。但即便如此，张謇也从未放弃自己的人道主义思想信念，仍想方设法克服困难，多做一些有利于地方建设的善事，帮助穷人多解决一些实际困难，乃至负债经营。张謇的人道主义思想和理念，以及他留下的博爱精神，至今仍惠泽江海大地，为南通人民所铭记。

七、张謇的家庭伦理思想

张謇认为，他的家庭是一个恪守传统伦理的"守礼务本"人家。他在晚年对人的一段介绍中说："我家外面，看似富贵人家，然却不是寻常富贵人家；又似农村人家，然又不是寻常农村人家；是读书为善、守礼务本人家；不喜虚华，不谈势利"，"我是天地间一个独来独往一空倚赖的老书生"，"我儿子，是我家庭一个慈祥孝悌、识事理有分晓的好子弟"，"我儿之母，是女界中一个知处

---

① 张孝若. 南通张季直先生传记·影印本. 北京：中华书局，1930：232.
② 张孝若. 南通张季直先生传记·影印本. 北京：中华书局，1930：21.

家、有耐心的善女人"。① 自中年后就拥有显赫声望和地位的张謇,在家庭生活中和普通人一样具有最真挚朴实的感情。这个家庭里面,充满了浓厚的家庭温情和伦理气息。

(一) 此父之苦心也

张謇于1894年42岁时科试高中状元,1898年46岁时才得一子,取名怡祖(字孝若)。他当时曾写下"生平万事居人后,开岁初春举一雄"的诗句表达中年得子的喜悦心情。在儿子孝若的成长过程中,张謇倾注了许多心血,对其做人、做学问循循诱导,生活上的细心叮嘱和照料也到了无微不至的程度,充满了舐犊深情。但张謇对其子的教育及严格的要求丝毫没有放松过,孝若16岁离家去青岛德国人所办东方学校读书。离开温暖的家庭和慈祥的双亲,来到异地他乡,难免有思家、恋家心理。张謇自己也常忍思念之苦,经常写信开导儿子。这里摘录一封家信,从中可以窥见张謇对儿子的良苦之心。

"得儿十七日讯,为之怆然……父岂不欲儿常在侧,顾世事日变,非有学问不能有常识,即不能有声望。居今之世,若无学问常识声望,如何能见重于人,如何能治事,如何能代父,故不得不使儿阅历辛苦,养成人格,然后归而从事于实业教育二途,以承父之志,此父之苦心也。儿今在校,须定心求学,不必常常思家,常思则苦,胸襟即不开展,也有碍于身体。校规即不严,但得自己律身严,则焉往而不可。做人须自做,专恃校规管束,教师督促,非上等人格也。"②

张謇对儿子的成长、学习、处世、做人、做事等提出了一系列要求,然而与封建道德中的"父为子纲"不同,张謇是以理性、平等的态度教育并对待儿子。父子共同兴办实业期间,相处得很融洽。张謇虽然还像孝若小时候一样严格管束、教导孝若,但在处理事情时,能听取不同的意见。如认为儿子的办法比自己的好,他就会立刻放弃自己的主张,采纳孝若的意见。孝若一生最崇拜父亲,视父亲为知己,张謇也最信任儿子。他们之间的关系,如同孝若所说,是"友谊上的了解,意趣间的和谐"。

(二) 一第之名,何补百年之恨

翁同龢曾经在光绪皇帝面举荐张謇说:"江南名士,且孝子也。"事实确是

---

① 张孝若.南通张季直先生传记·影印本.北京:中华书局,1930:498.
② 张孝若.南通张季直先生传记·影印本.北京:中华书局,1930:516.

这样,张謇对父母极为敬重。张謇的父亲张彭年乐善好施,邻居家孩子生病,他就拿一条棉被,当几百文钱,帮助请医生、买药物,和照应自己的孩子一样。他一生中还多次参与了赈灾救济活动。应当说,张謇身上的许多气质与品格是受父亲的影响而形成的。张謇对父亲也十分敬重,例如,甲午年(1894)慈禧太后六十寿辰举行恩科会试,77岁的父亲仍希望儿子能在他垂暮之年金榜题名,劝张謇再考一次,尽管张謇内心对于科举考试已极度厌倦,1892年会试落榜后,他向父亲表示"试事愿四十为断",甚至于连考试用具也尽摒弃,决心就此罢休,但张謇是个孝子,为"慰亲之望",他又一次踏上赶考的路途。

张謇的母亲金氏,是一位很有见识的农村妇女。她非常疼爱张謇兄弟,但她决不溺爱孩子,而是严厉教子,训导"必以远大中正,无世俗之言"。在张謇日记中,有这样的记载:与父母叙谈,母金氏诫曰"闻誉当如闻毁,则学进;闻毁当如闻誉,则德进;他日任事,亦当如此"。在张謇的《自订年谱》中有这样的记录:母金氏六十寿辰,严诫谢客,谓张謇兄弟,"汝兄弟勉学为好人,使人归美父母,胜于俗之称寿万万"。时隔15年,张謇历经千辛万苦,经过26个春秋的坎坷曲折,终于在已逾不惑之年达到了自己的目标——状元及第。最高兴的是他的老父,总算在耄耋之年亲眼看到儿子金榜题名,了结平生最大的宿愿。但是业已早逝的慈母未能等到这一天,张謇为此曾大哭一场。他说:"余感母与赵、孙二先生之不及见,又感国事,不觉大哭。"同年10月15日夜,为父亲病情担忧的张謇,仿佛有感应似的,"夜分心忽大动",越发坐立不安。果然,在第二天,得父亲张彭年15日去世急电。张謇迅即离京,取道上海抵常乐家中,入家门伏地恸绝:"一第之名,何补百年之恨;慰亲之望,何如侍亲之终,思之泣不可抑。"

(三)百年兄弟老愈亲

张謇与三兄张詧情感甚笃,相处融洽,用张謇为其兄七十生日所写的诗来概括:"生自田家共苦辛,百年兄弟老愈亲。人间忧患知多少,涕泪云谁得似真。"①

张謇与张詧,幼时一同上学读书,后来家况不好,父亲劳碌多病,家里又负有重债,生母金氏病重之际说:"人子当先知服劳,汝父辛苦甚,无有替者。汝兄弟可一人读书,一人治生产。"张詧"遂废举业,佐父治理生计",为了确保学习成绩更好的张謇继续读书和参加科举考试,张詧主动放弃了学业,作出牺牲,承担了家庭生产经营等事务性劳动。

---

① 张孝若.南通张季直先生传记·影印本.北京:中华书局,1930:482.

1901年前后,张謇创办的大生纱厂已初见成效,急需得力助手。在江西做官的张詧为了协助张謇经营乡里,费尽周折,毅然辞官,回归故里。张詧回到南通后,立即担任大生纱厂协理,掌管银钱账房等重大事务,成为张謇在南通兴办实业、教育和其他事业最得力的助手,是令人放心的合作伙伴。张詧还协助张謇兴办通海垦牧公司、大达轮步公司、广生油厂、复兴面粉厂、阜生丝厂、资生铁厂及淮南盐垦各公司,任崇明(启东)大生分厂、复兴面粉厂协理等职。张孝若回忆说:"这二三十年间,我父创办实业教育地方自治,都是伯父赞助一切,大概我父对外,伯父对内,我父亲画一件事的大纲,他就去执行;或者我父主持大计,他去料理小节。所以我父三十年的声名,事业的成就,伯父很有赞襄的功劳。自从祖父去世以后,我父和伯父二兄弟,患难扶持,相依为命,好像身之有两臂,鸟之有两翼,相辅而行,相得益彰。伯父在江西的时候,凡他的子女等的学业婚嫁各事,都是我父主持料理,视同自己子女一样,毫不分家,难兄难弟,却很难得……难得兄弟友爱之情,直到我父亲瞑目,还是和小时候一样"。①

张謇晚年曾说:"謇无詧无以致其深,詧无謇无以致其大。"张謇与张詧的关系,"非他人兄弟可比"。

(四) 贫贱夫妻,相为知己

张謇的家庭生活可以说是父慈子孝、夫妻相爱、温馨和睦的,这离不开张謇与结发妻子徐氏之间的真挚感情。

张謇考取秀才后,家里为他张罗了一门亲事,娶了本县徐家女子为妻。徐氏出身农家,是一个典型的中国旧式的家庭妇女。嫁到张家后吃苦耐劳,任劳任怨,是一个俭朴而又贤淑的好媳妇。徐氏嫁给张謇时,张謇还是一介穷书生,是徐氏陪伴他度过了那些秉烛苦读的日日夜夜。在张謇供职于幕僚,奔波于各地的时候,总是徐氏为他准备行装,家中事务全赖其管理支撑。与其相伴35年,徐氏做了那个时代妻子对丈夫所能做的一切,因而也深得张謇的敬重。用张謇的话说,他们是"贫贱夫妻,相为知己"。张謇在一次演说中曾深情地说:"敝人之舍仕宦而求实业也,家事一委之夫人。遇极艰苦时,退而至家,夫人必有以慰其劳苦而助其坚忍。"在《亡妻徐夫人墓表》中,张謇深情追念妻子的贤德:"夫人年十八来归,未弥月,謇即为书记出门,由是岁率腊归而正出,盖十二年。过是或以科举、或为旁州县书院长、或事实业,岁十八九役于外,又二十三年。凡此三十五年中,父母起居疾痛之养,家人之调

---

① 张孝若.南通张季直先生传记·影印本.北京:中华书局,1930:481—482.

护,烹饪浣濯针黹之琐职,督治田园宅庐纺织,与夫宾客祭祀之供备,一委诸夫人,事举而上下安之……生平朋辈,海内英髦,尚难其人,乃天既合之而夺之速,岂惟室家之瘁中年之哀伤而已哉!呜呼!贫贱夫妻,相为知己。"在给儿子孝若的信中,也寄托张謇对妻子的哀思:"今日家中祭儿母,不胜怆怆!儿在花竹平安馆设祭时,感念如何?父有志哀诗到校示儿,父之哀伤何止百端,儿知之耶?"

八、张謇的传统伦理智慧

中国传统伦理道德,经历了两千多年的发展历程,它以儒家伦理道德为主要内容并包括墨家、道家、法家伦理思想和佛教有关心性的理论,形成了中华民族特有的伦理传统。孔子和孟子确立了先秦儒家伦理思想的基本原则,形成了以"仁"与"礼"为中心的伦理思想体系。汉代大儒董仲舒,用他所强调的"天人感应"、"阴阳五行"和"三纲五常"的理论,从适应封建专制大一统的政治需要出发,改造和扭曲了儒家的伦理思想,使之成为以"三纲"为基本原则的所谓纲常伦理道德。以二程(程颢、程颐)、朱熹、陆象山、王阳明为代表的宋明理学家们,又以他们所强调的"义利论"、"理欲论"和君臣、父子、夫妇的伦理关系上,使儒家伦理思想走上了片面化、绝对化的道路。明清之际的实学家们,如顾炎武、王夫之、黄宗羲等,有鉴于宋明理学家们空谈"天理人欲"的弊端,从而以"崇实黜虚"、"经邦济世"和"义利统一"的思想,对儒家传统伦理思想作了新的解释。张謇自幼饱读儒家经典,深受儒家思想的熏陶,因而对儒家伦理思想怀有深厚的依恋之情,也有许多深刻的思考。

研究张謇与中国传统伦理思想的传承关系,了解张謇伦理思想的社会历史渊源是为了将张謇的深邃、精微、周密、圆融的人生哲理、理想境界、道德人格、处事哲学——概言之就是将他的伦理智慧——展现在人们面前。

(一)中庸之为德

"中庸"是儒家思想的重要组成部分,孔子曰:"中庸之为德也,其至矣乎!民鲜久矣。"(《论语·雍也》)孔子称"中庸"为至德,认为中庸之道是至高无上的,民众很难做到,则可见他对这一思想的重视。《礼记》中有《中庸》篇,宋代的朱熹把它独立出来,使其成为"四书"之一,从而更突出了"中庸"在儒家思想中的地位。

何谓"中庸"?朱熹解释说:"中者,无过无不及之名也。庸,平常也。"(《论语集注》卷三)就是说,"中庸"是一种不偏不倚、恰到好处的思想方法的特征,同时也是治国治民、理家修身的正确原则;它的反面是片面性、走极端,从这一极端走到那一极端。在探求中庸之道时,不能简单地将中庸理解为"中间"、"中等"的同义语,更不能将其定位于一种调和社会或阶级矛盾的方式,理解为"折中主义",这绝对不是对于"中庸"的全面、准确诠释。

张謇对"中庸之道"终身服膺并大加赞赏。他说:"天下事贵得其中,若趋于极端,往往不能成事,即幸而能成,亦不过一瞬而已","我孔子则取中庸主义,不偏不易,纯为人道"。他认为:"世变未知所届,唯守正而处中者,可以不随不激","世道日趋于乱,人心亦趋于恶,君子处之,唯有中正澹退"。实业的成功并未使他忘乎所以,他在大生企业集团发展到顶点的1920年,还说过"盈速者亏亦速,盈甚者亏亦甚,人人求盈,事事求盈,则争之本,争而不已则覆之本"这样富有哲理的话,反映了他强调凡事要把握"度",不走极端的思想。在人际交往中,他认为做人不要过分追逐名利,贪慕虚荣,对别人、对社会"均不宜多求"。他还主张"宽以待人",认为"对人宽是之谓恕",甚至于忍辱负重。他在一次对师范生的演说中以己为例:"下走自弱冠至今三十余年中,所受人世轻侮之事,何止千百,未尝一动色发声,以修报复。惟受人轻侮一次,则努力自克一次,以是至今日。"总之,中庸之道既是他做事的原则和方法,又是他淡泊明志的处世态度。张謇的中庸思想是他的伦理智慧的体现。

(二) 泛爱众而亲仁

张謇说:"处人须时时记定'泛爱众,而亲仁'一语。""仁"是儒家伦理思想的核心内容,也是儒家道德理论中的基本原则。"仁"所涵盖的内容十分广泛,其核心是"爱人",在孔子看来,如果以"爱人"作为人与人之间关系的纽带,那么人和人之间的关系即可和谐融洽,社会也就可以实现安定太平。

张謇一生饱读儒家经典,儒家的道德伦理已内化为他的精神信仰。但与一般名士不同的是,张謇的仁爱精神已经基本越出学理的层面,而升华为强烈的社会责任感,外化为"实业救国"、"教育救国"的所有作为。1899年4月,张謇创办的第一个企业经历重重困难和挫折之后终于投产。他在《厂约》中明确指出自己办纱厂的目的:"通州之设纱厂,为通州民生计,亦即为中国利源计。"为此,张謇以《易经》"天地之大德曰生"之意取名为大生纱厂。张謇创办大生纱厂获得成功后,并没有积累起个人的私产,而是将企业所得利润的极大部分返还于社会。学者研究指出,南通的教育、慈善、和社会事业,"大部分的经费"都是张謇兄弟"以个人所得承担的"。为造福乡里,张謇倾其资产和精力,苦心筹划,甚至在资金不足时不顾盛暑年迈,为慈善事业鬻字筹款。"建设家乡,造福乡里",成为张謇的人生目标和精神寄托。用他自己的话说,南通的"一风一雨,一冷一暖,都在我的心上"。

(三) 君子务实,经世致用

务实精神是中国的传统美德,讲究实际、实事求是,这是中国农耕文化较早形成的一种民族精神。孔子不谈"怪、力、乱、神",而把目光聚焦在现实的社会生活上。墨子也是讲究实际行动的,他和他的弟子,都在实践中推行墨家的施政思想。他认为:"士虽有学,而行为本焉。"(《墨子·修身》)西汉扬雄的《法言·修身》说:"君子强学而力行。"东汉王符的《潜夫论》说:"大人不华,君子务实。"明代王守仁的《传习录》说:"名与实对,务实之心重一分,则务名之心轻一分。"这些思想,就是中国文化注重现实、崇尚实干精神的体现。它排斥虚妄,拒绝空想,鄙视华而不实,追求充实而有活力的人生,从而创造了中国古代社会灿烂的文明。

张謇是一位有理想、有抱负而又讲究务实的事业家。他不尚空谈,务实有加,将巨大的热情倾注在家乡的建设事业上。为造福乡里,他倾其资产和精力,苦心筹划,鞠躬尽瘁,死而后已。张謇一生崇尚平实精神,他说:"士之立身,非平实不能成人格。"1904 年,他为常乐张徐女学所写的校训就是"平实"两字。张謇说自己"平生任事,不乐矫饰",他为人极少虚语寒暄,大多开门见山,直入主题;平时处事,注重实际,反对高谈阔论。以 1903 年张謇考察日本为例,70 天的参观考察,历经 20 座大中城市,考察农工商企业 30 个,各类学校 35 所。在考察中,他坚持每看必问,每问必记,每记必思。对于考察对象,在出行前张謇就有所打算。考察学校时,日本方面问其调查宗旨,张謇答道:"学校形式不请观大者,请观小者。教科书不请观新者,请观旧者。学风不请询都城者,请询市町村者。经验不请询已完全时者,请询未完全时者。经济不请询政府及地方官优给补助者,请询地方人民拮据自立者。"可见这种考察立足现实,完全与自身实践紧密结合,有着明显的功用性和务实性。

有清一代的读书人高中状元者 114 人,其中仅江苏一省就有 49 人,正如沈云龙所说:"这些状元们中,宦途显赫者不少,若问学问事功,文章经济,有裨益于国计民生的,能有几人和张謇比美"。甲午年张謇大魁天下,声名如日中天,本来也有可能走向"宦途显赫",但他淡泊仕途,毅然返回故里,把一生奉献给实业、教育与其他革新事业,为中国早期现代化开疆辟土,这与张謇所接受的关注实际的经世思想是分不开的。

（四）道之以德，齐之以礼

中国传统道德非常强调道德教育和道德修养，早在夏商时期就已经重视"明人伦"的道德教育。春秋战国时期，儒家创始人孔子主张"以德教民"，用道德治理国家。他说："为政以德，譬如北辰，居其所而众星拱之"，"道之以政，齐之以刑，民免而无耻；道之以德，齐之以礼，有耻且格"。孟子认为"善政民畏之，善教民爱之；善政得民财，善教得民心"，"善政不如善教得民心"。朱熹主张从孩提幼小时期就要进行道德教育。他说："自其孩幼而教之以孝悌诚敬之实"。

中国历代的伦理思想家们不仅对于道德教育十分重视，而且在具体内容和方法上也提出了精辟的见解。例如，孔子提出的关于道德教育的主要内容，是一个以"仁"为核心，包括爱人、忠恕、孝悌、中庸、立志、礼、义、恭、宽、信、敏、惠等具体规范和要素在内的完整体系。

古代伦理思想家总结和概括的道德教育经验，对张謇产生很大的影响。他承继了中华民族道德教育遗产的重要组成部分，同时又结合当时的情况形成了自己独特的道德教育思想。

第一，张謇视道德为立国之本，把道德教育看得极为重要。他说："一国之立，必有其本。本何在？在道德"；"道德者良心而已。良心之生为廉耻，有廉耻故有为、有不为。能有为、有不为，故有常。有常，故信。人可以穷，可以死，不可无良；国可以弱，可以小，不可无信。无良，不人；无信，不国"。他认为"无人伦道德之国未有不覆者"，相反，"未有内政修明、礼义成风之国而倾覆于人者"。他强调，近代国家，"政治之良否，根于法律"，但是"法律之良否，则在道德"。他甚至认为"共和之真相在法律，尤在道德"。

第二，为了改变道德衰落的局面，张謇认为必须从教育着手，尤其要加强道德知识的学习。张謇主张从儿童时期即开始传统的伦理思想和道德教育。"自近年始，昔之私塾以四书课儿童，儿童虽难了解，尊孔之意犹存"，"依鄙人主张，小学校即宜加授四书，俾儿童时代，即知崇仰孔道，收效之宏，定可预卜"，这样，在经过从小学到大学系统和不间断的儒家道德教育后，毕业的学生就能"士成士、农成农、工商成工商，进而为持廉耻之议士官吏，推而为有勇、知方之海陆军人"，做到"秉礼以自处，明义以处人"。

第三，在道德教育中，张謇十分注意发挥道德楷模的榜样作用。1916年11月8日，蔡锷将军在日本病逝，12月18日运枢回湘，经过南通。张謇亲率南通各界代表约五百多人登舰致祭，慰唁家属，热泪盈眶。张謇还发表了演说，高度评价蔡锷，并特别强调"须知蔡先生之所以可敬者，不在云南起义，推翻帝制,拥护共和;而在能本其固有之良心,不争私利,不贪天功,以尽瘁于国事","人人有此良心,即人人能为蔡松坡,社会以是宁,国家以是兴"。张謇更是折服于孙中山的道德品质,视其为道德楷模。在追悼孙中山的演说中,他说:"孙中山之革命,则为国体之改革,与一朝一姓之更变迥然不同。所以孙中山不但为手创民国之元勋,且为中国及亚东历史上之一大人物","若孙中山者,我总认为在历史上确有可以纪念之价值。其个人不贪财聚畜,不自讳短处,亦确可以矜式人民"。张謇十分推崇武训节衣缩食、百折不挠乞讨办学的精神,称颂武训是教师学习的楷模。他说武训"论其仁,则大仁;论其智,则大智;论其廉,则大廉;论其勇,则大勇;论其信,则大信","是则六洲万国之教育者皆当崇奉者也"。张謇在1905年6月的《日记》中称武训为"教育丐",1908年6月4日《日记》中又云,"以中国二千年历史稽之,山东武训","可谓特立独行者矣"。所以他经常教导学生学习弘扬武训精神,艰苦创业,锐意兴学,为普及教育,强国富民鞠躬尽瘁。

第四,强调自我道德修养,自重、自律、自省,日积月累,最后达到高尚的境界。张謇主张做人须自重,他说:"人之价值,是自定的,非人定的。人苟自视一钱不值,则人亦以一钱不值视之。"他认为"明公理、修公德之人则人重之",而欲明公理、修公德,"须先从自重起"。怎样才能做到自重?张謇认为必须"自律"、"自省"。他很欣赏"内省"、"自讼"的道德修养方法,强调做人要"审己而行",主张做人就要像孟子所说的那样,"自反于仁与不仁,自反于有礼无礼,自反于忠与不忠",通过长期磨练,"积成君子之资格"。

第五,张謇在道德教育中还注重身体力行,以身作则。张謇认为高尚之道德需要在道德践履中培养,"日作一事,须专须勤,须有计划,须耐劳苦,须自强力","而服劳耐苦,尤为不可缺之美德"。张謇不仅要求别人这样做,而且自己以身作则,率先垂范。

(五)儒言佛言,共相维救

我国历史上宗教文化较为盛行,曾经接受过多种宗教文化的影响,其中特别是佛、道二教,对我国宗教文化(包括宗教伦理道德)影响至深。道教是我国的本土宗教,它植根于我们民族文化土壤之中,是人所共知的;佛教虽是外来宗教,但它进入中国后,逐渐与我们民族的文化传统相融合,特别是佛教禅宗一脉,更明确显示出了中国化的特征。因此,佛、道二教中所包含的许多道德观念,都同我国传统道德有着千丝万缕的联系,凝结着中国传统的伦理智慧。所以,宗教伦理道德一方面是传统道德扭曲的再现;另一方面,它又比传统道德增加了一层"信仰"的色彩。两者相互补充,从不同侧面推动了社会的文明和进步。

佛、道二教中,有不少道德意识对世俗社会具有不可低估的重要价值,例如,宗教伦理道德中的奉献意识、行善意识、制欲意识、宽容意识以及因果报应说等,都可以对现实社会中的人们产生某种积极影响,其影响的角度和深度,甚至是社会正统伦理道德所无法办到的。正是从这个意义上,可以说宗教伦理道德是社会正统伦理道德的重要补充和辅助。

张謇对佛教最早的议论是在辛亥前夕所作的《叶氏刻翁书金刚经塔拓本跋》:"若论导扬佛教,则须人人心中有一佛,佛自充满于天人一切世界。"张謇认为,学佛必须本于对佛的信仰,在"渐修顿悟二宗说法上注意",否则一切行为都将枉然,这是张謇对学佛信佛之人的一种客观评述,指出了信佛、学佛所应具备最基本的心态问题。不过,张謇本人却从未打算进入这样一种境界,他曾对一位佛界人士说:"惟愚兄弟于佛祖视为古代方外有道德人,一切敬礼,而无福田利益之想。正如《传灯录》所谓'我不礼佛,亦不轻慢,心无所希,名之曰道'意也。"他又说:"余于佛素敬而不欲为佞。"这两处表明张謇对佛教所持的态度是尊敬而不是虔诚的信仰,敬与信虽一字之差,仍有很大的程度差别。

张謇始终认为孔孟之道是最为完善、最尊贵的学说,绝非任何宗教所能比拟:"孔道并非国教,孔子本无宗教性质……所谓日月经天,江河行地,初不借国教而始重。如必以孔子为教主,与佛道耶回争无谓之权,反觉小视孔子。盖孔子所说,足以包括佛老耶回诸教而熔冶于一炉者也。"在张謇看来,孔子之道是囊括各种宗教的经典学说,其地位自然是无可替代的。不过从救世的角度来看,儒佛之间似乎比其他宗教有更多的关联,互为辅助的可能性也比较大:"世变未有艾矣。儒言佛言,共相维救,本末缓急上下浅深,或各有取也乎。"

基于上述理念,张謇虽不信奉佛教,却热心宣传和导扬佛教,发掘佛教中积极于人事之处。光绪二十五年(1899),张謇集《金刚经》句拟大生纱厂厂厅联:"为大众利益事,去一切瞋恨心"。民国四年(1915),由张謇发起,于狼山广教寺特建水陆道场七日。张謇策划举办佛事的用心在于劝勉人们热心地方公益。民国七年(1918),张謇重建狼山观音院,主要也是看到观世音在民众心目中特殊的地位,能够对民众起一定的引导作用。

然而,张謇也清楚地意识到,在"欧风东渐,醉心欧美卢孟诸人之学说"的时代,以及"世衰道微,政坠学坏"的风气之下,佛教所能起到的作用也是微乎其微的。1919年夏,张謇托人为狼山观音禅院访求主持时就有言:"今世且非观音所能救,故不得不崇敬观音,其奈虽观音亦无法何!"所以张謇并没有把佛教的伦理道德当成唯一的救世良方,他修建寺庙并不影响他对文化教育、社会公益等事业的热情与投入,更没有松懈以儒家伦理道德要求自己、影响他人并润泽社会。

思考题:

1. 张謇伦理思想形成的主观与客观因素有哪些?
2. 张謇的义利观与儒家传统义利观有哪些联系及区别?
3. 试述张謇伦理思想和道德人格的当代意义及价值。

第十讲　张謇一生评价

教学目的、要求

本讲教学,使学生能够从总体上把握张謇一生的情况,在学习前九讲的基础上,进一步准确理解、辩证分析、正确评价张謇一生的成败得失,真正走近张謇,了解张謇,感悟张謇,学习张謇。

张謇言录：

即此初完一生事,会须身伴五山灵。

借各股东资本之力,以成鄙人建设一新新世界雏形之志,以雪中国地方不能自治之耻,愚牛马于社会而不辞也。

张謇是中国近代史上少有的能够被持不同政见者所尊崇、褒扬的历史人物。孙中山器重他,聘他当实业总长,并说他在南通取得了实际的成绩;张謇去世时,北洋政府特颁令嘉奖,"生平事迹,宣付国史立传";毛泽东说,论及中国的民族资本家,有四个人不能忘记,轻工业不能忘记张謇。

著名专家章开沅先生这样评价张謇:"在中国近代史上,很难发现另外一个人,在另外一个县,办成这么多事业,产生这么深远的影响。"①张謇之所以在短短的三十年中能够如此充分地实现自己的经济思想、社会理想和人生价值,既有主观因素,也有客观因素。主观因素起着根本的作用,具有决定性的作用;客观因素亦有重要的影响,具有推助与促进的作用。在其主观因素的支配下及客观因素的影响下,内外因素有机结合,共同作用,形成合力,使得

---

① 章开沅.张謇//孔令仁,李德征.中国近代企业的开拓者:上册.济南:山东人民出版社,1991:485.

张謇成就了一般人在这么短时间内所不可能成就的事业。

一、张謇成就事业的主观因素

张謇一生都在拼命,前半生拼命读书,发愤学习,孜孜不倦;后半生拼命做事,追求事业,不折不挠。是什么力量、什么精神、什么动力驱使着他、支撑着他、激励着他?人生观、价值观使然,而这一切又来自他对传统文化的理解,他以儒家的修身、齐家、治国、平天下为己任,他的责任意识、担当精神使然。

张謇前半生拼命读书。其读书的直接目的当然是期盼能有朝一日状元及第。这既能光宗耀祖,又能成就自己的事业理想。对张謇来说,考中状元是他人生旅途上的又一个大的转折点。科举的成功将成就他一番事业,如果按部就班,从翰林院修撰开始,一步一步地,也许有朝一日能够达到一人之下众人之上的位置。然而,令世人感到困惑的是,张謇在奋斗了26个春秋、终于到达读书人最高境界、戴上状元桂冠之后,就像他曾拒绝被举荐做官一样,他放弃了做官。这似乎令人难以理解。其实,弃官并不是他的本意,在奋力拼搏以期摘取书生梦寐以求的状元桂冠的日日夜夜,张謇未尝不想步入政界以求实现自己的抱负。然而,国势多艰,世事沧桑,前途渺茫。时局的发展令他十分痛心。黄海战役、威海卫战役,北洋舰队葬身鱼腹。《马关条约》如此屈辱,主权沦丧。特别是外国大量资本涌入中国,设厂、筑路、开矿,大肆争夺中国的利权,这些使张謇极为愤慨。加之他曾亲眼目睹了大雨滂沱中慈禧对那些为迎驾而冒着大雨长时间匍匐在泥水里的满朝文武不屑一顾的凄惨一幕,激愤的他再次深受刺激,他深深地问自己,做官若此还有什么意义?父亲的去世,又给了他极大的打击。这一切使得张謇在登上科举之巅之后,违背自己的初衷,毅然决然地选择了一条他未曾预设过的人生之路。

张謇后半生拼命做事。他从创办大生纱厂开始直到去世的三十年间,可谓是事业干得惊天动地,其成效令世人惊叹。当然,其中的艰难险阻又是一般人所难以理解的。

从张謇对大生纱厂厂名的解释,即可洞察他的内心世界。他曾对友人刘厚生说:"我们儒家,有一句扼要而不可动摇的名言'天地之大德曰生'。这句话的解释,就是说一切政治及学问最低的期望要使得大多数的老百姓,都能得到最低水平线上的生活……换句话说,没有饭吃的人,要他有饭吃;生活困苦的,使他能够逐渐提高。这就是号称儒者应尽的本分,我知道我们政府,绝无希望,只有我自己在可能范围内,得尺得寸,尽可能的心而已。我在家塾读书的时候,亦很钦佩宋儒程、朱阐发'民吾同胞,物吾同与'的精义,但后来研究程朱的历史,他们原来都是说而不做。因此,我亦想力矫其弊,做一点成绩,替书生争气。"①从张謇对"大生"之名的解释,我们可以感悟到张謇的办厂宗旨及办厂目标,亦可感悟出他的人生境界及人生理想。

本着实业救国的精神,张謇创办了大生纱厂。随着大生纱厂利润的增加,张謇便有了资金作后盾,南通事业次第展开,并不断向外扩展、辐射,影响全国。张謇在政治、经济、文化、教育、慈善、水利、交通、运输等众多领域都有重大建树,都留下了深深的事业痕迹。

张謇精神可概括为:救国强国、改良社会的抱负,放眼世界、包容会通的胸襟,报效国家、服务地方的情怀,不为做官、只为做事的人格魅力,敬业尽责、以天下为己任的气概,百折不挠、不畏艰难的意志,勇攀高峰、敢为人先的品格,鞠躬尽瘁、死而后已的精神。

二、张謇成就事业的客观因素

(一) 独特的社会地位

清末,社会位阶的排列是很分明的。士农工商四民,士排在首位。"平民一旦取得生员身份,即可出入乘肩舆,受人尊重,成为'四民之首'。"②科考成功者为士,为官者为仕。③ 由士而仕,是一条理想的道路,却不是人人都能达到的。士在未当官或当官后离职、退休、居乡等常常被称为绅士。绅士享有各种特权,他们可以参与管理地方事务,可以干预司法,可以免赋免役,甚至还可以通过官府在贩运违法货物时不受关卡留难。同时,绅士地位也赋予他们一定的责任,特别是有关社会公益事业,绅士们常常有责任去参与,从中发挥作用。绅士常常成为官府与百姓的桥梁。

张謇状元及第,成为上层绅士。他善于利用特权为其企事业服务,同时,他也很尽力地去行使他的职责。随着张謇在南通影响的不断扩大,他的社会地位亦不断提升,成为本地区首屈一指的人物,一些地方官员上任、离任时都要拜会他。状元头衔、实业成就、政治声誉及个人才华使他成为一言九鼎之人。

---

① 刘厚生.张謇传记.上海:上海书店,1985:251—252.
② 王先明·中国近代社会文化史论.北京:人民出版社,2000:5.
③ 张仲礼·中国绅士的收入.费成康,王寅通,译.上海:上海社会科学院出版社,2001:2.

科举之路未给张謇带来亨通官运,金榜题名也未铺就他坦荡仕途,却客观地催生了近代中国屈指可数的实业家、教育家、社会活动家。在张謇状元及第10年后的1905年,绵延中国1300多年的科举制度被废除。中国的科举制度虽有很多弊端,然而不能否认的是它也确实为国家选拔了不少人才,它毕竟为像张謇这样的社会底层之人提供了改变命运、实现抱负的机会。如果不是科举制度,像张謇这样几代都没有一个读书人的家庭完全不可能摆脱穷困命运,更谈不上到达社会的上层、接近国家的中枢了。同时,经史典籍中的精义、由士至仕过程的磨炼对中国知识分子修身齐家治国平天下责任感的形成都是不无裨益的。科举考试注重艺文楷法,这对张謇的文化修养起到了极为重要的作用。张謇凭着自己的勤奋和聪颖,在涉历四书五经时,对经济、政治、文化、教育、法律、农桑、水利、盐铁等这些为官者必懂的学问也极为关注,日积月累,他在多个领域都具有了知识储备,积累了深厚学养,并具有了充分的发言权。

张謇以其状元的特殊身份并持有尚方宝剑兴办实业,虽然也历经磨难,遭遇挫折,但是,这样的桂冠及身份毕竟赋予了他特殊的社会地位。他与官场广泛联系,他能与最高层直接对话,这些又能够使他在成就事业的道路上更胸有成竹,更坚定自信,也能够让别人不敢轻视他,不能忽略他甚至十分地在乎他。

(二) 社会关系资本效应

"社会关系资本"这一概念在当代西方经济学、社会学中多有使用,它是泛指处于网络或更广泛的社会结构中的个人动员稀有资源的能力。这里的稀有资源主要是指蕴藏在人际关系网络中的资源。张謇的社会关系资本主要是指他在客幕及漫漫科举考试生涯中结识的同路人及各路政要、他在开创企事业过程中所网罗的各方英才及他在从教过程中所赏识的门生、他的状元及翰林院修撰头衔、政府授予他的各种身份、他的亲朋好友等人际关系资本。同时,还指他所能有效动员的社会资源并在这种动员中能为其企事业提供更多机会的资源。

张謇的社会关系形成一张错综复杂的网络。该网络既是无形的,又是有形的。说它无形,因为看不见摸不着;说它有形,因为它确确实实对成就张謇的事业起过重要的作用。无论是清末还是民初,张謇都与政界有着一种特殊的联系。在清末,张謇受清流派器重。在办企业的过程中,张之洞、刘坤一等都对其起过重要作用。张謇的企业能获得一些特权也是得益于他与官府的关系。在民初,张謇更是接近了国家的权力之巅。他可以直接给总统上书呈文，某些观点建议能得到特别的关注和重视。不管是在清末，还是在民初，张謇都得到了政府高层的尊重。所以张謇能够自信地说自己是"通官商之邮"。他在办企事业过程中网罗到一批英才，这些人对企业的成功经营、对事业的顺利发展都起过重要的作用。张謇的社会关系资本还表现在他能较为有效地动员某些社会资源，诸如地区资源、行业协会、信息资源、销售网络等，张謇特别善于调动这些资源。

张謇并没有精心编织他的社会关系网，也未见付出过交易费用。这张社会关系网是他从科举仕途至兴办实业过程中逐渐自然形成的，某种意义上讲是不自觉的。这张无形的关系网的形成虽有各种各样的主客观因素，但有一点是共通的，那就是官僚政要及各路英豪，他们对张謇的人品、能力、学识、见识都很看重，甚至对他的执着和倔强也有几分的在意。

某种意义上说张謇修复了官商关系。中国的官商关系，自古就颇微妙。在皇权专制的以农为本的国度里，商人处于弱势地位。进入近代，官商关系有一个从"洋务运动之后官商之间即势成水火，处于完全对立的不相容状态"①，到官商的逐渐结盟的过程，这其中有许多原因，既有"亡国灭种"的威胁，也有商人的呼吁，同时还有政府通过改变对商政策而进行的示和因素。亦商亦官的张謇，在他活跃于中国政坛商坛的时期，对修复两者的关系，消解两者激化的矛盾起过一定的作用。作为状元的张謇在兴办实业的过程中，他与南通的关系、他与国家政府的关系不是一般意义上的个人与地方或个人与政府的关系，也不是一般商人与地方或政府的关系，当然更不是通常意义上的官员与地方、官员与政府的关系，而是一个有着状元光环、能与政府高层会话、无权无势的无冕之王与地方、与政府的关系，用他自己的话说是"通官商之邮"。其实，他不只是"通官商之邮"，还是"通南北之邮"、"通中外之邮"、"通古今之邮"。他虽对官府一向持有成见，对当官也不感兴趣，但是，他实实在在修复了官商关系，他的"通天"本领虽没能对他的成功起关键作用，但在其事业发展的道路上偶尔也会带来小小的惊喜。

（三）地方政府的无为

张謇时代的南通地方政府，大多时间处于无为状态。这种无为既包括对地方建设的无目标、无计划，也包括对兴办实业及各项事业的无意识、无自觉，也还包括对百姓生存处境的冷淡及漠视。当然，在当时的社会环境下，这种无为某种程度上倒使绅商更有了施展抱负的空间。张謇自己也曾总结说，

---

① 章开沅,罗福惠.比较中的审视:中国早期现代化研究.杭州:浙江人民出版社,1993:148.

他的南通事业"上不依赖政府,下不依赖社会"。

作为绅商,张謇一方面具有作为绅的优越性,能够上通天,下达民,是官民之间的桥梁和纽带;另一方面,作为商,张謇又有商人的智慧和追求。张謇恰如其分地利用了他的身份,成功地扮演了他所能扮演的角色。张謇在南通的成功,不是地方官与绅结合的结果。在张謇经营南通、实现地方自治的过程中,地方官很大程度上表现的是不合作,甚至是排斥。虽然张謇不时对一些上层官员有所依赖,但远没达到结合的程度。

张謇生活的时代,是一个充满着变和充斥着乱的时代。在这样的时代,不可能有一个高效率的政府。这个时代,人们连生命都得不到保障,就更不必说财产的保障了。张謇千呼万唤、左冲右突了半辈子,力图为中国资本主义的生存和发展争得一方天空。他一直致力于建立各种制度,让这些制度来约束政府行为,来规范商民行动,来调节全体社会成员之间的关系。虽然他的这些努力起到过重要的作用,但并没能真正达到他所追求的目标。西方在发展过程中,强调政府应该做政府的事,政府应该为经济发展提供条件和保证,而不是具体干涉经济事务。中国古代,强调无为而治。而这种无为而治,与西方政府所持的开放态度又是有所不同的。张謇在南通成就了一番轰轰烈烈的事业,当时的政府与上述所说的持开放态度及无为而治都不一样。此时的政府不可能为企业的发展提供多少条件与保障,也不可能做到真正意义上的无为而治。就拿当时的南通政府而言,可以说对于南通的经济与发展处于一种无能为力的状态。不仅如此,他们还对张謇的各种事业不时进行钳制。不过这并不能阻止张謇,相反,张謇却能够有效地摆脱地方政府的约束而颇能随心所欲地兴办实业等各项事业,并在公共领域发挥一般士绅所发挥不了的作用,政府的不作为和不能为反而导致了张謇的有作为和能有为。

今天的中国,政府在国家经济领域能够更多地有所作为,政府能够进行适当的宏观调控,能够为经济的发展提供更好的有利条件及政策支持,能够在制度规定下给民营经济以更多的实惠和发展空间。政府对社会及民生承担着巨大的责任,能够制定各项制度来保持社会的繁荣、稳定、发展及和谐,来实现民生的关怀和幸福,因此,今天的政府可以有更多的作为,各路精英、各行各业人士也会有更大的施展才华的空间。

三、矛盾的一生

张謇所处的时代,是外忧内患共存、新旧思想杂糅、东西文化碰撞、革命改良相互激荡的时代。这样的时代既炼就了他百折不挠的品格,也造就了他矛盾的性格。

张謇一生富于矛盾性和戏剧性。15岁开始踏上漫漫科举考试征途,在风华正茂的年龄却屡试不第。在平息朝鲜的"壬午兵变"中立功的他,本可以接受褒奖,顺利踏上仕途,但他坚持不就,决计走科举正途。当时在中国政坛上叱咤风云的人物想网罗他,他却"南不拜张,北不拜李"。在对科举考试失去信心、心灰意懒之时,张謇却又高中状元。他曾呕心沥血苦战科举试场26个春秋,为的是由此正途登上政坛。但是,当终于状元及第被授翰林院修撰、仕途延伸之时,他却又弃官还乡走实业道路。他政治上追求改良,经济上却谋求革命。他时时想远离政治,却又不时被推上政治的风口浪尖。他所举荐过的人却令他鄙视,他不赞同的人却又令他崇敬。他抱定中国两千多年儒学伦理和文化传统精髓立身谋事做人,却又能以最开放的心态去吸纳融通西学精神。

政治上他要求民主化,经济上他要求产业化。民主化道路通过改良的手段,产业化道路通过革命的手段,且政治上的民主化要求与经济上的产业化要求几乎是同步的。

政治上,他主张改良,并为此奔走呼号十多年,最终认同了革命。在维新变法运动中,他支持变法。在清末新政难产过程中,他积极真诚推动君主立宪。他反对革命,却不责备革命党人。他认为之所以会发生革命,是因为清政府不思改革,因此是咎由自取。对于革命,他希望破坏性不要太大,宜速成。他反对将政治革命变为种族革命,他认为种族歧视必将会酿成大祸。在民族问题上,他主张"以汉、满、蒙、回、藏组成合众","夫吾人之所谓为共和主义者,非谁某一族一姓之共和主义,乃合全国之二十二行省,及蒙盟藏卫,而为一大共和国。要以言之,即统汉、满、回、蒙、藏之五种人,而纳之一共和政体之下者也"。他主张各民族应团结一致,和衷共济。对于资产阶级革命党人搞革命,起初他是坚决反对的,在他看来,革命会流血,革命会对国家、对社会、对经济、对实业、对国人造成很多伤害,他希望维持现有秩序,极不希望看到大的社会动荡。但武昌起义成功了,各省纷纷宣布独立以脱离清政府统治。这使张謇看到革命也可以不流血。革命成功后,张謇虽然对革命手段有所保留,但他能顺应时变,顺势而为,转向共和。以孙中山为首的革命党人,不仅政治上追求民主,而且经济上要求发展资本主义。张謇于政治上要求民主、于经济上要求发展民族工商业的思想与孙中山革命的目的殊途同归,尤其是临时政府的成立为民主权利的获得及经济发展的需求提供了制度的可能,于是张謇认同了革命。

经济上,张謇谋求的是革命。在经济领域,张謇常常富有开拓精神。他在工业、农业、渔业、盐业等领域的经济行为更具有革命的色彩。他在南通兴办纱厂及其他企业,用机器大工业替代存在千百年的手工作坊,就是南通历史上的一场工业革命。他创办通海垦牧公司,第一次将资本主义的农场公司引入原来完全意义上的封建式租佃,亦是南通农业史上的一场革命。大生纱厂、垦牧公司以及大生资本集团的其它企业的兴办,掀起了南通经济发展史上的产业革命浪潮。不仅南通,他的产业革命光束还辐射到周边地区,甚至辐射到东南、西南、东北及西北。他曾在东南沿海掀起一场渔业革命,产生了重要的影响。他着手创办的江浙渔业公司是中国历史上第一家由国家筹办、民间集资投股、采用渔轮拖网之新法从事海洋捕捞的渔业公司。江浙渔业公司以上海为总局,另设江苏分局五处、浙江分局十处,公司购买了在青岛开办渔业公司的德国渔商的"万格罗"号渔轮,将其改名为"福海"号。[①] 这是一艘用燃煤蒸汽机发动的渔轮,它也是江浙渔业史上的一场真正意义上的革命。

张謇总想远离政治,却时时卷入政治的漩涡。他辞官返回家乡创办实业,就是想远离政治,远离政界。但是,他又不得不时时地参与政治,甚至还不时地成为政治的风云人物。

近代中国,与政治无关的人很难干成大业,也不能青史留名。因为近代中国国情太特殊、太复杂,社会发展过于曲折,政治又无处不在,逼得人们对政治远离不得。有的人参与政治,只是将其作为手段或阶梯,以达自己升官发财、飞黄腾达的目的。有的人投资企业,"为的是推进他自己的政治目标","主要关心的是官场的成功"。这两者,张謇都不是。他参与政治绝非为做官,也不为捞取任何政治资本。他投身实业,也"不把他们的工业活动视作获得更大政治成功的工具"[②],相反,只是为达到自己的社会理想而积累资本。他参与政治只为利用政治以达到自己的社会理想,为的是国家强大、国泰民安,为的是与政府顽强抗争,为的是给中国民族资本主义争得生存发展的空间。

张謇对自己曾举荐过的人很鄙视,这主要表现在与袁世凯的关系上。袁世凯早年走投无路之时前来投奔吴长庆,吴长庆让张謇教导他读书。这样,张与袁便有了师生之缘。可是袁世凯视读书为痛苦之事,张謇也看出袁根本不是读书之人,倒是块用兵打仗的材料。于是张謇在吴长庆面前举荐袁世凯,让其领兵。袁世凯在朝鲜的能力和魄力很快被人们所注目,之后不断发迹,终于登上了国家的最高宝座。当初如果没有张謇的举荐,袁世凯不可能

---

① 郭振民.嵊泗渔业史话.北京:海洋出版社,1995:44—45.
② [美]陈锦江.清末现代企业与官商关系.北京:中国社会科学出版社,1997:120.

发迹得这么快,后来的飞黄腾达与张謇也不能说没有关系。举荐袁世凯,是因为张謇认为袁有领兵打仗的天赋,这也算是物尽其用,人尽其长。尽管袁世凯的发迹得益于张謇,张却从不在袁面前居功,也不愿与他有什么瓜葛,更不愿在别人面前提起。相反,由于对袁人格的轻视,他故意疏远袁,甚至与袁二十年不通音信。对袁的能力,他是赞赏的,但对袁的为人,他是鄙视的。他与袁世凯的恩恩怨怨、合合分分,正体现了他刚正不阿、胸怀坦荡的品格,这也正是张謇的人格魅力所在。他绝不趋炎附势、攀龙附凤。

　　他不赞同的人却又使他很崇敬,这主要体现在他与孙中山的关系上。尽管他与孙中山在政见上有不同之处,但他尊重孙中山的人格。在孙中山逝世后,他在南通各界追悼孙中山先生逝世大会上发表演说,客观公正地评价了孙中山。他说:"孙中山是手创中华民国之人,是国民党之领袖。既手创民国,则凡属中华民国之国民,谁不该敬佩他,谁不该纪念他。中国以四五千年之君主国体,一旦改为民主,在世界新趋势虽顺,在世界旧观念则逆,况以一二人为之,则因逆而更难。而孙中山不畏难,不怕苦,不耻屡仆屡起,集合同志,谋举革命,千回百折。备尝艰苦,至辛亥年事会凑合,卒告成功。从历史看来,中国革命之第一人,要推商汤。其后因君主之昏聩,或其他原因,起而革命者,代不乏人;然不过一朝一姓之更变而已,不足为异。孙中山之革命,则为国体之改革,与一朝一姓之更变迥然不同。所以孙中山不但为手创民国之元勋,且为中国及亚东历史上之一大人物。"在演说中,张謇还提出了正确全面公正地评价历史及历史人物的问题。对待历史人物,张謇以公正客观之心进行评判,而不因其政见与己不同而进行损毁。他的政见与孙中山不同,观点分歧较大,但他钦佩孙中山的为人和品格,崇敬孙中山天下为公的精神和气概。

　　张謇的哲学思想也充满着矛盾性。虽然他很讲究辩证法,但是,内在唯物主义与唯心主义的矛盾冲突时而存在。特别是晚年,这种矛盾和冲突表现得尤其明显。张謇在理论上没有形成自己完整的哲学体系,但他的文章又富于哲学思辨及哲学精神。他的哲学思想大体可归纳到实用主义范畴。实用主义是实证主义的一个分支,出现在19世纪末20世纪初,主要代表是杜威。实用主义在新文化运动时开始传入中国。张謇对杜威很为赞赏,曾邀杜威赴南通演讲。在演讲会上,张謇亲致欢迎词。杜威认为:"实用主义关于实在的概念的主要特色,正在于它认为关于实在的一般理论是不可能的,或者说不需要的。"① 张謇亦是一位实干家,他有太多的事务,他没有时间和精力去进

---

① 转引自高瑞泉.中国近代社会思潮.上海:华东师范大学出版社,2002:133—179.

行理论上的思辨。他的哲学思想像他的经济思想一样,体现在他的办实业、办事业及其他各项事务之中。

四、孤寂的一生

张謇的一生可以这样概括:道路虽然拥挤,但是心很寂寞。他的事业轰轰烈烈,心却极其孤寂。前半生的读书科考生涯是这样,后半生的经济事业生涯也是如此。

在后半生的经济事业生涯中,他的孤傲、执着、独立不群的性格,他的与众不同的目光及见识使得他常常没有知音并缺少同路人。办大生纱厂时的孤立无助几乎将他逼到绝境,在大兴南通事业过程中地方居心叵测之人设置重重障碍使他深受伤害,他的南通自治不断受到讽刺、挖苦甚至诋毁,他担任农商总长想一展抱负之时却"于国民实业前途,茫无方向"而辞职。袁世凯欲称帝,他曾苦苦相劝,但无效。担任农商总长期间,他颁布各种规章条例,但赞成者不多。他在暮年仍为国家在世界上争得平等地位而呼号,但应者寥寥。列强曾与中国签订一系列不平等条约,使得中国的关税不能自主,协定关税给中国带来极大的经济损失,张謇为呼吁关税平等曾耗费大量的心血,然而,在当时的国势下列强根本不予理会。张謇也曾耗费大量心血为立宪奔忙,垂暮之年仍孜孜不倦发表对于宪政的呼唤:"民国宪法则吾民权利义务公平之轨道,而今国家成立之命脉也",但得不到共鸣。张謇半生为发展中国的民族工业而奔波呼吁且身体力行,在晚年犹担忧国家对民族工业发展的漠视,担心没有一个稳定的环境,担心没有能够适合资本主义生存发育的土壤,但他的热忱得到的是冷遇。晚年张謇仍关注时局,1919年爆发"五四"运动,他反对学生放弃书本、浪费美好光阴去参与,同时也坚决反对政府官员的卖国行径。他反对政府与日本订立济顺高徐两路借款条约,认为政府官员没有权利出卖国家主权。张謇半生奔走呼号,然而,他的声音总是被喧嚣的噪音及漫天的尘埃所湮没。

张謇在其人生旅途上执着地走来,一路艰辛,一路泥泞。尼采的生存哲学观揭示,一个人如果想要有所作为,就应该变阻力为动力,变不利为有利,这样,生命的意义才能够得以充分显现。某种意义上说,张謇就是这样的一位不屈不挠的赶路者,为了成就一番事业,为了理想境界的实现,尽管旅途障碍重重、荆棘丛生、危机四伏,但他不畏艰险,披荆斩棘,勇往直前。他最充分地体现了个人的意志潜能,最执着地开发了自己的事业人生。他使自己生命的正能量得到最大限度的发挥,使自己人生的价值得到最高程度的实现。为了自己的社会理想,张謇孤寂地求索了一生。

变世出奇才,乱世出英雄。近代中国处于既变又乱的时代,这样的时代,既出奇才,也出英雄。张謇是奇才,也是英雄。在短短三十年中,他不仅改变了南通,也改变了中国,还让世界为之动容。中国百年近代史上,这样的人实在是屈指可数。

五、成败辩证析

张君劢在《明日之中国文化》中说:"一国历史中文物制度及人物之观察,不离乎一时代之透视线;透视线变,则文化制度与人物之价值,因之而亦变。"[1]这就是说,评价历史人物,主要是要看你站在什么角度和什么立场,不同的角度和立场会得出不同的结论。评论大生资本集团的成败,其实也是在某个角度评论张謇的成败。而评论张謇的成败也是看你站在什么角度,立足于什么时代的透视线。

胡适在为张孝若的《南通张季直先生传记》作序时,写过一段一直为人们所传颂的话:"张季直先生在近代中国史上是一个很伟大的失败的英雄,这是谁都不能否认的。他独力开辟了无数新路,做了三十年的开路先锋,养活了几百万人,造福于一方,而影响及于全国。终于因为他开辟的路子太多,担负的事业过于伟大,他不能不抱着许多未完的志愿而死。这样的一个人,是值得一部以至许多部详细传记的。"[2]胡适评价似乎一锤定音,80多年来,学者们在论及张謇时,几乎众口一词,曰张謇是"失败的英雄",认为张謇最终失败了,因为他的大生集团的主干企业最终被银团接管。笔者每每读及此论时,总有些许疑惑:对胡适评论的理解是否有失偏颇?其实,胡适这段话的重心在"英雄"二字上,他认为张謇凭自己的力量开辟新路,当开路先锋,养活众人,造福一方,因而张謇堪称英雄。胡适认为,张謇的失败在于他有太多太多的愿望没能实现,而不是一般所理解的张謇所办企业在当时衰败,他就是一位"失败的英雄"。

著名历史学家钱穆在谈历史人物研究时,阐述了成功与失败的辩证关系,他认为,一些英雄"他们在当时虽失败了,但对后来历史言,却是成功的,而且是大成功。历史上每一时代的人物,必有成功与失败之分。但人能在失败时代中有其成功,这才是大成功。在失败时代中有其成功,故能引起将来

---

[1] 张君劢.明日之中国文化.济南:山东人民出版社,1998:57.

[2] 张孝若.南通张季直先生传记.北京:中华书局,1930:3.

历史上之更成功。这一番道理,又是中国文化精义所在"①。钱先生的这番话发人深省。胡适言张謇的失败也只是"在当时"看的,而对后来的历史而言,张謇不仅是成功的,而且是大成功。这种成功是在失败时代的成功,所以显得尤为宝贵。

(一) 从大生企业集团的经营、发展和影响看

大生资本集团在张謇时代经历了一个由初创到扩展再到繁荣最后易主的过程。那么,大生的几座纱厂被银团接管,是否意味着张謇所创办的大生资本集团失败了? 学术界各有己说。一些论述表明,大生资本集团在创办初期是成功的,但在张謇逝世前就失败了。这样经纬分明地定位其成功和失败似乎缺乏解释力,更为实际地分析其当时及其后的社会经济发展情况从而得出结论似乎更具说服力。

从大生资本集团本身看,1922年至1926年期间,大生企业集团面临着很大困境,最明显的表现形式就是出现亏损,资金无法周转,大生主要纱厂不得不靠抵押借款经营。大生一厂于1923年抵押借款就有442万多两,这一年借款总数是784万两,抵押借款占总借款的56.4%。② 大生一厂、二厂、三厂不得不交由债权人银团接管。但这并不意味着大生资本集团的失败。

第一,从企业本身看,1922年,大生一厂、二厂由于多方面的原因,出现亏损,一厂结亏39万多两,二厂结亏31万多两。由于没有什么公积金,工厂资金周转产生困难。然而,两厂其实并不是真正意义上的无资金。问题是,资金都放、垫在大生系统的其他企业。仅一厂,就放款、垫款332万多两,主要是盐垦、实业公司、地方事业等,而这些企业一时又无力归还。

第二,从大生几座纱厂被银团接管的情况看,公司易主,从原主来说,似乎是一种失败。但是,如果我们从更深广的意义上看,其实并不真正意味着失败。大凡企业,都是不可能永久存在的。"成功和失败的交替,推动人类文明的变迁","在人类文明史上,没有一个民族永远不败,没有一个国家永远不倒"③,在人类文明史上是这样,而在工业发展史上更是如此。没有一个企业是永恒的,这是辩证法。据统计,从平均的角度说,世界500强平均寿命是40~50年,跨国公司平均寿命是11~12年,日本和欧洲企业的平均生命周期是12.5年,在美国,企业平均寿命是8年,62%的企业平均生命周期不到5

---

① 钱穆.中国历史研究法.北京:生活·读书·新知三联书店,2001:100.
② 大生第一纺织公司第二十五届帐略//大生企业系统档案选编,1987:165.
③ 何传启.东方复兴:现代化的三条道路.北京:商务印书馆,2003:5.

年,存活能超过 20 年的企业只占企业总数的 10%,只有 2% 的企业能活 50 年,而在中国,大集团公司平均寿命在 7~8 年,一般民营企业平均寿命只有 3~4 年。① 一个好的企业,即使它的牌子可以不变,但是企业的管理者、股东、员工不可能不变。企业的易主更替并不是通常意义上的失败。从经济学意义上看,大生几座纱厂出现的是财务困境(Financial Distress),或叫财务危机,是指一个企业无偿还能力(Insolvency)。而无偿还能力包括技术上的无偿还能力和破产意义上的无偿还能力。财务困境并不等同于破产清算。大生几座纱厂只是技术意义上的无偿还能力,并没到破产的境地。被银团接管,究其实质,其实是一种债务重组。债务重组是对陷入困境但仍有转机和重建价值的企业进行债务的重组从而避免企业清算的一种交易。②

第三,从企业的经营实力看,纱厂虽然易主,但是企业的固定资产并没有损失,企业的经营实力依然存在。事实上大生一厂在被上海银团接管之前,先由该厂的债权人南通张得记、东源、硕康、永昌林等九家钱庄组织"维持会"接管了一阵子,该"维持会"接管大生一厂后,仅在 1924 年 10 至 12 月的三个月中,所获的利润就高达 27 万余元,利润率高达 15.36%。大生纱厂在其后银团接管的十三年中虽也有过困境,但总体是获利的。而这主要还是建立在张謇所奠定的基础之上的,纱厂本身的经营实力仍然存在。张謇的某些改革措施,如在淮南垦区改良棉种、广种优质棉,也使得 20 支以上细纱原料供应丰裕,对外依赖减轻,降低了成本。③

第四,从大生几座纱厂的社会影响看,大生几座纱厂对当时棉纺织工业界的影响,在当时就已经很大,"江苏省在中国棉纺织业界之地位,最占重要,堪与英国棉业中心之兰克夏(Lancashire)比拟。1918 年该省之纺锤占全国所有纺锤 80.32%,即以后他省纺织业逐渐发展,但不能摇动江苏省在中国棉纺织业界之领袖地位。以百分数表之,1924 年以来,江苏之纺锤占全国所有之百分比:1924 年为 66.11,1927 年为 66.30,1930 年为 66.42。"④而江苏又主要集中在上海、通崇海和无锡。在 1890—1910 年间,中国民族资本主义形成一个初步发展时期,在这一时期共设纱厂 26 家,其中,江苏就占 19 家,南通占了 2 家。⑤ 可见江苏在全国纺织业中的分量。1922 年,张謇创办并经营的大生纺织集团的一厂、二厂、三厂的纱锭总数占全国纱锭总数的 6.91%,无

---

① 曹建海,黄群慧. 制度转型、管理提升与民营企业成长. 中国工业经济,2004(1):103—104.
② 冼国明,刘晓鹏. 财务困境企业债务重组的博弈分析. 中国工业经济,2003(10):89.
③ 大生第一纺织公司. 南通档案馆藏:全宗号 B—402.
④ 方显廷. 中国之棉纺织业. 南京:国立编译馆,1934:15.
⑤ 严中平,等. 中国近代经济史资料选辑. 北京:科学出版社,1955:98—99.

锡荣氏兄弟经营的申新集团纱锭数占全国总数的5.65%。① 可见,这两家企业集团就占全国纱锭总数的八分之一。"大生纱厂的成立和发展,也确实在一定程度上影响到帝国主义的市场和原料供应,起到了抵制外国经济侵略的作用",同时,大生一开车就年年获利,也推动了一些官僚、地方、商人投资于近代工业。②"在1895—1911年间,江苏先后开办了一百四十余家工矿企业,资本总额一千九百二十八万余元。企业家数约占全国新办企业的四分之一。资本额约占全国的六分之一","在这一百四十余家企业中,张謇创办和参与投资的有二十三家"③,占了江苏企业总数的17%。美国学者武凯芝在经过研究后认为:"大生纱厂是第一次世界大战前中国自己创办的最成功的工厂。"④章开沅先生认为:"晚清状元有好几位,但是只有张謇在兴办近代实业、教育方面取得显著的成就。"⑤

大生纱厂易主,既有内部原因,也有外部原因。内部原因主要是资本积累不够、发展基础薄弱以及经营管理上的问题。外部原因主要是大生资本集团所面临的不仅仅是存在激烈的竞争,而且还处于充满变数的外部环境之中,有利的不利的因素都一直起着作用,使得本来按照张謇经营思路运行的企业在外部条件的作用下发生了异化。甚至可以更有理由地说,在当时的情况下,不利的外部环境对大生资本集团所起的负面作用更大。当时,中国和世界的形势发生了变化,而这个变化又深刻地影响了中国的棉纺市场。国际国内政治形势的大变化引起了国内棉纺市场的大变动。到1922年,每生产一包16支纱,便会亏损14.75两。⑥ 可见,纱厂严重亏损。当然,这并不是大生各纱厂所独有,而是国内各纱厂的共同灾难。由于原棉出口多进口少,"中外纱厂负担早失其平衡也",中国出口棉花主要是日本,"中国棉产之丰啬,与纺织业有密切之关系,早为日本商人所深知"⑦。当时,中国棉纺织业一片萧条,孙中山曾对此有过描述和评论。1924年11月19日,孙中山在上海招待

---

① 马俊亚.规模经济与区域发展——近代江南地区企业经营现代化研究.南京:南京大学出版社,1999:4.
② 李时岳.张謇与立宪派.北京:中华书局,1962:23.
③ 史全生.辛亥前江苏资本主义的发展与早期资产阶级运动,江苏省中国现代史学会编《江苏近现代经济史文集》,1983年,第45—55页.
④ 武凯芝.中国早期近代化与张謇的自强政策//严学熙.再论张謇——张謇国际学术研讨会论文集.南京:江苏人民出版社,1993:192.
⑤ 章开沅.开拓者的足迹——张謇传稿.北京:中华书局,1986.
⑥ 严中平.中国棉纺织史稿.北京:科学出版社,1955:185—187.
⑦ 章有义.中国近代农业史资料:第2辑,1912—1927.北京:生活·读书·新知三联书店,1957:168.

新闻记者时说,"我这次进吴淞口的时候,沿途看见纱厂布厂的烟筒,多是不出烟,我便奇怪起来,问那些由上海来接我的人。他们都说那些工厂在这几年中极亏本,早已停工。亏本的原因,是由于和洋纱洋布相竞争,在上海所做的布和纱都不能赚钱",这是受"不平等条约和国际经济压迫"①的结果。

(二)从近代南通的现代化步履看

张謇有太多的理想,这些理想在他逝世前已基本实现。他有很多自谦之词,说自己的理想未完成其万一。不过,他也在多种场合对自己的一生进行过恰如其分的点评。晚年,他在南通中等以上学校联合运动会上演讲时说:"謇营南通实业教育二十余年,实业教育,大端粗具","言乎稳固,言乎完备,言乎发展,言乎立足于千百余县而无惧,则未也未也。"他自撰的墓门上的两句话也真实地表露了他的真情实感:"即此粗完一生事,会须身伴五山灵。"从这些我们可以感悟到张謇的真实思想,他认为他这一生的主要任务已初步完成了,他对自己一生的努力是满意的。三十年的苦心经营,换来的是南通一种脱胎换骨般的变化,他的"新世界雏形"已崭露头角,南通的社会经济进入了一个全新的境界。

经济方面,南通的近代工商业体系初步形成。南通纺织工业肇始于19世纪末,张謇筹建的大生纱厂是中国最早的棉纺织厂之一,所用的英国纺纱机械,是中国最早引进的外国纺织设备之一。从1896年正式开始创建到1924年,大生各纺织厂共有16万枚纱锭、1600余台布机,生产中低档纱、线与斜纹布等。一个以机器纺织为龙头的南通近代工业体系随着各近代企业的建立而逐步形成。其门类涵盖了轻工业、重工业、农业、运输、通讯、贸易、金融、服务等多个行业。这些企业不仅开南通机器工业之先河,而且大多在全国也是处于民营经济的前沿阵地。以大生各纱厂为龙头的近代机器工业是南通历史上空前的工业革命,此前的南通仅有手工业。大生纱厂成功经营后,南通的工业化全面展开。数十家企业养活了数十万人。它不仅将南通带入近代工业的行列,更重要的是,它带来了人们思想的大解放,一种全新的理念在人们的头脑中形成。南通不仅工业初步自成体系,农业也发生了深刻的变化。张謇推行的科学种地、品种优化、土壤改良等为南通向高效农业转化奠定了基础。1934年出版的《江苏省鉴》载,1926年前后,南通棉田年均130~140万亩。南通一地即占全省总面积14.41%,居全省之首。通海垦牧

---

① 孙中山.在上海招待新闻记者的演说//中国社科院近代史研究所中华民国史研究室.孙中山全集:第11卷.北京:中华书局,1986:339—340.

公司20多年中,开垦荒滩盐荡10多万亩,使荒滩变良田,让更多的农民获得了地面权。垦牧公司的农业资本主义的尝试改变了南通历史上长期实行的租佃制度,开阔了人们的视野,给农业的发展提供了一种新的思路。南通的盐业也很有知名度,张謇创立同仁泰盐业公司,采用雇佣劳动方式组织盐业生产,并聘请日本工程师改进制盐工艺。公司所产精制盐获意大利万国博览会优等奖牌,为中国盐荣获国际大奖之始。其后,又引进松江的板晒制盐法,为小籽盐生产注入了活力。1912年,张謇任两淮盐政,归并旧有盐场,并在各场掀起"废灶兴垦"运动,创设通属总场总辖各场盐务。交通运输业也有重大的突破。张謇在南通修建了纵横交错的公路,市内交通方便,对外交通也四通八达。南通的水运发展亦令人注目,张謇集资创办了大达内河小轮公司、大达轮步公司和天生港轮步公司,购买轮船航行于通吕运河、通扬运河、长江水道。南通的通讯也发生了深刻的变化。1913年,张謇集资创办私营大聪电话公司,1922年成立私营南通实业长途电话公司,经营南通、海门、崇明、如皋4县长途电话业务。金融机构也在南通建立。大生资本集团建立了淮海实业银行。南通还开创了棉纱业、证券、杂粮联合交易所。水利建设一直是张謇所视作的要务。他不惜代价进行围垦、筑堤、建闸、保坍、筑楗,兴修水利,以确保南通地方之平安。服务业的发展亦是飞跃性的,原来,南通仅有些小小客栈、小酒店,而张謇一开始就造出了集住宿、吃饭、休闲、娱乐于一身的有斐饭店、桃之华旅馆等。

文化教育事业,开全国风气之先。在张謇去世前,他创办的各级各类教育形成一个完整的教育体系,包括普通教育、师范教育、职业教育、特殊教育、社会教育等。普通教育中,又包含了幼儿教育、小学教育、中学教育、大学教育等。此外,还有各种各样的短训班、传习所、讲习所数十个。张謇还建起了设备先进、有文化品味、在当时很有影响的更俗剧场。文化教育事业不断兴盛,南通的影响不断扩大,一些全国性学会年会,慕名来南通召开,如中国科学社、中国农学会、中国纺织学会等。中外科技文化交流也十分频繁。张謇聘请日本、英国、法国、美国、荷兰、瑞典等国的教师、工程师、专家、学者40余人来南通工作。购买西方机器,引进先进生产技术,改良棉花品种。选拔优秀学生送到国外留学深造或参观游学。出口民族工业品,三次参加国际博览会,沈寿绣品耶稣像、颐生酒和吕四盐获大奖,获其他奖项者逾70人。中西文化在南通会合交流融通。

社会公益、慈善事业覆盖面宽。建立了全国第一所民办博物苑,陈列自然、历史、美术、教育四部标本文物,普及科技,提供学生实验场所。在南通所建的图书馆是我国最早的图书馆之一。建筑了军山气象台,观察天象,预测天气情况。张謇先后创立了多所医院,有公共体育场两个,还有阅报社、妇女宣讲会、通俗教育社等。张謇在西南濠河兴建了五公园,在狼山建造林溪精舍、赵绘沈绣之楼、东奥山庄、西山村庐等庭园别墅,南通园林在当时盛极一时。办起了老人院3所,还有孤儿院、育婴堂、济良所、戒毒所、义冢、贫民工场、游民工厂、栖流所等。

城市建设和布局独树一帜。张謇对南通的设计很为独特,且富有时代感和前瞻性。他将唐闸作为工业区,将天生港作为港口区,把狼山作为私宅、花园和风景区,构成了以老城区为中心的一城三镇的空间布局。城镇之间,是郊区的田园和住宅。这一独特的城市布局,使城镇相对独立,减少污染。城市功能分工明确,各自可以合理发展。张謇的这种设计被誉为"田园城市"模式,在中国城建史和世界城建史上都是一个优秀的范例。"一城三镇",各有分工,相对独立,又融为一体。更为重要的是,这样的布局、这样的安排、这样的构思全是由张謇及其助手自行设计、自行规划的。在此基础上,又结合了地区的优势,凸显出本地的特色,取人之长,补己之短。张謇的濠南别业就是融中西建筑风格于一体的。它不像一些条约开放型城市,其建筑或者是全盘模仿西式,或者是外国设计者对中国传统建筑的误解。英国规划理论家霍华德(E. Howard)在《明天:一条引向真正改革的和平之路》一书中提出了城市发展的理想模式,即"田园城市"。霍华德说,城市的无限制发展和城市土地投机将会导致城市的灾难,为解决城市工业化与居住条件的矛盾,应将工厂搬向城外,而且与城市之间需间隔一绿色带,这样城市及周边形成"田园城市"模式。

霍华德曾于1903年筹资创立"田园城市有限公司",并在距伦敦56千米的地方购置土地,建设田园城市莱奇沃思(Letchworth),1920年又在距伦敦西北约36千米处建设另一田园城市韦林(Welwyn)。从时间上看,张謇的"一城三镇"构想及实践,同霍华德的"田园城市"理论与实践差不多在同一时间,似是不谋而合。从内容上看,两者有着惊人的相似之处,都是要合理布局工业区与生活区,使工业兴旺发达,人民生活健康。张謇与霍华德的"田园城市"思想,在100年后的今天看来,也不失其价值。

民国时期的南通以成为全国的"模范县"而闻名中外。张謇在较短的时间内将一个偏僻、落后的南通带进了全国的先进行列,被称为"模范县"。国内许多名流、学者、团体慕名前来参观学习。当时,南通不仅在中国已很有名气,一些外国人也对南通高度关注。英国人戈登·洛德(E. Gordon Lowker)在1921年写的海关十年报告中说:"现为上海附属口岸的通州,早在1899年就开始了建设。它从一开始就坚持自治的原则。当地有财有势的商人在二十年前就组成南通自治会,对通州后来的发展,对于为建立警备力量、修筑道路、兴建医院、学校而筹措资金做出了贡献","通州是一个不靠外国人帮助、全靠中国人自力建设的城市,这是耐人寻味的典型。所有愿对中国人民和他们的将来作公正、准确估计的外国人,理应到那里参观浏览一下"[1]。由此可见当年通州的知名度。

某种意义上说,100年前,张謇就已用其企业集团的实力带动着长江三角洲的经济发展。张謇当年用自己的实践走出了一套适合本国本地区实情的工业化道路。利用外国技术、设备及管理经验,立足本土,开发本地资源,充分利用本地原料及劳动力,首先打开本国市场,与外人争夺利权。这样,不仅降低了交易成本,更重要的是走出了一套以城市为龙头,以农村为基地,农工商协调、产学研结合的南通模式。

(三)从张謇经济政策在近代中国社会产生的效应看

近代中国法制不健全、很多行业无法可依的情形将法律制度派农商总长张謇推上了时代的风口浪尖。为了经济领域有法可依,也为实现他的经济需"乞灵于法律"的理想,张謇掀起了中国近代史上的立法高潮。在担任农商总长的两年中,他先后主持制定了40多个法规条例。张謇推行其经济思想的政策锁定在近代中国产生了一定的效应。

开法制化社会风气之先。"民国肇建,内乱外寇,侵寻未已,借款重叠,债权四压。"百废待兴,百业待举。作为农商总长的张謇可谓是受命于危难之际。在千头万绪之中,张謇理出了头绪。首要的工作是制定经济法律法规,使各行各业有法可依。他认为:"实业之发达,必恃有完备之法律,以为之监督保障。"清廷在1903年设立了商部,并颁布了有关法律条文,如《公司律》《奖励华商公司章程》等,对发展工商业、鼓励民营企业起了一定的作用。不过,这仅仅是开始,在农林、工商、财政、金融等更多的领域及行业无法可依。于是张謇将清末及民初的法律作了一番梳理,认为有价值的或可以借鉴的就将其进行修改、完善,如《公司律》,修改调整后,取名为《公司条例》颁行,《商会法》也是在前工商部原稿的基础上修订而成的。认为没有价值的或参考性不大的就舍弃。同时,本该农商部制定的,张謇就会同部员一同制定。如牵涉到其他部,张謇就会同有关部共同制定,如《劝业银行条例》,就是张謇会同财政部一同制定的。这就使得民初的经济法律法规逐步得到丰富,为民国走

---

[1] 徐雪筠,等译.上海近代社会经济发展概况(1882—1937)——《海关十年报告》译编.上海:上海社会科学院出版社,1985:248—250.

向法制化开了一个好头。

引领了创办民营企业的小小浪潮。清末的"新政",虽然没有能起到多大的实效,但是它扩大了影响,启迪了民智。尤其是对民营的鼓励,为民国后来发展民营经济起到了一定的铺垫作用。民初农商部陆续出台法律法规的过程中,民营企业得到一些提倡保护奖励补助,这就使得民间涌动着一股办厂的激情。南京临时政府虽然仅仅存在91天,但是,其对发展经济的关注是令人振奋的,"南京临时政府的经济政策和措施,为民国元年经济的复元和再兴提供了一定的条件,可视为民初经济政策的先行部分"[①]。张謇在担任农商总长期间,对民营经济的发展给予了极大的关注,通过制定相关的政策法规,使民营企业在市场准入方面降低了门坎。同时,他力图营造一个制度环境,为民营经济的发展拓展一定的空间。在1914年之后,民初社会逐步掀起了一股设厂、开矿、筑路的小小浪潮。以上海为例,1910年,上海开设工厂仅9家,而1913年开设29家,1914年开设26家,1915年开设31家。[②] 加之正值第一次世界大战,与中国争利权的一些主要国家此时正忙于战争,无暇东顾,这就为中国经济的发展带来了前所未遇的机会。当然,后来"一战"结束,西方国家缓过神来,不平等经济竞争重又弥漫全球,中国民间设厂又落得"门庭冷落车马稀"的境地,中国经济也受到很大的影响。不过中国经济在沉寂了一段时间后,于1928年至1931年又掀起了一股办厂的浪潮。1915年9月,张謇虽然辞去了农商总长的职务,但是,他主持制定的四十多个法规条例沿袭了下来。

作为农商总长,张謇在担任农商总长期间推行其经济思想的政策锁定,在中国近代经济史上也留下了一定深度的痕迹。在张謇就任农商总长到辞职的这两年中,说他在农商部掀起了一场立法旋风并不为过。短短两年,就制定颁布施行40多个法律法规。这些法律法规和其他的经济方面的条例,代表了当时政府的经济政策,反映了初步发展起来的民族资产阶级要求生存发展的愿望。这些经济政策,对中国后来的经济发展和近代化走向产生了一定的影响。有的影响在当时是显性的,有的在当时则是隐性的,但许多年后转为显性;有的影响是暂时的,有的则是长远的。

由上可知,大生资本集团的衰落并不完全是主观原因,衰落也并不表示真正意义上的失败。如果一定要用失败一词的话,也只是一种阶段性的失败,而不能说张謇最终失败了。历史是需要经过时间的沉淀才会被认识得更

---

① 汪敬虞.中国近代经济史1895—1927(中册).北京:人民出版社,2000:1524.
② 朱国栋,王国章.上海商业史.上海:上海财经大学出版社,1999:127.

清楚的。正如恩格斯所说,"所要批判的经济学家离我们的时代越近,我们对他们的判决就越严厉"。① 同时代人评判同时代的人,一方面可能会带有倾向性,另一方面也可能站不到应有的高度。而后来之人才能站在历史的制高点上来统摄历史、评判前人。所以说当代人不能写当代史。与张謇差不多是同时代的日本著名实业家、社会活动家涩泽荣一看待成功和失败的辩证法对我们很有启发意义。他在《论语与算盘》中有一篇关于成功与失败的演讲很富哲理性。他认为,提到成功者,人们自然会想到尧、舜、禹、汤、文、武、周公等人,因为他们都是在生前就获得成功的。相反,孔子却不是人们所认为的成功者,因为他生前遭受困苦,饱尝艰难,得不到时人的理解,在社会上也没有明显的功绩。但是,千载之后的今天,人们对一生都被认为是失败和不遇的孔子怀有最多的尊敬。孔子的思想和精神绵延至今。涩泽荣一认为如果只以眼前所看到的事情作为根据,论断其成功、失败,是不科学的。②

一个世纪后的今天,当我们回眸张謇的思想、理念、主张时,发现很多思想、理念、主张不仅在那个时代富有前瞻性、先进性、深刻性、指导性,就是在一百年后的今天仍有不少闪光的东西,有些已在实践中传承下来,有些思想理念甚至还有一定的积极指导作用。如今,我们用发展的眼光重新审视张謇一生事业时深深感到,尽管有些企事业当时衰败了,但后来仍发展得很好;一些企业尽管没能延续下来,但社会影响却不能低估;更为重要的是,张謇所创办的实业、教育、慈善、文化等各项事业对南通近代化的影响是十分巨大的,他为近代中国制定的经济政策不仅在那个时代具有重要意义,在今天亦有值得借鉴的地方。尤为重要的是,他的追求国强民富的思想,他的惠泽后人的精神是不朽的。张謇的成功不仅带给近代南通和近代中国当时的现实影响,而且带给近代南通和近代中国以深远的历史影响。直至今天,这种影响仍然能清晰可感,而且还将会继续下去。

思考题:

1. 张謇一生为什么会成就那么多事业?
2. 为什么说张謇的一生是矛盾的一生、孤寂的一生?
3. 如何看待张謇的成败得失?

---

① 恩格斯.政治经济学批判大纲//马克思,恩格斯.马克思恩格斯全集:第1卷.北京:人民出版社 1956:598—599.
② 涩泽荣一.论语与算盘.北京:中国青年出版社,1996:200—202.

参考文献

张孝若.南通张季直先生传记[M].北京:中华书局,1930.
张謇撰,张怡祖.张季子九录[M].北京:中华书局,1932.
刘厚生.张謇传记[M].上海:上海书店,1985.
张宪文.中华民国史纲[M].郑州:河南人民出版社,1985.
杨立强等.张謇存稿[M].上海:上海人民出版社,1987.
沈家五.张謇农商总长任期经济资料选编[M].南京:南京大学出版社,1987.
史全生.中华民国经济史[M].南京:江苏人民出版社,1989.
中国第二历史档案馆.中华民国史档案资料汇编[M].南京:江苏古籍出版社,1991.
严学熙.论张謇——张謇国际学术研讨会论文集[M].南京:江苏人民出版社,1993.
张謇撰,张謇研究中心、南通市图书馆.张謇全集[M].南京:江苏古籍出版社,1994.
张兰馨.张謇教育思想研究[M].沈阳:辽宁教育出版社,1995.
尤世玮.再论张謇——纪念张謇140周年诞辰论文集[M].上海:上海社会科学出版社,1995.
严学熙.近代改革家张謇——第二届张謇国际学术研讨会论文集[M].南京:江苏古籍出版社,1996.
章开沅.张謇传[M].北京:中华工商联合会出版社,2000.
姚谦调查整理,张謇研究中心、南京大学海外教育学院.张謇农垦事业调查[M].南京:江苏人民出版社,2000.
章开沅,田彤.张謇与近代社会[M].武汉:华中师范大学出版社,2001.
崔之清.中国早期现代化的前驱——第三届张謇国际学术研讨会论文集[M].北京:中华工商联合会出版社,2001.
卫春回.张謇评传[M].南京:南京大学出版社,2001.
庄安正.张謇先生年谱[M].长春:吉林人民出版社,2002.

金城.张謇研究论稿[M].上海:华东理工大学出版社,2003.

张柔武.往事琐记[M].南通:南通地博物苑,2003.

南通地方自治十九年之成绩[M].南通:张謇研究中心、南通博物苑,2003.

周新国.中国近代化先驱:状元实业家张謇[M].北京:社会科学文献出版社,2004.

吕安兴.张謇的道德人格[M].北京:中国戏剧出版社,2005.

王敦琴.传统与前瞻:张謇经济思想研究[M].北京:人民出版社,2005.

南通市档案馆、张謇研究中心.大生集团档案资料选编(纺织编ⅳ)[M].北京:方志出版社,2005.

吴良镛.张謇与南通"中国近代第一城"[M].北京:中国建筑工业出版社,2006.

马斌.张謇实业与教育思想概论[M].苏州:苏州大学出版社,2006.

张廷栖,孟村.张謇画传[M].重庆:重庆出版社,2007.

王敦琴,张廷栖,庄安正.张謇研究百年回眸[M].南京:南京大学出版社,2007.

第四届张謇国际学术研究会.张謇与近代中国——第四届张謇国际学术研讨会论文集[M].南京:南京大学出版社,2007.

张绪武.我的父亲张謇[M].上海:上海辞书出版社,2008.

崔之清.张謇与海门:早期现代化思想与实践——第五届张謇国际学术会议论文集[M].南京:南京大学出版社,2010.

[日]驹井德三.张謇事业调查书[M].南通:张謇研究中心,2011.

张荣生.南通盐业志[M].南京:凤凰出版社,2012.

后 记

今年，适逢张謇先生诞辰160周年，我们谨将《张謇研究精讲》奉上，以作纪念。

张謇先生是中国近代现代化先驱。综观其一生，思想丰富，事业极为庞大，在十几个领域都有重大建树，做出过杰出贡献，还曾创造过多个全国第一。张謇先生众多而宏大的事业不仅显赫于那个时代，而且绵延、影响于后世乃至当今。张謇的思想境界及事业精神亦深深打动并教育了一代又一代人，在百年后的今天仍有许多值得我们学习、借鉴的地方。因此，本书不仅对研究张謇具有重要的参考价值，而且对培养、熏陶、启迪来者亦具有重要的意义。

南通是张謇事业的发祥地，这里保存了张謇文化的大量遗存及档案资料，亦集聚着一大批张謇研究专家学者。南通大学开设《张謇研究》课程已有多年，部分高校目前也开设了该课程。为解教材的燃眉之急，我们组织张謇研究领域的专家学者在长期教学实践和教学研究的基础上编写了本书。

本书主要编写情况：第一讲张謇生平及其所处的时代：刘勇兵、王敦琴，第二讲张謇与政治：卫春回、王敦琴，第三讲张謇与经济：王敦琴，第四讲张謇与教育：陈炜，第五讲张謇与文学：丁富生，第六讲张謇与盐垦：张荣生，第七讲张謇与城建：张廷栖，第八讲张謇与慈善公益：马斌，第九讲张謇的道德伦理思想：吕安兴，第十讲张謇一生评价：王敦琴。王敦琴负责组织及统稿，王敦琴、丁富生、陈炜、张廷栖、刘勇兵等负责讨论并提出本书框架、内容安排，徐晓旭负责本书体例及联系工作，韩勤也做了相关事务性工作。

本书在编写及出版过程中得到相关领导的关心和支持，亦得到南通大学教务处、研究生处、人文社科处、文学院、张謇研究所的支持和帮助，本书获南通大学教材建设基金资助，在此一并致以衷心的感谢！

我们真诚欢迎专家学者及广大读者给予批评指正。

编者
2013年9月